Rudolf von Jhering

Vorgeschichte der Indoeuropäer

Rudolf von Jhering

Vorgeschichte der Indoeuropäer

ISBN/EAN: 9783743397712

Hergestellt in Europa, USA, Kanada, Australien, Japan

Cover: Foto ©ninafisch / pixelio.de

Manufactured and distributed by brebook publishing software (www.brebook.com)

Rudolf von Jhering

Vorgeschichte der Indoeuropäer

Vorwort des Herausgebers.

Als Jhering sein Buch „Der Besitzwille" beendet hatte, da beabsichtigte er, sich dem „Zweck im Recht" ausschließlich zu widmen; aber dem freundschaftlichen Drängen Bindings nachgebend, für dessen Systematisches Handbuch der deutschen Rechtswissenschaft er eine „Entwickelungsgeschichte des römischen Rechts" zu schreiben versprochen hatte, entschloß er sich, zu gleicher Zeit auch dieses Werk in Angriff zu nehmen. Und zwar dachte er sich die Sache so, daß er an einigen Nachmittagen jeder Woche meinem Kollegen Johannes Merkel und mir die römische Rechtsgeschichte, wie sie vor seiner Seele stand, frei vortragen wollte, die Feststellung des Wortlauts und die Herbeischaffung des gelehrten Apparates sollte dann wesentlich durch uns erfolgen. Wir hatten von vornherein die gewichtigsten Bedenken gegen die Ausführbarkeit dieses Planes, denn in Jherings Schriften ist die Form mindestens ebenso charakteristisch wie der Inhalt, und schon nach dem ersten Versuche zeigte es sich, wie gerechtfertigt unsere Bedenken waren: Jhering konnte in den Formulierungen, die wir seinen Gedanken zu geben versuchten, sich selber nicht wiederfinden, und der Plan wurde fallen gelassen.

Aber nun hatte er, wie er selbst sagte, einmal „Blut geleckt", die Rechtsgeschichte ließ ihn nicht wieder los. Anfangs beabsichtigte er, „die Reminiscenzen an die Urzeit" nur in einem ersten Abschnitt, also ziemlich kurz zu behandeln, aber entsprechend seiner Natur, die immer in die Tiefe bohrte, die hinter jeder Antwort schon wieder eine neue Frage bereit hatte, bis sie schließlich bei dem letzten „warum?" angelangt zu sein glaubte, erweiterte sich dieser Abschnitt mehr und mehr zu einem selbständigen Werke. Was brachten die Römer an Kulturelementen aus ihrer Urheimat mit? Was erwarben sie dazu auf der Wanderung? Was in der zweiten Heimat (die er sich im südlichen Rußland gelegen dachte)? Aber auch die Beantwortung dieser Fragen genügte ihm noch nicht. Er frug schließlich: Was haben die Römer von den Semiten (Babyloniern, Phöniziern, Carthagern) an Kulturelementen empfangen? Und so hat er die letzten zwei Jahre seines Lebens ausschließlich der Erforschung der babylonischen Kultur gewidmet, deren frühzeitige und großartige Entfaltung er auf wenige, durch die Natur des Landes bedingte, rein praktische Bedürfnisse zurückzuführen suchte. Das Resultat dieser Studien bildet das zweite Buch des vorliegenden Werkes, beinahe die Hälfte des ganzen umfassend. Der gegen Renan gerichtete § 34 ist das letzte, was Jhering geschrieben hat; als er die Volksart der Arier und der Semiten im einzelnen schildern wollte (§ 35 und 36) — eine Aufgabe, auf die er sich besonders gefreut hatte —, da entsank die Feder seiner Hand. Im übrigen ist das Werk, wenn auch nicht zu Ende geführt, so doch zu einem völlig befriedigenden Abschluß gelangt.

Von der ursprünglich geplanten „Entwickelungsgeschichte des römischen Rechts" hat Jhering die Einleitung und einige Kapitel ausgearbeitet; die Einleitung wollte ich ursprünglich als Anhang dem vorliegenden Werke hinzufügen, als ich aber nachträglich in dem Nachlaß des Verewigten auch noch die übrigen Bruchstücke auffand, schien es zweckmäßiger, sie mit diesen zusammen als ein besonderes kleines Buch erscheinen zu lassen. Die Publikation wird bereits in der nächsten Zeit erfolgen.

Ich habe die Entstehungsgeschichte dieses Werkes so ausführlich geschildert, einmal um manche Unebenheiten und selbst Widersprüche begreiflich zu machen, die sich darin finden und die bei einer letzten Überarbeitung zweifellos beseitigt worden wären, und sodann, um es zu erklären, daß dieses Buch nicht bloß bei den langjährigen Verlegern der Jheringschen Schriften, sondern zugleich bei den Verlegern des Systematischen Handbuchs der Deutschen Rechtswissenschaft erscheint.

Wenn ich leider erst jetzt, mehr als anderthalb Jahre nach Jherings Tode zur Herausgabe des Werks gelange, so ist dies wesentlich durch den Zustand des Manuskripts verursacht. Fast ein volles Jahr lang hat die Gattin des Verewigten in unermüdlicher Arbeit Wort für Wort die teilweise kaum lesbare Handschrift zu entziffern sich bemüht, und nur ihr ist es zu verdanken, daß auf Grund einer vorzüglichen Abschrift das Werk jetzt endlich an die Öffentlichkeit treten kann. Dem gegenüber war meine eigene Arbeit eine verhältnismäßig geringe. Nachdem es mir gelungen war, den Plan des Ganzen festzustellen und danach das Werk zu gliedern, hatte ich die Abschrift zu revidieren, die Citate nachzuprüfen, einzelne kleine Lücken auszufüllen, stilistische Flüchtigkeiten zu beseitigen, hin und wieder einmal eine gar zu lang geratene Periode in mehrere Sätze aufzulösen. Aber auch hierbei habe ich mir die größte Zurückhaltung auferlegt, obwohl Jhering mich wiederholt und dringend aufgefordert hat, mit seinem Nachlaß so zu verfahren, wie ich es für recht halten würde, insbesondere Kürzungen und stilistische Änderungen nach meinem Gutdünken vorzunehmen. Ich glaube aber, daß die Welt ein Recht darauf hat, das letzte große Werk Jherings so zu erhalten, wie er es geschrieben hat, sollte sie dabei auch einige Wiederholungen und stilistische Unebenheiten mit in den Kauf nehmen.

Eine noch größere Zurückhaltung habe ich gegenüber dem Inhalte des Werks beobachtet, und natürlich da erst recht, wo ich mich den Anschauungen des Verfassers nicht anzuschließen vermochte; es würde mir als ganz unpassend erschienen sein, hätte ich — auch nur in Gestalt von Anmerkungen — meine abweichende Anschauung zum Ausdruck bringen wollen[1]). Das gilt selbst von denjenigen Stellen des Werkes, wo Ihering sich mit gesicherten Ergebnissen der germanistischen Forschung in Widerspruch setzt oder wo die von ihm selbst (Seite 383) beklagte mangelhafte Kenntnis des deutschen Rechts sich bemerkbar macht. Am wenigsten konnte es meine Aufgabe sein, die unausbleibliche Kritik (die Ihering selbst S. 378 anruft) vorwegzunehmen; dagegen glaube ich, in einem wichtigen Punkte umgekehrt dieser Kritik schon an dieser Stelle begegnen zu dürfen.

Ihering folgt nämlich bei der Charakterisierung des „Arischen Muttervolks" (Buch I) fast gänzlich der Schilderung von Zimmer, Altindisches Leben (1879), er betrachtet also gleich diesem die Kulturzustände des Rigveda als ur=arische. Diese Ansicht mochte dem Romanisten nicht befremdlich erscheinen, weil die Kultur der Römer schon in der frühesten Königszeit eine viel höhere war, als die der Inder des Rigveda nach der Auffassung von Zimmer. Anders aber erscheint die Sachlage dem Kenner des deutschen Rechts. Die germanischen Völker befanden sich, als sie in das Licht der Geschichte eintraten, noch auf einer niedrigeren Stufe der Staats= und Rechtsentwicklung als — selbst nach der Schilderung von Zimmer — die alten Inder des Rigveda, sie müßten also auf der Wanderung Rückschritte gemacht haben, was schon für die sonstigen Kulturverhältnisse nicht wahrscheinlich[2]), für die Staats= und Rechtseinrichtungen aber geradezu undenkbar ist und von

---

1) Wo ich hin und wieder zur Orientierung des Lesers einen Hinweis auf die Unfertigkeit oder auf die allmähliche Entstehung des Werkes für notwendig hielt, habe ich diese Notiz in eckige Klammern gesetzt.

2) Vgl. dazu Schrader, Sprachvergleichung und Urgeschichte S. 55, 209.

Jhering gewiß am lebhaftesten bestritten werden würde³). Nun betrachtet aber auch die neueste indologische Forschung — worauf ich von kundigster Seite aufmerksam gemacht worden bin — die Kultur des Rigveda als eine schon hochentwickelte und keineswegs in die arische Urzeit zurückreichende; man vergleiche insbesondere, was Pischel und Geldner, Vedische Studien, erster Band (1889) S. XXI ff., S. XXV ausführen und man wird ein völlig anderes Bild erhalten, als das von Zimmer und nach ihm von Jhering gezeichnete. Wir müssen uns also für die Beurteilung des Kulturzustandes des arischen Muttervolkes auf diejenigen Merkmale beschränken, welche die vergleichende Sprachforschung, die Analogie anderer Hirtenvölker und der Rückschluß von den ältesten Zuständen der Germanen und Slaven uns an die Hand geben. Das arische Muttervolk war ein nomadisierendes, lediglich in Sippenverbänden dahinlebendes Hirtenvolk, es war weder seßhaft noch staatlich gegliedert; eine wirkliche Staatenbildung hat erst während der Wanderung stattgefunden, bei den Germanen hat sie sich, wie die Wanderung selbst, gar noch in historischer Zeit fortgesetzt und vollendet.

Glaube ich also, daß Jhering hier irrte⁴), so ist dieser Irrtum doch für sein Werk ganz bedeutungslos; denn je niedriger der Kulturzustand des arischen Muttervolks in Wirklichkeit war, um so mehr kommt für die Kultur der europäischen Nationen

---

3) Vgl. S. 63, 474, 475 des vorliegenden Werks.

4) Gelegentlich bricht übrigens in den späteren Teilen des Werks eine andere Auffassung durch, so S. 201 f.; die hier gegebenen Ausführungen von dem Mangel jeglichen Staatswesens bei dem arischen Muttervolk harmonieren nicht mit dem Inhalt des ersten Buchs, insbesondere mit der Annahme eines Stammeskönigtums, eines ausgebildeten Schuldrechts, einer regelmäßigen Versammlung des Volks in festen Gemeindehäusern u. s. f. Zweifellos wäre bei einer Vollendung des Werks dieser Widerspruch behoben worden, wie ich glaube durch Rektifizierung mancher im ersten Buche ausgesprochener Ansichten.

und speciell der Römer die Wanderzeit und der Einfluß anderer Völker in Betracht; gerade das zu schildern aber ist die Aufgabe, welche Jhering sich gesetzt hat.

Und so übergebe ich denn voll froher Hoffnung, aber auch voll wehmütiger Empfindung der Öffentlichkeit dieses Werk, an dem Jherings Herz mit Leidenschaft hing; von einem mehr als siebzigjährigen Manne verfaßt, ist es das lebendigste Zeugnis einer unversiegbaren Jugendkraft. Täusche ich mich nicht gänzlich, so tritt es in seiner Art ebenbürtig neben den „Geist des römischen Rechts" und den „Zweck im Recht", ja, die von der babylonischen Kultur und von der arischen Wanderung handelnden Abschnitte (Buch II, III und IV) bilden vielleicht den charakteristischsten Ausdruck der Jheringschen Denkart und Methode, die er selbst als die „realistische" bezeichnet hat. Ich persönlich — das darf ich wohl an dieser Stelle aussprechen — verdanke eine Fülle von Anregung und Belehrung der Beschäftigung mit diesem Werk. Und mehr als das: es war mir, als lebte ich noch einmal eine kurze Spanne Zeit mit ihm zusammen, der mir ein zweiter Vater war, dessen Geist alle kannten, dessen Gemüt wenige ahnten; den Seinigen aber bleibt die Erinnerung an die unendliche Güte dieses großen Herzens bis zum letzten Atemzug lebendig.

Göttingen, den 30. Mai 1894.

Victor Ehrenberg.

Inhalt.

			Seite
	Vorwort des Herausgebers		V
§ 1.	Einleitung		1

Erstes Buch. Das arische Muttervolk.

§ 2.	I. Heimat	13
	II. Kulturgrad.	
§ 3.	Überblick	24
§ 4.	1. Kein Ackerbau	25
§ 5.	2. Ein Hirtenvolk	28
§ 6.	3. Ein seßhaftes und sehr zahlreiches Volk	35
§ 7.	4. Es kannte weder Städte noch steinerne Häuser	37
§ 8.	5. Es verstand sich nicht auf die Verarbeitung des Metalls	39
	6. Niedrige Entwicklungsstufe des Rechts.	
§ 9.	a. Die politische Verbindung des Volks	43
§ 10.	b. Internationaler Verkehr	44
§ 11.	c. Das Familienrecht — die Frau	45
§ 12.	d. Das Familienrecht — die Kinder	52
§ 13.	e. Totenopfer und Mutterrecht	58
§ 14.	f. Das Vermögensrecht	71
§ 15.	g. Rechtspflege und Strafrecht	73
§ 16.	III. Schlußurteil	87

Zweites Buch. Arier und Semiten.

§ 17.	I. Das Problem der Entstehung der Volksart	93
	II. Abstand der Kultur zwischen Ariern und Semiten.	
§ 18.	Allgemeine Charakterisierung	102

		Seite
§ 19.	1. Hirte und Bauer	105
	2. Die Stadt.	
§ 20.	a. Ursprung der Stadt: die Veste	110
§ 21.	b. Die Stadt als Bedingung der Kultur	117
§ 22.	3. Holzhaus und Steinhaus	126
	4. Das Bauwesen in Babylon.	
§ 23.	a. Das Bauhandwerk. — Die Sabbatruhe und das Zeitmaß	141
§ 24.	b. Die Baukunst. — Das Längenmaß. — Politische Bedeutung	156
§ 25.	5. Verwendung von Stein und Holz außer beim Bauwesen	170
§ 26.	6. Das Brennen des ersten Ziegels. — Parallele zwischen Pflug und Stein	179
	7. Das Wasser in der Urzeit.	
§ 27.	a. Die Sintflut	189
§ 28.	b. Die Wasserbauten der Babylonier	195
§ 29.	c. Strom- und Seeschiffahrt der Babylonier	205
§ 30.	8. Handel, Land- und Wassertransport. — Verkehrsrecht	233
§ 31.	9. Gesamtergebnis	266
§ 32.	III. Übertragung der babylonischen Kultur auf die Arier	271
	IV. Die Volksart der Arier und Semiten.	
§ 33.	1. Unumgänglichkeit der Orientierung über die Volksart beider	282
§ 34.	2. Renans Versuch der Zurückführung des Gegensatzes zwischen Ariern und Semiten auf Polytheismus und Monotheismus	288
§ 35.	3. Die Volksart der Semiten	305
§ 36.	4. Die Volksart der Arier	305

Drittes Buch.   Der Auszug der Arier aus der Heimat.

    I. Das ver sacrum.

§ 37.	1. Die Überlieferung	309
§ 38.	2. Die einzelnen Züge des ver sacrum	319
§ 39.	II. Die Erhaltung der Tradition	358
§ 40.	III. Die Sage der Hirpiner	368

Inhalt.

Viertes Buch. Die Wanderschaft.

		Seite
§ 41.	I. Allgemeine Gesichtspunkte	377
	II. Das Heerwesen.	
§ 42.	1. Zeit der Heerfahrt	380
§ 43.	2. Die Gliederung des Heeres	384
§ 44.	3. Der Feldherr	393
§ 45.	4. Das Beuterecht	398
§ 46.	III. Greise und Schwächlinge	404
§ 47.	IV. Die Frauen	406
	V. Sachkundige Personen.	
§ 48.	1. Die Fetialen	425
§ 49.	2. Die Pontifices	426
§ 50.	3. Das Auspicienwesen	437
§ 51.	VI. Moralische Einwirkungen der Wanderschaft	459

Fünftes Buch. Die zweite Heimat.

§ 52.	Die zweite Heimat	467

Sechstes Buch. Die Entstehung der Europäischen Völker.

Siebentes Buch. Die Verschiedenheit der Europäischen Völker.

Einleitung.

I. Das Morgenland ist der geschichtliche Mutterboden der Kultur, von ihm ist sie nach dem Abendland gekommen. Zu einer Zeit, als Europa noch im tiefsten Schlafe lag, herrschte an den Gestaden des Euphrat, Tigris und Nil ein reges Kulturleben, mächtige Reiche waren gegründet, gewaltige Städte gebaut, Ackerbau und Gewerbe blühten, selbst die Kunst und die Wissenschaft hatten bereits beachtenswerte Leistungen aufzuweisen, das Alphabet war entdeckt, der Lauf der Gestirne berechnet. Auf dem Seewege brachten Phönizier und Ägypter die Erzeugnisse dieser Kultur an die Gestade des ionischen und griechischen Inselmeers, und die Handelsniederlassungen der Phönizier wurden die Lehranstalten für die Küstenbevölkerung; erst von diesen Stapelplätzen des Seehandels ist die Kultur allmählich in das Innere der Länder gedrungen.

Aber diese Lehrmeister des Abendlandes waren nur Individuen, welche kamen und gingen, die Völker selber, denen sie angehörten, hatten keinen Grund, die Heimat, die ihnen unendlich mehr bot, als sie auswärts fanden, zu verlassen, sie sind nicht ausgewandert. Auswanderung ist das Los von Völkern und Individuen, denen die Heimat versagt, was sie nötig haben: nur die Not giebt beiden den Wanderstab in die Hand.

Dieser Weg der Auswanderung war es, auf dem ein anderes Volk Asiens berufen war, Europa zuerst zu geschichtlichem Leben zu verhelfen und den Boden zur Aufnahme der bei den andern Völkern Asiens bereits vorhandenen Kulturelemente vorzubereiten. Die vergleichende Sprachwissenschaft unseres Jahrhunderts hat die Thatsache außer Zweifel gestellt, daß alle Kulturvölker Europas in grauer Vorzeit sich von ihm getrennt haben. Sie haben einst mit dem Muttervolk dieselbe Sprache geredet, erst die Trennung des Tochtervolks vom Muttervolk und die später erfolgte Spaltung desselben in einzelne Zweige, sowie die daran sich reihende Selbständigkeit ihrer Entwicklung und die Berührung mit anders redenden Völkern haben die außerordentliche sprachliche Differenzierung hervorgerufen, welche die einzelnen Idiome schon bei dem ersten geschichtlichen Auftreten dieser Völker von der Sprache des Muttervolks und unter sich abhebt und nur noch dem Auge des Sprachforschers die ursprüngliche Einheit erkennen läßt.

Die Ermittelung dieser Abstammung der sämtlichen indoeuropäischen Völker[1]) von den Ariern ist eine der glänzendsten wissenschaftlichen Entdeckungen des neunzehnten Jahrhunderts. Die erste Frucht derselben fiel der Sprachwissenschaft anheim, sie bestand in den außerordentlich wertvollen Aufschlüssen sowohl über die geschichtliche Entwicklung der einzelnen Sprachen, als über das Werden der Sprache überhaupt. Aber schon früh kam sie zur Erkenntnis, daß die sprachlichen Aufschlüsse zugleich sachlich-historische in sich bergen. Die Sprache eines Volks enthält die Inventur dessen, was es sein eigen nennt, Dasein des Wortes ist Dasein des dadurch bezeichneten Dinges, Mangel des Wortes Mangel des Dinges; die Sprache enthält den

---

1) Der Ausdruck: indogermanisch, dessen man sich für sie in Deutschland zu bedienen pflegt, hat keine Berechtigung, ich schließe mich mittelst des obigen Ausdrucks der allein richtigen Sprachweise aller anderen Völker an.

treuen Abdruck der Wirklichkeit. So ließ sich an der Hand der Sprache feststellen, was das arische Tochtervolk bei seiner Trennung vom Muttervolk von ihm mitnahm — die Aussteuer, mit der es sich auf die Wanderung begab — und was es erst später hinzu erwarb. Ist der sprachliche Ausdruck in allen oder auch nur den meisten Töchtersprachen derselbe, während er der Muttersprache fremd war, so rechtfertigt dies die Annahme, daß die dadurch bezeichnete Sache, Einrichtung, Anschauung den einzelnen Völkern in einer Zeit zugekommen ist, wo sie sich untereinander noch nicht getrennt hatten; taucht er bloß in der einen oder anderen Sprache auf, so dürfen wir schließen, daß sie erst nach der Trennung in den Gesichtskreis des Volks getreten ist.

Allerdings hat sich manches von demjenigen, was man auf diesem Wege zu finden geglaubt hatte, nicht bewährt. In dem Bestreben, uns möglichst würdige Ahnen zu geben, hat man die Kulturstufe des Muttervolks in einer Weise in die Höhe geschraubt, die vor der Kritik die Prüfung nicht besteht, und es bleibt in meinen Augen ein nicht hoch genug anzuschlagendes Verdienst von Victor Hehn, daß er die Unhaltbarkeit mancher in dieser Beziehung gemachter übereilter Schlüsse schlagend nachgewiesen hat [2]).

Der Sprachwissenschaft muß die Geschichtswissenschaft an die Hand gehen. Ihre Sache ist es, durch eine Vergleichung der Einrichtungen, welche wir bei den indoeuropäischen Völkern zur Zeit ihres ersten geschichtlichen Auftretens antreffen, zu bestimmen, was ihnen, bevor sie sich von einander trennten, gemeinsam angehörte, und was auf Rechnung des einzelnen Volks zu setzen ist. Hier ist ganz besonders die vergleichende Rechtsgeschichte geeignet, Aufschlüsse zu gewähren, und schon jetzt, wo

---

[2]) In seinem Musterwerk: Kulturpflanzen und Haustiere in ihrem Übergang aus Asien nach Griechenland und Italien sowie in das übrige Europa. 5. Aufl. Berlin 1885.

die Forschung nach dieser Seite kaum erst begonnen hat, darf sie bereits erhebliche Ergebnisse verzeichnen. Gewisse Thatsachen stehen meines Erachtens schon jetzt völlig fest, sie werden später von mir namhaft gemacht werden.

Das Interesse, das mich bestimmt hat, die Vorzeit der indoeuropäischen Völker ins Auge zu fassen, knüpft an meine Fachwissenschaft: das römische Recht, an. Ich wollte mir Klarheit darüber verschaffen, wie sich die Römer zu den ihnen überkommenen Rechtseinrichtungen des Stammvolkes verhalten haben, was sie belassen, was sie geändert haben. Nicht sowohl darum, weil diese Thatsache als solche, so interessant sie immerhin auch für den Rechtshistoriker sein mag, in meinen Augen einen hohen Wert gehabt hätte, sondern wegen des Aufschlusses, den ich ihr in Bezug auf die Eigentümlichkeit der römischen Volksart entnehmen zu können glaubte. Griechen und Germanen haben die arische Einrichtung der Gottesurteile beibehalten, die Römer nicht — warum nicht? Germanen und Slaven das arische Gemeindeeigentum am Grund und Boden auch für das Acker= land, die Römer nicht — warum nicht? Und doch haben sich andererseits bei keinem indoeuropäischen Volke so viele Ein= richtungen aus der Vorzeit behauptet, wie gerade beim römischen; sie bilden, wie sich demnächst zeigen wird, eine wahre Fund= grube für die Erkenntnis der Vorzeit. Also ein gänzlich ver= schiedenes Verhalten in dem einen und in dem anderen Fall, dort gänzlicher Bruch mit der Vergangenheit, hier sorgsame Bewahrung derselben. Wer kann sich da der Frage entziehen, wie sich dieser scheinbare Widerspruch löst? Die erste That, die der römische Geist auf dem Gebiete des Rechts überhaupt vollbracht hat, war die praktische Kritik der Rechtseinrichtungen des Muttervolks, es war die That des Herkules in der Wiege.

Abstammung der Indoeuropäer von den Ariern und dem= entsprechend Gemeinsamkeit der Sprache und gewisser Ein= richtungen ist das einzige, was wir mit Hülfe der Sprache mit Sicherheit feststellen können, alles andere ist in Dunkel gehüllt.

Es wird uns weder berichtet, wo das Muttervolk wohnte, noch wann der Ausmarsch erfolgt ist, weder wie lange Zeit darüber verflossen, bis die einzelnen indoeuropäischen Völker ihre späteren Sitze eingenommen hatten, noch welche Straße sie gezogen sind, und ob sie sich schon in der ursprünglichen Heimat oder erst später getrennt haben.

Die wissenschaftliche Forschung auf diesem Gebiete endet auf der einen Seite mit dem Muttervolk und beginnt auf der anderen Seite mit dem Eintreten der verschiedenen Zweige des Tochtervolks in die Geschichte; die Lücke, welche dadurch für die Zwischenzeit entsteht, gilt als unausfüllbar, es ist der Fluß, der an einer Stelle sich in der Erde verliert und erst nach langem Lauf an einer anderen wieder zum Vorschein kommt. Würde er als derselbe wieder hervortreten, so würde uns sein unterirdischer Lauf wenig kümmern, aber bei seinem Heraus= treten ist er ein gänzlich anderer geworden; früher ein schwaches Gewässer, das bloß Mühlen trieb, hat er inzwischen eine Ge= walt erlangt, die alles ihm im Wege Stehende darnieder wirft, und aus dem einen Gewässer sind mehrere starke Ströme ge= worden. An die Stelle des Ariers ist der Europäer getreten mit einem Typus, der ihn vom Asiaten aufs schärfste abhebt. Woher die Wandelung? Ist sie auf Rechnung von Europa zu stellen, hat die Erde — ich verstehe darunter Boden, Klima, Konfiguration des Landes — den Europäer gemacht? Sie ist eine andere in Griechenland, als in Deutschland, eine andere in Italien als in England und Skandinavien. Und doch geht der Typus des Europäers in gleicher Weise durch alle indo= europäischen Völker hindurch. Nein! nicht Europa hat den Europäer, sondern der Europäer hat Europa gemacht; Europäer aber ist er geworden in der Zeit der Wanderung. Nicht durch die bloße lange Dauer derselben, sondern durch die Ein= richtungen, die durch sie bedingt waren, und die Anforderungen, die sie an seine Thatkraft stellte. Der friedliche arische Hirte verwandelte sich in einen Krieger, der jeden Fuß Landes sich erstreiten mußte, bis er schließlich das Land gefunden hatte, in dem er sich dauernd niederließ; diese unausgesetzte Kriegsbereitschaft und Kriegsübung hat den Mann herangezogen, der dazu ausersehen war, in Europa den zweiten Akt der Weltgeschichte in Scene zu setzen. In dem durch keine einzige Nachricht erhellten Dunkel der Wanderperiode bereitet sich die Zukunft Europas vor, es ist das Dunkel des Mutterschoßes. Der heutige Hindu und der Europäer sind gänzlich verschiedene Wesen, und doch sind sie Kinder einer und derselben Mutter, Zwillingsbrüder von ursprünglich völlig gleicher Beschaffenheit. Aber der eine von ihnen, der Ältstgeborene, ist als Anerbe des väterlichen Hofes daheim geblieben, während der Zweitgeborene, der auf sich selbst gestellt war, zu See gegangen ist, alle Meere durchmessend, allen Gefahren trotzend. Kommt er nach vielen Jahren zurück, so kennt er den Zwillingsbruder nicht wieder, so gänzlich verschiedene Wesen hat das Leben aus ihnen gemacht. Der heutige Hindu ist der Erstgeborene, der Europäer der Zweitgeborene.

Das Leben auf der See macht andere Einrichtungen nötig, als das auf dem Lande, und nicht anders verhielt es sich mit dem Leben der Indoeuropäer auf dem Marsch im Vergleich mit dem in der Heimat. Das hoffe ich demnächst an der Hand der geschichtlichen Anhaltspunkte, die sich dafür darbieten, und die, wie sich zeigen wird, nicht gering sind, und unter Darlegung der völlig unabweisbaren Nötigungen, welche die Wanderung mit sich führte, darzuthun. Ich gedenke ein Bild von den Einrichtungen und Verhältnissen der Wanderperiode zu entwerfen, den Indoeuropäer auf der Wanderung vor Augen zu führen, die moralischen Einwirkungen der Wanderperiode auf die Sinnesart und den Charakter des Indoeuropäers ins Auge zu fassen, und den Versuch zu machen, den Typus des Europäers im Gegensatz zu dem des Asiaten zur Anschauung zu bringen und den Nachweis zu liefern, wodurch die Umwandlung bewirkt worden ist. Für mich persönlich ist es das Wertvollste, was meine Untersuchungen mir abgeworfen haben; ich verdanke ihnen den Aufschluß über eine Frage, über die ich mich in allen geschichtlichen Werken vergebens nach Auskunft umgesehen habe: worin hat die Eigenart des Europäers, in der doch die ganze Entwicklung, welche sich auf dem Boden Europas vollzieht, beschlossen liegt, ihren letzten Grund?

Ich hoffe ferner (im fünften Buche: Die zweite Heimat des Indoeuropäers) den Nachweis zu erbringen, daß die Wandernden, welche bis dahin ein einziges Volk bildeten, dem der Ackerbau noch fremd war, auf ein Volk gestoßen sind, das mit dem Ackerbau bereits vertraut war, daß sie dieses besiegt und in Abhängigkeit gebracht haben und zwar mittelst eines Verhältnisses, welches das Muttervolk nicht kannte, das aber fortan bei allen europäischen Völkern nach ihrer Trennung untereinander sich erhielt: das Hörigkeitsverhältnis. Ich verlege den Sitz dieses Volkes in die Gegenden des südlichen Rußlands zwischen Dniepr, Dnyester, Donau. Hier hat das Wandervolk Jahrhunderte lang Rast gemacht, bis durch den unvollkommenen Betrieb des Ackerbaus, insbesondere die mangelnde Düngung, sich das vorhandene Land abermals als unfähig erwies, die stark angewachsene Bevölkerung fernerhin zu ernähren, und damit dieselbe Nötigung an die Bevölkerung herantrat wie einst in der Urheimat, die der Auswanderung eines Bruchteils. Aber die Erleichterung war nur eine vorübergehende, nach einiger Zeit trat dieselbe Notlage wiederum ein, und so haben sich diese Aderlässe periodisch wiederholt. Manche der Volksmassen, welche sich auf den Weg machten, mögen unterwegs zu Grunde gegangen sein, anderen gelang es, sich durchzuschlagen und eine dauernde Heimat zu gewinnen. Wir stehen damit vor der Thatsache der Trennung der Indoeuropäer in einzelne Völker.

Die historische Überlieferung weiß uns über sie nichts zu berichten. Das sechste Buch soll den Versuch machen, ob sich nicht Anhaltspunkte finden lassen, um das Dunkel, welches sich über diese Bildungsgeschichte der europäischen Völker lagert, in etwas zu lichten. Zunächst über die Reihenfolge, in der die Abzweigung vom Hauptvolk stattfand. Ich habe mich dabei auf die fünf Völker beschränkt, welche für die Kulturgeschichte allein in Betracht kommen, Griechen, Italiker, Kelten, Germanen, Slaven — die Illyriker und Letten haben für sie kein Interesse. Meine Ansicht geht dahin, daß die vier erstgenannten Völker in der hier angegebenen Reihenfolge sich abgelöst haben, während die Slaven in der Heimat zurückgeblieben sind und sich nur nach und nach ohne Trennung von der Heimat nach Norden und Westen ausgedehnt haben.

Der zweite Punkt, den ich ins Auge zu fassen gedenke, ist die Frage: woher die Verschiedenheit dieser fünf Völker? (Buch VII.) Die fünf Volkstypen, welche sie repräsentieren, können doch nicht das Werk des Zufalls sein; es muß Gründe gegeben haben, welche sie zuwege brachten, und es fragt sich, ob dasjenige, was wir von ihnen wissen, nicht ausreicht, um sie zu ermitteln?

Damit schließt das Werk ab. Ein sehr großer Teil desselben ist, wie aus dieser Übersicht hervorgeht, einer Aufgabe gewidmet, der sich die bisherige wissenschaftliche Forschung noch fast gar nicht zugewandt hat: die klaffende Lücke auszufüllen, zwischen dem Verlassen der ursprünglichen Heimat seitens der Indoeuropäer und ihrem Auftreten auf dem Boden Europas als besondere Völker, kurz der Periode der Wanderschaft. Mag auch manches von demjenigen, was ich darüber beizubringen gedenke, äußerst problematisch sein, ich lebe der Zuversicht, daß es auch an einer sicheren Ausbeute nicht fehlen wird, und sie allein reicht in meinen Augen schon aus, um den Streifzug, den ich in ein bis dahin fast unbetretenes Gebiet unternommen habe, bezahlt zu machen. Sicherlich wird mir manches entgangen sein; ich gebe mich der Hoffnung hin, daß mein Versuch anderen, die über eine größere Summe der in Betracht kommenden sprachlichen und geschichtlichen Kenntnisse gebieten, die Anregung geben wird, den von mir eingeschlagenen Weg zu verfolgen. Jedenfalls liegt auf ihm ein Problem beschlossen, das die Wissenschaft nicht mit einem einfachen Ignorabimus abthun kann, sie muß es in Angriff nehmen, und wenn Sprachforscher und Historiker sich zu dem Zweck vereinigen, so wird es auch hier an Ergebnissen nicht fehlen. Die Vorgeschichte Europas wird sich nicht einfach darauf zu beschränken haben, daß die Indoeuropäer von den Ariern abstammen und manche Einrichtungen des Muttervolks mit in ihre spätere Heimat hinübergenommen haben, sondern sie wird als zweites, in geschichtlicher Beziehung ungleich wichtigeres Stück die Wanderperiode mit dem, was sie aus ihnen gemacht hat, d. i. die wirkliche Entstehungsgeschichte der Kulturvölker Europas zur Anschauung bringen. Was das Muttervolk zu ihnen hergab, war nur der Teig, aus dem erst die Wanderschaft sie hergestellt hat.

Dem Muttervolke wende ich im ersten Buche meinen Blick zu. Während ich bei den folgenden[3]) ganz auf mich selber angewiesen war, genieße ich hier des Vorzugs, die Forschung anderer verwenden zu können, glaube aber in der Lage zu sein, sie hier und da durch eigenes zu unterstützen oder zu erweitern. Ich habe mich derselben, soweit es in meinen Kräften stand, zu bemächtigen versucht, habe es aber nicht für nötig gehalten, dies durch Citate zu belegen. Was Gemeingut der Wissenschaft ist, dessen darf sich jeder bedienen, ohne sich der Gefahr auszusetzen, der Aneignung fremden Guts beschuldigt zu werden. Citiert habe ich nur da, wo es sich um Punkte handelte, die ich nur bei diesem oder jenem Schriftsteller gefunden hatte, und für die ich der Deckung durch eine fachmännische Autorität bedurfte.

---

3) [Jedoch mit Ausnahme des zweiten (Arier und Semiten), welches bei der Abfassung dieser Einleitung als selbständiges Buch von Jhering noch nicht geplant war.]

Erstes Buch.

Das arische Muttervolk.

I. Die Heimat.

II. So wenig wie die Tradition der indoeuropäischen Völker die Erinnerung an die Zeit der Wanderung bewahrt hat, ebensowenig das Andenken an ihre ursprüngliche Heimat; was sich in dieser Beziehung namhaft machen läßt, ist gelehrtes Machwerk einer späteren Zeit, darum ohne allen Wert[1]). Die herrschende Ansicht verlegt die Urheimat der Arier nach Mittelasien in das alte Baktrien, wo es nach den Berichten der Alten ein Volk des Namens Arii und eine Landschaft Aria gab, andere nach den Donaufürstentümern, nach Deutschland, nach Rußland, selbst nach dem nördlichen Sibirien, womit freilich die Auswanderung der Arier aus ihrer ursprünglichen Heimat am einfachsten erklärt sein würde[2]). Ich schließe mich der herrschenden Ansicht an. Das Zeugnis, das sie der Angabe der Alten über den Wohnsitz der Arii entnehmen kann, wird meines Erachtens durch eine Reihe gewichtiger Gründe bestätigt,

1) So die nordgermanische Sage, daß Odin mit den Asen aus Asien (Asen, Asien!) gekommen sei und die römische Aeneassage; nur der Sage, daß die Germanen aus Rußland nach Deutschland gekommen seien, glaube ich allerdings 'einen Wert zugestehen zu können. Siehe Buch V.

2) Genaue Zusammenstellung der Ansichten und der für sie geltend gemachten Gründe bei O. Schrader, Sprachvergleichung und Urgeschichte. Jena 1883 S. 117—149.

unter denen für mich in erster Linie das Klima, sodann die Unbekanntschaft des arischen Volkes mit dem Meere und dem Salz ins Gewicht fällt.

Das Klima. Die alten Arier haben in der heißen Zone gelebt. Läßt sich dieser Beweis erbringen, so scheidet damit Europa aus. Dafür ist bisher bereits von anderen die Thatsache geltend gemacht worden, daß das Vieh bei ihnen im Freien überwinterte, was nur in der heißen Zone möglich ist. In der kalten Zone bedarf es zum Schutz desselben des Stalls, zur Ernährung des Heus, zum Lager der Streu. Alle diese Ausdrücke sind der arischen Muttersprache fremd, Beweis, daß die Sache selber dem arischen Muttervolk unbekannt war; erst als das Muttervolk in kältere Gegenden kam, war es genötigt, für die Unterkunft des Viehs in Ställen und für Stroh, Streu und Heu zu sorgen; die griechische Sage vom Herkules verlegt den Stall schon in die Urzeit (Stall des Augias), bei den Ariern sucht man ihn vergebens.

Zu diesem Grunde glaube ich noch drei andere hinzufügen zu können, welche sich der Beachtung bisher entzogen haben. Den ersten entnehme ich der Tracht des alten Ariers: es war das Schurzfell[3]), den zweiten der Zeit des Aufbruchs aus der Heimat: Anfang März, den dritten der Beschränkung der Wanderzeit auf die drei Frühlingsmonate: März, April, Mai.

1. Das Schurzfell.

Daß es die Tracht des alten Ariers bildete, entnehme ich der uns von dem römischen Juristen Gajus III 192, 193

---

3) Ich habe auf den Schluß, zu dem es auf den ursprünglichen Wohnsitz der Arier berechtigt, im vorübergehen schon an anderer Stelle aufmerksam gemacht: Geist des römischen Rechts Bd. 2 (3. Aufl. 1874) S. 159 Anm. 208; im Text gebe ich die genauere Begründung.

geschilderten Form der römischen Haussuchung nach gestohlenen Gegenständen furtum licio et lance conceptum. In den römischen solennen Formen hat sich, wie später durch eine Menge von Beispielen dargethan werden wird, außerordentlich viel von den Gebräuchen und Einrichtungen der Urzeit erhalten. Zu ihnen gehört meiner Ansicht nach auch die Form der Haussuchung. Sie bestand darin, daß der Bestohlene lediglich mit dem Schurzfell: licium[4]) bekleidet und mit einer leeren Schüssel (lanx) versehen, sich in das Haus des Verdächtigen verfügte, um dort die Haussuchung vorzunehmen. Die Schüssel hat hier kein Interesse, ihr Zweck war offenbar der, anzudeuten, daß es auf ein Holen abgesehen war, was nicht deutlicher als durch eine leere Schüssel oder einen leeren Korb veranschaulicht werden kann, und sie findet sich nur bei der römischen Form der Haussuchung. Dagegen wiederholt sich das Schurzfell auch bei den Griechen und in etwas veränderter Gestalt, nämlich als langes härenes Hemd auch bei den Nordgermanen[5]). Es ergiebt sich daraus, daß wir eine Form vor uns haben, die den Indoeuropäern vor ihrer Trennung gemeinsam gewesen sein muß. Unmöglich können die Nordgermanen die Form von den Griechen oder Römern entlehnt haben und ebensowenig diese von jenen. Nicht minder unbestreitbar scheint mir, daß die griechisch-römische Form die ursprüngliche war, die von den Nordgermanen nur dem raueren Klima angepaßt worden ist. Wäre das Hemd die ursprüngliche Form gewesen, so würden Griechen und Römer keine Ursache gehabt haben, es mit dem Schurzfell zu vertauschen.

Wozu nun das Schurzfell bei der Haussuchung? Die gangbare Ansicht, die auch ich früher geteilt habe, lautet: um

---

4) Gaj. III 193: consuti genus, quo necessariae partes tegerentur.

5) Im altslavischen Recht habe ich sie bei den mir zu Gebote stehenden dürftigen Mitteln nicht zu entdecken vermocht, ich empfehle den Punkt der Beachtung der slavischen Rechtshistoriker.

das Verstecken der angeblich gestohlenen Sache unter den Kleidern zu verhindern. Ward sie gefunden, so büßte der Verdächtige es nach römischem Recht mit dem Vierfachen ihres Wertes, es mußte also der Gefahr begegnet werden, daß der Suchende die angeblich gestohlene Sache selber unter den Kleidern versteckt mitbrachte und im Hause verbarg, um sie aufzufinden⁶). Gewiß! Aber bedurfte es dazu, daß er nackend erschien? Wozu dies, wenn es sich um einen Gegenstand handelte, der sich unter die Kleider garnicht verstecken ließ, z. B. um angeblich gestohlenes Vieh, einen Speer? Nach der allgemein lautenden Vorschrift des römischen Rechts mußte die Form sicher auch dann beobachtet werden. Aber selbst wenn es sich um Gegenstände handelte, welche sich unter den Kleidern verstecken ließen — die Urzeit wird kaum welche gekannt haben, Juwelen, Gold- und Silbersachen gab es damals noch nicht — wozu das Nackterscheinen? Eine genaue Durchsuchung der Kleider gewährte dieselbe Sicherheit. Den besten Beweis dafür, daß dieselbe nach Ansicht der Römer ausreichte, gewährt der Umstand, daß sie noch eine zweite Form der Haussuchung kannten — ich will sie im Gegensatz zu der ersten, der arischen als die römische bezeichnen — bei der der Suchende bekleidet erschien, zu deren Anwendung es aber der Zustimmung des Verdächtigen bedurfte. Um ihn willfährig zu machen, bewilligte man ihm eine Prämie, indem man die Strafe, welche bei Entdeckung der Sache auf Grund der arischen Haussuchung das Vierfache des Werts betrug, bei dieser Form auf das Dreifache herabsetzte. Es war ein mit echt römischer Schlauheit berechneter Fühler. Wer die Entdeckung zu besorgen hatte, nahm den Vorschlag bereitwillig an, im schlimmsten Fall kam er mit dem Dreifachen davon; der Unschuldige wies ihn zurück, für die ungerechtfertigte Beschuldigung ward ihm die Genugthuung,

---

6) Nach dem Bericht von Gaj. III 193 wollte man damit sogar das Mitbringen der Schüssel in Verbindung bringen: ut manibus occupantis nihil subjiciatur.

den Gegner unverrichteter Sache abziehen zu sehen und ihn, den Nackten, den Blicken und dem Gespött der schaulustigen Menge auszusetzen, und es läßt sich annehmen, daß die Haussuchung in diesem Fall als voraussichtlich ergebnislos gänzlich unterblieb — man denke sich einen vornehmen Römer, der vor den Augen des Volks nackt erscheinen sollte, das ganze römische Volk wäre zusammengelaufen, um sich an diesem Schauspiel zu weiden.

Auch der Umstand, daß der Suchende Zeugen mitbrachte, für die das Erfordernis des Nackterscheinens nicht bestand[7]), lehrt, wie wenig es mit der Gefahr des Versteckens unter den Kleidern auf sich hatte. Hätte sie in Wirklichkeit bestanden, so hätten auch die Zeugen nackt erscheinen müssen, denn was nützte es, der Hauptperson die Möglichkeit des Verbergens und Versteckens abzuschneiden, wenn sie seinem Helfershelfer unbenommen blieb? Hielt man bei den Zeugen, um diese Gefahr abzuwehren, das Nackterscheinen nicht für nötig, erblickte man bei ihnen vielmehr in dem Durchsuchen der Kleider eine vollständige Garantie dagegen, warum nicht auch bei der Hauptperson?

Ich glaube damit dargethan zu haben, daß die Annahme einer tendenziösen Bestimmung der alten Form der Haussuchung völlig unhaltbar ist. Durch praktische Gründe in keiner Weise geboten, da die zweitgenannte Form zu dem Zweck völlig ausreichte, hätte diese Form die Haussuchung in einer Weise erschwert, welche sie für angesehene Personen geradezu ausgeschlossen, den ihnen zugedachten Rechtsschutz praktisch völlig illusorisch gemacht hätte. Die richtige Ansicht ist folgende.

Das Schurzfell war die übliche Tracht des alten Ariers, wie sie noch bis auf den heutigen Tag die des gemeinen Hindu

---

[7]) Gaj. III 186 gedenkt der Zeugen zwar nur bei der neuen Form der Haussuchung, es wird sich aber bei der ältern nicht anders verhalten haben.

ist[8]), die Form gehört also zur Klasse der residuären, wie ich sie zu nennen pflege[9]): Einrichtungen, welche, ursprünglich durch die realen Verhältnisse des Lebens bedingt, sich für gewisse Anwendungsfälle als bloße leere Formen erhalten hatten, nachdem der Fortschritt der Technik sie für das gewöhnliche Leben längst beseitigt hatte — Versteinerungen der Urzeit.

Habe ich damit das Richtige getroffen, so gewinnt das Schurzfell den Wert eines **Ursprungscertifikats der Indoeuropäer**, es reiht sich in seiner Beweiskraft dem Überwintern des Viehs im Freien an. Wenn man jemandem die Frage vorlegt: unter welchem Himmelsstrich wird ein Volk gewohnt haben, wo der Mensch unbekleidet ging, und das Vieh den Winter im Freien zubrachte? er wird sich nicht erst zu besinnen brauchen, um zu antworten: unter einem sehr heißen.

2. Die Zeit des Aufbruchs aus der Heimat.

Die Arier haben, wie ich demnächst (§ 37, 38) darthun werde, im Anfang März, nach der im Vestakultus fixierten römischen Tradition genau am ersten März die Heimat verlassen. Daraus ergiebt sich der Schluß auf das Klima des Heimatlandes von selbst. Wäre es in der gemäßigten Zone gelegen gewesen, nie und nimmer würden sie, da ihnen ja die Wahl der Aufbruchszeit frei stand, so früh aufgebrochen sein, sie hätten, wenn nicht den Mai, doch mindestens die Mitte April abgewartet. Um jene Zeit ist das Wetter in der gemäßigten Zone noch zu rauh, der Schnee ist kaum geschmolzen, das Vieh hat Mühe, unter ihm das Futter zu suchen, das Erdreich ist naß, der Marsch dadurch in hohem Grade erschwert, nicht minder der Kampf mit dem Feinde, Übernachten unter

---

8) Richard Garbe, Leben der Hindus, in Westermanns Monatsheften Bd. 68 (1890) Aprilheft S. 114.

9) Geist des R. R. III S. 509, wo eine Menge Beispiele namhaft gemacht sind.

freiem Himmel mit Weib und Kind, wie es durch die Verhält=
nisse der Wanderung für den großen Haufen sicherlich geboten
war ¹⁰), gänzlich unmöglich. Anfang März muß also das Wetter
bereits warm genug gewesen sein, um den Marsch zu er=
möglichen, der etwaige Schnee war längst geschmolzen, die Wege
trocken, ein Übernachten im Freien ohne Gefahr für die Ge=
sundheit möglich. Man versetze das Heimatland des Ariers
im Geiste nach irgend einem der in Europa dafür namhaft ge=
machten Gegenden: nach Deutschland, Rußland, den Donau=
fürstentümern und frage sich, ob er hier bereits am ersten März
aufgebrochen wäre, — das war unter demselben Himmelsstrich
ausführbar, der es ihm ermöglichte, seine Bekleidung auf das
Schurzfell zu beschränken: unter dem von Mittelasien.

3. Beschränkung der Wanderzeit auf die drei Frühlingsmonate.

Während der Wanderung stellten die Arier den Marsch
stets mit dem Ende des Frühlings ein, nach der im römischen
Festkalender fixierten Tradition genau mit dem letzten Mai
(§ 42), dann ging es an das Aufbauen von Hütten, unter
denen man den heißen Sommer und den kühlen Winter zu=
brachte, und erst am folgenden ersten März brach man
wieder auf. Das Jahr war in zwei Abschnitte geteilt: Heer=
fahrt während des Frühlings (ver sacrum der Römer) und
Rastzeit während Sommer und Winter, den Herbst kannte man
noch nicht. — Warum diese Einstellung des Marsches während
des Sommers? Ich vermag keine andere Antwort darauf zu

---

10) Daß der Feldherr in einem Zelte übernachtete, ergiebt sich
aus dem Ritual des servare de coelo (§ 50), und dasselbe mag auch
bei anderen der Fall gewesen sein, die eine hervorragende Stellung
einnahmen, z. B. den Unterfeldherren, Priestern, Auguren u. s. w., für
den gemeinen Mann aber wird man sich sicherlich nicht mit Zelten be=
schwert haben.

finden, als: weil die Hitze zu stark war. Das trifft aber wiederum für ein heißes Klima zu, unter einem kühleren Himmelsstrich würde man jedenfalls den ungeeigneten Monat März mit dem Juni vertauscht haben. Was die Sommerhitze für ihn zu bedeuten hatte, dafür legt der Mythus des Ariers von dem feuerspeienden Drachen, d. i. den versengenden Sonnenstrahlen, die Gott Indra, d. i. der Regengott, bekämpft, ein beredtes Zeugnis ab. Da dieser Mythus sich auch bei den Standinaviern im hohen Norden wiederholt, bei denen er doch unmöglich entstanden sein kann, so ergiebt sich daraus, daß sie ihn von den Ariern überkommen haben, er legt also ein vollgültiges Zeugnis dafür ab, daß die Heimat der Indoeuropäer in der heißen Zone gelegen gewesen ist [11]).

So stimmen also sämtliche vier im bisherigen aufgeführte Thatsachen: das Überwintern des Viehs im Freien — das Schurzfell — Beginn des Marsches mit dem ersten März — Einstellung desselben mit dem letzten Mai — überein, um uns zu dem Schluß zu führen, daß die Heimat der Arier der heißen Zone angehörte, und es liegt daher kein Grund vor, die Zuverlässigkeit der Berichte der Alten über den Wohnsitz der Arii zu bezweifeln.

Einen wichtigen Anhaltspunkt für die genauere Bestimmung desselben gewährt in meinen Augen die Unbekanntschaft der Arier mit dem Salz. Nach den Ausführungen von Viktor Hehn [12]) kann sie meines Erachtens als unzweifelhaft gelten. Dem arischen Muttervolk und selbst dem iranischen Tochtervolk war das Salz dem Namen wie der Sache nach fremd, die Indoeuropäer haben es, wie der bei ihnen allen sich wiederholende Ausdruck ($ἅλς$, sal, goth. salt, Salz, slav. slatina,

11) Das Verdienst, auf dieses Zeugnis zuerst aufmerksam gemacht zu haben, gebürt Hans von Wolzogen, Zeitschrift für Völkerpsychologie und Sprachwissenschaft VIII S. 286 fl., Referat bei Schrader a. a. O. S. 135.

12) Das Salz, eine kulturhistorische Studie, Berlin 1873.

altslav. soli, altirisch salann), den sie sicherlich der Sprache der Eingeborenen entlehnten, erst auf ihren Wanderungen kennen gelernt[13]). Aus der Unbekanntschaft des Ariers mit dem Salz ergiebt sich, daß seine Heimat nicht in der Nähe der oben genannten Salzsteppe im Westen von Iran gelegen gewesen sein kann, sonst hätte er das Salz notwendiger Weise kennen lernen müssen, der Wohnsitz des arischen Volks ist daher um viele Grade weiter östlich zu verlegen. Aber diese räumliche Entfernung würde meines Erachtens allein noch nicht ausgereicht haben, um zu verhindern, daß das Salz bis dahin vordrang, es muß ein anderes, natürliches Hindernis von unüberwindlicher Art obgewaltet haben, welches seinem Vordrängen eine Grenze setzte, und als solches kann ich mir nur ein hohes, mächtiges Gebirge denken, welches den Arier von allen Seiten wie mit Gefängnismauern umgab und ihn von der Verbindung mit der Außenwelt abschloß. Dieser Schauplatz findet sich an den nördlichen Abhängen des Himalaja im heutigen Hindukusch. Hier haben die Arier, abgeschnitten von aller Berührung mit den jenseits des Gebirges lebenden Völkern anderer Zunge und Kultur viele Jahrtausende lang ganz beschränkt auf sich selber gelebt. Daß sie nicht, wie manche wollen, auf den Höhenzügen des Gebirges ansässig waren, wo ein niedriger Temperaturgrad herrschte, sondern in den Niederungen: den Thälern und Hügeln und kleineren Bergen, wo die Sonne Mittelasiens ihre volle Glut entfaltete, ergiebt sich aus den obigen Zeugnissen für das heiße Klima. Auf den kalten Höhenzügen hätte das Vieh nicht im Winter im Freien übernachten können, es hätte des schützenden Stalls bedurft, ebensowenig würde der Mensch sich bloß mit dem Schurzfell bekleidet, es vielmehr mit dem Schafpelz vertauscht haben, und der Aufbruch bei der Auswanderung hätte unmöglich am ersten März erfolgen können, wo alles noch mit Schnee bedeckt war.

---

13) Wo? darüber s. Hehn S. 19.

Eine Unterstützung für diese auf die Unbekanntschaft mit dem Salz gestützte Annahme der Absperrung des arischen Volks von der Außenwelt, erblicke ich in dem im Vergleich zu seiner hohen geistigen Begabung äußerst befremdenden niedrigen Niveau, das es, wie demnächst gezeigt werden soll, in Dingen der äußeren Kultur einnimmt. Ich vermag mir diese Thatsache nur dadurch zu erklären, daß es ohne alle Anregung von außen lediglich auf sich selbst angewiesen war.

Eine andere Unterstützung finde ich in dem für das ver sacrum der Römer geltenden Grundsatz der gänzlichen Beseitigung der Zugehörigkeit der die Heimat verlassenden Schar zum Muttervolk. Wie ich demnächst (§ 37, 38) nachweisen werde, enthielt das ver sacrum eine Nachbildung des Auszugs der Arier aus der Heimat, jener Grundsatz sagt also in historischer Beziehung aus, daß das arische Tochtervolk sich mit der Auswanderung aus der Heimat vom Muttervolk gänzlich und für immer losgerissen hat. Das ist aber nichts weniger als natürlich. Die natürliche Form der Auswanderung eines Bruchteils des Volks ist, daß das Stammvolk seine Verbindung mit ihm unterhält; so geschah es in Griechenland und Rom bei Aussendung von Kolonieen. Dagegen bei den auswandernden Ariern war es mit dem Überschreiten des Gebirges, das ihre Heimat von der Außenwelt trennte, um die Erhaltung der ferneren Verbindung mit dem Muttervolk für immer geschehen, ein Pfropfreis vom Baum abgerissen und in die Ferne getragen, um dort in den Boden gesenkt zu werden. Das Hindernis, welches das Gebirge der Ausbreitung der Arier über ihr ursprüngliches Herrschaftsgebiet entgegensetzte, hinweg gedacht, und sie würden es sicherlich ebenso gemacht haben, wie andere Völker, z. B. die Slaven, wenn der Boden für die Bevölkerung nicht mehr ausreichte, das heißt sie würden sich immer weiter ausgedehnt haben, ohne die Verbindung unter sich aufzuheben. Aber das Gebirge setzte dem ein unübersteigliches Hindernis entgegen, das einzige Mittel, das erübrigte, bestand in der

Auswanderung des überschüssigen Teils der Bevölkerung, der damit seine Verbindung mit dem Muttervolk für immer abbrach. So und nur so erklärt sich der erwähnte, mit der sonstigen Weise der Römer im schroffsten Widerspruch stehende Grundsatz beim ver sacrum, er findet seine natürliche und meines Erachtens zugleich seine einzige Erklärung in dem hervorgehobenen orographischen Moment der arischen Heimat.

Vielleicht hängt mit dieser durch natürliche Hindernisse bewirkten gänzlichen Abgeschiedenheit des Ariers auch noch die vollendet einheitliche, planmäßige Entwicklung seiner Sprache zusammen. Unbeeinflußt durch fremde Idiome, durch deren Sprachformen und Wortschatz konnte sie sich auf diesem völlig abgeschlossenen Gebiete ganz aus sich selber entwickeln und dadurch die wunderbare Durchbildung erlangen, welche sie vor den Sprachen aller anderen Völker auszeichnet; die volle Entfaltung der sprachlichen Keime ward durch keine Einwirkung von außen gestört. Dem Urteil der Sprachforscher muß ich es überlassen, ob eine solche gänzliche Isolierung einer Sprache in der Periode ihrer Ausbildung den von mir hier vermuteten Einfluß in Wirklichkeit auszuüben vermag.

Die ganze im bisherigen versuchte Deduktion der gänzlichen Abgeschiedenheit der Arier durch ein sie umgebendes Gebirge würde hinfällig werden, wenn es wahr wäre, daß sie das Meer gekannt haben. Ohne auf die dafür und dagegen vorgebrachen Gründe weiter einzugehen, was völlig übel angebracht sein würde, begnüge ich mich mit der Erklärung, daß ich mich aus voller Überzeugung der Ansicht bewährter Forscher anschließe, welche es verneinen; für mich giebt schon allein der Umstand den Ausschlag, daß die Arier das Salz nicht gekannt haben.

— — —

II. Der Kulturgrab der Arier.

III. Von ungleich höherem Interesse als die Ermittelung der Urheimat ist die Bestimmung des Kulturgrades des arischen Muttervolkes, seiner äußeren Einrichtungen und seiner ethischen Anschauungen. Ich teile nicht die vielfach vertretene Ansicht, welche dem Muttervolk sowohl in technischer wie intellektueller und moralischer Beziehung einen hohen Grad der Entwicklung zuerkennt. Da soll das Muttervolk bereits den Ackerbau gekannt, sich auf die Verarbeitung des Metalls verstanden, in Städten gewohnt und in sittlicher Beziehung alle anderen Völker weit überragt haben — lauter Dinge, von denen sich bei genauerer Betrachtung das Gegenteil ergiebt. Das Bestreben, den Europäern möglichst würdige Vorfahren zu geben, scheint die Ideen mancher Schriftsteller beeinflußt zu haben, es ist ein Stück wissenschaftlichen Chauvinismus. Dem Widerspruch, der dagegen von anderer Seite, insbesondere durch Viktor Hehn erhoben ist, schließe ich mich aus voller Überzeugung an, und ich glaube ihn noch nach einigen Seiten hin, nach denen er bisher noch nicht laut geworden ist, näher begründen zu können.

Nur in einem einzigen Punkt weist das Muttervolk einen Höhengrad geistiger Entwicklung auf, welcher unsere volle Bewunderung erregt: in Bezug auf seine Sprache. Nach dem Urteil der Sprachkenner ist sie die höchst entwickelte, die wir überhaupt kennen[14]). Die hervorragende geistige Beanlagung des Volks, für welche außerdem auch die indische Philosophie in der vedischen Periode und die Poesie der späteren Zeit das glänzendste Zeugnis ablegt, wird dadurch völlig außer Zweifel

---

14) Worte von A. Schleicher, in Hildebrands Jahrbüchern für Nationalökonomie I S. 404. Er fügt die Bemerkung hinzu, daß „nach den Gesetzen des Sprachlebens das Volk, welches diese Sprache rebete, mindestens zehn Jahrtausende hindurch gelebt haben müsse".

gesetzt. Um so befremdender aber ist es, wie es in praktischen Dingen so außerordentlich weit zurückbleiben konnte. In dieser Beziehung waren die Semiten und Ägypter ihm weit überlegen. Zu einer Zeit, als diese bereits ein reiches Kulturleben hinter sich hatten, saßen die Arier noch in ihren Dörfern, kannten weder Städte noch Ackerbau, noch die Verarbeitung des Metalls zu technischen Zwecken, nicht einmal zum Gelde, keinen Zwischenhandel, keine ausgebildeten Rechtseinrichtungen, selbst ein besonderer Name für das Recht war ihnen fremd. Das Meer, das sie mit fremden, in der Kultur weiter fortgeschrittenen Völkern hätte in Verbindung setzen können, hatten sie nach der Ansicht, die ich für die richtige halte, damals noch nicht erblickt. Der Schluß von den Schiffen, richtiger wohl den Nachen oder Böten, die sie kannten, auf ihre Bekanntschaft mit der See ist ein übereilter, dieselben vertragen sich auch mit bloßer Flußschiffahrt. Gewaltige Ströme, wie den Euphrat und den Tigris, welche für die Babylonier die Lebensadern des lebhaftesten Verkehrs wurden, hatte die Natur den Ariern in dem Gebirgsland, das sie bewohnten, versagt.

Ich stelle die einzelnen Züge zu dem Bilde des Muttervolks, das ich im folgenden auszuführen gedenke, hier im voraus übersichtlich zusammen.

1. Das Muttervolk kannte keinen Ackerbau;
2. es war ein Hirtenvolk, und zwar
3. ein seßhaftes und höchst zahlreiches;
4. es kannte keine Städte;
5. auch nicht die Bearbeitung des Metalls;
6. in Bezug auf seine Rechtseinrichtungen nahm es eine äußerst niedrige Stufe ein.

1. Kein Ackerbau.

IV. Die Gründe, auf welche die herrschende Ansicht die entgegengesetzte Behauptung stützt, sind nicht stichhaltig. Unter

ihnen bedürfen meines Erachtens nur folgende der Berück=
sichtigung.

Zuerst die Bekanntschaft mit gewissen Getreidearten. Der
Schluß, daß sie künstlich durch Feldwirtschaft gewonnen seien,
ist ein irriger, es können wildwachsende gewesen sein, die man
einsammelte, wie bei uns heutzutage die im Walde wachsenden
Beeren.

Sodann die Übereinstimmung von sanskr. ajras, griech.
ἀγρός, lat. ager, got. akrs, deutsch Acker. Allein die An=
nahme, daß ajras Ackerland bedeutet habe, ist eine unbegründete,
es bedeutete Weideland (§ 5).

Endlich die Abstammung von griech. ἀροῦν, lat. arare,
got. arjan = pflügen von der Sanskritwurzel ar. Aber diese
Wurzel hatte nicht die Bedeutung von pflügen, sondern von
zerteilen, die beiden davon gebildeten Substantiva der Mutter=
sprache (aritra Ruder, aritar Ruderer, erhalten im altschweb.
ar = Ruder und ruderpflichtiger Distrikt), haben nicht das
Zerteilen des Landes, sondern des Wassers: die Schiffahrt zum
Gegenstande, die wie die Übereinstimmung von sanskr. nau, nav
mit ναῦς, navis, Nachen zeigt, dem Muttervolk schon damals
bekannt war. In dieser Bedeutung für rudern haben die
beiden Ausdrücke sich erhalten in ἐρέτης Ruderer, τριήρης
Dreiruderer, ratis Floß. Den Pflug haben die Arier erst
kennen gelernt nach der Trennung des Tochtervolks. Sie selber
führen die Bekanntschaft damit auf das unterjochte Volk der
Açvin zurück, das nach dem Rigveda „mit dem Pflug Getreide
säend dem Ariervolk großes Glück gebracht habe"[15]), und dazu
stimmt, daß der Ausdruck dafür vrka (Wolf, d. i. das wilde,
das Erdreich zerreißende Tier) sich in keiner der Töchtersprachen
wiederholt. Der Umstand aber, daß der Ausdruck dafür diesen

---

15) Heinrich Zimmer, Altindisches Leben, Berlin 1879,
S. 235.

II. Kulturgrab. 1. Kein Ackerbau. § 4.

Töchtersprachen allen gemeinsam ist¹⁶), zeigt, daß die Indoeuropäer den Pflug zu einer Zeit kennen lernten, als sie sich voneinander noch nicht getrennt hatten. Sie bedienten sich zur Bezeichnung desselben des Ausdrucks der Muttersprache für Ruder; die Vorstellung, die sie dabei leitete, war: wie das Ruder das Wasser, so zerteilt der Pflug das Land. Neben diesem Ausdruck kommt bei Slaven und Germanen noch plugŭ, pliuges, Pflug vor, es wird der Ausdruck gewesen sein, mit dem das Volk, von dem sie den Ackerbau erlernten, selber ihn bezeichnete.

Wie die Sprache des Ariers keinen Ausdruck für Pflug besitzt, so auch nicht für den Herbst, von den Jahreszeiten unterschied er nur Sommer (samā)¹⁷) und Winter (himā). Der Herbst ist für den Hirten ohne Bedeutung, er hat nichts, was ihn veranlassen könnte, diese Jahreszeit von den anderen abzuheben, da sie ihm nichts besonderes bringt. In heißen Klimaten, wo das Vieh im Freien überwinterte, hat überhaupt keine Jahreszeit eine hervorragende Bedeutung für seine Beschäftigung, sie sind sich alle gleich. Aber für den Landwirt sind sie es nicht, er kennt zwei stille Jahreszeiten ohne Beschäftigung: Sommer und Winter und zwei geschäftige: Frühling und Herbst, die Zeit der Aussaat und die der Ernte. Das Aufkommen

---

16) Griech. ἄροτρον, lat. aratrum, altnord. aror, kelt. (irisch) arathar und plaum - orati (für den erst später in Gallien aufgekommenen zweiräbrigen Pflug mit eiserner Schar, Hehn a. a. O. S. 457).

17) Von althochd. sumar, mittelhochd. sumer, unser Sommer, von hima lat. hiems, griech. χειμών, für Frühling und Herbst giebt es keine Anknüpfung in der Muttersprache. Der Arier zählte nach Sommer und Winter, was sich noch bei manchen der Töchtervölker erhielt. Erst mit dem Aufkommen des Ackerbaus kam der Herbst (çarad) dazu, und später noch andere Jahreszeiten bis zu 5 und selbst 6. Der Einfluß der klimatischen Verhältnisse der neuen Wohnsitze des Volks ist hier deutlich wahrnehmbar. S. über das alles Zimmer a. a. O. S. 371 fl.

der Sprachbezeichnung für den Herbst ist ein sicheres Zeichen für das Aufkommen der Landwirtschaft, Mangel derselben bei einem Volk von ausgebildeter Sprache wie dem arischen ein sicheres Zeugnis für seine Hirtenexistenz. Der Herbst ist die Zeit des Segens, der Freude und der Feste, ein Volk, das sie kennt, besitzt dafür auch einen besonderen Ausdruck. Die Ausdrücke für den Herbst in den indoeuropäischen Sprachen stammen, wie ihre Verschiedenheit zeigt, erst aus der Zeit nach ihrer Trennung untereinander [18]).

Einen anderen Beleg für die Behauptung, daß den Ariern der Ackerbau unbekannt war, werde ich unten (§ 39) bei Gelegenheit der Gestaltung des Opfergelöbnisses beim ver sacrum beibringen, es beschränkte sich auf das Herdenvieh; wäre den Ariern der Ackerbau bekannt gewesen, so hätte es sich auch auf die Feldfrucht erstrecken müssen, die überall, wo sich der Ackerbau findet, in Gestalt des unblutigen Opfers neben dem blutigen Tieropfer auftritt.

2. Das Muttervolk war ein Hirtenvolk.

V. Dafür fällt zunächst die sprachliche Bezeichnung des Landes mit ajras ins Gewicht. Der Ausdruck stammt von der Wurzel aj = treiben, ajras stellt uns also sprachlich das Land dar, auf das etwas (das Vieh) getrieben wird: die Viehtrift. Aus dieser Bedeutung des Treibens im landwirtschaftlichen Sinne ist später die erweiterte für jede Art der Thätigkeit hervorgegangen. Unsere heutige Wendung: was treibst du?

---

18) Der Italiker entlehnte den Ausdruck für Herbst der Vorstellung des Sättigens (autumnus von Sanskr. Wurzel av sich sättigen, Baničzek, Griech.-lat. etymolog. Wörterbuch I 67, II 1235), der Germane der des Erntens, Pflückens (Herbst „von einer im Germanischen verlorengegangenen Wz. harb aus karp, lat. carpere, griech. καρπός Frucht", Kluge, Etym. Wörterbuch S. 133).

ebenso die lateinische: quid agis? führt ihrem historischen Ur=
sprung nach auf das Hirtenleben der Urzeit zurück, — im
Viehtreiben ist dem Menschen der Begriff der Thätigkeit zuerst
zum Bewußtsein gekommen — am bezeichnendsten dafür ist das
Sprichwort: wie mans treibt, so gehts, das sich nur bilden
konnte in Anwendung auf das Vieh.

In ἀγρός und ager hat sich ajras zu der Bedeutung von
Land schlechthin erweitert, während in den germanischen
Sprachen daraus das unter dem Pflug gehaltene Land (Acker
alth. acchar, got. akrs und a. m.) geworden ist, ein unzwei=
deutiger Beweis für den erst in die Zeit nach der Trennung
des Tochtervolks vom Muttervolk fallenden Übergang vom
Hirtenleben zur Feldwirtschaft.

Die Weiden waren Gemeindeweiden, Privateigentum an
Grund und Boden war der Urzeit unbekannt [19]), das Land ge=
hörte der Gemeinde. Germanen und Slaven haben an dieser
Einrichtung, selbst als sie zum Ackerbau übergingen, noch lange
festgehalten, während die römische Sage die Einführung des
Privateigentums am Ackerland auf Romulus zurückführt, der
jedem Bürger ein heredium (= Eigentum, heres in ältester
Sprache = Eigentümer, so noch in der lex Aquilia) zugeteilt
habe. Für Weideland hat sich auch bei den Römern noch
Jahrhunderte hindurch das Gemeindeeigentum behauptet (ager
publicus = populi im Gegensatz zum ager privatus = privi,
daher auch proprietas = quod pro privo est), ebenso bei Ger=
manen und Slaven; die Annahme, daß die Weiden des Mutter=
volks gemeine gewesen seien, kann daher nicht dem geringsten
Zweifel unterliegen.

Das Zusammentreiben der Herden verschiedener Eigentümer

---

[19]) Es genügt, auf die bekannte Schrift von de Laveleye,
De la propriété et de ses formes primitives, 1874 (deutsche
Bearbeitung von K. Bücher: Das Ureigentum 1879) zu verweisen.

auf eine und dieselbe Weide ist unausführbar, wenn nicht Sorge dafür getragen wird, das Eigentum an ihnen zu unterscheiden. Bei den Römern geschah dies durch Zeichnen derselben (signare), jedem Stück ward das Zeichen der Hutgenossenschaft und das des einzelnen Eigentümers eingebrannt [20]). Die Einrichtung schloß nicht bloß die an das Verlaufen des Viehs geknüpfte Unsicherheit des Eigentumsverhältnisses gänzlich aus — jeder, der es fand, wußte, wohin es gehörte, es trug seinen Heimatstempel an sich — sondern sie minderte auch die Gefahr des Viehdiebstahls — der Stempel verkündete jedem, dem das Vieh zum Verkauf angeboten ward: „gestohlen bei dem und dem, hüte dich, es zu kaufen". Zwei Rechtseinrichtungen: die Vindikation und der Nießbrauch an einer Herde wären ohne sie praktisch undurchführbar gewesen [21]).

---

20) Notam inurere Virg. Georg, III 158: continuoque notas (Zeichen des Eigentümers) et nomina gentis (= das der Hutgenossenschaft) inurunt. Bei Schafen, Ziegen, wo das Zeichen durch das Wachsen der Wolle und Haare bedeckt worden wäre, ward es mit Farbe aufgetragen. So erklärt sich Gaj. IV 17 .... ex grege vel una ovis aut capra in jus adducebatur vel etiam pilus inde sumebatur. Unter pilus ist nicht ein beliebiges Büschel Wolle oder Haare zu verstehen. Dasselbe würde für die schon im ersten Termin vorzunehmende Erteilung der Vindicien gar keine Beweiskraft gehabt haben — sondern dasjenige, auf dem sich die mit Farbe aufgetragene Eigentumsmarke befand, und das man abschneiden konnte, ohne nötig zu haben, das Tier vor Gericht zu führen. Bei Tieren, denen das Zeichen eingebrannt war, ließ sich die Vorführung vor Gericht nicht umgehen.

21) Unsere Theorie ist auch hier, wie so oft, an der Beweisfrage achtlos vorüber gegangen, sie begnügt sich mit der Betonung der abstrakten Möglichkeit beider Verhältnisse, ohne sie sich in ihrer konkreten Durchführbarkeit, d. h. in Bezug auf den Beweis zu veranschaulichen. Wie hätte der Vindikant, wenn seine Herde zwischen die eines anderen geraten wäre, den Beweis führen sollen, welche Stücke ihm gehörten, und wie dieser den ihm für seine contravindicatio (l. 2 de R. V. 6, 1) obliegenden? Die Eigentumsmarke beider beseitigte jede Schwierigkeit.

II. Kulturgrad. 2. Ein Hirtenvolk. § 5.

Ganz ebenso verfuhr der Germane mit seiner Hausmarke, und nicht anders kann er es in der Urzeit des Muttervolks gehalten haben, nur daß das **Einbrennen** mit Eisen damals

Die Vindikation der Herde reduzierte sich auf den Streit um die Eigentumsmarke, wie die einer Erbschaft auf den Streit um das Erbrecht; war er entschieden, so ergab sich die Anwendung auf die dazugehörigen einzelnen Stücke von selbst, die Angabe der letzteren bildete kein Erfordernis der intentio, sondern der Verwirklichung, der condemnatio. Auf das numerische Verhältnis der einzelnen Stücke zu der Herde des Klägers und Beklagten, auf welches Paulus in l. 2 de R. V. 6, 1) Gewicht legen will, kann unmöglich etwas angekommen sein; dies hätte geheißen, daß der Kläger, wenn von seiner Herde 100 unter die von 110 des Beklagten gekommen wären, nicht die Herde, sondern die einzelnen Stücke hätte vindizieren, d. h. die sämtlichen 100 Schafe, Ochsen hätte vor Gericht führen müssen! Eben um diese Absurdität zu vermeiden, hatte das alte Recht mit weisem Vorbedacht die Vindikation der Herde zugelassen, sie wird daher ebenso wie die hereditatis petitio (l. 5 pr. l. 10 pr. de her. pet. 5, 3) auch dann Platz gegriffen haben, wenn nur einzelne Stücke sich verlaufen hatten; der Umstand, daß die Klage auf die Herde gerichtet werden konnte, überhob den Kläger der Nötigung, die Zahl in der intentio anzugeben: hätte er es müssen, so würde er, wenn eins der ihm abhanden gekommenen Stücke sich wo andershin verlaufen hätte, wegen plus petitio den ganzen Prozeß verloren haben. Dieser Gefahr und der Nötigung der Vorführung sämtlicher Stücke überhob ihn die vindicatio gregis. Die Ansicht von Paulus enthält einen neuen Beleg zu meinem über ihn (Besitzwille S. 274 fl.) gefällten Urteil.

Denselben Dienst wie bei der Vindikation der Herde leistete das Eigentumszeichen bei dem Nießbrauch nach Beendigung desselben. Der Nießbraucher war verpflichtet, an Stelle der abgängigen Stücke die Nachzucht einzustellen (summittere, l. 68 § 2—l. 70 de usu 7, 1). Die Einstellung geschah durch Einbrennen oder Auftragen des Zeichens (Virgil l. c. III, 159: quos malint summittere). Was der Usufruktuar von der Nachzucht unter die eigene Herde einstellte, zeichnete er mit seinem Eigentumszeichen, was unter die zum Nießbrauch vermachte, mit dem des Erblassers. Dadurch war der Beweis der geschehenen Einstellung aufs einfachste erbracht, der sich sonst unter Umständen —

noch nicht möglich war, man ersetzte es durch Auftragen von Farbe. Die auf die Haut des lebenden Viehs mittelst Farbstoff aufgetragenen Eigentumszeichen sind die ersten Schriftzeichen, die Haut des lebendigen Ochsen die erste Schreibtafel des arischen Muttervolks gewesen. Dieses Auftragen der Farbe liegt der Bedeutung des Wortes literae zu Grunde, es stammt wie li — nere beschmieren, bestreichen, li — neae das Bestrichene, der Strich, von der Sanskritwurzel li [22]), erst später hat das Auftragen dem Einritzen, Einkratzen, Eingraben auf Wachs, Holz, Stein, Erz (= scribere)[23]) Platz gemacht. Das Auftragen des Zeichens auf die Haut des lebendigen Ochsen führte dann zur Benutzung der Haut des toten zum Schreiben. In dieser Verwendung finden wir sie bei den Römern in ältester Zeit. Es war das clypeum, von dem Paulus Diaconus nach Festus (p. 56)[24]) berichtet: clypeum antiqui ob rotunditatem etiam corium bovis appellarunt, in quo foedus Gabinorum cum Romanis fuerat descriptum. Die Ochsenhaut war die älteste Schreibtafel der Römer, Völkerverträge die ersten Urkunden, welche darauf von ihnen verzeichnet wurden, bis später für diesen Zweck das Kupfer an ihre Stelle trat. Auch von den Juden zu Davids Zeit wird uns die Verwendung der Ochsenhaut zum Schreiben bezeugt. Aus diesem ersten rohen Schreibmaterial ist dann später in Pergamon die veredelte Form des Pergaments geworden.

Die Römer übertrugen das Einbrennen von Vieh auch

---

man denke an den Fall, daß die beiden Herden auf denselben Gründen weideten — garnicht hätte erbringen lassen; ohne die beiden Eigentumsmarken wäre das Eigentumsverhältnis an den beiderseitigen Herden gänzlich unentwirrbar gewesen.

22) Baniček a. a. O. II S. 800.
23) Baniček II S. 800, 1106.
24) Citiert nach der Ausgabe von Otfr. Müller, Leipzig 1839.

auf Menschen (Sklaven²⁵) und Kalumniatoren). Das Zeichnen stellt den Menschen auf dieselbe Stufe mit dem Vieh. Dieser Vorstellung entstammt die Bedeutung des Ausdrucks der römischen Rechtssprache nota — Makel, entsprechend unserem deutschen „Brandmal" und unserem Ausdruck „gezeichnet" in Anwendung auf Menschen. Auch die Vorstellung des Hervorragenden hat die Sprache mehrfach an das Vieh angeknüpft, so z. B. die lateinische in egregius, eximius (= aus der Herde als vorzüglich für einen besonderen Zweck z. B. das Opfer herausgenommen „auserlesen") und die deutsche in „ausgezeichnet". Die Periode des Hirtenlebens hat in der Sprache unvergängliche Spuren hinterlassen. Außer dem soeben angeführten und dem oben (S. 28) namhaft gemachten der metaphorischen Bedeutung des „Treibens" gehört dazu auch die Bezeichnung der Tochter als Melkerin und die des Geldes nach dem Vieh, von der sofort die Rede sein wird.

Der Ausdruck der Muttersprache für Vieh war paçu, erhalten in lat. pecus, germ. faihu, fihu, fëhu, feeh, vihe, Vieh. Die ihm zu Grunde liegende Sanskritwurzel pak bedeutet einfangen, binden, davon sanskr. pāça der Strick, die Fessel, die Schlinge²⁶). Das Wort vergegenwärtigt uns das im Freien weidende Vieh, welches eingefangen werden muß, wenn es gemolken²⁷), geschlachtet, vor den Wagen gespannt oder

---

25) Der Ausdruck dafür in der lex Aelia Sentia, welche derartigen Sklaven den Zugang zur römischen Freiheit verschloß, lautete: stigmata inscripta, Gaj. I, 13, Ulp. I, 11; es geschah zwangsweise bei wieder eingebrachten flüchtigen Sklaven, Quint. J. O. 7, 4, 14: fugitivo; Petron Satyr 103: notum fugitivorum epigramma.

26) Baniczek a. a. O. I S. 456. 460.

27) Das Melken besorgte die Tochter, welche danach den Namen der Melkerin (Skr. duhitar, zend. dugdar, griech. θυγατήρ, germ. douhtar, dotar, tohtar Tochter, von skr. duh = melken, Baniczek a. a. O. I S. 415) trägt.

wie bei den Schafen gerupft werden soll[28]) — das Bild des Südamerikaners, der auf seinen Prärieen das Vieh mit dem Lasso einfängt. Paçu ist das mit der paça gefangene Vieh.

Dem Vieh haben Römer und Germanen ihren Vermögens= begriff entlehnt. Im Lateinischen ist aus pecus pecunia (= Vermögen des Hausherrn) und peculium (= kleines Vieh, d. i. das Besitztum der Kinder und Sklaven) gebildet, im Gotischen bedeutet faihu und ebenso im Angelsächsischen feoh zugleich Vieh und Vermögen[29]). Das weist uns auf den Hirten hin, dessen Reichtum in Herden besteht, während es für den Ackerbauer, bei dem der Wert des Landes den Wert des zu dessen Bewirtschaftung erforderlichen Viehs bei weitem übertrifft, nicht paßt.

Ganz besonders lehrreich für diesen Gegensatz ist das alt= römische Recht. Es unterscheidet, wie an anderer Stelle dar= gethan werden soll, zwei Arten von Vermögensmassen: die familia und die pecunia. Die familia stellt uns den römischen Bauernhof dar, nebst allem, was zu seiner Bewirt= schaftung gehört: Sklaven, Zug= und Lastvieh. Diese Gegen= stände sind Sachen des mancipium (res mancipi), d. h. es bedarf zu ihrer Eigentumsübertragung einer solennen Form (mancipatio, in jure cessio), und sie können, durch den Eigen= tümer, dem sie abhanden gekommen sind, von jedem Besitzer vindiziert werden. Die pecunia umfaßt das gesamte übrige Ver= mögen, auf welches der Begriff des mancipium keine Anwendung findet, und danach werden die Sachen als res nec mancipi bezeichnet. Zu ihrer Eigentumsübertragung reicht die formlose

---

28) Das Scheren der Wolle war aus Mangel an Messern noch unbekannt.

29) Auch der Ausdruck Schaf ist zur Bezeichnung des Geldes verwandt worden. Ich erinnere mich desselben von meinem Vaterland Ostfriesland her, wo die Erbpachtsverträge der Kolonisten auf den Moorkolonieen (Vehnen) noch bis in meine Zeit hinein auf Gulden und Schaf lauteten.

Übergabe (traditio) aus, und der Rechtsschutz ist ein beschränkterer.

Das Recht an der familia ist das specifische des Römers, welches sich erst auf italischem Boden mit dem Übergang vom Hirtenleben zum Ackerbau ausgebildet hat (dominium ex jure Quiritium, das des Bauern an Haus und Hof, familia = Haus, famulus, familiaris = Hausgenosse, paterfamilias, Hausherr), dieses das des Hirten (pecus, pecunia). Der volle Schutz, den jenes genießt, hat zur Grundlage die Arbeit. Deren bedarf es nicht bloß zur Urbarmachung und Bestellung des Bodens, sondern auch zur Abrichtung der Tiere für den landwirtschaftlichen Betrieb. Aus Herdenvieh wird Zug= und Lastvieh (res mancipi = quadrupedes quae dorso collove domantur, Ulp. 19, 1), nicht schon dadurch, daß es aus der Herde herausgenommen wird, sondern es muß gezähmt, erzogen werden[30]), bis dahin bleibt es res nec mancipi. Der Hirte läßt das Tier, wie die Natur es geschaffen hat, der Bauer macht aus demselben etwas anderes, als es bisher war. Es wiederholt sich beim Tier derselbe Vorgang wie beim Lande. Der Hirte graſt auf den Weiden ab, was die Natur ohne ſein Zuthun hervorgebracht hat, ſeine Thätigkeit beſchränkt ſich auf die Aneignung deſſen, was er der Natur verdankt, ebenſo wie die des Jägers und Fiſchers; der Bauer kommt der Natur zu Hülfe, er zwingt ſie durch ſeine Arbeit, ihm zu geben, was ſie freiwillig nicht gewährt haben würde.

3. **Das Volk war ein seßhaftes und sehr zahlreiches.**

VI. Ob es ein seßhaftes geweſen, laſſen wir zunächſt dahingeſtellt, jedenfalls aber muß es ein ſehr zahlreiches geweſen ſein. Dafür ſprechen folgende drei Gründe:

---

30) Gaj. II, 15 .... non aliter, quam si domita sunt.

Erstens der Rückschluß von der Sprache. Die hohe Durchbildung derselben weist auf ein Leben des Volks von vielen Jahrtausenden hin (S. 24). Bei der Fruchtbarkeit aller Naturvölker muß es sich im Laufe dieser Zeit sehr vermehrt haben, und da ein Hirtenvolk zu seiner Existenz ein ungleich größeres Areal nötig hat, als ein Ackerbau treibendes (mindestens das Zehnfache), so muß es auch einen sehr weiten Flächenraum bedeckt haben. Daß trotzdem die Sprache ihre Einheitlichkeit zu behaupten vermochte, hat angesichts der sonstigen historischen Parallelen z. B. der arabischen Sprache nichts Befremdendes; übrigens sollen sich auch nach der Ansicht einiger neuerer Sanskritisten bereits beim arischen Muttervolk in der Heimat verschiedene Idiome ausgebildet haben [31]).

Zweitens der Rückschluß von der Zusammensetzung des Volks. Es zerfiel, wie die Germanen zur Zeit des Tacitus, in einzelne politisch völlig selbständige Stämme, die durch kein höheres Band zur Einheit verbunden waren, die Stämme wiederum in Gaue, die Gaue in Dorfschaften. Dies führt uns das Bild eines über einen weiten Raum sich erstreckenden höchst zahlreichen Volks vor Augen.

Drittens der Rückschluß von der numerischen Stärke des Tochtervolks auf das Muttervolk. Der Überschuß der Bevölkerung, den das Muttervolk bei Trennung der Indoeuropäer abgab, muß ein sehr beträchtlicher gewesen sein, sonst hätten sich diese nicht auf ihrem weiten Marsch nach Europa siegreich durchschlagen können, alle Widerstände, die sich ihnen entgegensetzten, zu Boden werfend. Es kann kein Bach, es muß ein gewaltiger Strom gewesen sein, der die Dämme durchbrach und seine Fluten verheerend dahin wälzte.

Diese einmalige Abgabe des Überschusses der Bevölkerung war nicht die einzige, die Sprache berichtet uns noch von einem zweiten Fall: die Trennung des iranischen Volksstammes

---

31) Schrader a. a. O. S. 155.

(Perser, Armenier u. s. w.) vom Muttervolk, und gleichwohl war dieses selber noch zahlreich und mächtig genug, um Indien zu überschwemmen.

Das arische Muttervolk muß zur Zeit der Trennung der Indoeuropäer von ihm nach Millionen gezählt haben. War aber dies der Fall, so kann es nur ein seßhaftes gewesen sein. Ein Volk, das nach Millionen oder selbst nur nach vielen Hunderttausenden zählt, kann nicht nomadisieren; man braucht sich den Gedanken bloß auszudenken, um sich von der Unmöglichkeit zu überzeugen. Ein ganzes Volk kann sich in Bewegung setzen, um statt der bisherigen neue Sitze zu gewinnen, wie dies seitens so vieler Völker geschehen ist, aber ein derartiger einmaliger Aufbruch eines ganzen Volks hat mit dem Nomadentum eines Hirtenstammes, das in dem periodischen Wechsel der Weideplätze besteht, nichts zu schaffen. Der Nomade kennt keine Heimat, er wandert heimatslos von einem Platz zum andern. Nur ein seßhaftes Volk hat eine Heimat, und wenn es sie verläßt, so geschieht es nur, um an Stelle der alten, welche ihm nicht mehr zusagt, eine neue bessere zu gewinnen; es bricht auf, nicht um gleich dem Hirten zu wandern, sondern um auszuwandern.

4. Das Muttervolk kannte weder Städte noch steinerne Häuser.

VII. Das Streben der Indologen, dem Muttervolk einen möglichst hohen Kulturgrad beizulegen, hat auch dahin geführt, es mit Städten zu beschenken. Dem Widerspruch, der neuerdings dagegen erhoben ist[32]), schließe ich mich aus voller Überzeugung an. Er wird gestützt einmal auf die Thatsache, daß die Germanen zu Tacitus' Zeit noch keine Städte kannten, und

---

32) Zimmer a. a. O. S. 145—148. Zustimmend Schrader a. a. O. S. 197 fl.

ebensowenig die Slaven bis in die historische Zeit hinein. Es ist undenkbar, daß ein so unendlich wichtiger Kulturfortschritt, wie ihn die Gründung von Städten enthält (§ 21), jemals von einem Volk, das ihn bereits hinter sich hat, rückgängig gemacht worden wäre; das Muttervolk kann daher noch keine Städte besessen haben, sonst würden wir sie bei den Germanen und Slaven in historischer Zeit nicht vermissen; für Griechen, Römer, Kelten kann die Bekanntschaft mit dem Städtebau nur auf die Berührung mit höher fortgeschrittenen Völkern zurückgeführt werden. Als zweiten Grund führt der genannte Schriftsteller an, daß sich in den Liedern des Rigveda nirgends mit einiger Sicherheit der Name einer Stadt nachweisen läßt.

Als dritten füge ich noch ein sprachliches Argument hinzu, von dem ich allerdings nicht weiß, ob es nicht vielleicht von andern bereits geltend gemacht worden ist. Der Name für Stadt war dem Muttervolk zur Zeit der Trennung der Indoeuropäer noch unbekannt. Das sanskr. vastu, das sich im griechischen ἄστυ erhalten hat, bedeutete bloß Ort, Wohnsitz, der Name für Stadt taucht erst in den indogermanischen Sondersprachen auf, und der Umstand, daß er in jeder derselben anders lautet[33]), sowie daß jedem derselben eine völlig verschiedene Vorstellung zu Grunde liegt, zeigt, daß die Indoeuropäer Städte erst kennen gelernt haben, nachdem sie sich voneinander getrennt hatten. Der Hirte muß in der Nähe seiner Herden und Weideplätze wohnen, damit verträgt sich aber nicht das Zusammenleben von vielen

---

33) Griech. ἄστυ, πόλις, lat. urbs, oppidum, kelt. dún als Endsilbe der Städte (z. B. Lugdunum). Das angels. und skandin. tûn, das armenische dun Haus, welches wohl mit aufgeführt wird, bedeutete ursprünglich bloß einen abgezäumten Raum, noch bis auf den heutigen Tag hat es sich im Plattdeutschen für Garten erhalten. Der Ausdruck der deutschen Sprache für Stadt war ursprünglich burc, statt, stadt kommt erst spät auf. Pictet, Les origines indoeuropéennes 2. Aufl. 2. Bd. S. 375 führt noch an: altslav. gradŭ, russ. gorodŭ u. cymrisch pill Festung.

Hirten in einer und derselben Stadt, die Entfernung von den abgelegenen Weideplätzen und den Herden würde eine zu weite sein.

Das Muttervolk hat nur das Dorf (grâma), nicht die Stadt gekannt. Auch das steinerne Haus war ihm unbekannt, es wohnte in Hütten und Zelten, die sich leicht abbrechen und versetzen ließen; die Germanen führen sie noch in historischer Zeit auf ihren Ochsenkarren mit sich. Dies ist bereits durch die Untersuchungen anderer so festgestellt, daß ich einfach darauf Bezug nehmen kann[34]).

5. Das Muttervolk verstand sich noch nicht auf die Verarbeitung des Metalls.

VIII. Das Metall selber (vorzugsweise Kupfer ayas) mit Ausnahme des Eisens war ihm nach Ausweis der Sprache allerdings bereits bekannt, aber der Schluß davon auf die Vertrautheit mit dessen Verarbeitung ist ein ebenso unbegründeter, als der von der Bekanntschaft mit dem Getreide auf den Ackerbau.

Kein anderes der indoeuropäischen Völker hat die Einrichtungen der Urzeit, auch nachdem sie längst im praktischen Leben vollkommen verdrängt worden waren, für Akte solenner Art so getreulich beibehalten, als das römische; für den Historiker haben diese Rückstände aus der Urzeit denselben unschätzbaren Wert, wie für den Paläontologen die fossilen Überreste im Innern der Erde, sie geben ihm Aufschluß über eine Zeit, über die ihm die geschichtliche Überlieferung jede Auskunft versagt; wir werden ihnen noch oft begegnen. Hier sollen sie uns den Beweis liefern, daß der Urzeit die Bearbeitung des Metalls unbekannt war.

---

34) Schrader a. a. O. S. 404. Daselbst findet sich auch die Form derselben angegeben.

Zu einer Zeit, als man in Rom längst Speere mit eiserner Spitze kannte, mußte sich der Fetial bei der solennen Kriegs=
ankündigung mittelst Hinüberwerfens des Speeres in Feindes=
land noch Jahrhunderte hindurch der „hasta praeusta" be=
dienen. Es war ein Speer ganz von Holz, dessen Spitze im Feuer gehärtet und dann in Blut getränkt war [35]). Er wieder=
holt sich in der hasta pura [36]), die als Preis der Tapferkeit gewährt wurde, und in der festuca des Vindikationsprozesses. Die Sitte läßt keine andere Deutung zu, als daß der Speer mit eiserner Spitze zur Zeit der Wanderung noch nicht bekannt gewesen ist.

Zum Schlachten des Opfertiers bei Abschluß völkerrecht=
licher Verträge durfte sich der Fetial nur des Beils von Feuer=
stein (silex) bedienen. Im Leben hatte das eiserne Beil und Messer das steinerne längst aus dem Gebrauch verdrängt, bei jenem Akt durfte es nicht benutzt werden, es mußte so gehalten werden, wie man es von der Urzeit her gewohnt war. An dem der Obhut der Pontifices anvertrauten pons sublicius durften sich keine eisernen Nägel befinden, nur hölzerne; wie für die Fetialen, so war auch für die Pontifices der Brauch der Urzeit maßgebend. Ebenso war er es für die vestalische Jungfrau. Wenn sie am Beginn des neuen Jahres, wo das Feuer im Tempel der Vesta erlöschen und durch neues ersetzt werden mußte, oder wenn sie sonst, falls es durch Unachtsam=

---

35) Er kehrt wieder in dem cranntair der Gälen im schottischen Hochland und in dem bodkefli der Skandinavier, einem an den Enden angebrannten, dann in Blut getauchten Stecken (bez. Kreuz), der als Zeichen des ausgebrochenen Krieges mit der Ladung zum Einfinden an einem bestimmten Ort im Lande herumgeschickt ward; in Schweden erhält sich die Sitte noch bis ins sechzehnte, bei den Gälen bis ins achtzehnte Jahrhundert, s. Grimm, Rechtsaltert. S. 163, 164. Der Ursprung der hasta sanguinea praeusta aus der Zeit der Wanderung ist damit außer Zweifel gestellt.

36) Scrv. ad Aen. 6, 760: sine ferro, Sueton Claudius 28 u. a. m.

keit erloschen war, neues zu machen hatte, so durfte dies nicht mittelst Eisen und Feuerstein, sondern nur durch Entzündung eines leicht feuerfangenden Holzes (materia felix)³⁷) mittelst Quirlens (terebratio) mit einem harten Holz geschehen, und zwar nicht im Tempel selber, sondern nur im Freien, wie es einst zur Zeit der Wanderung der Fall gewesen war, und dann mußte es in einem ehernen Sieb in den Tempel gebracht werden³⁸). Auch die Todesstrafe durfte, wenn sie an einer geistlichen Person vollzogen werden sollte, nicht durch Enthauptung mittelst des eisernen Beils geschehen, sondern wie in der Urzeit mittelst des Totpeitschens.

Die von den Pontifices entbotenen Volksversammlungen werden zusammenberufen (comitia calata), zu den von den Magistraten entbotenen wird das Zeichen durch Hornsignale erteilt. Es wird unten der Nachweis erbracht werden, daß zur Zeit der Wanderung die Zusammenberufung des Heeres und die Erteilung der Kommandos in der Schlacht mündlich erfolgte, woraus sich ergiebt, daß die Verwendung von Metallinstrumenten zur Erteilung der militärischen Signale dem Wandervolk unbekannt gewesen ist, abermals ein Beweis für die mangelnde Vertrautheit des Muttervolks mit der Verarbeitung des Metalls für technische Zwecke.

Überall also bei Akten von religiöser Beziehung grundsätzliche Ablehnung des Eisens von seiten der Geistlichkeit. Dieselbe Erscheinung wiederholt sich auch bei den Juden. Zu einer Zeit, als sie längst eiserne Messer und Werkzeuge kannten, durfte bei der Beschneidung und dem Bau des Altars von Stein davon kein Gebrauch gemacht werden, man mußte sich

---

37) Felix hat die Bedeutung des Erzeugens, Baniček II, 638.
38) Fest. ep. p. 106. Ignis Vestae ... tamdiu terebrare, quousque exceptum ignem cribo aeneo virgo in aedem ferret. Ob dieses eherne Sieb zu dem Schluß berechtigt, daß den Ariern bereits der Bronceguß bekannt gewesen ist, darauf ist später zurückzukommen.

wie in der Urzeit des geschärften Feuersteins dazu bedienen. Daß der Vermeidung des Eisens in allen diesen Fällen keine religiöse Vorstellung zu Grunde liegen kann, braucht nicht gesagt zu werden. Als Inhalt derselben würde sich die Abneigung der Götter gegen den Gebrauch des Eisens entpuppen, und doch kannte man einen eigenen Gott für das Eisen: den Vulkan. So erübrigt mithin kein anderer Grund, als der historische, daß man das Eisen in der Urzeit nicht kannte, und für religiöse Akte, auch nachdem man dasselbe kennen gelernt hatte, an der alten Weise festhielt. Eine Parallele aus der heutigen Zeit gewährt die Beibehaltung des Wachslichts zur Beleuchtung der Kirchen anstatt der Benutzung des Gaslichts.

Die im bisherigen aus dem römischen Altertum beigebrachten Zeugnisse beweisen, daß das Muttervolk sich nicht auf das Schmieden des Eisens verstand. Wenn es mir bloß auf diese Thatsache angekommen wäre, so hätte ich mir den Beweis gänzlich ersparen können, denn durch sprachliche Zeugnisse ist festgestellt, daß das Eisen selber dem Muttervolk erst in der vedischen Periode bekannt geworden ist[39]). Aber ich habe sie nur herangezogen, um darauf den Schluß zu bauen, daß ihm auch die Verarbeitung des Kupfers für technische Zwecke unbekannt war. Wären sie damit vertraut gewesen, so würden sie in Ermangelung des Eisens ebenso wie andere Völker, z. B. die Juden und Perser vor der Eisenperiode sich dessen zur Anfertigung der Nägel und Waffen bedient haben. Daß es nicht geschehen ist, geht aus der hasta praeusta und pura und den Holznägeln am pons sublicius mit aller Evidenz hervor.

Allerdings findet sich im römischen Altertum einmal die Verwendung des Erzes zu einem Hausgerät, es war das kupferne Sieb (cribrum aëneum), in dem die vestalische Jungfrau das neuerzeugte Feuer in den Tempel der Göttin brachte

---

39) Schrader a. a. O. S. 268, 288.

II. Kulturgrad. 6. Das Recht. a. Politische Verbände. § 9. 43

(siehe oben), während sie sich zum Kochen der thönernen Gefäße bedienen mußte (Fest. epit. Muries p. 159: in ollam fictilem conjectum), aber daraus ergiebt sich nur, daß die Verarbeitung des Kupfers schon in eine sehr frühe Zeit hinaufreicht, nicht dagegen, daß man sie schon dem arischen Muttervolk zusprechen darf.

Die Prägung des Erzes (aes) zu Geld stammt bei den Römern bekanntlich erst aus der späteren Königszeit, in der ältesten Zeit ward es zugewogen, (aes rude) und ebenso stammen die Erzarbeiter beim römischen Heer (fabri aerarii und ferrarii) erst aus der Heerverfassung des Servius Tullius.

6. Niedrige Entwicklungsstufe des Rechts.

IX. Was wir über die Rechtseinrichtungen des Muttervolks wissen, ist äußerst dürftig, aber es reicht aus, um das obige Urteil zu rechtfertigen; ich hebe nur dasjenige hervor, was durch diesen Zweck geboten ist.

a. Die politische Verbindung des Volks.

Sie war eine recht lockere. Das Volk setzte sich zusammen aus unter Fürsten (rājan) stehenden Stämmen (jana), die ihrerseits wieder in Gaue (viç), diese in Dorfschaften (grāma) zerfielen. An einem die sämtlichen Stämme zu einem politischen Ganzen zusammenfassenden Bande fehlte es, der Stamm bildete die höchste politische Einheit. Nur im Fall der Gefahr verbündete sich der eine mit dem ihm zunächst wohnenden; war die Gefahr vorüber, so hatte die Verbindung ein Ende. Das Verhältnis war also ganz dasselbe, wie Tacitus es von den Germanen berichtet, d. i. Arier und Germanen bildeten ein Volk bloß im ethnographischen, nicht im politischen Sinn: ein Aggregat lauter selbständiger für sich existierender Stämme. Von einer gemeinsamen That des ganzen Volks wie

44　Erstes Buch. Das arische Muttervolk.

z. B. dem Zuge der Griechen nach Troja weiß nicht einmal die spätere urkundliche Geschichte etwas zu berichten. Was man dagegen anführen könnte: die Auswanderung der Arier nach Indien und die Inbesitznahme des Landes kann in der Weise erfolgt sein, daß sich zunächst nur die am weitesten im Süden wohnenden Stämme in Bewegung setzten, denen dann die anderen folgten.

b. **Internationaler Verkehr.**

X. Die Stufe, welche das arische Volk in Bezug auf ihn einnimmt, wird bezeichnet durch den Mangel des Instituts der Gastfreundschaft im rechtlichen Sinn, d. i. des dem Fremden von Gastfreunden vertragsmäßig zugesicherten Rechtsschutzes (freies Geleit)[40]. Das arische Muttervolk war über die Stufe der Rechtlosigkeit des Fremden, mit der die Rechtsentwicklung bei allen Völkern eingesetzt hat, noch nicht hinausgekommen. Dies wird bezeugt zunächst durch die Sprache. Ein Ausdruck für die Gastfreundschaft ist der Muttersprache fremd, die Ausdrücke dafür tauchen erst in den Töchtersprachen auf, und die Verschiedenheit derselben berechtigt zu dem Schluß, daß die Sache selber den einzelnen indoeuropäischen Völkern erst nach ihrer Trennung, also nicht schon in ihrer zweiten Heimat bekannt geworden ist. Sodann durch die griechische Sage. Das Geschlecht, welches durch die deukalionische Flut hinweggeschwemmt wurde, kannte keine Gastfreundschaft, und der Nationalheros der Griechen, Herkules, tötete den Iphitos unter dem eigenen Dache. Endlich durch das römische Recht, das noch bis in seine spätesten Zeiten hinein principiell an dem Grundsatz der Rechtlosigkeit des durch keinen Völkervertrag rechtlich gesicherten Fremden festgehalten hat. Das Institut

---

[40] Ich verweise hierfür und für das Folgende auf meinen Aufsatz über die Gastfreundschaft im Altertum in der Deutschen Rundschau von Rodenberg Bd. 13 Heft 9 S. 357 fl. Berlin 1887.

der Gastfreundschaft im obigen Sinn ist eine von den Phöniziern im Interesse ihres Handels aufgebrachte Einrichtung, erst von ihnen ist es den Griechen und Römern zugekommen. Der Mangel desselben beim Muttervolk ist gleichbedeutend mit dem des gesicherten internationalen Verkehrs und gewährt daher einen schlagenden Beweis für den niederen Kulturgrad des Volkes — die Griechen betrachteten die Völker, denen die Gastfreundschaft fehlte, als Wilde, es war einer der Züge, durch welche Homer die Cyklopen charakterisiert.

c. Das Familienrecht — die Frau.

XI. Nach der Ansicht mancher soll es den Glanzpunkt des arischen Rechts gebildet haben. Man führt dafür an, einmal den Grundsatz der **Monogamie**, und sodann die **Totenopfer**. Aus jenem ergebe sich eine sittliche Auffassung des Wesens der Ehe, welche die Arier hoch über alle andern Asiaten erhebe, aus dieser die Pietät als Grundzug der Familienverbindung.

Die erste Annahme ist unrichtig[41]). Polygamie war rechtlich erlaubt, wenn auch nicht häufig, sie kam thatsächlich nur bei Fürsten und Reicheren vor, wie sich dies aller Orten wiederholt, wo sie zugelassen ist; mehrere Frauen bilden einen zu teueren Luxusartikel, als daß der minder Bemittelte ihn sich verstatten könnte. Dagegen ist die Behauptung selber, für die man den angeblichen Grundsatz der Monogamie in Anzug nimmt, vollkommen richtig. Die Gestalt, welche das eheliche Leben bei den Ariern an sich trug, stand hoch über derjenigen, welche sonst bei den Völkern Asiens die Regel bildete. Die Frau nahm nicht wie bei diesen die demütigende, von der einer Sklavin wenig unterschiedene Stellung eines bloß der Sinnenlust des Mannes dienenden Wesens ein, sondern die einer

---

41) Den Nachweis bei Zimmer a. a. O. S. 324 fl.

ebenbürtigen Genossin des Mannes⁴²). Allerdings war sie ebenso wie bei den Römern rechtlich der Gewalt (manus) des Mannes unterworfen, aber dies that ihrer Stellung im Leben ebenso wie bei diesen nicht den mindesten Eintrag. Sie galt als Herrin im Hause, und selbst die Eltern und jüngeren Geschwister des Mannes hatten sie, nachdem das Hausregiment auf diesen übergegangen war (s. u.), als solche zu respektieren.

Auch die religiöse Eingehung der Ehe, welche zwar nur für gewisse Formen geboten, für andere ins Belieben gestellt war, aber auch für sie die Regel bildete, auch sie gewährt ein sprechendes Zeugnis für die richtige sittliche Würdigung des Wesens der Ehe, und mit Recht hat man darin den Anknüpfungspunkt gefunden für die confarreatio der Römer, während die Form, die sie im übrigen an sich trägt, mittelst der Bezugnahme auf den Ackerbau deutlich den späteren Ursprung verrät, worauf ich an anderer Stelle zurückkommen werde. Sonst bieten die arischen Eheformen nichts beachtenswertes dar. Der Kauf der Frau — eine dieser Formen — wiederholt sich bei allen Völkern, die Anknüpfung der römischen coemtio an diese Form des Muttervolks ist historisch gewiß richtig, aber ohne Interesse. Ebenso verhält es sich mit der Heimführung der Frau in das Haus des Mannes, die mit dem ehelichen Verhältnis zu natürlich gegeben ist, als daß die römische deductio in domum mariti erst durch den Hinweis auf die gleiche Sitte bei den Ariern erklärt werden müßte.

Dagegen bietet das arische Eherecht zwei Erscheinungen dar, von denen dies nicht gilt, und die nicht bloß darum Hervorhebung verdienen, weil sie sich im römischen wiederholen, sondern auch, weil sie wiederum für die sittliche Auffassung, die sich in ihnen ausspricht, bezeichnend sind.

Es ist zuerst das Verbot der Ehe zwischen nahen

---

42) Roßbach, Untersuchungen über die römische Ehe S. 200. Zimmer a. a. O. S. 320.

Verwandten. Bekanntlich gab es im Altertum manche Völker und darunter ein Kulturvolk von so hervorragender Bedeutung wie die Ägypter, welche an einer solchen Ehe, selbst der unter Geschwistern keinen Anstoß nahmen. Was ihre Zulassung für die Gestaltung des Lebens im Innern des Hauses zu bedeuten hat, bedarf ebensowenig der Ausführung, als was der Arier mit ihrem Verbot bezweckt hat, es gereicht ihm zum hohen Ruhme, daß er die Gefahren, welche der geschlechtliche Gegensatz im Innern des Hauses dem sittlichen Leben drohte, richtig erkannt hat; ihnen gedachte er zu steuern, indem er die Ehe zwischen nahen Verwandten verbot, sittliche Reinheit des Familienlebens war der Endzweck, den er bei dem Eheverbot im Auge hatte.

Die zweite Erscheinung ist die **Mitgift**, welche die Tochter bei ihrer Verheiratung vom Vater miterhielt[43]). Wir gewinnen damit die historische Anknüpfung für das römische Institut der Dos. Bei den Germanen bringt der Mann der Braut die Mitgift (Brautgabe) mit, die Geschenke, welche sie ihm macht, sind ohne Wert[44]). Bei den Römern bringt die Braut dem Manne die Dos mit. Die Römer haben die arische Einrichtung beibehalten, die Germanen nicht, sie haben sie mit einer anderen vertauscht, die sie mutmaßlich von dem Volk der zweiten Heimat entlehnt haben. Bei den Russen finden wir sie noch in später Zeit. Wladimir der Große, der sich mit einer byzantinischen Prinzessin vermählt (988), erhält, obgleich er die Heirat mit Waffengewalt erzwungen hatte, doch keine Mitgift von ihr, sondern zahlt noch für sie an ihre Verwandten[45]),

---

43) Zimmer a. a. O. 314. Von den Schwestern wird die Truhe, welche sie enthält, festgebunden, und als Motiv der Bewerbung von seiten des Mannes wird das „herrliche Gut" genannt, welches ihm die Frau zuführt.

44) Tac. Germ. 18. Grimm, Rechtsaltert. S. 429.

45) Ewers, Das älteste Recht der Russen, Dorpat 1826, S. 226.

so sehr war den Slaven die Vorstellung fremd, daß die Braut dem Manne etwas mitzubringen habe. Es ist der Gedanke des Frauenkaufs, mit dem sich diese Vorstellung einmal nicht verträgt. Die Germanen, welche am längsten von allen Indoeuropäern in der zweiten Heimat verweilten, haben die Einrichtung des unterjochten Volks angenommen, die Italiker die des Muttervolkes beibehalten, während die Kelten[46]) und Griechen beide Einrichtungen in der vom Manne der Frau zu bestellenden Gegendos ($\dot{\alpha}\nu\tau\dot{\iota}\varphi\varepsilon\varrho\nu\alpha$) kombiniert haben, was in der Kaiserzeit auch von den Römern geschah. In sittlicher Beziehung steht die arisch-römische Einrichtung hoch über der slavisch-germanischen, wohlgemerkt wenn man dabei auf die Ideen zurückgreift, die ihnen zu Grunde liegen. Diese beruhte auf der Idee des Frauenkaufs, die Brautgabe bildete den Kaufpreis für die Frau, nur daß nicht, wie in der Urzeit der Vater oder die Verwandten, welche sie dahingaben, ihn erhielten, sondern die Frau selber. Jene dagegen bringt den schönen Gedanken zum Ausdruck, daß die Frau als freie, als ebenbürtige Genossin in das Haus des Mannes tritt, sie bringt ihm mit, was sie hat: wie könnte sie ihm das Mindere, ihre Habe vorenthalten, wenn sie sich selber ihm ganz dahin giebt? Hat sie selber nichts, so hat es der Vater, und seine Sache ist es, die Tochter, indem sie sein Haus verläßt, würdig zu entlassen. Dadurch erhält sie in den Augen der Zeit, deren Auffassung hier allein in Frage kommt, von vornherein dem Manne gegenüber eine würdigere, Achtung gebietendere Stellung, als wenn sie mit leeren Händen in sein Haus tritt; eine uxor sine dote galt den Römern in dem Maße als Gegenstand des Anstoßes, daß es ein Ehrenpunkt für die nächsten Verwandten war, dem armen Mädchen eine dos zu bestellen. Der Gedanke der vollendeten Gemeinschaft zwischen den Gatten, den ein späterer römischer Jurist (Modestin in l. 1 de R. N. 23. 2)

---

[46]) Caesar de bello Gall. VI, 19.

mit den Worten wiedergiebt: consortium omnis vitae, divini et humani juris communicatio, konnte nicht besser zum Ausdruck gebracht werden, als indem die Frau auch das Ihrige dazu beitrug, um das Haus zu erbauen, und wenn wir dieser Einrichtung schon bei den alten Ariern begegnen, so bewährt sich darin wiederum dieselbe sittliche Erkenntnis des Wesens der Ehe, die wir schon aus der religiösen Form der Eingehung derselben entnehmen konnten, und die sie so unvergleichlich hoch über alle gleichzeitigen Völker des Altertums stellt. In diesem Punkt hat das arische Volk den Nachweis geliefert, daß es ein Kulturvolk ersten Ranges war.

Dazu stimmt, was uns über das eheliche Leben, über die Treue der Frau, die innige Liebe der Gatten zu einander berichtet wird[47]). Die Berichte stammen allerdings erst aus der vedischen Periode, aber sie berechtigen zu einem Schluß auf die frühere Zeit. Die Litteratur hallt wieder von dem Preise der Gattenliebe, sie hat in diesem Punkt Leistungen aufzuweisen, die sich an Innigkeit, Zartheit, Kraft der Empfindung dem Vollendetsten, was die Poesie irgend eines andern Volkes aufzuweisen hat, an die Seite stellen lassen. Wie von der Ehefrau, so verlangte der Arier Keuschheit auch von der Unverheirateten, und Verführung derselben („des bruderlosen Mädchens") galt als schwere Sünde, die ihre Strafe am „tiefen Ort" fand.

In der späteren Zeit hat die Frau nach dem Tode des Mannes die Treue dadurch zu besiegeln, daß sie den Scheiterhaufen besteigt, die bekannte Sitte der Witwenverbrennung, die sich in Indien bis in unser Jahrhundert hinein behauptet hat und erst durch die Engländer abgestellt worden ist. Man streitet darüber, ob darin eine Erfindung des Brahmanismus oder eine uralte arische Sitte zu erblicken ist[48]). Dem Rigveda ist sie unbekannt, der Witwe ist sogar die Wiederverheiratung

---

47) Zimmer a. a. O. S. 331.
48) Zimmer a. a. O. S. 329.

geſtattet. Die Anſicht des genannten Schriftſtellers geht dahin, daß ſie eine uralte Sitte der Arier gebildet habe, die mit der Kultur bei manchen Stämmen in Abgang gekommen ſei, bei andern ſich erhalten habe, und die dann von den Brahmanen zur geſetzlichen Einrichtung erhoben wurde. Dafür ſcheint der Umſtand zu ſprechen, daß ſie ſich bei Slaven und Germanen wiederholt [49]), während Griechen, Römer, Kelten ſie nicht kennen [50]). Iſt dieſe Anſicht richtig, ſo würde dem Bilde, das wir im bisherigen von dem ehelichen Verhältnis gewonnen haben, ein Zug ſich hinzugeſellen, der je nach dem Motiv, das der Witwenverbrennung zu Grunde lag, demſelben einen geſteigerten Glanz oder einen dunklen Schlagſchatten hinzufügt. Das Motiv kann geweſen ſein ein Heroismus der weiblichen Liebe, die mit dem Tode des Gatten all ihr Glück und ihren Daseinszweck auf Erden in einer Weiſe beſchloſſen ſieht, daß ſie dem Leben ohne Gatten den Flammentod vorzieht, und dieſe Vorſtellung iſt eine ſo erhabene, daß es nicht Wunder nehmen kann, wenn ſie die Gemüter beſtrickt hat, ſie ſtimmt zu dem Idealismus, welcher den charakteriſtiſchen Grundzug unſerer Auffaſſung des Sittlichen bildet, und ſie mag auch den Brahmanen vorgeſchwebt haben, als ſie zur Einrichtung der Urzeit zurückgriffen und ſie zur religiöſen Pflicht erhoben. Aber für die Urzeit paßt ſie nicht, man könnte ebenſo gut der Lilie auf dem Eiſe zu begegnen hoffen, als ihr dort, dazu war die geſchichtliche Temperatur noch zu winterlich, es mußte erſt Sommer werden, bis ſie ſich einſtellen konnte. Die Geſtalt, welche die

---

49) Zimmer S. 330 f.

50) Bei den Kelten wurden aber noch zu Cäſars Zeit alle Gegenſtände, welche dem Verſtorbenen teuer geweſen waren, mit verbrannt; nicht lange vorher, wie er berichtet (de bello Gall. VI, 19), unter gleicher Vorausſetzung auch die Sklaven und Klienten, und bei den Römern kamen noch in der Kaiſerzeit Beſtimmungen in den Teſtamenten vor, daß dem Verſtorbenen Wertſachen mit ins Grab gegeben werden ſollten, l. 14 § 5 de relig. (11. 7).

Sache damals an sich trug, war vielmehr eine gänzlich andere. Die Frau teilte das Schicksal aller anderen Dinge, die man dem Verstorbenen mit ins Grab gab, sei es, weil man glaubte, daß er ihrer dadurch im Jenseits teilhaftig werde, sei es, weil er den Gedanken nicht zu ertragen vermochte, daß sie in andere Hände kommen sollten. Wie seine Waffen, sein Streitroß und selbst seine unfreien oder halbfreien Diener, so gab man ihm auch sein Weib mit. Nicht die hingebende Liebe des Weibes war es, die aus freiem Antriebe den Flammentod für sich begehrte, sondern die jedes Fünkchens echter, wahrer Liebe bare, bis zur vollendeten Gefühllosigkeit und Unmenschlichkeit gesteigerte Selbstsucht des Mannes, der wider ihren Willen dies Schicksal auf sie herabbeschwor. Das ist die Urzeit, nicht jene, die man sich mit Hülfe von Anschauungen, die erst Jahrtausende nötig hatten, um sich zu bilden, willkürlich zurecht gelegt hat, sondern die wirkliche, die niemandem, der offenen Auges an sie herantritt, verborgen bleiben kann. Daß eine spätere Zeit Einrichtungen, die ohne alle und jede Mitwirkung sittlicher Ideen sich gebildet haben, wenn sie dieselben sonst beibehält, im Lichte ihrer sittlichen Anschauungen erblickt und damit einen gänzlich neuen Inhalt in sie hineinträgt, ist eine Erscheinung, die zu den unzweifelhaftesten, freilich aber auch zu den am häufigsten übersehenen Thatsachen der geschichtlichen Entwicklung des Sittlichen gehört, — die Füllung des alten Schlauches mit neuem Inhalt, mit edlem Wein statt mit schmutzigem Wasser. Die sittlichen Ideen sind nicht von allem Anfang an dagewesen, nicht sie haben die Welt gemacht, sondern sie haben sich erst eingestellt, nachdem diese fertig war; das Verhältnis zwischen ihnen und der Wirklichkeit ist gerade das entgegengesetzte von dem regelmäßig angenommenen: nicht sie haben die Wirklichkeit, sondern die Wirklichkeit hat sie erzeugt, die wahren Erzeuger waren die Not und die Selbstsucht. Im Hinblick darauf wird es nicht als befremdend erscheinen können, daß ein Akt, der, wie die Leichenverbrennung der Witwe ursprünglich in der voll=

endeten Selbstsucht und Lieblosigkeit des Mannes seinen Grund
hatte, einer späteren Zeit als eine durch die wahre, sich selbst
gänzlich dahin gebende Liebe der Frau gebotene Pflicht erscheinen
konnte. In ihm treten die niedrigste und die höchste Auffassung
des ehelichen Verhältnisses sich gegenüber, nur in der Unmensch=
lichkeit treffen beide zusammen, bei der einen als Exceß der
Selbstsucht, bei der anderen als Exceß der Liebe.

d. Das Familienrecht — die Kinder.

XII. Das würdige Seitenstück zu der Liebe der Gatten
soll bei den Ariern die Pietät der Kinder gegen die Eltern ge=
bildet haben. Dafür beruft man sich auf den Ahnenkultus oder
das Totenopfer, eine der heiligsten Pflichten der Kinder.
Wüßten wir sonst nichts von der Gestaltung des Verhältnisses
der Kinder zu den Eltern, es möchte darum sein, aber was
wir darüber wissen, reicht nicht bloß aus, um den Schluß, den
man von dieser Einrichtung auf die Pietät der Kinder machen
will, vollständig zu entkräften, sondern um die Behauptung zu
rechtfertigen, daß die wirkliche Gestalt des kindlichen Verhält=
nisses, weit entfernt einen Lichtpunkt des arischen Familienlebens
abzugeben, umgekehrt einen dunklen Flecken desselben bildete.

Mit der Verheiratung des ältesten Sohnes ging der väter=
liche Besitz und das Hausregiment[51]) von dem Vater auf den
Sohn über, die Geschwister, selbst die Eltern hatten ihn fortan
als Hausherrn zu respektieren. Es lag dem der vom Stand=
punkt eines Naturvolks ganz begreifliche Gedanke zu Grunde,
daß die Herrschaft demjenigen gebührt, der die Kraft besitzt, sie
zu behaupten; ist der Vater alt und schwach geworden, so hat

---

51) Zimmer a. a. O. S. 326 fl. Die Frau partizipierte daran.
Der Mann ruft ihr bei der Verheiratung zu: „Sei Herrin über den
Schwiegervater, sei Herrin über die Schwiegermutter, sei Herrin über
meine Schwestern, sei Herrin über meine jüngern Brüder".

er dem kräftigeren Sohne zu weichen, das aber ist im natürlichen Gange der Dinge der ältestgeborene, da er den nachgeborenen im Alter voraus ist, den Vollbesitz der Kraft also früher erlangt als sie — der physiologische Grund der bevorrechteten Stellung des Erstgeborenen, welche sich bei so vielen Völkern im Recht der Erstgeburt wiederholt und der Sprache den Anlaß geboten hat, den Namen des Ältestgeborenen als Ehrenprädikat zu verwenden[52]). Diese Entsetzung der Eltern durch den Erstgeborenen wiederholt sich auch bei den Germanen, sie hat hier die Gestalt einer Rechtseinrichtung angenommen, die sich Jahrtausende hindurch und bis auf die heutige Zeit behauptet hat: die des Altenteils auf dem Lande. Auch bei den Griechen finden sich Spuren davon. Noch bei Lebzeiten des Laertes erscheint Odysseus als Herrscher auf Ithaka, der Vater sitzt auf dem Altenteil, und in der griechischen Göttersage entthront Kronos den Uranus, Zeus den Kronos, ein Mythus, der was immerhin der Sinn desselben gewesen sein mag, sich nur bilden konnte, wenn das sittliche Gefühl der Urzeit darin nichts anstößiges erblickte; unmöglich konnte man den Göttern etwas andichten, was den Menschen zur Schande gereicht hätte. Was die Götter thun, haben einst die Menschen gethan, die Mythologie enthält eine Quelle der sittlichen Anschauungen der Urzeit, die älteste von allen.

Von zwei der indoeuropäischen Völker: den Germanen und Slaven und ebenso von den Eraniern[53]) wissen wir, daß Kinder die alten Eltern aussetzten oder gar töteten. Bei den Ariern wird meines Wissens der Tötung der alten Leute überhaupt — wir begegnen ihr erst in der Periode der Wanderung

---

52) Bei den romanischen Völkern von Senior: seigneur, monseigneur; signore, señor, sieur, monsieur, sir, sire, ebenso bei den Ungarn und Chinesen, s. m. Zweck im Recht. 2. Aufl. 2. Bd. S. 674.

53) Über jene Grimm a. a. O. S. 487, über diese Zimmer S. 328.

— so auch der der Eltern durch die Kinder keine Erwähnung gethan, wohl aber ihrer Aussetzung⁵⁴). Hätte die Pietät der Kinder gegen ihre Eltern, wie man uns auf Grund des Totenopfers glauben machen will, in Wirklichkeit einen Grundzug des arischen Familienlebens gebildet, dieser Vorgang wäre gänzlich undenkbar gewesen, und es hätte auch nicht des Gebetes über der Wiege des neugeborenen Sohnes bedurft, daß er, wenn er herangewachsen, seinen Vater nicht schlagen, mit seinen Zähnen nicht tigergleich Vater und Mutter verletzen möge⁵⁵). Bei den Römern stand auf das Schlagen die Achtung vor Gott und Menschen, die Sacertät, sie haben mit der arischen Auffassung des Verhältnisses gründlich gebrochen, der Vater behält bis zu seinem Lebensende Vermögen und Hausregiment, und die Kinder bleiben, selbst wenn sie schon hochbetagt sind, seiner Gewalt unterworfen, die bekanntlich sogar das Recht über Leben und Tod in sich schloß. Kindesliebe bildet keinen Charakterzug der Arier, in diesem Punkt werden sie von andern Völkern aus dem Felde geschlagen, z. B. von den Juden — unter den Geboten des Dekalogs ist eins der Achtung vor den Eltern gewidmet⁵⁶) — vor allen aber von den Chinesen, bei denen die

---

54) Zimmer S. 328.
55) Zimmer S. 327.
56) Die hinzugefügte Begründung: auf daß es dir gut gehe und du lange lebest auf Erden, muß eine besondere Beziehung zu dem Verhältnis haben, die es erklärt, warum diese „Verheißung" nur gerade diesem, und sie oder eine andere nicht auch einem anderen Gebot hinzugefügt ist. Ich finde die Erklärung in folgender Erwägung: „ehrst du deine Eltern nicht, so werden deine Kinder dir desgleichen thun, dein Beispiel wird für sie maßgebend sein, dann aber wird es dir nicht wohlgehen, und du wirst nicht lange leben auf Erden", sie werden dir dein Brot ebenso widerwillig verabreichen, wie du deinen Eltern und dadurch deine Tage verkürzen. Auf diese Weise ist eine innerliche Verbindung zwischen dem Gebot und der an die Befolgung desselben geknüpften Verheißung hergestellt, an der es sonst gänzlich

Kindesliebe nicht bloß das oberste Gebot, sondern die Grundlage der ganzen Moral bildet. Rührenden Zügen der Kindesliebe, in Bezug auf die kein Volk der Erde sich mit den Chinesen messen kann, und die selbst die Römer von sich zu berichten wissen, suchen wir in der ganzen indischen Litteratur vergebens, während sie überströmt vom Preise der Gattenliebe. Höchst bezeichnend für die arische Auffassung des Verhältnisses des Sohnes zum Vater ist auch der allerdings einer späteren Zeit des brahmanischen Sittenkodex angehörige Satz, daß der Lehrer in der Achtung des Schülers die Stelle vor dem Vater einnehme; bei einem Volk, bei dem das kindliche Verhältnis nicht von Anfang an verschoben war, hätte er sich nie bilden können.

Mit der Liebe der Eltern zu den Kindern verhielt es sich nicht viel besser, als mit der der Kinder zu den Eltern. Nur der Sohn wird bei seiner Geburt mit Freuden empfangen, die Tochter mit Widerwillen: „Töchter zu haben ist ein Jammer, Söhne bilden den Ruhm und Stolz des Vaters"[57]), den Sohn hebt man auf (das tollere liberos der Römer, das sich auch

---

fehlen würde. Auch so aber würde das Wohlsein und das lange Leben auf Erden schwerlich in Bezug genommen sein, wenn nicht die Juden das Gegenteil desselben: die Verkümmerung des Lebens der Eltern bei andern Völkern oder bei sich selber in der Vergangenheit vor Augen gehabt hätten. Den mir gemachten Einwand, daß das Gebot nicht an den Einzelnen, sondern an das Volk gerichtet sei, und daß das lange Leben nicht auf das des Einzelnen „auf Erden", sondern des Volks „im Lande Kanaan" zu beziehen sei, halte ich für unbegründet, dann hätte es nicht lauten dürfen: damit du lange, sondern: damit du immer lebest im Lande. Es kann nur die Langlebigkeit des Individuums gemeint sein, und nur dadurch bekommt auch die Betonung des Wohlergehens einen befriedigenden Sinn; das Wohlergehen im weiteren (physischen wie moralischen) Sinne bildet beim Individuum die Bedingung der Langlebigkeit, beim Volk nicht, es kann immer leben, ohne daß es ihm wohlgeht, das Individuum nicht.

57) Zimmer S. 318, 320.

bei den Germanen wiederholt), in der Aussetzung der Töchter erblickt die Volksmoral nichts anstößiges⁵⁸). In meinen Augen giebt diese Gefühllosigkeit gegen die Tochter einen ungleich zuverlässigeren Prüfstein für die Familienliebe des Ariers ab, als der Stolz des Vaters auf den Sohn.

Der Stolz hat mit der wahren Liebe nichts zu schaffen, man kann auf sich selbst stolz sein; der Vater, der auf den Sohn stolz ist, ist es auf sich selber, daß er der Vater ist. Der Stolz ist nur eine Form der Selbstsucht, die wirkliche Liebe aber ist das gerade Gegenteil derselben.

Ein anderes Verhältnis, in dem sich die angebliche Familienliebe des Ariers hätte bethätigen müssen, ist die der Geschwister. Meines Wissens wird der Geschwisterliebe nirgends in der Litteratur der Inder gedacht, nirgends der Preis derselben gesungen, nirgends ein schöner Zug derselben berichtet, gerade das Gegenteil: in Nal und Damajanti verspielt der ältere Bruder an den jüngeren alles was er hat, auch seine Krone, und dieser treibt ihn von allem entblößt von dannen. Auch von der Innigkeit des Freundesverhältnisses, diesem Seitenstück der Familienliebe, das nicht bloß bei manchen Kulturvölkern, wie z. B. den Griechen völlig an sie heranreicht, sondern sie in dem bei manchen Naturvölkern sich findenden Institut der Blutsbrüderschaft noch überholt, auch von ihr findet sich bei den Ariern keine Spur.

Das Ergebnis meiner bisherigen Ausführung über die Familienliebe der Arier, bei der ich den modifizierenden Einfluß,

---

58) Zimmer S. 319. Aus dem Umstande, daß diese durch ein anderes Zeugnis beglaubigte Sitte im Rig- und Atharvaveda nicht erwähnt wird, entnimmt dieser Schriftsteller den Schluß, daß sie nicht sehr verbreitet gewesen sein kann; man könnte aus diesem Schweigen auch den gerade entgegengesetzten entnehmen, daß sie zu den regelmäßigen Vorkommnissen des Lebens gehörte. Der Schluß wird dadurch unterstützt, daß das älteste römische Recht die Aussetzung der Töchter mit einziger Ausnahme der erstgeborenen verstattete.

den darauf möglicherweise der Ahnenkultus ausüben kann, zunächst noch außer Betracht gelassen habe, lautet: Mangel der Eltern-, Kindes-, Geschwisterliebe und des Freundesverhältnisses, einseitige Entwicklung der Gattenliebe, für eine andere hatte das Herz des Ariers keinen Raum. Damit vergleiche man das Bild, welches uns die griechische Sage, von anderen Zügen der Kindes- und Geschwisterliebe z. B. in der Ödipussage ganz abgesehen, allein schon im Hause des Agamemnon vor Augen führt. Dasselbe schließt sämtliche Gestaltungen der Familienliebe, auch die beiden Arten der Freundschaft: die Gastfreundschaft und die Herzensfreundschaft in sich. Allerdings nicht in Form eines lieblichen, in friedlichen Bahnen sich verlaufenden Idylls, sondern in Gestalt der erschütternden Tragik der durch die Konflikte der einzelnen Familienverhältnisse untereinander hervorgerufenen leidenschaftlichen Reaktion der verletzten Familienliebe. Das Drama beginnt mit der schnöden Verletzung des Gastfreundschaftsverhältnisses und der Untreue der Frau gegen den Gatten. Des Verletzten nimmt sich der Bruder an und macht seine Sache zu der seinigen, der Herrscher unterdrückt die Gefühle des Vaters in sich, und bringt der gemeinsamen Sache die Tochter zum Opfer. Aber anders empfindet die Mutterliebe als die Vaterliebe, sie erweist sich stärker, als die Liebe der Frau zum Gatten, die Mutter rächt das Opfer der Tochter im Blut des Gatten und in dem der Kassandra kühlt auch die Frau ihre Eifersucht gegen die Nebenbuhlerin. Im eignen Sohn erwächst auch ihr der Rächer, in ihm trägt die Liebe des Sohnes zum Vater über die zur Mutter den Sieg davon. Dem von den Erinnyen Verfolgten folgt der treue Freund, nicht abgeschreckt durch den Fluch des Muttermords, der sich an seine Fersen kettet, alles Elend und alle Gefahren mit ihm teilend, bis zuletzt die aufopfernde Liebe der Schwester dem Bruder die Rettung bringt. Im engen Rahmen sind hier alle Verhältnisse der Familienliebe zusammengedrängt: das der

Gatten, der Eltern zu den Kindern, der Kinder zu den Eltern, und der Geschwister untereinander, und auch die Gastfreundschaft und die Freundschaft finden ihren Platz; man möchte sagen, die Sage habe sich zur Aufgabe gestellt, sie alle in ihren Lebens= äußerungen, ihren Konflikten, Verirrungen, der Überlegenheit des einen über das andere, in dem Schicksal einer einzigen Familie zur Anschauung zu bringen — eine Phänomenologie der Liebe und Freundschaft. Die Liebe des Vaters zur Tochter hält der Rücksicht auf das Gemeinwesen nicht Stand — sie steht auf der niedersten Stufe — dann folgt die der Frau zum Gatten — sie weicht der der Mutter zum Kinde. Dann wird die des Sohnes zur Mutter erprobt — sie erliegt der zum Vater, — die letzte Probe ergeht an die geschwisterliche Liebe und die Freundschaft, und sie bestehen sie siegreich, sie bleiben dem Menschen, wenn Vater und Mutter dahin sind. Was an der Sage historische Wahrheit, was Dichtung ist, kommt für den Zweck, dem sie uns hier dienen soll, nicht in Betracht; bei dem alten Arier würde sich dies Drama weder in Wirklichkeit ab= gespielt haben, noch würde es die Form der Sage oder der Dichtung angenommen haben, dazu fühlte er zu verschieden von dem Griechen; That wie Sage und Dichtung setzten eine Weite des Herzens und eine Mächtigkeit der Empfindung voraus, die ihm fremd war — sein Herz hatte nur Raum für die Liebe zur Frau.

Das abfällige Urteil, das ich damit über ihn gefällt habe, hat aber noch eine Probe zu bestehen.

e. Totenopfer und Mutterrecht.

XIII. Nach der herrschenden Ansicht soll das Totenopfer den Beweis enthalten für die innige Liebe der Kinder zu den Eltern. Wüßten wir nicht, wie es der Sohn bei Lebzeiten der alten Eltern mit ihnen hielt, es möchte darum sein. Aber was will das Totenopfer, die geringe Gabe von Speise und

Trank, die er ihnen von Zeit zu Zeit aufs Grab legt, besagen gegenüber dem Lose, das er ihnen bei ihren Lebzeiten bereitet und dem Recht nach bereiten darf? Eine seltsame Liebe, die es nötig hat, daß erst der Tod sie auslöst, die den Eltern erst im Jenseits das Brot reicht, das sie ihnen im Diesseits versagt oder mit widerstrebender Hand zugemessen hat. Nein! nicht die Liebe bringt das Totenopfer, sondern die Furcht. Nach arischer Anschauung, die sich bei allen indoeuropäischen Völkern erhalten hat, leben die Verstorbenen nach ihrem Tode noch als Geister, als Schatten fort, darum giebt man ihnen die Sachen, an denen ihr Herz hing, mit ins Grab oder auf den Scheiterhaufen, und sie bedürfen auch Speise und Trank[59]). Bei dem Opfer des Odysseus im Orkus drängen sich gierig die Schatten heran, um Blut zu trinken, in Walhalla erlabt sich der germanische Held am Meth. Den Nachkommen liegt es ob, den Verstorbenen Speise und Trank auf das Grab zu bringen; unterbleibt es, so rächen sie sich, sie erscheinen als drohende Gespenster, um ihnen allerhand Leides und Übles zuzufügen.

Das ist in meinen Augen das ursprüngliche Motiv des Totenopfers, es entstammt nicht der kindlichen Pietät und Liebe, sondern der Selbstsucht: der Angst und Furcht. Die Verehrung der Ahnen hat denselben Ursprung wie nach einer religionsphilosophischen Ansicht, die wir schon bei den Alten finden, die der Götter: timor fecit deos. Bei beiden beruht das Opfer auf demselben Gedanken der Verabreichung der nötigen Nahrung; wer sie ihnen vorenthält, dem zürnen sie, und an dem rächen

---

[59]) Wie konnte sich der Glaube bilden und erhalten, daß sie davon zu sich nähmen? In Bezug auf die dargebrachten Speisen sorgten die wilden Tiere und Vögel dafür, die bei nächtlicher Weile ihren Weg zu den Gräbern nahmen, in Bezug auf das Getränk neben ihnen die heiße Temperatur, in der es rasch verdunstete. Vögel und Tiere vertraten die Stelle der Verstorbenen, wie die Baalspriester, die sich nachts in den Tempel schlichen und das Opfer verzehrten, die der Gottheit.

sie sich. Die lebenden alten Eltern hat der Sohn nicht zu fürchten, was vermögen sie, die Schwachen, gegen ihn, den Kräftigen? — aber gegen Schatten und Gespenster kämpft der Kräftigste selbst vergebens.

Mit dieser Ansicht, welche der kindlichen Liebe und Pietät jeglichen Anteil an dem ursprünglichen Aufkommen des Toten=opfers abspricht, verträgt es sich vollkommen, daß sie, als ihre Zeit gekommen war, sich des fertigen Instituts bemächtigt haben. Es ist der alte Schlauch, in den neuer Inhalt gefüllt wird (S. 51), ein Vorgang, der in der Geschichte des Sittlichen auf Erden sich so unausgesetzt wiederholt, daß, wer ihn nicht beachtet, stets Gefahr läuft, Anschauungen, welche erst einer vorgerückten Stufe des Sittlichen angehören, in eine Zeit hineinzutragen, die sie nicht hatte und haben konnte. Die Traube, die im Herbst süß ist, ist im Frühling noch sauer, es bedarf erst der Wärme, um sie zu zeitigen, und nicht anders verhält es sich mit dem Sittlichen; der erste Ansatz desselben und seine endliche Gestaltung liegen himmelweit auseinander, aber wie die Natur es verstanden hat, aus sauer süß hervorgehen zu lassen, so auch die Geschichte aus der Selbstsucht, mit der sie meines Erachtens überall ausnahmslos eingesetzt hat, das gerade Gegenteil der=selben: das Sittliche.

So mag immerhin die spätere Zeit im Totenopfer ein Werk der pietätvollen Kindesliebe erblickt haben, damit verträgt sich vollkommen, daß das ursprüngliche Motiv hier wie sonst, z. B. bei der Verbrennung der Witwe (S. 51), ein anderes gewesen sein kann; und daß es ein anderes gewesen sein muß, ergiebt sich in unabweisbarer Weise aus dem, was oben über die Gestaltung des kindlichen Verhältnisses bei Lebzeiten der Eltern beigebracht worden ist. Das Leben bildet den Prüfstein der Liebe; eine Liebe, welche diese Probe nicht besteht und sich erst nach dem Tode äußert, ist keine Liebe; das Totenopfer der Arier läßt sich mit der Kindesliebe nicht in Verbindung bringen, es erübrigt für dasselbe kein anderes Motiv, als das von mir angenommene der Furcht.

Ich glaube damit den Schluß, den die herrschende Auffassung dieser Einrichtung der Arier entnimmt, zurückgewiesen zu haben. Aber sie ermöglicht einen andern, der ungleich wertvoller ist, den auf die Unbekanntschaft des Volks mit dem Mutterrecht. Wir stehen augenblicklich im Zeichen des Mutterrechts, überall ist man darauf aus, Spuren desselben zu entdecken; eine der neuesten Entdeckungen in dieser Beziehung ist, daß auch die Germanen, bevor sie zum Vaterrecht gelangten, eine Zeit des Mutterrechts durchgemacht haben[60]), in jüngster Zeit ist man sogar soweit gegangen, für die Germanen eine eigene Periode des Mutterrechts anzunehmen. Beim Mutterrecht gruppiert sich die ganze Familie um die Mutter, ihr gehören die Kinder, der Vater hat an ihnen keinen Anteil und über sie keine Macht, die Verwandtschaft wird nur durch die Abstammung von derselben Mutter vermittelt, die Abstammung von demselben oder einem andern Vater ist völlig gleichgültig, kurz es ist dieselbe rechtliche Gestaltung des Verhältnisses wie bei der außerehelichen geschlechtlichen Gemeinschaft nach römischem Recht, bei der es im Rechtssinn einen Vater nicht gab. Das Mutterrecht ist gleichbedeutend mit Mangel der Ehe — mit Aufkommen der Ehe macht es dem Vaterrecht Platz, das in seiner ursprünglichen historischen Gestaltung ebenso einseitig die Stellung des Vaters betont, wie das Mutterrecht die der Mutter. Er ist der Herr im Hause, ihm gehören die Kinder, und auch die Mutter ist seiner Botmäßigkeit in derselben Weise unterworfen wie sie, und alle Verwandtschaft wird durch ihn vermittelt, die Kinder der Frau aus einer früheren Ehe sind mit den seinigen garnicht verwandt, und ebenso wenig deren Verwandte. Das ist die Gestalt, welche das Vaterrecht

---

60) Der Ansicht hat sich angeschlossen Lamprecht in seiner deutschen Geschichte, Bd. 1. 1890.

im altrömischen Recht an sich trägt; erst in späterer Zeit hat es sich zu dem Gedanken des **Elternrechts** erhoben, der Versöhnung von Vater= und Mutterrecht. Mutter — Vater — Eltern, damit sind die Stufen der geschichtlichen Entwicklung der Familie namhaft gemacht, gleichmäßig was die Stellung der Kinder zu den Eltern wie die Annahme des Verwandtschafts= verhältnisses anbetrifft.

Daß nun das Mutterrecht auch bei den Ariern, wenn es, was alle Wahrscheinlichkeit für sich hat, irgend einmal gegolten hat, doch schon zu der Zeit, als die Indoeuropäer sich von ihm trennten, längst dem Vaterrecht gewichen sein muß, kann nicht dem mindesten Zweifel unterliegen. Der Schauplatz des Mutter= rechts ist das Haus der Frau, in dem die Männer ein= und ausgehen, und in dem die Kinder, die aus der vorübergehenden Verbindung erwachsen, verbleiben, der Schauplatz des Vaterrechts ist das Haus des Mannes, in das die Frau mit ihrer Vermählung ihren Einzug hält. Das ist die Form der arischen Eingehung der Ehe. Damit tritt die Frau aber nicht bloß in das Haus, sondern unter die Botmäßigkeit des Mannes, und damit ist ihre Gewalt über die Kinder gänzlich unvereinbar, sie selber ist dem Manne ganz ebenso unterworfen, wie die Kinder. Zu diesen Gründen gesellt sich nun noch das Totenopfer hinzu. Das Mutterrecht hätte erfordert, daß es der Mutter und ihren mütterlichen Ascendenten dargebracht werde, in Wirklichkeit ward es dem Vater und den väterlichen Ascendenten dargebracht; nach der Behauptung von Fustel de Coulanges [61]), die ich dahin= gestellt sein lassen muß, deren es aber für den dem Totenopfer zu entnehmenden Schluß garnicht bedarf, hätten die Arier sogar eine Verwandtschaft mit der Mutter und ihren Verwandten überhaupt nicht angenommen.

---

61) La cité antique, Paris 1868. S. 63. Er spitzt S. 39 seine Ansicht zu dem Satz zu: le pouvoir reproductiv residait exclusivement dans le père.

Unser Ergebnis ist: das Mutterrecht war dem arischen Volk zur Zeit der Trennung des Tochtervolks gänzlich fremd, dazu lag die Kulturstufe, die es bereits damals erreicht hatte, und die gerade in der richtigen sittlichen Würdigung des Wesens der Ehe gipfelte, zu hoch. Und nun soll es bei einem der von diesem Volk abstammenden Völker, den Germanen, Geltung gewonnen haben? Das hätte einen Rückfall in eine von dem Muttervolk längst bis zur gänzlichen Spurlosigkeit überwundene Periode der Roheit und Barbarei bedeutet. Hätte man sich dies vergegenwärtigt, man würde dem Gedanken schwerlich Raum gegönnt haben; man hat dabei nicht erwogen, daß die Geschichte der Germanen ihre Vorgeschichte bei den Ariern hat, und daß das Stück Weges vom Mutterrecht zum Vaterrecht bereits von diesen zurückgelegt war. Dieser Vorgang hätte sich bei ihnen nur unter der Voraussetzung von neuem abspielen können, daß sie von der bereits einmal erreichten Kulturstufe in die frühere Roheit zurückgefallen wären — eine Annahme, die wie für keins der indoeuropäischen Völker, so auch für die Germanen nicht zutrifft. Alle haben die auf die Ehe gegründete arische Familienverfassung, d. i. das Vaterrecht, beibehalten: die Kinder gehören bei ihnen nicht wie nach Mutterrecht der Mutter, sondern dem Vater, und gleich den Kindern steht wie bei allen andern, so auch bei den Germanen, die Frau selber in der Gewalt des Mannes (mundium). An dieser Frage aber, wem von beiden Teilen die Kinder gehören, hängt der Gegensatz vom Vaterrecht und Mutterrecht; der Einfluß, den er auf die Verwandtschaft ausübt, ist nur sekundärer Art[62]).

Griechen und Römer sollen nun nach der Ansicht des oben genannten französischen Gelehrten, es nicht bloß bei der Einrichtung, wie sie ihnen überliefert war, haben bewenden lassen, sondern der ihnen zu Grunde liegende Gedanke der religiösen

---

62) S. darüber Schröder, Lehrbuch der deutschen Rechtsgeschichte. Leipzig 1889, S. 60, 321.

Verehrung der Ahnen soll ihnen als Ausgangspunkt und leitender Gesichtspunkt für ihre ganze gesellschaftliche Ordnung gedient haben. Nichts, was nicht mit ihm in Verbindung stände, Staat, Religion, Recht, selbst das Vermögensrecht, alles liegt in ihm beschlossen, mit dem Ahnenkultus in der Hand erschließt sich uns das Verständnis der ganzen griechischen und römischen Welt, ohne ihn bleibt sie ein unenträtselstes Geheimnis; „la cité antique" ist ihm das von dem Gedanken an die Gottheit in allen seinen Teilen durchdrungene, religiös verklärte und geweihte antike Gemeinwesen im Gegensatz zu dem gottlosen der modernen Zeit, und der Ahnenkultus ist die Quelle, aus der sich dieser religiöse Geist über jene Welt ergossen hat. Mich kümmert hier nur die letztere Behauptung und auch sie nur insoweit, als sie die Römer betrifft, in Bezug auf sie kann ich es nicht umgehen, mich mit ihr auseinander zu setzen, da ich es mir einmal zur Aufgabe gemacht habe, Auskunft darüber zu erteilen, was die Römer den Ariern verdanken.

Daß dazu das Totenopfer und der Ahnenkultus gehört, war bereits längst bekannt. Bei den Ariern, wie es scheint eine an das Gewissen des Einzelnen gestellte Verpflichtung, hat das Totenopfer in Rom in Gestalt der sacra die Form einer socialrechtlichen, der Obhut der Pontifices anvertrauten Einrichtung angenommen, die Verpflichtung kann durch die geistliche Oberbehörde erzwungen werden, und sie geht mit dem Tode des Pflichtigen als eine auf dem Vermögen ruhende Last auf den Erben über: nulla hereditas sine sacris lautete ein bekannter Satz des jus pontificium. Nur mit diesem erbrechtlichen Satz berührt die Einrichtung das Privatrecht, und von dieser Seite ist auch ihre Bedeutung seit Erschließung der Kenntnis des indischen Rechts stets richtig gewürdigt worden [63]),

---

[63]) Von seiten der romanistischen Wissenschaft meines Wissens zuerst durch Gans, Das Erbrecht in weltgeschichtlicher Bedeutung, Bd. 1 (1824) Kap. 1. Vgl. übrigens auch unten S. 81.

nur daß man einen Punkt dabei übersehen hat. Es ist die Abweichung der Gestaltung des Erbrechts der Kinder in der Gewalt (sui heredes) von dem der übrigen Verwandten. Jene werden Erben, sie mögen wollen oder nicht: ipso jure (heredes necessarii), diese nur durch ihren Willen: durch Antretung der Erbschaft (heredes extranei). Der Satz erklärt sich aus der nach arischem Recht nur den Kindern, und nur ihnen obliegenden Verpflichtung zum Totenopfer, sie konnten dieselbe garnicht ablehnen, in diesem Sinne waren sie heredes necessarii, damit war die eigentümliche Gestaltung ihres Erbrechts von selbst gegeben. Nach arischem Recht kann auf die Seitenverwandten die Verpflichtung zum Totenopfer mit der Erbschaft nicht übergegangen sein, dem widerspricht das Schreckhafte, welches für den Arier mit dem Gedanken verbunden war, keine Kinder zu hinterlassen, die ihm das Totenopfer bringen würden, und die Verwendung der Adoption, um diesem Mangel abzuhelfen; in dem nach römischem Recht Platz greifenden Übergang der Verpflichtung zum Totenopfer auf den Erben schlechthin, den gesetzlichen wie den testamentarischen, können wir mithin nur einen Satz des jus pontificium erblicken. Die den Kindern in späterer Zeit verliehene Befugnis, die väterliche Erbschaft zurückzuweisen, enthält einen völligen Bruch mit der Vergangenheit, die Entbindung der Kinder von der Verpflichtung zum Totenopfer von Rechts wegen, sie gehört derselben Zeitströmung an, der die coemtio fiduciae causa sacrorum interimendorum causa entstammte [64]).

Mit dem Totenopfer hängt auch die Verschiedenheit der Gestaltung des Erbrechts der Kinder in Bezug auf die beiden Eltern zusammen: Der Mutter gegenüber nahmen sie die Stellung der heredes extranei ein, dem Vater gegenüber die der necessarii. Die herrschende Ansicht erblickt den Grund davon in der nur dem Vater, nicht auch der Mutter zustehenden

---

[64]) S. darüber meinen Geist d. R. R. IV S. 284.

Gewalt über die Kinder. Allein es ist nicht abzusehen, warum eine Verschiedenheit, die bei Lebzeiten in der rechtlichen Stellung der Eltern zu den Kindern bestand, sich auch nach ihrem Tode im Erbrecht folgenreich hätte erweisen müssen. Der Schluß: weil die Kinder bei Lebzeiten unter der Gewalt des Vaters stehen, so müssen sie auch nach seinem Tode notwendiger Weise seine Erben werden, ist ein übereilter. Auch hier giebt das Totenopfer die Erklärung; die Kinder schuldeten dasselbe nur dem Vater, nicht der Mutter, d. h. im Erbrecht nahmen sie ihr gegenüber die Stellung der heredes extranei ein, dieselbe wie die Seitenverwandten, und so erklärt sich die befremdende Erscheinung, daß das Erbrecht am Vermögen der Mutter im alten Civilrecht unter den Gesichtspunkt des Erbrechts der Seitenverwandten gebracht wird.

Eine weitere **privatrechtliche** Bedeutung kann ich der Einrichtung nicht zugestehen (vgl. nur S. 81); alles, was sonst noch von ihr berichtet wird, z. B. die rätselhafte detestatio sacrorum, betrifft die amtliche Thätigkeit der Pontifices oder ihre dem Archäologen anheimfallende äußere Form [65]. Nicht einmal die Gestaltung des römischen Familienrechts ist dadurch beeinflußt worden, geschweige die des Vermögensrechts. Wenn die Verpflichtung zu den sacra mit dem Austritt aus der Familie erlischt, so hat das seinen Grund in der auf dem Gedanken der Gewalt des Hausherrn beruhenden römischen Familienverfassung; nicht die sacra sind bestimmend für die Familienverfassung, sondern umgekehrt diese für jene. Und daraus ergiebt sich auch, daß die römische Gestaltung des Verwandtschaftsverhältnisses nicht aus der Verpflichtung zu den sacris abgeleitet werden darf, auch hier ist das Kausalitätsverhältnis ganz dasselbe: jene bestimmt diese, nicht diese jene, ganz abgesehen davon, daß diese Verpflichtung in Bezug auf Seitenverwandte garnicht existierte und mittelst

---

65) S. darüber Marquardt in Beckers Handbuch der röm. Altertümer Bd. 4 S. 259.

Beerbung auch) auf nicht verwandte Personen übergehen konnte. Wie es sich mit dem Vermögensrecht verhält, verspare ich mir bis zuletzt, vorher will ich nur mit wenigen Worten des angeblichen Zusammenhanges zwischen dem Totenopfer und dem römischen Staatswesen und der öffentlichen Gottesverehrung gedenken.

Richtig ist, daß die Religion im Staatswesen der Römer ebenso wie im Recht der ältesten Zeit eine Bedeutung hatte, der wir aus der Gegenwart nichts an die Seite zu setzen vermögen[66]). Aber die Behauptung, daß wir, um sie zu begreifen, genötigt seien, auf die religiöse Verehrung der Ahnen zurückzugreifen, wird widerlegt durch den Hinweis auf das Beispiel anderer Völker, denen der Ahnenkultus gänzlich fremd war, und bei denen die Religion in Form der theokratischen Verfassung auf die Gestaltung des Staatswesens einen Einfluß ausübte, der den bei den Römern noch weit hinter sich ließ, und nach einem positiven Beweise, daß gerade bei den Römern diese Erscheinung in dem Ahnenkultus seinen Grund gehabt habe, sieht man sich vergebens um. Auch für den öffentlichen religiösen Kultus, wo der Zusammenhang mit dem Ahnenkultus am ersten zu begreifen wäre, ist er durchaus nicht nachzuweisen, die Nationalgottheiten der Römer haben mit den Laren und Penaten nichts zu schaffen. Am meisten Schein hat die Zurückführung der öffentlichen Gottesverehrung auf den angegebenen Ausgangspunkt noch bei dem Vestadienst. Der Herd, der lokale Mittelpunkt und das Symbol der häuslichen Gemeinschaft ist zugleich der Altar, an dem den Hausgöttern geopfert wird; was er für die einzelne Familie, bedeutet der Herd der Vesta für das gesamte Volk. Allein das Herdopfer ist kein Totenopfer, dieses — der römische Ausdruck dafür ist parentalia — wird an den Gräbern dargebracht und nur an gewissen Tagen[67]), jenes im

---

[66]) Von mir eingehend behandelt in meinem Geist d. R. R. I § 18, 18a, 21.

[67]) Marquardt a. a. O. S. 258.

Hause, ohne an bestimmte Tage gebunden zu sein, und der Gegensatz wiederholt sich auch für das Volk; der häuslichen Gottesverehrung entspricht der öffentliche Vestadienst, den parentalia (sacra privata) die feralia (sacra popularia)[68]. Schon der Umstand allein, daß die Männer beim Vestadienst ausgeschlossen waren und nicht einmal den Tempel betreten durften, daß das Opfer von Personen weiblichen Geschlechts einer weiblichen Gottheit dargebracht wird, hätte den Gedanken an das Totenopfer, das in erster Linie den männlichen Descendenten gegen die männlichen Ascendenten obliegt, ausschließen sollen, ganz abgesehen davon, daß derjenige, dem es gebracht wird, verstorben sein muß.

Das Äußerste, zu dem sich der genannte Schriftsteller durch seine Phantasie hat hinreißen lassen, spielt auf dem Gebiete des Vermögensrechts. Es ist die Entdeckung, daß das römische Privateigentum an Grund und Boden durch die religiöse Beziehung des Herdes mit Notwendigkeit gegeben war. Der Herd ist der Altar der Hausgötter, der Hausgott ergreift Besitz von Grund und Boden und macht ihn zu dem seinigen (S. 70), woraus sich von selbst ergiebt, daß Gemeinsamkeit an Grund und Boden undenkbar ist (S. 72). Einmal gesetzt kann der Herd, von äußersten Notfällen abgesehen, nicht mehr versetzt werden, die Götter verlangen nicht bloß ihren besonderen,

---

68) Popularia sacra sunt ut ait Labeo, quae omnes cives faciunt, Fest. p. 253. Bei popularis ist das Volk als Masse der Einzelnen, bei publicus (= popul—icus) als Träger der Staatsgewalt gedacht. Popularis bedeutet: was den Einzelnen als Mitglied des Volks betrifft, nämlich: ihm zusteht (actio popularis; popularia scil. subsellia: die Sitze im Theater), ihm obliegt (sacrificia popularia), ihm zu teil wird (munus populare) oder was er der Masse verdankt (aura popularis unser: Popularität). Publicus dagegen bedeutet: was das Volk als staatsrechtliches Subjekt betrifft, z. B. res publica, lex, judicium, testimonium u. s. w., es ist gleichbedeutend mit: von Staatswegen, sacra publica sind diejenigen, quae publico sumtu pro populo fiunt, Fest. p. 245.

sondern auch ihren dauernden Sitz (S. 69), dazu aber eignet sich nur das Haus von Stein (S. 72). Nicht dem Individuum gehörten Haus und Herd, sondern dem Hausgott, das Individuum hat sie nur in Verwahrung, sie sind für alle Zeiten untrennbar mit der Familie verbunden (S. 81). Beruhte das Privateigenthum auf Arbeit, so könnte der Eigentümer sich dessen entäußern, aber es beruht auf der Religion, und darum kann er es nicht (S. 81). Allerdings haben die Römer die Veräußerung des Grundeigentums verstattet, aber dazu bedurfte es eines religiösen Aktes (mancipatio), unter Mitwirkung eines Priesters (libripens). Der Verfasser möge den hohen Wert dieser Entdeckung mit seinen eignen Worten in das richtige Licht setzen, „Sans discussion, sans travail, sans l'ombre d'une hésitation l'homme arriva d'un seul coup et par la vertu de ses seules croyances à la conception du droit de propriété (S. 77), supprimez la propriété, le foyer sera errant, les familles se mèleront, les morts seront abandonnés et sans culte (S. 76)".

In der That die einfachste Genesis des Eigentums an Grund und Boden, welche sich denken läßt, mit dem Anspruch, den die Hausgottheit erhob, war es in zwingender Weise gegeben. Schade nur, daß sie durch die Geschichte in allen und jeden Punkten widerlegt wird. Der Begriff des Privateigentums an Grund und Boden war dem Arier noch ganz fremd, er kannte an demselben nur Gemeineigentum (S. 29), und zu dem von dem Hausgott geforderten steinernen Hause hatte er es ebenso wenig gebracht, war es doch selbst noch den Germanen in so viel späterer Zeit, ebenso wie das Grundeigentum, unbekannt. Das Haus war eine bewegliche Sache, es ward abgebrochen und gesetzt, wo der Hirte es im Interesse der besseren Beaufsichtigung und Nutzung seiner Herden für nötig hielt. Damit trat also gerade dasjenige ein, was nach Ansicht von Fustel de Coulanges eine Auflösung aller Familienbande enthalten haben soll: le foyer errant. Wenn er daran den Schluß reiht: les morts seront abandonnés et sans culte, so liegt die Grundlosigkeit desselben auf der Hand. Was hatte denn die Versetzung des Herdes mit dem Totenopfer zu schaffen? Das Totenopfer ward am Grabe gebracht, und das Grab blieb stets an derselben Stelle, der Mann mochte seinen Herd aufschlagen, wo er wollte. Mit jenem Schluß hätte es nur dann seine Richtigkeit, wenn die Arier ihre Toten unter dem Herde bestattet hätten — ich denke sie werden wohl gewußt haben, warum dies ausgeschlossen war, sie würden bald vor ihren Hausgöttern die Flucht ergriffen haben! Auch hier spielt wiederum jene Verwechslung des Herdkultus oder der häuslichen Ahnenverehrung mit dem Totenopfer: dem Ahnenkultus am Grabe hinein, deren ich schon im Vorhergehenden gedacht habe.

Auf die Wanderung der Arier hat der genannte Gelehrte seinen Gesichtskreis garnicht ausgedehnt. Was ward aus dem Herde und dem Totenopfer, als sie sich auf den Weg machten? Ob jede Familie ihren steinernen Herd, den Altar des Hausgottes mitgeschleppt haben soll, darüber mag jeder denken, wie er will, ich meinerseits glaube es nicht, aber daß sie die Gräber der Verstorbenen im Stich lassen mußten, ist unbestreitbar, und damit tritt das obige Schreckbild: les morts abandonnés sans culte in nackte Wirklichkeit. Und derselbe Anlaß, die Gräber der Verstorbenen im Stich zu lassen, wiederholte sich bei jedem neuen Aufbruch während der Wanderperiode, das Volk hätte garnicht auswandern und wandern dürfen, wenn es sich nicht von den Gräbern der Verstorbenen hätte trennen wollen. Es geschah, indem die Scheidenden kurz vor der Trennung auf den Gräbern der Ihrigen noch das letzte Totenopfer darbrachten, der Aufbruch geschah Anfang März, das letzte Totenopfer in den letzten Tagen des Februar (§ 38). Auf der Wanderung setzte man sich selbst über die Bestattung der Toten in dem Fall hinweg, wenn es den Übergang über einen Fluß galt, hier wurden die Alten als Tribut an die Flußgottheit von der Brücke in den Fluß geworfen (§ 49).

Das Erbaulichste, was der genannte Gelehrte auf dem Wege der unerbittlichen Konsequenzmacherei zu Tage gefördert hat, dürfte für den Romanisten in der Erhebung der nüchternen mancipatio zu einem religiösen Akt und des biederen libripens zu einem Priester bestehen. Das Eigentum am Grund und Boden steht dem Hausgott zu, folglich kann die Veräußerung, wenn sie überhaupt veranstaltet werden soll, nur in religiösen Formen geschehen. Daß dasselbe Ritual auch bei der Mancipation aller anderen res mancipi und selbst dem nexum wiederkehrt, ist ihm dabei gänzlich entgangen. Ochsen und Esel mit dem Segen des Priesters versehen, wenn sie aus einer Hand in die andere übergehen, der Priester herangezogen, um dem Wuchergeschäft der Arier eine religiöse Weihe zu verleihen — wessen bedarf es mehr, um jeden Gedanken an eine Zurückführung des Mancipationsrituals auf die Religion auszuschließen? Wie groß hätte die Zahl der Priester sein müssen — bekanntlich war sie eine recht geringe —, wenn sie bei jeder Mancipation und bei jedem Nexum die Funktion des libripens hätten übernehmen sollen.

Das Ergebnis ist: von allem, was der genannte Gelehrte vorbringt, hat sich nichts bewährt. Die Bedeutung des arischen Totenopfers für die Römer erschöpft sich in den von der heutigen Wissenschaft bereits richtig gewürdigten sacra popularia und privata.

Damit beschließe ich meine Ausführungen über das arische Familienrecht, um mich dem Vermögensrecht zuzuwenden.

f. Das Vermögensrecht[69]).

XIV. Es giebt auf dem ganzen Gebiet des Rechts keine einzige Frage, welche in dem Maße die Nötigung zur Erkennt=

---

69) Das unter den Begriff des Vermögensrechts fallende Erbrecht habe ich im folgenden nicht mit berücksichtigt, da es für meine Zwecke nicht das mindeste Interesse darbietet.

nis der Eigenartigkeit des Rechts in sich schließt, als die von
Mein und Dein. Mit ihr ist die klare Untersuchung dessen,
was das Recht, und was die Sitte des Lebens, Moral, Religion mit sich bringen, notwendig geboten. Die Familie kann
bestehen ohne diese Klarheit, es ist der Zustand der Naivetät
der Sitte, bei der Recht und Moral sich noch nicht geschieden
haben, und auch der gesicherte Bestand der öffentlichen Verhältnisse ist denkbar ohne diese Scheidung, es bietet sich dafür
noch ein anderer Gesichtspunkt dar, der die Erhebung der
Rechtsfrage umgehen läßt: der der Macht. Aber mit der
Frage von Mein und Dein ist eine derartige Unbestimmtheit
schlechthin unverträglich, für sie bedarf es der festen Grenzlinien des Rechts, und hier sind sie geschichtlich überall zuerst
gezogen worden. Das Vermögensrecht ist der frühest ausgebildete aller Teile des Rechts, wobei man nur nicht vergessen
darf, daß diese Ausbildung sich weniger in der Aufstellung
materieller Rechtssätze, als in der Vorzeichnung gewisser
Formen für die Begründung und die außergerichtliche (solenne
Selbsthülfe) und gerichtliche Verfolgung der Rechte (Prozeß)
und giebt.

Beim altrömischen Recht trifft das eben Gesagte im vollsten
Maße zu, beim arischen nicht einmal für die spätere indische
Zeit. Das Vermögensrecht ist hier äußerst wenig entwickelt.
Die Erscheinung hat mich anfänglich höchlich überrascht, und
ich habe den Grund davon in der Mangelhaftigkeit der Quellenberichte erblicken zu müssen geglaubt. Aber dann müßte die
Sprache doch wenigstens gewisse Anhaltspunkte bieten. Allein
auch sie beobachtet über alles, was mit dem Vermögensrecht
zusammenhängt, z. B. Eigentum, Besitz, Pfandrecht, Schuldrecht, tiefstes Schweigen. Hinterher glaube ich den richtigen
Grund entdeckt zu haben.

Ein Volk, das weder Ackerbau noch Städte, noch Geld
kennt, kann kein entwickeltes Vermögensrecht besitzen. Fehlen
des Ackerbaus bedeutet Fehlen des Grundeigentums, Fehlen des

Geldes Fehlen des Handels, und damit sind zwei der ergiebigsten Quellen des Vermögensrechts verschlossen. Freilich vom Standpunkt unserer heutigen abstrakten Eigentumstheorie aus würde nicht zu verstehen sein, warum das Eigentumsrecht, auch wenn es bei dem Arier auf unbewegliche Sachen keine Anwendung fand, sich nicht dennoch an beweglichen Sachen ganz so vollständig hätte entwickeln können, wie bei den Römern. Aber gar vieles ist abstrakt möglich, was doch nicht wirklich ist, weil es dazu erst noch besonderer Voraussetzungen oder besonders zwingender Gründe bedarf. Man muß sich an die Geschichte wenden, um darüber Auskunft zu erhalten, und dies soll meinerseits in Bezug auf die Entwicklung des römischen Eigentumsrechts an geeigneter Stelle geschehen.

Die Eigentumsfrage machte dem Arier keine große Schwierigkeit. Für seine Weiden erhob sie sich garnicht, sie standen nicht in seinem Privateigentum, und seine Herden trugen seine Eigentumsmarke an sich (S. 30 ff.). So blieb nur übrig, was er im Hause hatte, und als einzige Gefahr, die ihm drohte, die Entwendung. Den Schutz, den das Recht ihm dagegen gewährte, kennen wir bereits, es war die Haussuchung nach gestohlenen Sachen [70]).

Nicht anders als mit dem Vermögensrecht verhält es sich

g. mit der Rechtspflege und dem Strafrecht.

XV. Der Gewährsmann, dem ich bisher immer gefolgt bin [71]), räumt ein, daß dasjenige, „was wir von Gericht und Rechtsprechung erfahren, sehr unbefriedigend ist", meint aber gleichwohl, „daß ausgebildete Rechtsbegriffe sicher vorhanden gewesen seien." Aber der Jurist denkt über die Belege, die er dafür beibringt, anders. Es werden angeführt: dharmann,

---

70) Um Auskunft über den Aufenthaltsort zu erhalten, wandt man sich an Wahrsager, Zauberer. Zimmer S. 182.
71) Zimmer S. 180.

74 Erstes Buch. Das arische Muttervolk.

das Gesetz, die feststehende Ordnung sowohl am Himmel als auf
Erden — âgas, die Verletzung der dharmann, Vergehen gegen
Götter und Menschen — rna, Schuld, gleichmäßig im sittlichen
und strafrechtlichen wie im vermögensrechtlichen Sinn.

Allein die weite Bedeutung dieser drei Ausdrücke, welche
gleichmäßig Recht, Sitte und religiöse Satzung umfassen, beweist,
daß der Unterschied dieser drei Sphären dem Arier noch nicht
zum Bewußtsein gekommen war. Nach einem Ausdruck, der
nur Recht, nur Gesetz bedeutet, wie das lateinische lex,
jus, oder gar nach einem Ansatz zu der im römischen Recht
von allem Anfang an vollzogenen Scheidung des göttlichen und
menschlichen Rechts (fas und jus) und des göttlichen Rechts
von der Religion habe ich mich vergebens umgesehen. Das
ist aber für den Juristen gleichbedeutend damit, daß die Be=
sonderheit des Rechts noch nicht erkannt worden war.

Was der genannte Schriftsteller von einzelnen Einrichtungen
berichtet, ist äußerst gering. Er nennt die Gottesurteile und
zwei Arten von Strafen, aber wir erfahren weder, an welche
Voraussetzungen die verschiedenen Arten der Gottesurteile — es
gab ihrer nicht weniger als neun, von denen die Feuer=, Wasser=
und Giftprobe für die schwersten galten — geknüpft waren,
noch auch wer die Strafen zu erkennen hatte — ob ein be=
sonders dafür bestellter Richter oder das Oberhaupt des Dorfs
oder Gaues, sei es mit oder ohne Zuziehung der Gemeinde —
noch auch ob für Civilfälle ein anderes Verfahren galt, als
für Straffälle, wie es in Rom von allem Anfang an der Fall
war. Auch in dieser Richtung wiederholt sich dieselbe Erschei=
nung, der wir oben im Vermögensrecht und ebenso bei den
Grundbegriffen des Rechts begegnet sind: vollendete Unbestimmt=
heit — von den angeblich ausgebildeten Rechtsbegriffen ist auch
nicht die leiseste Spur zu entdecken.

Als einfaches „Zuchtmittel" bezeichnet Zimmer den Stock,
indem er die Bemerkung hinzugefügt, daß derselbe „noch durch
die ganze spätere indische Zeit das Symbol der Justiz" gewesen

sei, als zweite Strafe (S. 181) die Verstoßung aus der Gemeinschaft der Arier. Demnach wäre also die Todesstrafe unbekannt gewesen. Als Ersatz des Gefängnisses, das es damals noch nicht gegeben, habe das Anbinden des Missethäters mit Stricken an eine Holzsäule (drupada) gedient. Es ist dies abermals eine Gelegenheit, wo der Jurist imstande ist, dem Sprachforscher und Kulturhistoriker hülfreiche Hand zu leisten.

Mit dem Stock hatte es nämlich eine besondere Bewandtnis, hinter ihm verbarg sich meiner Ansicht nach die Todesstrafe. Der Stock kann angewandt werden, lediglich zur körperlichen Züchtigung, und darauf hat sich seine Anwendung seit Aufkommen der Todesstrafe mittelst Enthauptung sowohl bei den neueren Völkern, als auch bei den Römern beschränkt. Bei diesen bildeten die fasces, das Bündel Ruten, das Symbol der körperlichen Züchtigung, das Beil das der Todesstrafe. In ältester Zeit waren beide vereint, in der späteren Zeit, seitdem dem Magistrat das Recht der Zuerkennung der Todesstrafe über den Bürger entzogen und nur noch über den Soldaten belassen worden war, mußte er die Beile aus den Fasces entfernen; erst wenn er ins Feld rückte, durfte er sie wieder aufnehmen. Damit ist die strafrechtliche Bedeutung der Ruten, als Mittel lediglich zur körperlichen Züchtigung vollständig zum Ausdruck gebracht, die Todesstrafe ist dem Beil überwiesen. Aber in einer Anwendung dienten auch in Rom noch die Ruten zum Vollzug der Todesstrafe, nämlich in der Hand des **pontifex maximus** bei schwersten religiösen Vergehen der ihm untergebenen geistlichen Personen[72]). Daraus scheint sich mir ein

---

72) Liv. XXII, 57 (im Jahre der Stadt 536) L. Cantilius, scriba pontificis, quos nunc minores pontifices appellant, qui cum Floronia stuprum fecerat, a pontifice maximo eo usque virgis in comitio caesus erat, ut inter verbera exspiraret. Liv. XXVIII, 11 .... ignis in aede Vestae extinctus, caesaque flagro est Vestalis. Die Exekution erinnert an das früher übliche Spießrutenlaufen, dessen quantitative Zumessung nach Absicht des Zuerkennenden ebenfalls die Todesstrafe enthalten konnte.

Doppeltes zu ergeben. Einmal, daß die Todesstrafe in der Urzeit durch Geißelung vollzogen ward, sodann daß die Vollziehung durch den Richter selber erfolgte, der sie zuerkannt hatte. Der pontifex maximus, der in eigener Person öffentlich auf dem Forum die Geißelung vornahm, würde damit beim Volk den größten Anstoß erregt haben, wenn er nicht zu einer nur in Abgang gekommenen Sitte der Urzeit hätte zurückgreifen können [73]). Es sollte ein Beispiel statuiert werden, das auf lange Zeit von sich reden machte, und kein besseres Mittel gab es dazu, als daß der pontifex maximus selber den Verbrecher zu Tode peitschte, nur das Binden an den Strafpfahl (s. u.) werden seine Diener vollzogen haben.

Schon hieraus allein ergiebt sich meines Erachtens, daß die Vollziehung der Todesstrafe mittelst des Beiles nicht die der Urzeit war, die Vollstreckung desselben vielmehr mittelst des Stockes oder der Ruten erfolgte. Es fehlt aber auch nicht an einem ausdrücklichen Zeugnis, welches diese Art der Hinrichtung als Brauch der Urzeit bezeichnet [74]). Für die geistlichen Behörden blieb wie überall so auch hier der Brauch der Urzeit maßgebend, nur die weltlichen Behörden vertauschten den Stock oder die Ruten mit dem Beil. Aber im Anfang der Königszeit bestand noch der alte Brauch. In dem ältesten Straffall, dessen unsere Quellen Erwähnung thun: im Perduellionsprozeß des Horatius sollte die beabsichtigte Hinrichtung durch Geißelung erfolgen [75]).

---

[73]) Man muß die Einrichtung nicht mit heutigen Augen ansehen. Die Urzeit nahm daran so wenig Anstoß, wie wir heutzutage daran, daß der Vater selber das Kind züchtigt; in ihren Augen gehörte Zuerkennung und Vollziehung der Strafe zusammen, und die Einrichtung trug nicht wenig dazu bei, dem Volk die Macht des Richters in wirksamster, d. h. sinnlicher Weise in Erinnerung zu halten.

[74]) Suet. Nero 49, wo das corpus virgis ad necem caedi ausdrücklich als mos majorum bezeichnet wird.

[75]) Liv. I, 26: lictor colliga manus . . . . . caput obnube . . . arbori infelici suspende, verbera. Der Missethäter wird nicht erhängt

Das Ergebnis des bisherigen besteht darin, daß der Stock bei den Ariern nicht lediglich zur Züchtigung, sondern zur Vollziehung der Todesstrafe diente. Nur so erklärt es sich, daß er nach dem Zeugnis des oben genannten Gelehrten „noch die ganze spätere indische Zeit hindurch das Symbol der Justiz" gebildet hat, (entsprechend in Rom die Ruten in den fasces vor Aufnahme des Beiles in dieselben), und damit ist zugleich die Nichterwähnung der Todesstrafe in den Quellen, deren wirkliches Fehlen im arischen Strafrecht garnicht zu verstehen wäre, erklärt — die Todesstrafe steckte im Stock.

Auch mit der S ä u l e , die sich als öffentliche Einrichtung in jeder Gemeinde befand, hatte es eine andere Bewandtnis, als der genannte Schriftsteller annimmt. Sie bildete nicht, wie er meint, einen Ersatz des Gefängnisses, um den Übelthäter für einige Zeit festzuhalten. Damit läßt sich das von ihm selber beigebrachte Zeugnis über den „tausendfachen Tod", der dem Gefesselten drohte, schlechterdings nicht vereinigen. Ich bin vielmehr zu folgendem Ergebnis gelangt.

Die Säule diente einem doppelten Zweck: einem s t r a f r e c h t l i c h e n und einem p r i v a t r e c h t l i c h e n ; in der ersten Richtung will ich sie als Strafpfahl, in der zweiten als Schuldpfahl bezeichnen.

D e r S t r a f p f a h l. Sollte die vom Richter zuerkannte Leibes oder Lebensstrafe an dem Delinquenten vollzogen werden, so ward er mit Stricken oben, unten und in der Mitte an die Säule gebunden, um jeden Widerstand bei Vollziehung der Strafe seinerseits unmöglich zu machen. So geschah es in Deutschland noch bis in das vorige Jahrhundert bei der Stäupung. Die Staupe (stûpe), aus der später der Schandpfahl bei der bloßen öffentlichen Ausstellung des Verbrechers

---

oder gekreuzigt, wie man fälschlich angenommen hat — dann müßte das verbera vor suspende stehen — sondern er wird an den Pfahl (arbor infelix) gebunden und dann zu Tode gepeitscht.

geworden ist, war die drupada des alten Ariers, ebenso der Block der Germanen und Slaven [76]), und der arbor infelix der Römer [77]). Von dem binden (ligare) an den Strafpfahl stammt der Name des damit beauftragten Vollzugsbeamten: des Lictor [78]).

Der Schuldpfahl. Wie der Verbrecher, so ward auch der Schuldner bei den Ariern an die Säule befestigt, bis er sich durch eigene oder fremde Zahlung auslöste. So wird es für den Dieb bezeugt, und so wird es bei der Gleichstellung des Diebes mit andern Schuldnern [79]) auch mit ihnen gehalten worden sein. Es war ein Pressionsmittel grausamster Art, und eben darauf war es abgesehen. Hier stand er, ohne sich rühren

---

[76] Es wurden daran nicht bloß wie bei König Lear die Füße gebunden, sondern in altarischer Weise auch Nacken und Mittelkörper, s. darüber die Nachweisungen bei Zimmer S. 182 Anm.

[77] Livius a. a. O. gebraucht dafür als gleichbedeutend furca, was auf die falsche Idee des Galgens und des Erhängens geleitet hat; es kann darunter nur eine Gabel zum Halten des Kopfes verstanden werden. Vaniček a. a. O. II S. 604: ursprünglich Gespaltenes, ein Werkzeug mit einer Spalte, furcae cancrorum, Scheren des Krebses.

[78] So die römischen und unter den heutigen Etymologen Vaniček S. 920. Mommsen, Röm. Staatsrecht I S. 300 leitet das Wort von licēre = laden ab; über die Ableitungen anderer s. Vaniček S. 922. Wer bedenkt, daß die Sprache die Dinge nach ihren charakteristischen Merkmalen benennt, wird über die Wahl zwischen den verschiedenen Ableitungen nicht im Zweifel sein. Das Laden tritt in der Funktion des Lictor hinter dem Binden gänzlich zurück, während das Binden mit seiner durch die Fasces symbolisierten Bestimmung für den Vollzug der Leibes- und Lebensstrafen im engsten Zusammenhang steht. Wenn in ältester Zeit der erkennende Richter selber die Strafe vollzog, so wird die Bezeichnung des Lictor nach dem Binden doppelt einleuchtend: der Lictor band den Verbrecher fest und reichte dann dem Richter aus den Fasces die Ruten, dieser selber aber nahm die Geißelung vor, wofür ich auf das Beispiel vom Pontifex maximus Bezug nehme.

[79] Zimmer S. 181: rna schuldig, heißt der Dieb, und rna hat auch die Bedeutung von Schuld gleich Darlehn.

zu können, Tag und Nacht, allem Ungemach der Witterung, der brennenden Sonne des Tages, der Kälte der Nacht, dem Regen preisgegeben, und sicherlich wird auch dem Gläubiger, oder wenn es mehrere waren, jedem von ihnen die Befugnis zugestanden haben, seine Rachlust durch Peitschenhiebe nach Herzenslust an ihm zu kühlen, ohne daß es dabei auf den Betrag der Forderung angekommen wäre [80]), und erbarmte sich nicht jemand seiner, indem er ihm Trank und Speise verabreichte, so mußte er verdursten und verhungern. So erklärt sich der „tausendfache Tod" des Mannes an der Säule — das furchtbarste Schreckbild des Ariers [81]). Ihm hielt auf die Dauer niemand Stand, der noch die Mittel besaß zu zahlen.

---

80) Bei dem an die Stelle des Todpeitschens getretenen in partes secare der XII Tafeln ausdrücklich bestimmt: si plus minusve secuerint, sine fraude esto.

81) Es ist mir der Gedanke gekommen, ob nicht die Martersäule des Ariers das Vorbild geworden ist für die des Styliten. Durch den Zug Alexanders nach Indien konnte die Bekanntschaft mit ihr in den Reichen der Ptolemäer und Seleuciden vermittelt werden. Der Zweck der freiwilligen Selbstkasteiung schloß das Binden an die Säule aus, aber die Säule selber mit all ihren physischen Schrecken und auch der moralischen Vorstellung des Schimpfes, der sich in den Augen des Volks an sie schloß, blieb. Sie enthält eine zu seltsame Verirrung des menschlichen Geistes, als daß man nicht einen historischen Anhaltspunkt, der sich für sie darbietet, gern ergreifen sollte.

Nachdem der Text im Manuskript in obiger Weise längst festgestellt war, habe ich eine glänzende Bestätigung meiner dort vorgetragenen Ansicht über den Schuldpfahl bei den Ariern in der eben aufgefundenen Schrift des Aristoteles vom Staatswesen der Athener (Übersetzung von Georg Kaibel und Adolf Kießling, Straßburg 1891) gefunden, wo Aristoteles (S. 16, 17) aus dem Gedicht von Solon die Worte mitteilt:

So manchen Zinspfahl festgefügt hab' ich
In Knechtschaft lagst Du, gelöst nun hab' ich Dich — frei gemacht.

Der arische Schuldpfahl hatte sich also bei den Griechen bis auf Solon behauptet.

Besaß er selber sie nicht, so rechnete der Gläubiger darauf, daß Verwandte, Freunde oder mildherzige Menschen ihn auslösen würden. Eben darum war er öffentlich ausgestellt, sein Anblick sollte ihnen sein Los vor Augen führen und ihm selber Gelegenheit geben, sie durch sein Flehen zu erweichen. Und regelmäßig wird der Gläubiger sich nicht verrechnet haben. War der Mann der Auslösung würdig, so wird sie ihm auch zu Teil geworden sein. Nur dann, wenn er ein Taugenichts war, von dem jeder sich freute, erlöst zu werden, wird man ihn seinem Schicksal überlassen haben — in seinem Schicksal hatte er das Urteil des Volks über sich.

Aber selbst der Tod erlöste ihn nicht von seinem Elend. Der Gläubiger schaffte den Leichnam ins Freie, wo er, da er sicherlich nicht die Verpflichtung gehabt haben wird, ihn zu bestatten, ihn liegen ließ — ein Fraß für die wilden Tiere, wenn sich nicht jemand fand ihn zu bestatten. Aber um dies zu thun, mußte er den Leichnam vom Gläubiger einlösen; das Recht, das dieser am lebendigen Leibe des Schuldners gehabt hatte, erstreckte sich auch auf den entseelten. Der Gedanke eines Pfandrechts des Gläubigers am Leichnam des Schuldners, den wir bei so manchen wilden Völkern finden[82]), enthält eine zu naheliegende Erweiterung seines Rechts am lebendigen Leibe desselben, als daß wir ihn nicht auch bei den Ariern voraussetzen dürften. Auch bei den Römern begegnen wir ihm, die Volksansicht ließ es sich schwer nehmen, daß der Körper des Schuldners auch noch nach dem Tode dem Gläubiger gehöre — die actio in personam in ihrer vollen Konsequenz — und die Gesetzgebung, die unseres Wissens zuerst mittelst der lex Julia de vi publica gegen den Unfug der Verhinderung eines

---

82) Kohler, Shakespeare vor dem Forum der Jurisprudenz S. 19, 20, Esmein, Débiteurs privés de sepulture in Mélanges d'histoire du droit (mir nicht zugänglich).

Leichenbegängnisses durch den Gläubiger einschritt[83]), hat noch bis in die späteste Zeit hinein[84]) mit der Bekämpfung dieses Unwesens zu thun gehabt. Bei den Ariern gesellte sich zu dem Grausenhaften, welches die Nichtbestattung der Leiche schon an sich hat, noch die dadurch herbeigeführte Unmöglichkeit des Totenopfers auf dem Grabe des Verstorbenen hinzu, und hatte der Schuldner Kinder hinterlassen, welche Unmenschen genug gewesen waren, ihn bei Lebzeiten nicht einzulösen, oder wegen Abwesenheit oder mangelnder Mittel nicht in der Lage gewesen waren, so war jetzt der Moment gekommen, um alles aufzubieten, den Leichnam einzulösen. Von der Bestattung desselben hing die Möglichkeit des Totenopfers ab, von dem Totenopfer die Ruhe und der Friede der Überlebenden; der Gläubiger konnte sicher sein, daß alles geschehen werde, was in der Macht der Kinder stand, um ihn zu befriedigen, sein letzter Rettungsanker war das Totenopfer, das sich hier also nicht bloß im Erbrecht (S. 64) sondern auch im Schuldrecht mit dem Vermögensrecht berührt.

Das Schuldrecht des alten Ariers findet seine Verkörperung im Schuldpfahl. Den Strafpfahl sind wir in der Lage gewesen, noch im ältesten römischen Strafrecht nachzuweisen, dagegen sehen wir uns nach dem Schuldpfahl sowohl bei den Römern wie bei den übrigen Indoeuropäern vergebens um[85]). Es muß Gründe gegeben haben, welche die überkommene Einrichtung bei ihnen verdrängten. In den Verhältnissen der Wanderung, darin nämlich, daß der, ein für allemal festerrichtete

---

83) L. 5 pr. ad leg. Jul. de vi publ. (48, 6), 1. 1 § 6, de injur. (47, 10), 1. 8 de sepulcro (47, 12), Paul. S. R. V, 26, 3.

84) Justinus in l. 6 Cod. de sepulchro (9, 19), Justinian in Nov. 60, 1 § 1, 115, 5 § 1: nulli penitus esse licentiare corpora defunctorum debiti gratia detinere.

85) [Siehe jedoch, was oben S. 79 Note 81 Jhering selbst über die Solonische Zeit nachträglich hinzugefügt hat.]

Schuldpfahl sich mit dem Marsch nicht vertrug, können sie nicht gelegen haben, denn der Strafpfahl hat sich erhalten, der Schuldpfahl nicht. Worin mögen sie bestanden haben?

Der Schuldpfahl schloß die Gefahr in sich, daß dritte Personen den Schuldner losbanden, der dann das Weite suchen konnte. Daß darauf eine Strafe gestanden haben muß, ist klar; ich vermute, daß es dieselbe gewesen sein wird wie beim römischen vindex: die der eigenen Haftung. Beide vertreten der Rache des Gläubigers den Weg, sie begehen einen Eingriff in seine Rechte. Aber das Eintreten des Vindex bewirkt nur einen vorübergehenden Aufschub der Rache — kann er den Ungrund der Schuld nicht erweisen, so hat sie freien Lauf — bei dem andern besteht der Eingriff in der völligen Vereitlung derselben, und daß ihn dasselbe Los trifft, welches er dem Schuldner ersparen wollte, hat so wenig befremdendes, daß man fragen darf: wie hätte es anders gehalten werden können? Auch beim Vindex würde die Strafe der eigenen Haftung nichts überraschendes haben, wenn sie lediglich an Stelle der des Schuldners träte, aber sie tritt zu ihr hinzu, der Gläubiger bekommt im Fall des Unterliegens des Vindex den Schuldbetrag doppelt. Daß den unterliegenden Vindex irgend eine Strafe treffen mußte, ist klar, sonst hätte jeder dem Gläubiger ohne alle Gefährde in die Zügel fallen können, aber daß sie so außerordentlich hoch bemessen werden mußte, will mir nicht in den Sinn, und stimmt nicht zu den sonstigen Strafsätzen des römischen Rechts für prozessualisches Unterliegen. Ich erkläre mir die Sache auf historischem Wege. Die Haftung desjenigen, der den Schuldner vom Schuldpfahl löste - man könnte ihn den arischen Vindex nennen — ist auf den römischen übertragen worden. Mit dem Abkommen des Schuldpfahls war diese Art des Eingriffs in das Recht des Gläubigers hinweggefallen, aber einen Eingriff in sein Recht beging auch der Vindex, auch er suchte den Schuldner von den Banden zu befreien⁸⁶), und darum ist die alte Strafe für ihn beibehalten worden.

Die Verhängung derselben setzte den Beweis der Thäterschaft voraus. War die Loslösung des Schuldners vom Schuldpfahl bei nächtlicher Weile geschehen, ohne daß jemand es gesehen hatte, so hatte der Gläubiger das Nachsehen. Die Einrichtung war also eine unvollkommene, der Gläubiger hätte, um sich gegen jene Gefahr zu sichern, den Schuldner bei Tag und Nacht bewachen lassen müssen. Damit glaube ich den Grund des Verschwindens der Einrichtung namhaft gemacht zu haben. Sollte die Gefahr vermieden werden, so mußte der Gläubiger den Schuldner im eigenen Hause bewachen, und so geschah es in Rom. Nach den XII Tafeln nimmt der Gläubiger den Schuldner, der am Verfalltage nicht zahlen kann, mit in sein Haus (secum ducito) und schließt ihn dort an (vincito aut nervo aut compedibus). Diese Vertauschung der öffentlichen Ausstellung mit der Privathaft hatte für den Schuldner die bedenkliche Folge, daß ihm damit die Möglichkeit abgeschnitten war, durch den Anblick seines Elends, sein Jammern und Flehen das öffentliche Mitleid zur thätigen Teilnahme, so daß man ihm Speise und Trank verabreichte oder ihn gar einlöste, für sich zu erregen. Ihr begegnete das Gesetz durch eine doppelte Bestimmung. Einmal dadurch, daß es den Gläubiger verpflichtete, ihm die notdürftige Atzung zu verabreichen, wenn der Schuldner es nicht vorzog, sich selber zu verköstigen, sodann dadurch, daß es ihm auferlegte, den Schuldner an drei Markttagen öffentlich auszustellen unter Verkündigung des Schuldbetrags, an drei Markttagen, weil an ihnen das Landvolk in die Stadt kam; damit war die Sicherheit gegeben, daß die Kunde von seinem Lose sich überall hin verbreitete;

---

86) Festus p. 376 charakterisiert ihn als denjenigen, der vindicat, quominus is, qui prensus est ab aliquo teneatur, was wörtlich für seinen arischen Vorgänger zutrifft.

niemandem, der etwa gewillt sein konnte, sich seiner anzunehmen, konnte sie entgehen, die öffentliche Ausstellung lag also ebenso sehr im Interesse des Gläubigers wie des Schuldners. Damit war die Sicherheit der Privathaft mit den Vorteilen, welche die Fesselung am Schuldpfahl bot, vereinigt, und man entnimmt daraus, daß es bei dieser nicht bloß auf das Martern des Schuldners selber, sondern zugleich auf eine Pression auf dritte Personen abgesehen war.

An Stelle des Todes am Strafpfahl setzte das Gesetz das bekannte in partes secare, das Zerfleischen des Schuldners, für dessen mit Unrecht in Abrede genommenen Sinn ich mittelst der Anknüpfung an den „tausendfachen Tod" am Schuldpfahl einen neuen Beleg glaube beigebracht zu haben. Wie bei dem strafrechtlichen Vollzug der Todesstrafe die Ruten, durch welche der Verbrecher zu Tode gepeitscht wurde, durch das inzwischen aufgekommene eiserne Beil ersetzt wurden, so bei dem privat= rechtlichen durch das eiserne Messer, und wie das Maß des Peitschens von seiten der einzelnen Gläubiger nicht nach dem Schuldbetrag bemessen werden konnte, jeder von ihnen vielmehr nach Herzenslust seine Rache kühlen durfte, so auch beim Zer= fleischen: si plus minusve secuerint, sine fraude esto.

So knüpft also das altrömische Schuldrecht in allen Punkten an den Schuldpfahl an. Ich meine nicht, als ob es sich nicht auch selbständig ganz in derselben Weise hätte bilden können, sondern ich habe nur die Gelegenheit, die sich mir darbot, die bisher nicht erkannte Verbindung zwischen dem altrömischen und arischen Schuldrecht aufzudecken, benutzen und den Nachweis erbringen wollen, daß wir in dem altrömischen Schuldrecht nichts als eine Fortbildung des arischen zu erblicken haben.

Wie sachlich, so knüpft auch sprachlich das römische Schuldrecht an das Binden des Schuldners an. Die römische Rechtssprache bezeichnet das strenge Schuldverhältnis des ältesten Rechts als nexum (von nectere binden), das des neueren den obligatorischen Vertrag als contractus (von contrahere

= das Band zusammenziehen) und pactum (von sanskr. pak binden, pāça die Fessel s. oben S. 33) und dementsprechend die normale Beendigung desselben durch Leistung als solutio (von solvere = die Fesseln lösen), durch Erlaß von seiten des Gläubigers als liberatio: Befreiung von den Banden. Mit diesen Ausdrücken ist die ursprüngliche reale Gestalt des Verhältnisses im arischen Schuldrecht gezeichnet. Man streiche in der bekannten Legaldefinition der Obligation in den Institutionen vinculum juris, quo necessitate adstringimur, alicujus rei solvendae das „juris" hinweg, und man hat das Schuldverhältnis des Ariers vor Augen: das vinculum, das adstringi und die necessitas solvendi. Allerdings erfolgt das Binden des Schuldners erst im Stadium der Exekution, allein die Sprache bezeichnet die Verhältnisse nach Seiten ihrer sinnlichen Wahrnehmbarkeit, und sinnlich wahrnehmbar wird das Schuldverhältnis erst mit dem Moment des Bindens. Ganz dieselbe Charakterisierung des Obligationsverhältnisses nach der Form seiner Verwirklichung wiederholt sich in der Identifizierung der obligatio und actio seitens der römischen Juristen, zur actio kommt es ebenso wie beim Binden erst dann, wenn der Schuldner nicht zahlt. Der Einwand, daß die Römer solvere, solutio nur im sachlichen Sinn gebrauchen von dem Gegenstand, der gezahlt, nicht im persönlichen von dem Schuldner, der befreit wird, würde sich schon durch die bloße Gegenfrage erledigen: wie hätte er sich in Anwendung auf die Sache bilden können, da doch nicht sie gebunden und losgelöst ward, sondern der Schuldner? Daß dieser sachliche Sinn des Ausdrucks (solvere rem) erst durch den späteren Sprachgebrauch an Stelle des ursprünglich persönlichen (solvere debitorem) gesetzt worden ist, ergiebt die Formel der nexi liberatio bei Gajus III, 174: quod ego . . . . ., m e eo nomine solvo liberoque.

Wie im Lateinischen, so hat sich auch im Deutschen die sprachliche Reminiscenz an das Binden des Schuldners in der arischen Vorzeit noch erhalten in Verbindlichkeit, verbunden sein, sowie in den Zusammensetzungen von lösen: ablösen (eine Last vom Grundstück), einlösen (das Pfand, den Gefangenen), erlösen; die christliche Vorstellung des Erlösers, welcher die Welt von den Banden der Sünde befreite, indem er ihre Schuld auf sich nahm, führt sachlich wie sprachlich auf den Arier zurück, der den Schuldner vom Schuldpfahl er=löste, indem er ihn ein=löste.

Auch der Er=laß der Schuld weist auf diese Vorstellung hin, der Schuldner wird ent=lassen und damit die Schuld er=lassen.

So hat also der arische Schuldpfahl noch bis auf den heutigen Tag in der Sprache seine Spuren hinterlassen in derselben Weise wie das Hirtenleben der Urzeit in der metaphorischen Bedeutung des Treibens und Gezeichnetseins (S. 28 und 33) und das wirkliche Joch, das in der Urzeit den Gatten bei der Vermählung auferlegt wird, in dem lateinischen jugum, conjugale, conjux und unserem heutigen Ehejoch, — um manche Ausdrücke der heutigen Sprache zu verstehen, muß man in eine Vorzeit, die viele Jahrtausende hinter uns liegt, zurückgehen.

Ich kehre zum arischen Recht zurück. Nicht, um noch etwas nachzutragen, was im bisherigen noch nicht gesagt ist — ich habe alle die bürftigen Notizen, die mir über dasselbe zu Gebote standen, zusammengestellt — sondern um mit dem abzuschließen, worum es mir allein zu thun war: mit meinem Urteil über seine Entwicklungsstufe. Ich fasse es in dem Satz zusammen: das arische Muttervolk war über die ersten Anfänge im Recht nicht hinausgekommen. Das Recht war nun einmal nicht Sache des Ariers, seine Begabung lag nach einer andern Seite hin, und von dieser völlig mangelnden Beanlagung für das Recht legt auch die spätere vedische Zeit ein unwiderlegliches Zeugnis ab [87].

---

87) Als Probestück möge die Unterscheidung von nicht weniger als acht Ehen in dem Gesetzbuch des Manu dienen (s. darüber

III. Schlußurteil.

XVI. Im bisherigen glaube ich der Züge genug zusammengetragen zu haben, um ein zutreffendes Urteil über den Kulturgrad zu ermöglichen, den das arische Muttervolk zur Zeit der Trennung des Tochtervolks einnahm. Weit entfernt, ein hoher gewesen zu sein, wie man uns glauben machen will, war er für ein Volk, das ein Leben von Jahrtausenden hinter sich hatte, ein befremdend niedriger. Unkenntnis des Ackerbaus, Mangel der Städte, Unbekanntschaft mit der Verarbeitung des Metalls zu technischen Zwecken und zum Gelde, dürftigste Entwicklung der Rechtseinrichtungen, selbst der Begriff des Rechts noch nicht einmal sprachlich erfaßt und von der Sitte und Religion nicht unterschieden — wessen bedarf es noch mehr, um dies Urteil zu rechtfertigen?

Damit ist auch der Charakter des Volks gezeichnet. Es war ein Volk **ohne alle und jede praktische Beanlagung** — der diametrale Gegensatz zum römischen. Geistig höchst begabt, wandte es sein Sinnen und Denken der Innenwelt zu, der Sprache, der Religion, Dichtkunst, in späterer Zeit bekanntlich mit größtem Erfolg auch der Philosophie, ohne den Drang zu verspüren, es für die Verbesserung seiner äußeren Lebenslage nutzbar zu machen. Es war zufrieden mit dem bescheidenen Lose des Hirtenlebens. Ein Holzhaus, reiche Herden, eine Frau und männliche Nachkommenschaft umschlossen alles, was der Arier vom Schicksal begehrte. Die Einförmigkeit seines Lebens würzte er sich durch Spielen und Trinken. Dem Spiel gab er sich mit derselben ungezügelten Leidenschaft hin, wie Tacitus es von den Germanen berichtet. War die

---

Roßbach, Untersuchungen über die römische Ehe, Stuttgart 1853, S. 200 fl.), welche allein schon genügen würde, den gänzlichen Mangel des juristischen Unterscheidungsvermögens darzuthun.

Gemeindeversammlung beschlossen, so reihte sich daran in demselben Lokal das Würfelspiel[88]), und manche verspielten, wenn sie alles verloren, sogar gleich den alten Germanen ihre Freiheit; in Nal und Damajanti verspielt der Fürst alles, was er hat, selbst seine Krone, und geht dann mit seinem Weibe als Bettler in die Wälder. Auch in Bezug auf das Trinken war der Arier der würdige Ahnherr des Germanen. Man kannte zwei berauschende Getränke: Soma, unserem Wein, und Surā, unserem Branntwein entsprechend, und es gab bereits eigene Destillateure, welche dieses Getränk bereiteten, und öffentliche Schänken[89]).

Der Charakterzug des Unpraktischen hat sich bei dem Volk bis auf den heutigen Tag erhalten, und er hat es verschuldet, daß es im Verhältnis zu seiner hohen Begabung und seiner außerordentlichen Ausdehnung eine so wenig hervorragende Rolle in der Geschichte gespielt hat und heutzutage unter fremder

---

88) Zimmer a. a. O. S. 172. Der Spieler ward als Pfosten am Gemeindehaus (sabhā) bezeichnet: sabhāsthānu, das Spiel als Versammlung des Dorfes. Wie es mit der angeblichen Redlichkeit, strengen Sittlichkeit des Volks beschaffen gewesen sein muß, ergiebt sich daraus, daß spielen und betrügen als gleichbedeutend galt, „kein Laster", sagt Zimmer S. 286, „war so häufig, als Betrug im Spiel". Auch Meineid war nichts seltenes, an Räubern und Dieben war ebenfalls kein Mangel, Zimmer S. 177—180.

89) Zimmer S. 272—281. Ich kann mich nicht enthalten, diesem Schriftsteller folgende erbauliche Blüten indischer Poesie über das Trinken zu entnehmen. „Unsterblich wurden wir, zur Herrlichkeit gelangten wir, fanden die Götter . . . . . verschwunden sind Siechtum und Krankheit". Wie die Menschen, so Gott Indra. „Immerdar", heißt es von ihm, „begehrt der Held vom Soma zu trinken . . . . . . wann diese (100 oder 1000 Züge) in seinem Bauch sind, dann nimmt er den Umfang an, wie der Samudra. — — — Die Züge fließen hinunter wie die Flüsse in die Niederung". Kein Wunder, daß Gott Indra mitunter zu viel erhielt, und nach allen Seiten auseinander ging, (anschwoll) und der Sinne und auch des genossenen Somas beraubt wurde.

Herrschaft steht. Eine kleine Schar von Fremden genügt, um eine tausendfach so große im Zaum zu halten — welches Schlaglicht wirft dies auf die politische Unmündigkeit eines Volks. Und welches Bild geben uns seine heutigen socialen Zustände? Der Fluch des Kastenwesens, den seine Weisen: die Brahmanen, ihm auferlegten, wobei sie selber sich die erste Rolle vorbehielten, die sie bis auf den heutigen Tag behauptet haben, dauert, wenn auch in veränderter, noch unendlich gesteigerter Weise bis auf den heutigen Tag fort. An Stelle der früheren drei unteren Kasten sind unzählige andere getreten, deren Unterscheidungsmerkmale an Abgeschmacktheit alle Vorstellungen übersteigen [90]), und die sich so streng voneinander absperren, daß ihre Mitglieder nicht miteinander essen, trinken und sich verheiraten dürfen. „Die Satzungen der Kaste", sagt der in der Note citierte Schriftsteller, „sind für den Hindu bindender, als irgend ein Gesetz der Moral, ja man geht nicht zu weit, wenn man sagt: die Vorschriften der Kaste sind seine Religion. Das höchste Gesetz des Lebens ist für den Hindu: richtig zu essen, richtig zu trinken und richtig sich zu verheiraten; dem gegenüber treten alle andern Lehren und Gebote der Religion in den Hintergrund. Wer aus seiner Kaste gestoßen wird, ist in den meisten Fällen ein verlorener Mann — viele solcher unglücklicher Existenzen sind in freiwilliger Verbannung in Elend und

---

90) Richard Garbe, Indisches Leben in Westermanns Monatsheften Bd. 68 April 1890 S. 107. „In einem Teile Indiens sind zwischen denjenigen Fischern, welche bei Anfertigung des Netzes die Maschen von rechts nach links arbeiten, und denen, die dies von links nach rechts thun, Ehen verboten. Eine bestimmte Klasse von Milchmännern hat diejenigen ihrer Berufsgenossen, welche die Butter herstellen, ohne die Milch vorher aufzukochen, aus ihrer Kaste gestoßen, und giebt ihre Töchter nur solchen Männern zu Frauen, welche ebenso buttern, wie sie selbst. In Cuttack, der südlichsten Landschaft von Bengalen, heiraten die Töpfer, die ihre Scheibe sitzend drehen und kleine Töpfe anfertigen, nicht mit denen, welche die Scheibe stehend drehen und große Töpfe machen".

Verzweiflung zu Grunde gegangen, und manche haben ihrem Leben gewaltsam ein Ende gemacht". Selbst der Mangel jeglicher Zurechnung schließt die Folgen der Übertretung des Verbots nicht aus. Ein roher, übermütiger Engländer hatte einmal einem Brahmanen gewaltsam Fleisch und unerlaubte Getränke in den Mund gezwängt. Der Mann ward aus der Kaste gestoßen und bemühte sich drei Jahre mit allen Mitteln vergebens, seine Stellung wieder zu gewinnen, bis ihm dies schließlich gelang durch Zahlung von 400 000 Mark. Die geborenen Weisen des Volks hatten kein Auge für den fundamentalsten aller Gegensätze des Rechts und der Moral: den zwischen Verschuldung und Schuldlosigkeit — Weisheit und vollendeter Unverstand in unglaublichster Weise miteinander gemischt.

Vervollständigen wir das Bild des heutigen Hindu noch durch einige andere Züge, z. B. seine klägliche Lehmhütte, die bei Regen sich auflöst, die Absperrung der Frau auf ihr Frauengemach (Zenana) und ihre überaus dürftige Bildung, die alles Maß überschreitenden und oft den völligen Ruin herbeiführenden Gelegenheitsgeschenke [91]), so wird die Behauptung, daß der heutige Hindu in Bezug auf die praktische Gestaltung seiner Lebensverhältnisse der würdige Nachkomme des Ariers ist, nicht auf Widerspruch stoßen — er ist in dieser Beziehung dasselbe Kind geblieben, wie jener. Ich würde seiner garnicht gedacht haben, wenn ich nicht geglaubt hätte, ihn zur Illustration seines Ahnherrn verwenden zu können.

Und von diesem gänzlich unpraktischen Volk stammt das so eminent praktische römische ab. Wie ist es das geworden? Darauf sollen die folgenden Bücher Antwort geben.

---

[91]) R. Garbe S. 110 fl.

Zweites Buch.
Arier und Semiten.

I. Das Problem der Entstehung der Volksart.

XVII. Käme dem Wohnsitz der Völker keine weitere Bedeutung zu, als die des Schauplatzes, auf dem sie die durch ihre angeborene Volksart ihnen einmal vorgezeichnete Rolle abzuspielen hätten, die zuerst behandelte Frage nach dem Wohnsitz der Arier würde mit der folgenden nach ihrer Volksart und Kulturstufe in gar keiner Verbindung stehen. Was verschlägt es für die Rolle und die Geschicklichkeit des Schauspielers, wo die Bühne liegt, auf der er aufzutreten hat? An seiner Rolle ändert dies nichts, und seine Geschicklichkeit wird dadurch auch nicht berührt, der Künstler bleibt Künstler, der Stümper Stümper. Ganz dasselbe würde auch für die Völker gelten, wenn ihnen ihre Rolle durch ihre angeborene Volksart vorgezeichnet wäre, der Grieche wäre überall Grieche, der Germane überall Germane geworden, die Verschiedenheit des Wohnsitzes der beiden Völker würde auf ihre Volksart nicht den mindesten Einfluß ausgeübt haben, dem Wohnsitz würde für sie keine andere Bedeutung zukommen, als der Bühne für den Schauspieler, das ganze Interesse der Untersuchung über ihren Wohnsitz würde sich in der wenig erheblichen Frage erschöpfen: wo hat sich dasjenige zugetragen, was die Geschichte von ihnen zu berichten weiß.

Aber dem ist nicht so. Würde der Wohnsitz für die Völker bedeutungslos sein, so hätten Griechen und Germanen nicht verschiedene Völker werden können, denn ursprünglich, sowohl in ihrer arischen Heimat, wie während der Wanderung, bildeten sie ein und dasselbe Volk, und erst auf griechischer und deutscher Erde sind sie Griechen und Germanen geworden, und ganz dasselbe gilt für alle Zweige der arischen Völkerfamilie; Inder, Eranier, Römer, Kelten, Slaven, haben sich in ihrer Volksart erst differenziert, nachdem sie ihre ursprüngliche Heimat verlassen hatten.

Daß nun dem Wohnsitz der Völker für ihre Volksart ein gewisser Einfluß zukommt, ist allgemein zugegeben, und meines Wissens hat sich zuerst Montesquieu das Verdienst erworben, dies mit aller Schärfe betont zu haben. Aber eine weitere als eine bloß sekundäre, d. i. die Volksart nur modifizierende Bedeutung gesteht man ihm nicht zu, den letzten Grund alles dessen, was aus einem Volk geworden, erblickt man vielmehr in der ihm einmal angeborenen Volksart. Mit den Völkern soll es sich nicht anders verhalten, als mit den Individuen. Wie diese ihre eigentümliche Beanlagung und ihr verschiedenes Temperament mit zur Welt bringen, so auch die Völker. Den Griechen ist der Schönheitssinn angeboren, den Germanen der Isolierungstrieb und die Wanderlust, den Semiten der Handelsgeist und so weiter fort; für alle Eigentümlichkeiten der Völker hat man stets denselben Erklärungsgrund bereit: angeborene Volksart. Einer spricht es dem andern nach, ohne sich den Kopf darüber zu zerbrechen, wie man sich dies vorstellen kann. Die unerläßliche Voraussetzung wäre, daß die Völker von der Natur als solche fertig in die Welt gesetzt worden wären, und daß die Natur, um diese Verschiedenheit zuwege zu bringen, das eine so, das andere anders geformt und ausgestattet hätte. Aber die Völker kommen nicht als fertige zur Welt, sie werden nicht geboren, sondern sie werden, und damit ist das Angeborensein bei ihnen ausgeschlossen. Dem Individuum, das

I. Das Problem der Entstehung der Volksart. § 17.

geboren wird, kann etwas an — geboren sein, einem Volke, das geworden ist, kann es nur an — geworden, d. i. seine Volksart kann nur das Werk der Geschichte, nicht der Natur sein. Die Natur hat nur den Menschen, das Einzelwesen in die Welt gesetzt, und aus ihnen sind erst im Lauf der Zeit die Völker erwachsen, die Familie hat sich zum Stamm, der Stamm zum Volk erweitert, und wenn schließlich dieses mit einer ausgeprägten Individualität in der Geschichte auftritt, so kann darin nur das Ergebnis des ganzen bisherigen Werdeprozesses stecken. Das erste Werden der Völker entzieht sich unseren Blicken, aber bei den bereits gewordenen Völkern wiederholt es sich in historischer Zeit unter unsern Augen, indem durch Teilung oder durch Vermischung mit den vorhandenen andere werden. Alle indoeuropäischen Völker sind auf diese Weise entstanden, ursprünglich einem und demselben Volk angehörig, also auch von derselben Volksart, haben sie sich erst im Lauf der Zeit differenziert, sie sind also erst durch die Geschichte zu dem geworden, was sie jetzt sind. Ihre Volksart ist der Niederschlag aller, sei es dauernden, sei es vorübergehenden Einflüsse, denen das Volk während seines Lebens ausgesetzt gewesen ist. Der dauernden, — es sind die unten des näheren zu erörternden des Bodens, auf dem sie leben, der vorübergehenden, — es sind alle einflußreichen politischen Ereignisse: glückliche oder unglückliche Kriege, Umwälzungen in Staat und Kirche u. s. w. Ein Auge, das ins Verborgene dränge, würde den Anteil, den jeder dieser Faktoren dazu beigesteuert hat, deutlich wahrnehmen, z. B. in der englischen Volksart den der insularen Lage, der Schlacht bei Hastings, der Enthauptung Karls I. u. s. w., nur unsrer beschränkten Einsicht ist der Einblick in die Vorgänge dieses Ablagerungsprozesses verschlossen, aber mit derselben Sicherheit, mit der wir behaupten dürfen, daß bei der Vergoldung auf galvanoplastischem Wege der Niederschlag vom Golde herrührt, obschon wir die einzelnen Atome, die sich niedersenken, nicht wahrnehmen können,

mit derselben Sicherheit dürfen wir es von dem Ablagerungsprodukt der Vergangenheit eines Volks in seiner Volksart behaupten. Auch für die Geisteswelt gilt ganz so wie für die
natürliche das Kausalitätsgesetz, der Satz, daß die Dinge sich
nicht rein aus sich selber verändern, sondern nur auf Grund
äußerer Einwirkungen; hier wie dort muß, wenn aus a im
Laufe der Zeit b wird, ein zu suchendes x hinzugekommen sein,
welches die Veränderung bewirkt hat; der Unterschied besteht nur
darin, daß die Naturwissenschaft vielfach dies x und die Art,
wie es eingewirkt hat, nachzuweisen vermag, und mehr und
mehr dahin gelangt, es nachzuweisen, während der Geisteswissenschaft der Einblick in die Vorgänge im Innern des Geistes bei
Individuen wie Völkern verschlossen ist. Aber Nicht-sehen
ist noch nicht Nicht-dasein — eine Binsenwahrheit, die aber
gleichwohl auf dem Gebiet der Geisteswissenschaft nicht selten
aus dem Auge gelassen wird — und wenn etwas von Anfang
an nicht da war, wie die Volksart der Völker, so kann es nur
geworden sein, und da das Dasein der Völker im Handeln
besteht, das seinerseits durch äußere Nötigungen ausgelöst wird,
so kann seine Volksart: sein esse, nur der Niederschlag seines
gesamten geschichtlichen Handelns, seines operari sein, den
Ausdruck im weitesten Sinn, nicht bloß für das aktive, sondern
auch das passive: das Dulden, Erleiden genommen. Die
Scholastiker stellen für das Individuum den Satz auf: operari
sequitur esse, für die Völker ist er dahin umzukehren: esse
sequitur operari. Die Volksart ist das Ablagerungsprodukt
des gesamten geschichtlichen Handelns der Nation, sie kann nichts
anderes sein, wenn sonst das Gesetz der Kausalität auch für die
menschliche Welt Geltung hat.

Unter den Faktoren, welche auf das geschichtliche Handeln
der Völker einen maßgebenden Einfluß ausüben, nimmt der
Boden, auf dem es sich abspielt: ihr Wohnsitz weitaus die erste
Stelle ein. An das Auftreten gewaltiger Persönlichkeiten, die
in glücklicher Stunde einem Volk beschieden werden, kann sich

I. Das Problem der Entstehung der Volksart. § 17.

ein völliger Umschwung seiner Verhältnisse, eine neue Epoche seines Daseins knüpfen. Aber die Persönlichkeiten gehen zu rasch vorüber, als daß sie auf die Volksart einen Einfluß auszuüben vermöchten, was nur auf dem Wege langdauernder, gleichmäßiger Einwirkungen möglich ist. Nur wenn ihre Werke danach angethan waren und dauernden Bestand behalten, kann ihnen durch sie mittelbar der Einfluß auf die Umbildung des Charakters des Volks beschieden sein, der ihnen selber unmittelbar versagt war. Der einzige unabänderliche Faktor im Leben der Völker ist ihr Wohnsitz, alle andern: Recht, Moral, Sitte, Religion sind dem Wandel ausgesetzt, nur der Wohnsitz bleibt immer derselbe. Zu dem Übergewicht, das ihm schon diese unabänderliche Konstanz allein über sie verleiht, gesellt sich noch hinzu die mit nichts anderm zu vergleichende Einwirkung, die er auf die gesamte Gestaltung des Lebens und selbst die Geschicke der Völker ausübt. So paradox es auf den ersten Moment klingen mag, so ist es doch wahr: der Boden ist das Volk.

Der Boden. Nicht bloß der Boden in dem Sinn, in dem jeder diesen Ausdruck zuerst verstehen wird: die Beschaffenheit des Landes, welches das Volk bewohnt, sondern unter Boden verstehe ich alle und jede Momente, die mit der Lage des Wohnsitzes des Volks an dieser bestimmten Stelle der Erde gegeben sind. Da ist zunächst das mit dem Himmelsstrich gegebene des Klimas — unter den Tropen wird der Mensch ein anderer, als in der gemäßigten Zone, in dieser ein anderer als im höchsten Norden — das Klima ist das halbe Temperament der Völker. Sodann die Beschaffenheit des Grund und Bodens: Gebirge, Ebene, Wüste, Wald — ihnen allen entspricht ein bestimmter Typus der Bevölkerung. Ferner die Nähe der See — der Seemann ist ein anderer als der Binnenländer. Die Lebensweise, der Beruf bildet in jedem Menschen gewisse Charaktereigenschaften aus, prägt ihm einen gewissen Typus auf; die Berufsarten des Bedienten,

Handwerkers, Bauern, Seemannes, Soldaten, Gelehrten in frühem Alter miteinander vertauscht, und der Mann wäre ein anderer geworden. Was von den Individuen, die bereits ein bestimmtes Naturell mit zur Welt bringen, gilt im verstärkten Maße von den Völkern, die es nicht mitbringen. Die Völker in ihrer Wiege vertauscht und aus den Semiten wären die Arier, aus den Ariern die Semiten geworden. Mit den Völkern verhält es sich nicht anders als mit den Bäumen. Derselbe Baum wird in der gemäßigten Zone ein anderer als unter den Tropen, im hohen Norden als in der gemäßigten Zone, im mageren Erdreich, als im fetten, an der Seeküste als im Innern, derselbe Baum, der hier aufs kräftigste gedeiht und üppige Früchte bringt, verkrüppelt dort und bleibt unfruchtbar. Ganz dasselbe gilt auch von den Völkern, **ihr Boden bestimmt, was aus ihnen wird.**

Freilich der Boden nicht bloß in dem **natürlichen** Sinn der klimatischen und terrestrischen Verhältnisse des Landes. Unter Boden verstehe ich hier auch die durch die Lage desselben gegebenen Berührungen mit andern Völkern, den Boden im kulturhistorischen und politischen oder kurz im **historischen** Sinn. An diesen Berührungen kann das ganze Geschick eines Volkes hängen. Ein übermächtiges Volk neben einem schwachen kann für dieses seinen Untergang bedeuten, ein kriegerisches neben einem friedlichen für dieses ein Dasein voller Bedrängnis, ein Kulturvolk für ein Naturvolk die Erhebung auf die gleiche Kulturstufe. Daß von allen indoeuropäischen Völkern das griechische so früh zum Kulturleben erwachte, verdankte es lediglich der durch die Lage seines Landes ermöglichten Berührung mit der semitischen und ägyptischen Kultur; daß Germanen und Slaven es noch ein Jahrtausend später nicht über die Stufe eines Naturvolkes hinaus gebracht hatten, hat lediglich seinen Grund in ihrer weiten Entfernung vom Mittelmeer, welche diese Berührung ausschloß und sie darauf verwies, ihre Kultur aus zweiter oder gar dritter Hand zu beziehen. Der Vorsprung, den die Italiker und Kelten vor ihnen gewonnen, hat seinen Grund nur in der günstigen Lage ihres Landes, welche ihre Berührung mit den Kulturträgern der alten Welt, zu denen damals auch bereits die Griechen gehörten, ermöglichte. Wer früh in die Schule kommt, lernt zeitiger, als wem sie sich erst später erschließt, ein Kind aber, das nur über die Straße zu gehen braucht, um sie zu besuchen, kann früher in die Schule geschickt werden, als eins, das erst einen langen, beschwerlichen Weg zurückzulegen hat. Damit ist die zeitliche Differenz in dem Erwachen der indoeuropäischen Völker zum Kulturleben erklärt, sie war nicht das Werk der Verschiedenheit ihrer Volksart — diese war bei ihnen allen, als sie den Boden Europas betraten, noch eine und dieselbe — sondern das der Lage des Landes, auf dem sie sich niederließen, und wenn ihre Volksart sich später differenzierte, so kann der Grund davon nur in dem einzigen Faktor erblickt werden, der neu hinzutrat: der Verschiedenheit ihres Wohnsitzes.

So ist also in Wirklichkeit, wie ich es ausdrückte, der Boden das Volk. Er hat für die Völker nicht die oben zum Vergleich herangezogene rein äußerliche Bedeutung einer bloßen Schaubühne, auf der sie gleich dem Schauspieler die ihnen im voraus durch ihre angeborene Volksart vorgezeichnete Rolle abspielen, sondern die innerliche eines Kausalitätsfaktors für ihre Volksart und damit zugleich für ihre Geschichte. Das Wo ist bei den Völkern maßgebend für das Was und Wie. Mit der Stelle, welche ein bestimmtes Volk auf der Völkerkarte einnimmt, sind die Würfel über dasselbe geworfen, die glücklichen wie die verhängnisvollen, und in diesem Sinn kann man sagen: die Geographie ist gebundene Geschichte, die Geschichte in Fluß versetzte Geographie.

Freilich nicht in dem Sinn, daß beide sich deckten. Neben dem weitaus überwiegenden Stück Geschichte der Völker, das mit dem Boden gegeben ist, dem gebundenen, giebt es noch, wie oben bereits bemerkt, ein freies, das in erster Linie auf das schicksalsvolle Walten der zur Leitung der Geschicke der Völker berufenen hervorragenden oder unzulänglichen Persönlichkeiten entfällt, und das auf lange Zeit hinaus das Schicksal eines Volkes bestimmen kann. Man hat versucht, auch jene dem Gesetz der geschichtlichen Notwendigkeit unterzuordnen, indem man in ihnen nur die Inkarnation des Volksgeistes hat erblicken wollen, die im gegebenen Moment hätten erscheinen müssen, um die bereits durch die Vergangenheit längst vorbereitete und gezeitigte Saat zu schneiden. War Napoleon I., der Korse, eine Inkarnation des französischen Volksgeistes? War es notwendig, daß er in französische Dienste trat? Läßt sich Bismarck als eine Inkarnation des deutschen Volksgeistes ansehen? Es müßte anders bei uns stehen, wenn das wahr wäre. Und wenn an Stelle von Kaiser Wilhelm Friedrich Wilhelm IV. auf dem Thron gesessen hätte, Bismarck hätte als Landedelmann sein Leben in Schönhausen beschlossen, wie er es jetzt unter Wilhelm II. in Friedrichsruh muß. Die großen Männer der Geschichte sind Geschenke des Himmels, und ihre Größe allein genügt noch nicht, — hunderte, die vielleicht zum Größten berufen waren, haben die Welt verlassen, ohne die geringsten Spuren ihres Daseins zurückzulassen — die Verhältnisse müssen danach angethan sein, der rechte Mann muß mit dem rechten Moment zusammentreffen und mit den rechten Männern, die ihn verstehen, ertragen, unterstützen.

Doch dies kümmert uns nicht weiter, ich habe es nur berührt, um mich gegen die Unterstellung einer Ansicht zu sichern, die ich nicht teile; hier auch kam es nur darauf an, die Bedeutung des Bodens in dem oben gegebenen weiten, gleichmäßig historischen wie natürlichen Sinn für die Bildung der Volksart mit aller Schärfe zu betonen. Habe ich mit dem Satz, in dem ich meine Ansicht zusammenfasse: der Boden ist die Volksart, das richtige getroffen, so ergiebt sich daraus für den Historiker die Aufgabe, die Zusammenhänge der Volksart eines bestimmten Volks mit dem Boden aufzudecken. Diese Aufgabe habe ich mir für den Arier gestellt, nicht bloß für den Arier in seiner ursprünglichen Heimat, sondern auch für den auf dem Boden Europas.

Zu der zweimal sich wiederholenden Beeinflussung seiner Volksart durch den Boden gesellt sich noch die durch die Wanderzeit hinzu. Auch sie kommt insofern mittelbar auf Rechnung des Bodens, als die Unzulänglichkeit desselben zur Ernährung der gesamten Bevölkerung einen Teil derselben nötigt, die Heimat zu verlassen. Die Wanderzeit hat durch die eigentümlichen Verhältnisse, welche sie mit sich brachte und durch ihre lange Dauer einen ganz bestimmenden Einfluß auf ihn ausgeübt, ihr Werk ist der allen Ariern Europas gemeinsame Typus des Indoeuropäers, der, ohne den alten Arier in ihnen abzuthun — er lebt bis auf den heutigen Tag deutlich erkennbar in ihnen fort — ihn doch nicht unerheblich umgestaltet hat. Mit der Seßhaftigkeit, welche wiederum dem Moment des Bodens die Möglichkeit seiner Einwirkung auf die Volksart eröffnet, tritt dann die Differenzierung des Tochtervolkes in einzelne Völker ein, es bilden sich die Typen der fünf Kulturvölker: Griechen, Italiker, Kelten, Germanen, Slaven.

So löst sich also die Aufgabe, die ich mir gestellt habe, in folgende drei auf:

1. Nachweis des Einflusses, den die Bodenverhältnisse der ursprünglichen Heimat auf die Kultur und dadurch mittelbar auf die Volksart der alten Arier ausgeübt haben. Ihr sind die folgenden Ausführungen gewidmet. Zum Vergleich habe ich die Kultur und Volksart der Semiten herangezogen, in erster Linie der Babylonier, von denen Assyrer, Phönizier, Hebräer sich erst hinterher abgezweigt haben, und mir dabei ein Maß der Ausführlichkeit verstattet, welches Befremden erregen mag. Was mich dazu bestimmte, war ein doppelter Grund. Einmal das unmittelbare Interesse der Aufgabe selber. In welchem Maße die Verhältnisse des Bodens die Kultur und die Volksart zu beeinflussen vermögen, ließ sich nicht klarer darlegen,

als an dem Beispiel zweier Völker, bei denen der weitestgehenden Verschiedenheit in der einen Beziehung die in der anderen entspricht, und da das Zusammentreffen ein zufälliges sein könnte, so lag es mir ob, das Kausalitätsverhältnis darzuthun, was nur auf dem Wege einer aufs einzelne eingehenden Erörterung möglich war. Der zweite Grund war das geschichtliche Interesse, welches sich an den Gegensatz der Arier und Semiten knüpft. Er mußte klar gezeichnet werden. Es mußte gezeigt werden, was der Semite war, was er für die Welt geleistet hatte, bevor der Arier auftrat um ihn abzulösen, ein Rechenschaftsbericht darüber gegeben werden, was von seiner Kultur auf Rechnung des Semiten und was auf seine eigene entfällt, was er ihm und was er sich selber verdankt.

2. Nachweis des Einflusses der Wanderperiode auf den Arier. Ein anderer verläßt er die Heimat, ein anderer betritt er den Boden Europas, die Umwandlung kann sich also nur durch die Wanderung vollzogen haben, die Erhebung des Typus des alten Ariers zu dem des Indoeuropäers ist das Werk der Wanderung. Der Nachweis wird im vierten und fünften Buch erbracht werden.

3. Darlegung des Einflusses, den die Verschiedenheit des Bodens, auf dem die verschiedenen indoeuropäischen Völker sich niederließen, auf ihre Differenzierung ausgeübt hat. Sie kann nur in einem Moment ihren Grund gehabt haben, das mit der Seßhaftigkeit neu hinzutrat: dem Boden, er war für sie alle ein verschiedener. Im sechsten und siebenten Buch soll der Versuch gemacht werden, den Einfluß dieses Moments nachzuweisen.

II. Abstand der Kultur zwischen Ariern und Semiten.

XVIII. Nach dem Urteil eines bewährten Sprachforschers hatte das arische Muttervolk zur Zeit, als das Tochtervolk sich

II. Abstand der Kultur zwischen Ariern und Semiten. § 18. 103

von ihm trennte, bereits mindestens zehn Jahrtausende gelebt[92]). Was hatte das Volk in dieser langen Zeit beschafft? Abgesehen von seiner Sprache, einer Leistung ersten Ranges, ganz außerordentlich wenig. Es war ein Hirtenvolk, das, wie im ersten Buch nachgewiesen wurde, in Dingen der äußeren Kultur ungewöhnlich weit zurückgeblieben war. Es kannte weder den Ackerbau, noch die Verarbeitung des Metalls, keine eisernen Werkzeuge oder Waffen, nur Steinbeile und Holzspeere, kein Metallgeld, das Vieh vertrat die Stelle des Geldes. Auch die Verwendung des Steins zum Bauen war ihm fremd, es kannte keine Steinhäuser, nur Hütten von Holz, Geflecht, Stroh, keine Städte, nur Dörfer mit getrennten Häusern. Ebenso wenig einen Handel mit auswärtigen Völkern, der ihm deren Erzeugnisse hätte bringen können; was es selbst erzeugte, hielt sich innerhalb der bescheidensten Grenzen. Sein Recht war nicht über die dürftigsten Ansätze hinausgekommen, selbst der Name des Rechts im Unterschied von der Sitte war ihm fremd. Und um diesen niedrigen Kulturgrad zu erreichen, dazu hatte es zehn Jahrtausende gebraucht, während eins dazu vollkommen ausgereicht haben würde, — neun Jahrtausende sind an ihm im steten Gleichmaß des Lebens vorübergegangen, ohne daß es aus der Stelle gekommen wäre.

Zu derselben Zeit, wo hier die Kultur noch in den ersten Anfängen lag, war sie an einer anderen Stelle, der Ebene zwischen Euphrat und Tigris schon zu regem Leben erwacht. Das Verdienst, sie hier und damit in der Welt überhaupt zuerst ins Leben gerufen und bereits erheblich gefördert zu haben, gebührt einem Volksstamm, der später für die Kulturgeschichte gänzlich in den Hintergrund getreten ist: dem türkischen, speciell zwei Völkerschaften, welche ihren Ursitz in den Bergen mit dem in den Niederungen Mesopotamiens vertauscht hatten: den Ak-

---

[92] Siehe oben S. 24 Anm. 14.

tabiern im Norden, den Sumeriern im Süden[93]). Unterworfen von einem Volk anderer Zunge, der semitischen, verschmolzen sie mit diesem zu einem Volk, welches an dieser Stelle die von ihnen überkommene Kultur zur höchsten Blüte entfaltete, den Babyloniern, und von dem die übrigen Kulturvölker der semitischen Rasse, Assyrer, Phönizier, Juden sich erst später getrennt haben. Die Urgeschichte der Semiten trifft also inbezug auf die Völkertrennung ganz mit der der Arier zusammen, und auch das Motiv dafür wird mutmaßlich ganz dasselbe gewesen sein: Mangel an ausreichender Nahrung für die stark angewachsene Bevölkerung. So haben wir Mesopotamien als den Mutterboden der semitischen Kultur zu betrachten und den Babylonier als Prototypus der semitischen Rasse; soweit von den Juden etwas besonderes gilt, wird dies bemerkt werden.

Dem Bilde, das ich oben mit wenigen Zügen von der Kultur des Ariers entworfen habe, stelle ich ein ebenso knapp gehaltenes von der des Babyloniers gegenüber. Schon bevor er ins Land kam, hatte der Sumerier das von den Ausflüssen des Euphrat und Tigris weit hinauf sich erstreckende Sumpfland, das einst vom Meere bedeckt gewesen war, durch Anlage von Kanälen entwässert und dem Pfluge gewonnen, der hier zum erstenmal in der Geschichte auftritt, und auch in den oberen Partien des Stromlandes bis zum Taurus hin, wo einst in der Urzeit der Wald gestanden haben wird, war er schon früh dem Pfluge gewichen, das ganze Land war Ackerland, das von Menschen aufs sorgsamste bestellt und ausgenutzt ward. Neben dem Ackerbau blühten Handel und Gewerbe. Schon in frühester Zeit verstand man sich auf die Verarbeitung des Metalls und

---

93) Fritz Hommel, Geschichte Babyloniens und Assyriens, Berlin 1883 S. 2 fl., S. 237 fl. Eduard Meyer, Geschichte des Altertums Bd. 1. Stuttgart 1884 S. 157. Die sprachlichen Zeugnisse, welche Hommel S. 246 fl. für die türkische Abstammung beider Völker anführt, scheinen mir ganz überzeugend.

verwandte es außer zu technischen Zwecken auch als Zahlmittel. Die Stromschiffahrt auf den Flüssen und Kanälen vermittelte den Verkehr im Inlande, die Seeschiffahrt auf dem persischen Meerbusen den mit dem Auslande. Dem ausgedehnten Verkehr entsprach ein auf gleicher Höhe stehendes Privatrecht, das sich mit dem späteren römischen messen kann. Schon in frühester Zeit mit der Verwendung der Thonerde zum Dörren und Brennen von Ziegelsteinen vertraut, machte das Volk den ausgedehntesten Gebrauch davon, überall erhoben sich Städte, die eine größer als die andere, die Centren des Verkehrslebens, und die gewaltigsten Tempelbauten. Auch die Wissenschaft hatte bereits das ihrige gethan, um dem Leben in allen praktischen Dingen an die Hand zu gehen, so die Mathematik dem Verkehr und dem Bauwesen mittelst eines ausgebildeten Maß= und Gewichtssystems und die Astronomie der Schiffahrt mittelst Berechnung des Laufes der Gestirne. Die Schrift war schon von ältester Zeit her bekannt, das Material bildete die gebrannte Steintafel, und zu ihrer außerordentlich ausgedehnten praktischen Verwendung im Leben gesellte sich noch die Aufzeichnung der wichtigsten Ereignisse hinzu; ihr verdanken wir es, daß wir noch nach fünf Jahrtausenden die direkten Berichte über das= jenige besitzen, was sich damals zugetragen hat.

Woher nun dieser außerordentliche Abstand zwischen arischer und semitischer Kultur? Den Gründen dieses Abstandes haben wir nachzugehen.

1. Hirte und Bauer.

XIX. Ein Gebirgsland eignet sich nicht für den Ackerbau, da das Pflügen auf geneigtem Terrain mit zu großen Schwierig= keiten verbunden ist; die durch die Natur selber vorgezeichnete richtige Bewirtschaftung desselben ist die Verwendung zum Weiden, und dieser Anweisung ist der Mensch von jeher bis auf den heutigen Tag gefolgt: alle Hirtenvölker oder Hirten=

stämme haben ihren Sitz in Bergen. Der natürliche Mutterboden des Ackerbaues ist die Ebene, in ihr hat er zuerst das Licht der Welt erblickt, denn alles in der Welt ist da zuerst zum Vorschein gelangt, wo es die günstigsten Bedingungen seiner Entstehung vorfand, und erst nachdem es hier zu Kräften gekommen, hat es sich daran gemacht, auch den Kampf mit der Ungunst der Verhältnisse aufzunehmen.

Kaum ein anderes Land außer dem Flußthal des Nil war dazu so geeignet wie das Flachland zwischen Euphrat und Tigris, denn zu der außerordentlichen natürlichen Fruchtbarkeit des Alluvialbodens gesellte sich hier noch die Möglichkeit der Zufuhr des nötigen Wassers aus den beiden genannten und den übrigen Flüssen durch Anlage von Kanälen und Gräben hinzu. So ward der Semite in der Ebene Mesopotamiens ein Ackermann, der Arier in dem Gebirgslande Jrans ein Hirte.

Der Ackerbau bezeichnet eine höhere Stufe der kulturellen Entwicklung der Völker, als die Weidewirtschaft. Nicht etwa bloß in wirtschaftlicher Beziehung, weil er dem Boden einen ungleich reicheren Ertrag abgewinnt als sie, sondern weil er den Menschen in weit höherem Grade nötigt, seine Kräfte anzustrengen, jede Nötigung zur Arbeit aber ist ein Segen für ihn. Der Hirtenberuf erfordert keine körperlichen Anstrengungen, der Hirte, der das Vieh bewacht, kann seine Hände in den Schoß legen, da das Vieh sich selber seine Nahrung sucht. Aber die Arbeit des Bauern ist eine harte, für ihn, nicht für den Hirten gilt der Satz: im Schweiße deines Angesichts sollst du dein Brot essen. Wer das Seinige schwer verdienen muß, hält es zu Rate, wer es ohne Mühe gewinnt, bringt es leicht wieder durch. So der Arier. Er ist ein Spieler. Hat er die Würfel in der Hand, so kennt er in seiner Leidenschaft nicht Maß noch Ziel, er verspielt alles, was er hat, sogar seine Freiheit. Dem Semiten war, wenn nicht das Spiel selber, was Kundigere entscheiden mögen, so jedenfalls die Spielleidenschaft fremd. Wäre sie ihm nach Art des Ariers eigen gewesen, so würde unter den Geboten Moses auch das nicht fehlen: Du sollst nicht spielen, bei den Ariern würde er sicherlich nicht unterlassen haben, es mit aufzunehmen. Dieser Gegensatz zwischen beiden Volksrassen hat sich bis auf diesen Tag erhalten. Auf hunderte der arischen Rasse angehörige Spieler wird man an den Spielbänken nicht einen der semitischen Angehörigen erblicken[94]) — in seiner Spielleidenschaft dokumentiert der Indoeuropäer noch bis auf den heutigen Tag seine Abstammung von dem alten Arier.

Wie dem Spieler, so begegnet man auch nur bei ihm dem Verschwender. Der Jude ist kein Verschwender, er hält das Seinige zu Rate, darum kommt es bei ihm kaum je vor, daß Wohlstand und Reichtum in einer Familie, in der sie sich einmal eingestellt haben, sich verlieren, während in christlichen Familien oft nach mehreren Generationen nichts mehr davon vorhanden ist; ökonomisch schreitet der Jude regelmäßig voran, der Christ nur zu oft bergab.

Woher nun dieser Gegensatz in der Volksart, der sich von der Urzeit bis auf den heutigen Tag behauptet hat? Einmal vorhanden konnte er sich von Generation zu Generation vererben, aber um vererbt werden zu können, mußte er erst sich ausgebildet haben. Wodurch ist dies bewirkt worden?

Die Antwort lautet: Der Arier hat viele Jahrtausende hindurch mühelos als Hirte seinen Unterhalt gefunden, der Semite im Schweiß seines Angesichts den Acker bestellen müssen,

———

94) Daß es mit dem Spiel an der Börse eine andere Bewandtnis hat, als mit den Glücksspielen, brauche ich wohl nicht auszuführen. Der Intention des Spielenden nach ist es nicht Glücksspiel, sondern Spekulation; bei dem Glücksspiel ist die Rolle eines jeden gleich, beim Börsenspiel ist der Kundige dem Unkundigen überlegen und holt ihm sein Geld aus der Tasche. Es wäre interessant, auf statistischem Wege zu ermitteln, in welchem Prozentsatz Juden und Christen im Verhältnis zu ihrer Gesamtzahl sich bei den Staatslotterien beteiligen; ich möchte von vornherein annehmen: die Juden in sehr geringem Maße.

dort ein Leben ohne Arbeit, hier schwere Arbeit. Wie eine
solche Verschiedenheit im Laufe der Jahrtausende die Volksart
beeinflussen muß, liegt auf der Hand. Zum Belege dafür ver=
weise ich auf die Schilderung, welche Cook von den Südsee=
insulanern entwirft, sie waren das harmloseste, heiterste Völk=
chen, das Cook auf allen seinen Reisen getroffen hatte. Der
Grund war, weil sie nicht arbeiteten. Wie dem Arier sein
Vieh, so ersparten ihnen die Früchte ihrer Bäume die Arbeit.

So wenig wie der Hirtenberuf dem Menschen die Nöti=
gung auferlegt, seinen Arm anzustrengen, ebenso wenig die,
seinen Kopf. Die Verrichtungen, die ihm obliegen, sind der
einfachsten Art, er hütet, melkt, schert, schlachtet sein Vieh.
Aber der Bauer war genötigt, seinen Verstand zu gebrauchen.
Er mußte der Natur ablauschen, wann die richtige Zeit für
Saat und Ernte gekommen ist, wie der Boden zu bestellen,
welche Fruchtart die geeignetste und ob mit den Fruchtarten zu
wechseln ist, ob er ihn unausgesetzt benutzen darf, oder ihm
periodisch eine Ruhezeit zu gönnen hat. Der Bauer mußte
den Boden studieren, der Hirte hatte dies nicht nötig; und
wie vieles andere lag ihm noch ob, das diesem erspart blieb.
Er mußte den Pflug erfinden, die Egge, das Ausdreschen des
Getreides, auf den Gedanken geraten, dem erschöpften Boden
durch Düngung nachzuhelfen, beim Pfluge sich selbst durch das
Tier vertreten zu lassen und es dazu abzurichten. Freilich
für den heutigen Bauersmann ist diese Nötigung zum eigenen
Denken hinweggefallen, aber nur darum, weil andere vor ihm
gedacht haben, er operiert mit dem geistigen Kapital von Er=
fahrungen und Erfindungen, die eine lange Vergangenheit auf=
gespeichert hat, und dessen Vermehrung in der heutigen Zeit
ihm durch den wissenschaftlich gebildeten Landwirt abgenommen
ist. Aber bevor er durch diesen abgelöst wurde, hat er selber
denken müssen, alles, was bis dahin die Landwirtschaft beschafft
hat, kommt auf seine Rechnung, und das ist im Vergleich mit
dem, was der Hirte in dieser Zeit geleistet hat, unermeßlich

viel. Jahrtausende sind an diesem vorübergegangen, ohne daß er aus der Stelle gekommen ist, während jener im unausgesetzten Fortschreiten begriffen war.

Der Arier Hirte, der Babylonier Ackersmann — schon dieser Gegensatz allein dürfte ausreichen, um uns die Verschiedenheit in ihrer Kultur und Volksart begreiflich zu machen. Eine Lebensweise, welche den Zwang zur harten Arbeit mit der Nötigung zum Denken verbindet, muß aus einem Volk mit Notwendigkeit ein anderes machen, als eine solche, welche beides nicht in sich schließt; beiden Völkern aber war die eine und die andere durch den Boden: Ebene und Gebirgsland, vorgezeichnet, ihr Boden also hat sie zu dem gemacht, was sie geworden sind.

Die alttestamentliche Sage rückt den Gegensatz zwischen Hirten und Ackersmann schon an den Anfang aller Geschichte hinauf. Von den beiden Söhnen des ersten Menschen wird der eine: Abel, Hirte, der andere: Kain, Ackersmann, und dieser schlägt jenen tot. Der Landwirth am Anfang aller Geschichte? Er hat viele Jahrtausende gebraucht, um auf Erden zu erscheinen, und die Sage aller anderen Völker rückt ihn oder den Gott, der ihm den Pflug gebracht hat, erst in eine spätere Zeit. Was also soll es bedeuten, daß bereits Kain Ackersmann ist? Meines Erachtens hat die Sage damit lediglich die Thatsache wiedergeben wollen, die nur für die Semiten, für kein anderes Volk der Erde Wahrheit hat, daß die Landwirtschaft schon am Anfang ihrer Geschichte steht. Denn die Geschichte der Semiten beginnt erst in Mesopotamien, wo auch das Paradies (der Garten des Babyloniers) seinen Sitz hat, und wo das einwandernde Volk die Landwirtschaft bereits vorfand. Kain heißt: wir Semiten sind im Unterschiede von andern Völkern von allem Anfang an ein Ackerbau treibendes Volk gewesen.

Kain schlägt den Abel tot. Was soll das aussagen? Hätte es sich bloß um den Brudermord gehandelt, wozu die

Betonung des Umstandes, daß der eine von beiden Brüdern Landmann, der andere Hirte war? Die Absichtlichkeit liegt auf der Hand. Wie in Kain das frühe Auftreten der Landwirtschaft personifiziert wird, so in dem Brudermord die Thatsache, daß die Landwirtschaft als die vollkommenere Art der Ausnutzung des Bodens, der Weidewirtschaft als der unvollkommeneren ein Ende gemacht hat. Auf dem Boden, der für sie geeignet ist, vermag sich der Hirte neben dem Landmann nicht zu halten, Abel erliegt dem Kain.

Zu dieser Deutung scheint aber nicht zu stimmen, daß die Vertretung der Landwirtschaft dem älteren, die der Weidewirtschaft dem jüngeren Bruder zugewiesen wird, die historische Reihenfolge beider ist damit gerade umgekehrt, zuerst war diese da, dann erst kam jene. Kain, als der Erste, hätte also Hirte, Abel, als der Zweite, Landmann werden müssen. Es bezeichnet in meinen Augen einen feinen Zug der Sage, daß sie diese Ordnung umgekehrt, es spricht sich darin die richtige Einsicht von dem höheren Maß der Anforderung aus, welche die Landwirtschaft im Vergleich zur Weidewirtschaft in intellektueller und physischer Beziehung an den Menschen stellt. In beiderlei Beziehung ist der reifere und stärkere d. i. der ältere Bruder dem geistig und körperlich schwächeren d. i. dem jüngeren überlegen, darum mußte Kain Landmann, Abel Hirte sein.

Kain gründet die Stadt, und damit berühren wir ein zweites Moment der Verschiedenheit zwischen Ariern und Semiten.

2. Die Stadt.

a. Ursprung der Stadt: die Veste.

XX. Wenn die alttestamentliche Sage dem Kain die Gründung der Stadt überweist, so ist dies abermals ein Stück Geschichtskonstruktion, welches nur auf semitischem Boden möglich war. Es prägt sich darin die Vorstellung aus: wie die

Landwirtschaft, so ist auch die Stadt bei uns Semiten uralt, beide stehen am Anfang unserer Geschichte. Und damit hatte sie vom Standpunkt der Geschichte des semitischen Volkes aus vollkommen das Richtige getroffen, dasselbe fand bei seinem ersten Werden Landwirtschaft und Stadt bereits vor. Drei Entwicklungsstufen, welche in der Geschichte der Menschheit durch Jahrtausende getrennt sind, sind auf diese Weise in das Leben einer einzigen Generation zusammen gedrängt, Hirte, Landmann, Städter treten in der Geschichte der Semiten gleichzeitig auf.

Neben diesem Gedanken von der Uranfänglichkeit der Stadt schließt die Sage aber noch einen andern in sich, der die höchste Beachtung verdient: der Landmann hat die Stadt erbaut. Die Absichtlichkeit, mit der gerade dem Kain, dem Landwirt, die Gründung der Stadt zugewiesen wird, kann meines Erachtens ebenso wenig zweifelhaft sein, wie die Betonung dieser seiner Eigenschaft beim Brudermord. Das Nächstgelegene wäre es doch gewesen, neben der Figur des Abel, der das Hirtenleben, und der des Kain, der den Ackerbau, noch eine Dritte auftreten zu lassen, welche die Stadt repräsentiert. Warum müssen Kain beide Rollen zugewiesen werden? Ich finde keine andere Antwort, als: weil die Sage damit der Vorstellung Ausdruck geben wollte: die Gründung der Stadt ist das Werk des Landmanns. Kain, der seine geistige Überlegenheit über den jüngeren Bruder schon dadurch bethätigt hatte, daß er Landmann geworden war, bewährt sie abermals durch die richtige Erkenntnis, daß die Stadt ihm nötig ist.

Die Stadt dem Landmann nötig? Das heißt ja aller Erfahrung Hohn sprechen! Der Landmann wohnt nicht in der Stadt und kann es gar nicht, er kommt nur in die Stadt, um seine Erzeugnisse zu Markt zu bringen, aber wohnen muß er auf dem Lande in der Nähe seiner Felder. Dagegen kann der Gewerbetreibende und der Kaufmann nicht auf dem Lande existieren, er muß da wohnen, wo der Markt ist d. h. in der

Stadt, ihr Interesse müssen wir heranziehen, um das Dasein und die Blüte der Städte zu begreifen.

Vom Standpunkt unserer heutigen Zeit aus ist diese Ansicht vollkommen zutreffend, aber geschichtlich verhält es sich mit ihr gleichwohl anders. Der Landmann hat in Wirklichkeit die Stadt gegründet, und erst nachdem er es gethan, hat der Kaufmann und der Handwerker sich in ihr niedergelassen. Gegründet aber hat er sie, um in Zeiten feindlicher Einfälle sich in sie zurückzuziehen, der Befestigungszweck hat die Stadt ins Leben gerufen, nicht das Verkehrsinteresse, die ersten Städte sind überall Vesten, nicht Märkte gewesen. Darum waren alle Städte befestigt, das Wesentliche bei denselben waren nicht die Häuser, sondern die Mauern — Menschen, Vieh und Habe sollten im Fall der Not dort Schutz finden, und dazu bedurfte es nur ihrer, nicht der Häuser, man kampierte im Freien, bis der Feind sich zurückgezogen hatte. So geschah es von seiten der alten Arier in Bezug auf die befestigten Rückzugsplätze, die sie sich in der Nähe ihrer unbefestigten Dörfer eingerichtet hatten. Ein solcher Platz hieß pur[95]), er war auf Höhenpunkten angelegt und mit einer Schutzwehr von Erde, Pfählen, Hecken, dornigem Gestrüpp, wohl auch Steinen und mit einem Graben umgeben. Zur Zeit des Friedens unbewohnt, diente er nur im Falle feindlichen Einfalls als Rückzugspunkt. Dem pur entspricht bei den Griechen die ἀκρόπολις, bei den Römern die arx, bei den Germanen die burug, burc, burg, baurgs. Sie alle haben den Zweck der Sicherung gegen den Feind und sind darum auf Höhenpunkten angelegt[96]). In

---

95) S. darüber Zimmer, Altindisches Leben. S. 142 fl.

96) In ἀκρόπολις sprachlich durch ἄκρος ausgedrückt, in πόλις hat man pur wiederfinden und aus dem Grunde die Arier mit Städten ausstatten wollen, die sie in Wirklichkeit nicht gekannt haben (S. 37), s. O. Schrader, Sprachvergleichung und Urgeschichte, S. 35, 42, 182. Dem lateinischen arx liegt die Bedeutung der Abwehr (von skr. ark = festmachen, wahren, wehren, Vaniček, Griech.-lat.-etymolog.

diesem Sinn kann man die pur des Ariers als den historischen Ausgangspunkt der Städte der Indoeuropäer betrachten, sie waren ursprünglich gedacht als Vesten[97]). Erst später hat sich zur ἀκρόπολις die πόλις, zur arx die urbs, zur Burg die Stadt hinzugesellt und auch sie ist regelmäßig befestigt worden. Bei Wahl des Platzes für die Stadt ist durchweg der Zweck der leichteren Verteidigung maßgebend gewesen, nicht bloß bei den Indoeuropäern, sondern bei allen Völkern. So waren die Küstenstädte der Phönizier auf steilen Felsen angelegt, ebenso die der Iberer in Armorika, die der Italiker auf Berggipfeln. Besonders gern suchte man die doppelte Deckung durch einen Fluß nach der einen Seite und durch Berge, Hügel nach der andern Seite[98]). Die primitivste Form der Deckung gewährt

Wörterbuch I S. 54—56) zu Grunde, dem germanischen burc die von bergen (s. F. Kluge, Etymolog. Wörterbuch. Aufl. 3. Straßburg 1884 S. 43), daher der „Berg" gedacht als der bergende und als Platz der „Burg". Mit griech. πύργος = Turm hat Burg nichts zu schaffen, Kluge a. a. O. „Stadt" ist erst späteren Ursprungs, Wulfila übersetzt πόλις noch mit baurgs, s. Kluge daselbst.

97) So auch das cymrische pill für Stadt, Pictet, Les origines indoeuropéennes ed. 2 tom. 2 p. 375.

98) So bei Rom. Ebenso machten es die Kelten, wofür ich auf das unten mitgeteilte Beispiel von Alesia, und die Slaven, wofür ich auf die bei Zimmer, Altindisches Leben S. 146 mitgeteilte Schilderung eines russischen Historikers Bezug nehme. „Die älteren Gorodiste sind mit wenigen Ausnahmen angelegt auf den höchsten Punkten der hohen Ufer und sind daher von zwei oder drei Seiten geschützt durch natürliche Abhänge oder steile Abfälle nach dem Fluß hin; aber von der Seite, die sich anschließt an das ebene, offene Feld, sind sie umgeben mit künstlichen Befestigungen, Wällen, Gräben. Die wenigen Gorodiste, die eine Ausnahme machen, befinden sich an niedrigen Orten, in Auen und in diesem Fall stets an Stellen, die von allen Seiten von Wasser umgeben sind oder sich umgeben lassen. Gorodiste, die entfernt von Flüssen liegen, habe ich nirgends gefunden". An der flachen Mündung der Flüsse in das Meer oder an der offenen Seeküste pflegt man wegen der Gefahr vor Seeräubern keine Städte zu erbauen, man rückt sie etwas ins Land hinein, so Rom, Athen, und viele im Mittel-

uns die Anlage der Pfahldörfer in Seen, Sümpfen, Flüssen.

So war also die Stadt, wenn wir von einer solchen in der Urzeit reden wollen, nicht sowohl als dauernder Wohnsitz der Bevölkerung gedacht, sondern als Rückzugspunkt für die Landbevölkerung im Fall feindlicher Bedrängnisse, sie selber lebte auf dem Lande, in der Nähe ihrer Felder und Herden und mußte dort leben; in der Stadt werden nur diejenigen gewohnt haben, die entweder ihre Ländereien in nächster Nähe hatten, oder die ein Gewerbe trieben. So haben wir uns das alte Rom vorzustellen. Der Gegensatz der socialen Schätzung der tribus rusticae und urbanae, der sich noch bis in die späteste Zeit erhielt, läßt darüber keinen Zweifel. Wer in Rom ansässig war ohne Grundbesitz in der Gemarkung (letzteres war regelmäßig mit Wohnen auf dem Lande gleichbedeutend), gehörte zur tribus urbana und war wenig angesehen, nur der Bauer auf dem Lande — den Städter als solchen respektierte er nicht — fühlte sich als der richtige Mann. In die Stadt kam er nur an Markt= oder Gerichtstagen, bei öffentlichen Festen u. s. w. und wenn ein plötzlicher feindlicher Einfall ihn nötigte, mit den Seinigen und seinem Vieh in der Stadt seine Zuflucht zu suchen. Zu dem Zweck aber mußte sie geräumig genug sein; wir dürfen als sicher betrachten, daß darauf bei der ursprünglichen Anlage der Stadt Bedacht genommen worden ist d. h., daß sie einen ungleich größeren Raum einnahm, als für die darauf in Aussicht genommenen Häuser erforderlich war, daß also für die Größe der Stadt die Zahl nicht bloß der städtischen, sondern auch der ländlichen Bevölkerung den Maßstab abgab. Einen Beleg dafür erblicke ich in der Thatsache, daß Vercinge=

---

alter erbaute Städte. Nur in Buchten mit engen Zugängen oder mit Häfen, die sich künstlich absperren ließen, war eine Seestadt gesichert.

II. Abstand der Kultur. 2. Die Stadt. a. Ihr Ursprung. § 20.

torix in Alesia[99]) außer seiner zahlreichen Reiterei, die anfänglich ebenfalls dort ihr Unterkommen gefunden hatte und die er dann entließ, nicht weniger als 70000 Mann Fußvolk unterzubringen vermochte, dazu eine große Menge Vieh[100]) und sonstige Proviantvorräte für mindestens einen Monat. Um das zu ermöglichen, mußte Alesia von vornherein nicht sowohl als Stadt für die städtische Bevölkerung, sondern als befestigtes Heerlager für das ganze Volk angelegt worden sein, und nicht anders wird es sich mit Rom und unzähligen anderen Städten verhalten haben; die Stadt war nicht als Wohnsitz für die städtische Bevölkerung, sondern als befestigtes Bollwerk für das ganze Volk gedacht.

Die bisherige Ausführung wird gezeigt haben, daß die alttestamentliche Sage von Kain historisch vollkommen das Richtige getroffen hat, wenn sie den Landmann die Stadt begründen läßt.

Ein interessantes Seitenstück zu ihr ist der römische von den Etruskern entlehnte Ritus der Städtegründung. Er besteht darin, daß Stier und Kuh vor einen Pflug gespannt werden, jener als der stärkere der vom Feinde bedrohten Außenseite, diese als der schwächere Teil der nicht gefährdeten Innenseite der künftigen Stadt zugewandt, dann werden mit dem Pfluge die Umgrenzungslinien der Stadt gezogen, die Furchen bezeichnen die Gräben, die nach innen geworfenen Erdschollen die Mauern; wo die Thore stehen sollen, wird der Pflug aufgehoben[101]).

---

99) Die Beschreibung, welche Caesar de bello Gall. VII 69 von ihrer Lage macht, gewährt einen schlagenden Beleg für das, was ich oben über die fortifikatorischen Rücksichten bei Anlage der Städte sagte: Ipsum erat oppidum in colle summo, admodum edito loco, ut nisi obsidione expugnari non posse videretur. Cujus collis radices duo duabus ex partibus flumina subluebant . . . . reliquis ex omnibus partibus colles . . . pari altitudinis fastigio oppidum cingebant.

100) Caesar VII 71: magna pecoris copia compulsa.

101) Varro de L. L. V 143 . . . . . junctos bobus, tauro et

Das Ritual giebt über die Art, wie man sich die Gründung der Stadt dachte, deutliche Auskunft. Sie wird dadurch gekennzeichnet als das Werk des Bauern, und die Mauern und Gräben, auf die er sich bei seinem Werk beschränkt, lehren, warum er sie gegründet: seiner Sicherheit wegen. Das Innere der Stadt, was bei unseren heutigen Städtegründungen allein in Betracht kommt: Straßen, freie Plätze, die Plätze für öffentliche und kirchliche Gebäude werden nicht genannt, das Einzige, worauf er sein Augenmerk richtet, sind die Mauern und Gräben, hinter die er sich bei einem Einfall des Feindes zurückziehen kann, und die Thore, die ihn aufnehmen und die er dem Feinde verschließen kann. Hätte man sich die Stadt gedacht als im Interesse des Verkehrs gegründet, wir wollen sagen: als Markt, nicht als Veste, so hätte man in erster Linie den Marktplatz (forum) abstecken müssen.

So stimmen also Juden und Römer in der Annahme zusammen: der Landmann hat die Stadt gegründet, sie hätte sich bei beiden nicht bilden können, wenn sie für sie nicht geschichtliche Wahrheit gehabt hätte, wir besitzen darin also ein Zeugnis über die Vorgänge in vorgeschichtlicher Zeit.

Auch die noch so stark befestigte Stadt kann keine absolute Sicherheit gewähren, alle Städte der Welt sind eingenommen worden, im Altertume Babylon, Niniveh, Jerusalem, Athen, Corinth, Syrakus, Rom, Karthago, Alesia. Aber etwas anderes vermag sie zu gewähren und hat sie in der Geschichte unzählige Male gewährt. Was Clausewitz von unseren heutigen Festungen sagt, daß sie nicht selten das letzte Unterpfand für das Bestehen des Staats gewesen sind, gilt auch von den befestigten Städten des Altertums. Sie haben es den Völkern ermöglicht, in kritischen Lagen, denen sie ohne sie erlegen wären,

---

vacca interiore, aratro circumagebant sulcum ..... ut fossa et muris essent muniti. Terram unde exculpserant, fossam vocabant et introrsum jactam murum.

sich zu behaupten; in diesem Sinne kann man sagen: ihre Aussicht auf ein gesichertes Dasein, der Bestand von Volk und Staat datiert erst von der Gründung der Stadt an, wie denn die Römer das Dasein des römischen Volks und Staatswesens erst von Roms Gründung an datieren. In politischer Beziehung bezeichnet die befestigte Stadt den entscheidenden Wendepunkt im Leben der Völker der alten Welt, während dem Übergang vom Hirtentum zur Landwirtschaft nur eine wirtschaftliche und kulturhistorische Bedeutung zukommt.

b. Die Stadt als Bedingung der Kultur.

XXI. Das arische Volk hat sich viele Jahrtausende hindurch ohne die Stadt zu behaupten vermocht, der Mangel derselben ist also nach der im bisherigen hervorgehobenen fortifikatorischen Seite ohne nachteilige Folgen für dasselbe geblieben. Die Natur hatte ihm ein anderes Bollwerk gegeben, das ihm die Stadt ersetzte: das Gebirge. Die steilen Gebirgswände verliehen ihm einen wirksameren Schutz gegen den äußeren Feind, als die stärksten Mauern es vermocht hätten. Alle Kriege, welche dem Leben ganzer Völker ein Ende gemacht haben, spielen in der Ebene; der Krieg wagt sich nicht ins Gebirge hinein, vor dieser natürlichen Festung macht regelmäßig auch der übermächtige Feind im Kampf mit einem wenig zahlreichen Volksstamm (Basken, Montenegriner, Schweizer) Halt, und so begreift es sich, daß die Arier unangefochten durch einen äußeren Feind Jahrtausende hindurch ein friedliches Stillleben haben führen können; einen Krieg, der das Dasein des ganzen Volkes oder Staatswesens in Frage stellt, wie ihn der Semite und der Ägypter wiederholt zu bestehen hatte, hat der Arier in seiner ursprünglichen Heimat nie erlebt.

Aber in anderer Beziehung hat er es teuer bezahlen müssen, daß er die Stadt nicht kannte. Mit ihr fehlte ihm die Bedingung zur Erlangung einer höheren Kultur, denn diese hat die Stadt zu ihrer unerläßlichen Voraussetzung. Kein bloß Ackerbau treibendes Volk ohne Städte hat für die Kultur etwas Erhebliches geleistet; die Kulturgeschichte knüpft überall an die Städte an, vielfach bildet sogar eine einzelne Stadt eine Etappe für sie.

Die Gründe liegen so sehr zu Tage, daß ich fürchten müßte, mich in Plattheiten zu verlieren, wenn ich sie darlegen wollte[102]). Aber drei Punkte glaube ich doch hervorheben zu dürfen, ohne dieser Gefahr ausgesetzt zu sein. Der eine geht über den Begriff der Kultur im Sinne dessen, was Gewerbefleiß, Handel, Kunst und Wissenschaft für die Menschheit beschafft haben, hinaus, aber mittelbar kommt ihm für das Kulturleben der Völker eine ganz außerordentliche Bedeutung zu: Ich fasse ihn kurz zusammen unter dem Gesichtspunkt: die Stadt das festeste Band, welches den Menschen an den Boden kettet.

Je mehr der Mensch in den Boden hineingesteckt hat, um so mehr ist er an ihn gekettet. Der Hirte steckt nichts hinein, er kann ihn aufgeben, ohne etwas zurückzulassen. Ebenso der Bauer, so lange die Landwirtschaft sich noch in ihrem ersten Stadium befindet, wo Jahresarbeit und Jahresertrag glatt gegeneinander aufgehen, und Erdarbeiten, die sich erst im Laufe der Jahre bezahlt machen, noch unbekannt sind. In dieser Weise verhielt es sich bei den Germanen noch in den ersten Jahrhunderten unserer Zeitrechnung, und so erklärt es sich, daß der Gedanke, das bisher von ihnen bebaute Land im Stich

---

102) Ich kann hierbei aber die Bemerkung nicht unterdrücken, daß man sie der lernenden Jugend wenigstens nicht vorenthalten sollte, wie dies leider meines Wissens im Schulunterricht regelmäßig geschieht; ich wenigstens erinnere mich nicht, auf dem Gymnasium auch nur ein Wort über die immense Bedeutung der Stadt für die Kulturgeschichte der Menschheit gehört zu haben, und muß zu meiner Schande gestehen, daß ich sie mir erst bei der gegenwärtigen Gelegenheit nach allen Seiten hin zum Bewußtsein gebracht habe.

zu lassen, für sie nichts widerstrebendes hatte. Griechen und Italiker haben den Boden, auf dem sie sich einmal niedergelassen hatten, nicht wieder verlassen. Warum nicht? Sie hatten zu viel in ihn hineingesteckt, Wassergräben gezogen, Dämme errichtet, Oliven, Weinreben, Obstbäume gepflanzt — die Arbeit kettete sie an den Boden.

Aber das Meiste, was der Mensch in den Boden hineinsteckt, birgt nicht der Acker, sondern die Stadt in sich. Nicht bloß unsere heutige, bei der es auf gleichem Areal das Tausendfache von dem Arbeitskapital des Landwirts beträgt, sondern in geringerem Maße auch bereits die Stadt in der ersten Periode ihres Daseins. Mochten auch die Häuser in ihrer ursprünglichen Form des Holzbaues einen noch so geringen Aufwand an Zeit und Arbeit erfordert haben, die Errichtung der Mauern oder Wälle und der Gräben hatte um so mehr Arbeit und Zeit gekostet, zu viel, um es im Stich zu lassen und anderwärts das Werk von neuem zu beginnen, ganz abgesehen von der Schutzlosigkeit während des Marsches. Mit der Verwendung des Steins als Baumaterial an Stelle des Holzes, die geschichtlich wahrscheinlich erst schrittweise erfolgt sein wird (Mauern der Stadt — Tempel — öffentliche Gebäude — Privathäuser — Pflasterung der Straßen), nimmt dies Verhältnis noch eine gesteigerte Gestalt an, die höchste, deren es fähig ist. Unter allen Bändern, welche den Menschen mit dem Boden verknüpfen, ist der Stein das stärkste. Eine Stadt von Stein ist eine steinerne Klammer, welche die Bevölkerung für immer unlösbar an ihn kettet; ich kenne kein Beispiel in der Geschichte, daß eine Stadt freiwillig von ihrer Bevölkerung verlassen wäre, ein Teil mochte im Fall der Überfüllung auswandern, aber der andere blieb in der Stadt zurück. Keine Stadt der Welt ist dadurch in Trümmer zerfallen, daß ihre Bevölkerung sie verlassen hat, sondern nur dadurch, daß Feuer und Schwert des Feindes sie vom Erdboden hinweggefegt, oder die Macht der Elemente: Erdbeben, Wassersgewalt sie zerstört hat. In diesem Sinne kann man sagen: jede Stadt ist auf die Ewigkeit angelegt. Selbst unseren heutigen kleinsten Städten steht das Los der „ewigen Stadt" bevor, Rom hat nur die längere Vergangenheit vor ihnen voraus, die Aussicht in die Zukunft ist dieselbe; die Stürme, welche einst das Dasein der Städte bedrohten, gehören einer hinter uns liegenden Periode der Kriegsführung an.

So begründet erst die Stadt die definitive Seßhaftigkeit des Volks. Hätten die Germanen Städte gekannt, die Geschichte würde von der Auswanderung ganzer deutscher Volksstämme mit Greisen, Weibern und Kindern nicht zu berichten wissen; aber sie kannten sie nicht, und darum ward es ihnen leicht, sich von einem Boden zu trennen, in dem sie nichts zurückließen; ihre Holzhäuser waren so eingerichtet, daß sie sich auseinander nehmen und auf Ochsenkarren verladen ließen. Die Griechen, Italiker, Gallier haben die Heimat, die sie einmal erlangt hatten, nicht wieder verlassen, und sie konnten es nicht, weil sie durch die Städte, die sie erbaut hatten, an sie gefesselt waren.

Der zweite Punkt, den ich an der Stadt glaube hervor= heben zu sollen, ist ihre Bedeutung für die Verwirklichung des Gesetzes der Teilung der Arbeit. Erst mit und in der Stadt ist dasselbe geschichtlich zum Vollzug gelangt, weil nur sie die nötigen Bedingungen dafür darbietet. Der Landmann der Urzeit beschaffte alles, was er nötig hatte, sich selber; erst allmählich hat die Hausindustrie einzelne Gewerbsarten, die eine besondere Geschicklichkeit erforderten, wie die des Schmiedes, der geschichtlich der erste Handwerker gewesen sein wird (Vulkan!), aus sich entlassen. Aber das Dasein, das dem Handwerker auf dem Lande beschieden war und ist, war und ist ein kümmerliches, zum rechten Gedeihen gelangt er erst in der Stadt, die ihm mit der Möglichkeit des gesicherten und gesteigerten Absatzes zugleich die Leichtigkeit des Bezuges der ihm nötigen Utensilien, Werkzeuge, Stoffe, Arbeiten vom Kauf= mann und anderen Handwerkern in Aussicht stellt und zugleich in der Konkurrenz einen Sporn an ihn heranträgt, sich möglichst zu vervollkommnen, einen Sporn, der dem Landmanne abgeht; er kennt wie keine Teilung der Arbeit, so auch keine Konkurrenz. So zieht es den Handwerker mit Notwendigkeit in die Stadt; sie ist sein gegebener Sitz. Und das Gleiche gilt von dem Handelsmann, der einst in der Urzeit als Hausierer auf dem Lande seine Waren von einem Hause zum anderen trug; aus ihm wird der seßhafte Kaufmann der Stadt, der Krämer mit seinem Laden, der Großhändler mit seinem Magazin. Handwerk und Handel suchen nicht mehr, sie lassen sich suchen, auch für sie bezeichnet die Stadt, ebenso wie für die Völker, feste Seßhaftigkeit, mit dem Wandern hat es ein Ende. Die Erfahrungen, die sie machen, führen dahin, daß beide sich mehr und mehr abzweigen, das Gesetz der Teilung der Arbeit vollzieht sich in unaufhaltsamer, stets wachsender Proportion. Vom Materiellen, dem Handwerk, wo es zuerst geschichtlich eingesetzt hat, zum Geistigen sich erhebend, ergreift es schließlich alle Zweige der gesamten menschlichen Thätigkeit: Handel, Kunst, Wissenschaft, Staatsdienst.

Der alte Arier kannte keine Städte, ebenso wenig der Germane zu Tacitus' Zeit, darum sind beide über die ersten Ansätze zur Kultur nicht hinausgekommen; Babylonier und Ägypter kannten sie schon in frühester Zeit, darum die hohe Blüte der Kultur bei ihnen, und so werden wir auch nicht im Unklaren darüber sein können, worin der außerordentliche Vorsprung in der Kultur bei Griechen, Italikern, Kelten vor den Germanen seinen Grund hatte: sie kannten Städte. Daß sie sie frühzeitig kennen lernten, beruhte eben auf ihrer unmittelbaren oder mittelbaren Berührung mit jenen beiden östlichen Kulturvölkern, die den Germanen und Slaven versagt geblieben ist.

Zu den beiden angegebenen Zügen im Bilde der Stadt gesellt sich noch ein dritter hinzu, der ein besonderes Interesse dadurch gewinnt, daß es der einzige ist, den Griechen und

Römer hervorheben: die Stadt als Sitz der feinen Sitte. Nach Ansicht beider Völker erzeugt die Stadt einen anderen Mann als das platte Land; der Städter ist gesittet, der Bauer ungehobelt. Den Gegensatz beider stellt uns die griechische und lateinische Sprache dar in der Bedeutung von $\alpha\gamma\varrho\varepsilon\tilde{\iota}o\varsigma$ und homo rusticus = bäurisch, ungeschlacht, plump, grob und $\dot{\alpha}\sigma\tau\varepsilon\tilde{\iota}o\varsigma$ [103]) und urbanus (urbanitas) = fein, gesittet, höflich. Von der Weise des Bauern: seinem Lärmen und Schreien, wenn er in die Stadt kommt, und seinem ungehobelten Benehmen gewährt uns Aristophanes ein anschauliches Bild. Der antiken Auffassung, welche den Ursprung und Sitz der Höflichkeit in die Stadt verlegt, stellt sich uns in den modernen Sprachen, sowohl den romanischen wie germanischen eine andere gegenüber, welche den Hof als den historischen Ausgangspunkt und den Sitz der feinen Sitte bezeichnet: cortesie, courtoisie, cortesy (von curtis = Hof) u. a., Höflichkeit [104]) von Hof, Galanterie von galla = Hofkleid. Welche von beiden Angaben ist die richtige? Die Sprache lügt nicht; in Dingen, über welche das Volk ein Urteil hat, hat sie stets die Wahrheit getroffen, und so verhält es sich auch hier. Beide Angaben sind richtig, jede für ihre Zeit. Bei Griechen und Römern ist es in der That die Stadt gewesen, der die feine Sitte ihren Ursprung verdankte. Aber freilich nicht eine Stadt gewöhnlicher Art, obschon zweifellos auch sie dem Städter in dieser Hinsicht einen anderen Typus aufprägt als dem Landvolk — selbst dem Gebildeten, der wie der Landpfarrer und Landarzt dauernd nur mit ihm verkehrt. Auch Böotien kannte

---

103) Von den zwei Namen für die Stadt: $\check{\alpha}\sigma\tau\upsilon$ und $\pi\acute{o}\lambda\iota\varsigma$, verwendet der Grieche den einen in dem davon gebildeten Abjektivum in der obigen Weise, den andern in $\pi o\lambda\iota\tau\iota\varkappa\acute{o}\varsigma$ zur Bezeichnung der politischen Bildung des Städters.

104) Das der Anschauung des Ritters entnommene ritterlich (cavalleresco, chevaleresque) zielt mehr auf die Gesinnung, als auf das äußere Benehmen.

Städte, und doch galt der Böotier dem Athenienser als ein ungebildeter bäurischer Mann. Die Stadt als solche war es also nicht, der er diesen Einfluß nachrühmte, sondern die Stadt die er im Auge hatte, war Athen. Athen, die Weltstadt und die Metropole der Intelligenz. Und ein Gleiches gilt von Rom. Welche der mittelalterlichen Residenzstädte hätte es mit ihnen in beiderlei Beziehung aufnehmen können? Ihnen gegenüber waren sie Landstädte, während jene den Namen von republikanischen Haupt- und Residenzstädten verdienten. Nur eine Residenzstadt gab es im Mittelalter, die sich mit ihnen messen konnte: Konstantinopel, und von Konstantinopel aus ist die höfische Sitte des Abendlandes ausgegangen, an keinem der Höfe desselben ist sie originär entstanden, sondern alle haben sie unmittelbar oder mittelbar vom byzantinischen Hofe entlehnt [105]).

Der erste, der es that, war Theoderich, der am byzantinischen Hofe seine Erziehung genossen hatte, und seine Ostgothen mit dem byzantinischen Hofceremoniell beschenkte. Auf demselben Wege und durch Heiraten mit byzantinischen Prinzessinnen kam es an die anderen mittelalterlichen Höfe; Konstantinopel war die hohe Schule der feinen Sitte, eine Erziehungsanstalt für die ungeleckten Bären des Nordens. Auch in Konstantinopel war das Hofceremoniell nicht originär, die Geschichte desselben führt vielmehr weit zurück auf den kaiserlichen Hof in Rom, von ihm auf den damaligen persischen, der es seinerseits wiederum durch Cyrus und Darius vom babylonischen übernommen hatte. Der Geist, der dasselbe beseelt, kennzeichnet es als ein semitisches Gewächs, es ist der der Unterwürfigkeit und Selbsterniedrigung, während die Umgangsformen des Ariers auf dem Gedanken der Selbstachtung der

---

105) Ich teile im folgenden die Ergebnisse meiner aus Anlaß der Behandlung der Umgangsformen im zweiten Bande meines Zwecks im Recht angestellten historischen Untersuchungen mit.

Person und der Gleichheit beruhen. Unsere heutigen Unter=
thänigkeitsformen des geselligen Verkehrs sind orieantalischen
Ursprungs, nicht aus dem Volk hervorgegangen, sondern ihm
durch den Hof künstlich beigebracht.

Zum zweiten Male hat sich die Beeinflussung des Occi=
dents durch den Orient in Bezug auf die Umgangsformen
wiederholt in Spanien in Gestalt der Einwirkung der ernsten,
gemessenen Weise des Mauren. Die spanische Grandezza ist
das Kind des Byzantinismus mit dem Arabertum. Überall
aber ist es der Hof gewesen, der die Weise des Volks beein=
flußt hat, nicht umgekehrt. Die höfische Sitte ist nicht etwa
als der äußerste Trieb anzusehen, den die im Volk selbst er=
zeugte feine Sitte in den höchsten Schichten der Gesellschaft
getrieben hat, sondern sie ist am Hofe ausgebildet worden und
hat sich dann von dort durch die Rückwirkungen, die er auf
den Mann der niedern Stände, der mit ihm in geschäftliche
Berührung trat, ausübte, über das ganze Volk verbreitet.

So sind die Höfe die hohe Schule der feinen Sitte ge=
worden; man kann geradezu den Satz aufstellen: wie der
Hof, so das Volk. An der Weise des gemeinen Volks
kann man erkennen, wie der Hof, dem es seine Erziehung nach
dieser Seite hin verdankt (weltlicher, geistlicher), beschaffen ge=
wesen ist [106]), ebenso bei Völkern, denen er gefehlt hat (Schwei=
zern, Nordamerikanern), den Mangel desselben. Die meisten
Höfe haben die höfische Sitte von anderen entlehnt — in den
letzten anderthalb Jahrhunderten vom französischen, an den
Prinzen und Adelssöhne geschickt wurden, um Schliff zu be=
kommen, wie einst nach Konstantinopel. Nur die italienischen
Höfe zur Zeit der Renaissance und in Anlehnung an sie der
französische, in erster Linie der von Ludwig XIV., dem seine

---

106) Eines genaueren Nachweises dieser Behauptung muß ich
mich hier enthalten; wer sie an Beispielen erproben will, wird sie be=
stätigt finden.

Zeit das Lob spendete, der höflichste Mann seines ganzen Reiches zu sein, und diese Eigenschaft gegen niemand verleugnet zu haben, nur sie behaupten in dieser Beziehung eine selbständige Stellung. Sie haben Dank ihrem Verständnis und ihrer Achtung für Kunst und Wissenschaft, die höfische Sitte von dem Byzantinismus, unter dem sie, wie die Volkssitte anderwärts, noch lange geschmachtet hat, befreit, sie bezeichnen einen Wendepunkt in der Geschichte der Höflichkeit: den Übergang von der Unterthänigkeitsidee der byzantinisch-orientalischen Sitte zu der den altarischen, den Griechen und Römern in ihrer guten Zeit nie abhanden gekommenen Gedanken der Selbstschätzung der Person wieder aufnehmenden feinen Sitte der Gegenwart.

Die vorstehenden Ausführungen haben gezeigt, daß die neueren Sprachen mit ihrer Ableitung der Höflichkeit von Hof in historischer Beziehung vollkommen das Richtige getroffen haben. Wenn Griechen und Römer statt des Hofes, der ihnen zu ihrer Blütezeit unbekannt war, die Stadt nennen, so ist die Abweichung keine so große, wie es auf den ersten Blick erscheint. Die Stadt, die sie im Auge hatten, war nicht eine Stadt gewöhnlichen Schlags, sondern Athen und Rom, die für die damalige Zeit in allen Beziehungen dieselbe Stellung einnahmen, wie nur irgend eine der größten Haupt- und Residenzstädte für die Gegenwart: der Centralpunkt des gesamten Staatswesens, Sitz aller staatlichen Gewalten, der Sammelplatz der hervorragendsten Geister auf allen Gebieten des Lebens aus dem In- und Auslande, die Metropole der Intelligenz, der Sitz des Luxus, der socialen Repräsentation und des vornehmen Lebens. So darf man sie als Haupt- und Residenzstädte der alten Welt bezeichnen, als Seitenstücke zur Monarchie auf dem Boden der Republik, und in diesem Lichte betrachtet, reicht die antike Auffassung, welche die Stadt, der modernen, welche den Hof als Bildungsstätte der feinen Sitte bezeichnet, die Hand, den Vereinigungspunkt beider bietet die Reichshauptstadt.

3. Holzhaus und Steinhaus.

XXII. Zwei Gegensätze sind es, welche unsere bisherige Darstellung für das äußere Leben zwischen dem Arier und Babylonier aufgedeckt hat: Weidewirtschaft und Landwirtschaft, Dorf und Stadt, beide von weittragendstem Einfluß auf ihre Kultur und Volksart. Mit dem zweiten steht in enger Verbindung ein dritter, auf den ersten Blick ein scheinbar wenig belangreicher und doch, wie sich zeigen wird, ebenfalls von ganz außerordentlicher Bedeutung, der zwischen Holzhaus und Steinhaus. Beide decken sich nicht; es giebt Städte, die im wesentlichen nur aus Holzhäusern bestehen, so z. B. in Sibirien, und selbst in Konstantinopel nehmen sie ein großes Areal ein, und umgekehrt Dörfer, die ausschließlich aus Steinhäusern erbaut sind. Ob nicht aber dennoch, wenn auch nicht zwischen dem Dorf und dem Holzhaus so doch zwischen der Stadt und dem Steinhaus ein gewisses Abhängigkeitsverhältnis besteht, darüber wird die folgende Ausführung Aufschluß erteilen, welche sich zur Aufgabe gesetzt hat, die Frage zu beantworten: warum haben die Arier nur Dörfer, die Mesopotamier Städte gekannt?

Wenn man jemandem die Frage vorlegen wollte: wo wird wohl der Stein als Baumaterial zuerst zur Verwendung gelangt sein, da, wo die Natur ihn dem Menschen gewährt, oder da, wo sie ihm denselben versagt hat, wer würde über die zu erteilende Antwort im Zweifel sein können? Und doch würde sie gar nicht richtig sein. Dem Arier hatte die Natur den Stein in dem felsigen Gestein seiner Berge gewährt, dem Mesopotamier in seiner gänzlich steinlosen Ebene versagt, und doch dort Holzbau, hier Steinbau. Das Holz ist leichter zu fällen als der Stein zu brechen, und damit ist der Grund angegeben, warum der Arier zum Holz griff und den Stein verschmähte. Hätte dem Mesopotamier dieselbe Wahl zugestanden, sie wäre wohl nicht anders ausgefallen, aber die Natur hatte sie ihm versagt. In dem südlichen, einst vom Meere bedeckt gewesenen Teil des Landes hatte niemals ein Wald gestanden, und in dem nördlichen, wo er in der Urzeit sicherlich gestanden haben wird, hatte er früh dem Pfluge Platz gemacht; in der fruchtbaren Ebene — und eine fruchtbarere als den Alluvialboden am Euphrat und Tigris gab es nicht — vermag sich der Wald nicht zu halten, er zieht sich vor dem Pfluge mehr und mehr in die Berge zurück, wohin ihm dieser nicht zu folgen vermag. Nur der Obstbaum und die Dattelpalme, die durch ihren Ertrag den Platz bezahlt machten, behaupteten sich [107], aber an Nutzholz, das in hinreichender Menge nur der Wald zu liefern vermag, fehlte es [108]), Waldungen gab es in der Gegend nicht [109]). (Note 109 siehe S. 128.)

107) Öl und Datteln werden als Gegenstände von Rechtsgeschäften in den babylonischen Rechtsurkunden öfter erwähnt. Welche Rolle nach der Vorstellung des Volks der Obstbaum in der Urzeit gespielt haben muß, ergiebt sich aus der alttestamentlichen Sage vom Paradiese, in dem die ersten Menschen sich von Obst nährten. Das Urbild des Paradieses ist der Obst- und Ziergarten des Babyloniers.

108) Wie man den für Bauten und sonstige Zwecke erforderlichen Bedarf deckte, darüber siehe S. 206 f. Bei den großen öffentlichen Bauten, deren ich unten gedenken werde, fand das Holz gar keine Verwendung, sie waren ganz aus Stein errichtet, bei den Privathäusern war es nötig, um die Decken zwischen den verschiedenen Stockwerken (in Babylon regelmäßig 3—4, in Tyrus, Karthago 5—6) und die Dächer herzustellen. „Zur künstlerischen Verwendung in Form von Säulen, in Täfelung der Wände, Standbildern, kostbaren Thüren, Dachgiebeln ist das Holz erst bei den Phöniziern gelangt, denen die Cedern des Libanon ein Material darboten, wie es in dieser Vorzüglichkeit nirgends anderwärts sich fand. Welchen tiefen Eindruck diese Bauten, bei denen das Hauptgewicht auf Holzkonstruktionen gelegt war, auf die assyrischen Könige, die Bewohner holzarmer Gebiete, gemacht haben mußten, erhellt aus dem Umstande, daß sie die Schwierigkeiten, welche sich dem Holztransport entgegenstellen nicht achtend, daran gehen, ähnliche Bauten daheim aufführen zu lassen". Thomas Friedrich, Die Holztechnik Vorder-Asiens im Altertum. Innsbruck

Aber auch den Stein hatte die Natur versagt, in dem Flachlande fanden sich keine Felsen, aus denen er sich hätte brechen lassen, der Reisende trifft heutigen Tages hier kaum je auf einen Stein. Und dennoch hat der Steinbau zuerst an dieser Stelle das Licht der Welt erblickt, Jahrtausende früher als bei den Ariern, nicht bloß bei dem arischen Muttervolk, sondern auch bei den Ariern Europas (s. unten). Die Semiten fanden ihn, als sie ins Land kamen, bei den Akkadern-Sumeriern bereits vor, und von ihnen scheinen auch die Ägypter ihn überkommen zu haben. So knüpft sich also an den Namen eines Volkes, von dem wir erst seit wenigen Jahren Kunde erhalten haben, der Ruhm, einen der folgenreichsten Fortschritte im Kulturleben der Menschheit beschafft zu haben, und zwar bereits zu einer Zeit, wo der übrige Teil der Menschheit noch im tiefsten Schlafe begraben lag.

Das Mittel, wodurch es ihm gelang, war die Verwendung der Thonerde zur Herstellung eines künstlichen Steins: des Ziegels und der des Asphalts als Mörtel. Dessen Verwendung wird schon im alten Testament beim Turmbau zu Babel erwähnt. An Asphaltquellen fehlte es im Lande nicht. So ward die Stiefmütterlichkeit der Natur, welche dem Menschen das natürliche Baumaterial, Holz und Stein versagt hatte, ein Sporn für ihn, seinen Verstand zu gebrauchen, um sich künstlich einen Ersatz zu verschaffen. Ihre Ungunst ist dem Semiten zum Segen, wie umgekehrt ihre Gunst dem Arier zum Unsegen ausgeschlagen — die Natur hatte es ihm zu bequem gemacht!

1891. S. 5. Genauere Schilderung der Verwendung des Holzes bei den Phöniziern daselbst S. 9—19. In der Schrift ist zugleich der Nachweis erbracht, welche weite Verbreitung dieser phönizische Baustyl gefunden hat (Kleinasien, Griechenland, Italien).

109) Einen bisher noch nicht beachteten Beleg dafür bietet der babylonische Bericht über die Sintflut in Bezug auf die Mitnahme des „Wildes des Feldes" (nicht des Waldes) dar, s. § 28.

II. Abstand der Kultur. 3. Holzhaus und Steinhaus. § 22.

Die Herstellung des Ziegels geschah auf doppeltem Wege, durch Dörren an der Sonne (Luftstein) und durch Brennen im Ofen (Backstein). Jene wird als die einfachere, leichtere und unvollkommenere die ursprüngliche, diese als die künstlichere und vollkommenere die spätere gewesen sein, aber sicherlich war sie bereits in frühester Zeit bekannt[110]. Das Erfordernis war ein dazu hergerichteter Ofen, und wir werden annehmen dürfen, daß sich derartige Öfen in jeder Stadt fanden, es bedurfte ihrer zum Brennen nicht bloß der Ziegel, sondern auch der schriftlichen auf Thontafeln verzeichneten Geschäftsurkunden (§ 25). Im alten Testament werden sie öfters erwähnt; der bekannte „feurige Ofen", der groß genug war, um drei Männer in sich aufzunehmen, kann kein anderer als ein Ziegelofen gewesen sein.

Der im Ofen gebrannte Stein hat vor dem Luftstein den Vorzug der Härte, Festigkeit, Dauerhaftigkeit. In welchem Maße man es verstanden hatte, ihm diese Eigenschaften zu verleihen, zeigen Funde in Babylon, Ninive und an anderen Stellen, sie erregen noch heutigen Tages durch ihre unverwüstliche Dauerhaftigkeit das Staunen der Nachwelt. Noch einen Vorzug bot die Procedur des Brennens dar, es war damit die Möglichkeit geboten, dem Stein eine Glasur zu geben, und mittelst der verschiedenen Farben, welche man dazu verwandte, einen dekorativen Effekt zu erzielen[111]. Andererseits war die

---

110) Das alte Testament gedenkt ihrer bereits beim Turmbau zu Babel, 1. Moses 11, 3, nach der Übersetzung von Luther: „Und sprachen untereinander: Wohlauf, lasset uns Ziegel streichen und brennen, und nahmen Ziegel zu Stein und Thon zu Kalk: und es diente ihnen der Backstein statt Bruchsteins und der Asphalt diente ihnen als Mörtel". Die richtige Übersetzung siehe bei Franz Delitzsch, Neuer Kommentar über die Genesis. Leipzig 1887. S. 230.

111) Eine Anschauung davon gewähren uns die Berichte der Alten über den Stufentempel des Nebukadnezar. An diesem Tempel der sieben Sphären des Himmels und der Erde war jedes Stockwerk

Herstellung des Backsteins bei dem in der holzarmen Gegend hohen Preise des Feuerungsmaterials ungleich kostspieliger als die des Luftsteines, den jeder sich selber durch Trocknen des Ziegels in der Sonne herstellen konnte. Darum ward jener nur zu öffentlichen Bauten verwandt, und auch bei ihnen wurden die Zwischenräume regelmäßig mit Luftsteinen ausgefüllt, während die Wohnhäuser in Babylon sicherlich ebenso wie bei den Juden aus Luftsteinen hergestellt worden sind.

Den Backsteinbau finden wir in ältester Zeit auch bei den Ägyptern. Aus dem alten Testament ist bekannt, daß das Volk Israel in der ägyptischen Knechtschaft Frondienste dabei zu leisten hatte (2. Mos. 1, 14: und machten ihnen ihr Leben sauer mit schwerer Arbeit im Thon und Ziegel), und die älteste uns erhaltene ägyptische Pyramide (die von Sakkara) ist aus Backsteinen erbaut[112]). Die Verwendung des Backsteins in einem an festem Gestein so reichen Lande wie Ägypten bietet eine zu auffallende Erscheinung dar, als daß man sich nicht gedrungen fühlen müßte, sich nach einer Erklärung umzusehen. Warum griff man hier zum Backstein, da man den Naturstein vor der Hand hatte? Es bietet sich keine andere Erklärung dar, als darin entweder mit Hommel den „Rest einer früheren Gewöhnung von einem Aufenthalte her, wo es nur jenes Ersatzmittel gab", zu erblicken, oder anzunehmen, daß die Ägypter den Backsteinbau von da, wo er durch die Natur selber geboten und schon in frühester Zeit heimisch war, aus Mesopotamien überkommen haben, und dies scheint mir das Wahrscheinlichere zu sein. Eine Verbindung zwischen Ägyptern und Semiten bestand schon in frühster Zeit[113]). Auf

---

mit andersfarbigen Steinen bekleidet, von unten nach oben: schwarz, orange, rot, golden, weiß, dunkelblau, silbern. Hommel a. a. O. S. 116.

112) Hommel a. a. O. S. 18.

113) Die alttestamentliche Sage läßt bereits Abraham nach Ägypten ziehen (1. Moses 12, 10), dann wieder die Kinder Jakobs (1. Moses 42, 2—43, 2).

II. Abstand der Kultur. 3. Holzhaus und Steinhaus. § 22.

diesem Wege, durch Vermittelung der Juden, konnte also die Kunst des Ziegelbrennens von Babylon nach Ägypten gelangen[114]), und in der Zeit ihrer ägyptischen Knechtschaft sind gerade sie es, welche für die Ägypter Ziegel zu streichen und brennen haben (2. Mos. 1, 14). Eine Unterstützung findet diese Ansicht an der ältesten Form der ägyptischen Pyramide, wie sie noch in der von Sakkara erhalten ist; es war die des babylonischen Stufenturms oder Etagentempels, aus ihr ist die spätere geradlinige dadurch hervorgegangen, daß die Absätze der einzelnen Etagen abgeschrägt wurden[115]). So charakterisiert sich also die erste Periode der ägyptischen Baukunst durch ihre Übereinstimmung mit der babylonischen in zwei wesentlichen Punkten, in der Verwendung des Ziegels und in dem Stufentempel. In der zweiten Periode tritt an Stelle des Ziegels der Bruchstein, an Stelle des Stufenbaues die Pyramide. Nimmt man nun noch den Umstand hinzu, daß die uns erhaltenen Aufzeichnungen bei den Ägyptern nur bis etwa 2700, bei den Babyloniern bis etwa 3800 zurückreichen[116]), so dürfte sich die historische Priorität der babylonischen vor der ägyptischen Baukunst kaum bezweifeln lassen, und den Babyloniern (Akkader—Sumeriern) der oben (S. 128) für sie in Anspruch genommene Ruhm gebühren, in der Baukunst die Lehrmeister aller Völker der alten Welt ohne Ausnahme geworden zu sein.

Seiner allen andern Völkern weitüberlegenen Leistungsfähigkeit in diesem Punkt war das Volk sich auch vollauf bewußt. Einen Beleg dafür erblicke ich in der alttestamentlichen Sage vom Turmbau zu Babel. Der Turm (Etagentempel) soll mit „der Spitze in den Himmel reichen, damit wir **uns einen Namen machen**" (1. Moses 11, 4). Es ist also

---

114) Sie wird von der alttestamentlichen Sage vom Turmbau zu Babel (1. Mose 11) schon in die Zeit vor ihrer Trennung von Babylon (d. i. vor dem Zuge Abrahams nach Ägypten) verlegt.

115) Veranschaulicht bei Hommel S. 16.

116) Nach Hommel S. 12, 13.

darauf abgesehen, einen Bau herzurichten, welcher die Verwunderung aller Völker erregt und ihnen zeigt, daß der Babylonier in der Baukunst vor den schwierigsten Aufgaben nicht zurückschrickt. Gott selber steigt hernieder, um sich das Werk anzusehen (11, 5) und er ergrimmt über den Übermut und Größenwahn des Menschengeschlechts und beschließt, dem Bau ein gewaltsames Ende zu machen, indem er die Sprache der Menschenkinder verwirrt, so daß sie sich untereinander nicht mehr verstehen.

Die Sage dichtet nicht ins Blaue hinein, sie geht von konkreten Thatsachen aus, von historischen Ereignissen, Einrichtungen des Lebens, Ausdrücken der Sprache u. s. w., die sie nur in ihrer Weise deutet, verschönert, umgestaltet. Durch diesen Gesichtspunkt haben wir uns auch beim Turmbau zu Babel leiten zu lassen; die Sage muß einen historischen Kern in sich schließen. Von den drei Zügen, die sie nachdrücklich betont, die Höhe des beabsichtigten Baus, die Thatsache, daß er unvollendet geblieben, und die Verwirrung der Sprachen, steht der erste geschichtlich außer Zweifel — Bauten von solcher Höhe, wie in Babylon, gab es in der ganzen damaligen Welt nicht[117]). Den zweiten sind wir im stande, durch einen neueren Fund zu bewahrheiten, es ist der Bericht des Nebukadnezar (Gründungscylinder), worin er meldet, daß er einen in der Urzeit von einem früheren König angefangenen, aber dann unvollendet liegen gebliebenen[118]) und „in fernen Tagen zerfallenen" Bau

---

117) Über die Befestigungswerke s. § 24. Bei ihnen liegt der Zweck der Höhe auf der Hand. Warum aber die außerordentliche (von Strabo bei dem Tempel des Belus auf über 600 Fuß angegebene) Höhe der Tempel? Darauf hoffe ich in § 24 Antwort erteilen zu können.

118) Noch jetzt ragt der Bau mit seinen bloß erhaltenen vier Stufen 150 Fuß über die Ebene, Hommel a. a. O. S. 116. Wenn dieser Schriftsteller den Turm der alttestamentlichen Sage nicht in diesem, sondern in einem andern, noch imposanteren Bauwerk (dem von Sagilla) erblicken will (S. 117), so vermisse ich dabei den entscheidenden

vollendet habe; es ist der siebenstöckige, farbig glasierte Stufentempel, dessen wir oben (S. 129 Anm. 111) gedacht haben, der einzige, dessen Nichtvollendung historisch bezeugt ist. Die Thatsache, daß ein angefangener mächtiger Bau ins Stocken geraten konnte, war eine so bemerkenswerte, daß es ebensowenig Wunder nehmen kann, wenn das Gedächtnis daran sich in der Erinnerung des jüdischen Volks (das nach der im alten Testament wiedergegebenen Volkstradition bald darauf Babylon verließ) dauernd erhielt, als daß die Sage den Versuch machte, sie zu motivieren. Dazu bediente sie sich der von Gott verhängten Sprachverwirrung. Auch diesem Zuge der Sage muß eine historische Thatsache zu Grunde liegen. Ich erblicke sie in der Mannigfaltigkeit der Sprachen, die in Babylon geredet wurden, und die gerade bei einem gemeinsamen Werk, an welches die ganze Bevölkerung Hand anzulegen hatte, in eindrucksvollster und darum mit der Erinnerung an den Bau selber unlösbar verknüpfter Weise hervortreten mußte. Schon die einheimische Bevölkerung in Babylon redete verschiedene Sprachen, der Semite eine andere als der Sumerier, und dieser eine andere als der Kossäer [119]). Nun hat es aber die größte Wahrscheinlichkeit für sich, daß ebenso wie die Ägypter durch die Juden, so auch die Babylonier die Fronarbeiten beim Bau durch unterworfene Volksstämme haben verrichten lassen (§ 23), und damit gesellten sich zu den Sprachen der einheimischen freien Bevölkerung auch noch deren Idiome hinzu, es war also in der That ein wahres Gemisch von Sprachen, welches damals beim Bau laut ward. Nach der naiven Volksvorstellung, welcher der mosaische Bericht (1. Mos. 11, 1), bei dieser Gelegenheit Ausdruck giebt, hatte aber bis dahin „alle Welt einerlei Zunge und Sprache". Damit war der Sage

---

Punkt: den historischen Nachweis der Sistierung des Baus, für jenen Bau läßt er sich erbringen, für diesen nicht.

[119]) Hommel a. a. O. S. 6, 7.

der Weg vorgezeichnet, wie sie sich mit der damit in Widerspruch stehenden Thatsache, daß bei jenem Bau verschiedene Sprachen geredet wurden, abzufinden hatte; Gott hat die Sprache der Menschenkinder verwirrt, um dem Werk, das sie im Übermut geplant hatten, und das seinen Grimm erregt hatte, ein Ende zu bereiten. Auf diese Weise war nicht bloß die Vielsprachigkeit, sondern auch die Sistierung des Baues erklärt, beide in eine ursächliche Verbindung miteinander gesetzt.

Ich verlasse vorläufig den Steinbau des Babyloniers, indem ich mir vorbehalte, später in eingehender Darstellung auf ihn zurückzugreifen, für meine gegenwärtigen Zwecke genügt mir das im bisherigen gewonnene Ergebnis: schon in der Urzeit war dem Babylonier der Steinbau bekannt.

Daß das arische Muttervolk ihn in seiner ursprünglichen Heimat nicht kannte, würden wir, wenn es sich nicht auf direktem Wege nachweisen ließe (S. 39) schon daraus entnehmen können, daß er noch dem Tochtervolk, als es sich in Europa niederließ, unbekannt war, einigen Zweigen desselben noch bis tief in die historische Zeit hinein. Die Thatsache ist zu wichtig, als daß ich es umgehen dürfte, sie im einzelnen nachzuweisen; an den Gegensatz von Holzbau und Steinbau knüpft sich Jahrtausende hindurch der Kulturabstand zwischen Ariern und Semiten, er ist von einer Tragweite, die man auf den ersten Blick kaum für möglich halten sollte, und die meines Erachtens bisher auch von weitem nicht erkannt worden ist.

Am frühsten hat der Holzbau dem Steinbau bei den Griechen Platz gemacht, die ihn von den Phöniziern und Ägyptern, mit denen sie von allen Indoeuropäern zuerst in Berührung traten, erlernten. Nach dem Urteil der Sachkundigen soll sich aber der Einfluß des Holzbaues selbst noch in der griechischen Baukunst der späteren Zeit an den Säulen und am Gebälk deutlich wahrnehmen lassen, es waren Motive des Holzbaues übertragen auf den Stein. Das älteste delphische Heiligtum war eine aus Lorbeerreisern hergestellte Hütte, und noch in historischer Zeit war nach Plinius (H. N. XXXVI, 15, 23) das Gemeindehaus der Cyziker (βουλευτήριον) ein nach Art der germanischen Häuser zum Auseinandernehmen eingerichteter Holzbau.

Auch die Italiker kannten bei ihrer Einwanderung nur den Holzbau; in den Resten, die sich von ihren Niederlassungen in der Po-Ebene unter der Erde erhalten haben, fehlt jede Spur der Verwendung von Stein und Ziegel.[120]), und selbst mit den Römern in der Königszeit verhielt es sich nicht anders. Der Tempel der Vesta war ursprünglich eine Hütte, die Wände aus Flechtwerk, das Dach aus Stroh[121]), die casa Romuli, die curia Saliorum, die römischen Kapellen der Lares compitales[122]) nichts anderes. Wie lange sich der Holzbau in Rom noch erhalten hat, dafür ist bezeichnend die bekannte Bestimmung der XII Tafeln, welche das fremde verbaute Baumaterial schlechthin mit tignum, d. i. Balken von Holz identifiziert, und ich halte es keineswegs für ausgeschlossen, daß das Holzhaus damals von den Römern ebenso wie von den Germanen zu den beweglichen Sachen gezählt worden ist. So würde es sich erklären, warum das Gesetz, welches sich sonst so korrekt ausdrückt, bei der bekannten Bestimmung über die Usucapion unbeweglicher Sachen, nur des fundus gedenkt, während es doch ein leichtes gewesen wäre, aedes hinzuzufügen[123]).

---

120) W. Helbig, Die Italiker in der Poebene, Berlin 1879. S. 12.

121) Helbig a. a. O. S. 53.

122) Derselbe S. 52.

123) Cicero top. IV, 23 hat also recht, wenn er bemerkt: at in lege aedes non appellantur et sunt ceterarum rerum omnium, quarum annuus est usus. Die von ihm verteidigte analoge Ausdehnung des Gesetzes war mit dem Aufkommen des Steinhauses von den Juristen bereits längst vorgenommen worden, und davon, daß zur Zeit des Holzbaus für das Haus etwas anderes hatte gelten müssen, nämlich dasselbe wie für den Fall der l. 60 de A. R. D. (41, 1): ex tabulis

Schwerlich wäre Rom zur Zeit des Einfalls der Gallier ein Raub der Flammen geworden, wenn es nicht vorherrschend aus Holzhäusern bestanden hätte [124]).

Die Kelten hausten noch zu Strabos Zeit in runden, aus Brettern und Rutengeflecht hergestellten und mit Stroh bedeckten Hütten [125]), nur zu ihren Befestigungen bedienten sie sich der Felsblöcke, aber völlig steinerne Mauern kannten auch sie zu Cäsars Zeiten noch nicht [126]); sie stellten das Gerüst derselben aus Holz her, und verwandten Stein und Erde nur zur Ausfüllung.

Die Germanen waren hinter den Kelten noch um einen Schritt zurückgeblieben. Während die Kelten es schon zu größeren befestigten Städten gebracht hatten [127]), lebten sie in offenen Weilern und in Holzhäusern, die sie so eingerichtet

---

ligneis factum mobile scheinen sie keine Ahnung gehabt zu haben, und so kommt Gajus II, 42, 52 dazu, die Gleichstellung der aedes mit dem fundus schon in die XII Tafeln zu verlegen. Die Etymologen leiten aedes von der Wurzel idh (aid) = entflammen, brennen ab (Baniček I, 85) und das könnte auf die Vermutung führen, daß dem Wort die Vorstellung der Verbrennbarkeit des Holzhauses zu Grunde liegt — die Germanen zählen dasselbe zu den Dingen, welche die Fackel verzehrt — richtiger dürfte jedoch die Bezugnahme auf das Herdfeuer sein (aedes = Feuerstätte).

124) Daß man damals den Steinbau auch bei Privathäusern bereits gekannt haben muß, ergiebt sich daraus, daß allen Bürgern nach Livius V, 55 zum Zweck der Errichtung von Steinhäusern das Recht eingeräumt ward: saxi materiaeque caedendae, unde quisque vellet, und daß ihnen dazu die Ziegel von Staats wegen verabreicht werden sollten. Die damalige Einäscherung der Stadt wird den Wendepunkt für den Übergang vom Holzbau zum allgemeinen Steinbau gebildet haben.

125) Helbig a. a. O. S. 2.

126) Caes. de bello gall. VII, 23. Nach Helbig S. 3 sollen sie ihre Befestigungen bloß aus Holz und Erde hergestellt haben, aber Cäsar sagt ausdrücklich: intervalla grandibus in fronte saxis effarciuntur ..... singulis saxis interjectis.

127) Ich verweise auf Alesia, S. 115.

hatten, daß sie sich auseinandernehmen und während der Wanderung auf Ochsenkarren mitnehmen ließen. Das oben angeführte Beispiel der Cizyker läßt darauf schließen, daß diese dem arischen Muttervolk unbekannte Einrichtung aus der Wander=
zeit des Tochtervolkes stammt. Darum zählen die Germanen das Haus zu der „fahrenden Habe". Das Haus der Ger=
manen bildet ein Seitenstück zu dem Zelt der Nomaden, es führt uns ein Volk vor Augen, in dem der Wandertrieb stets lebendig ist. Hätten die Germanen das Steinhaus gekannt, sie würden ihre bisherigen Sitze nicht so leicht mit anderen vertauscht haben, und die ganze deutsche Geschichte würde eine andere Gestalt an sich tragen; denn der Stein ist, um meine frühere Behauptung zu wiederholen, eine Klammer, die den Menschen fest an den Boden kettet. Ein Volk, das es zum Steinhaus oder auch nur zu steinernen Befestigungen der Städte gebracht hat, läßt die darin steckende Arbeit nicht so leicht im Stich, hier mag wegen Überfüllung ein Teil des Volks auswandern, das ganze Volk oder der ganze Stamm wandert nicht aus — den Steinbau zu den Germanen verlegt, und das ganze Kapitel der Völkerwanderung würde mutmaßlich in der Geschichte fehlen.

Mit dem Holzhause des Germanen hing auch sein ge=
trenntes Wohnen zusammen, das Tacitus[128] als eine Eigen=
tümlichkeit hervorhebt. Man hat den Grund davon in dem den Germanen vor allen anderen Völkern eigentümlichen Iso=
lierungstriebe erblicken wollen. Aus demselben Grunde müßte man ihn bei dem Griechen annehmen, denn auch er wohnte in ältester Zeit ganz wie der Germane in offenen Weilern und diese Einrichtung hatte sich nach dem Bericht des Thukydides

---

128) Germ. 16: colunt discreti ac diversi, er fügt sogar hinzu: ne pati quidem inter se junctas sedes, in heutiger Sprache ausgedrückt: es war eine Polizeivorschrift, daß kein Haus unmittelbar neben dem andern stehen durfte.

bei den in der Kultur zurückgebliebenen Völkerschaften des nord=
westlichen Hellas noch bis in die Zeit des peloponnesischen
Krieges hinein erhalten. Den wahren Grund hat bereits
Tacitus angegeben, indem er ihn in die Sicherung gegen
Feuersgefahr setzt [129]). Die einfachste Erwägung bringt es
mit sich, Holzhäuser wegen dieser Gefahr, wo der Raum wie
auf dem Lande es verstattet, nicht unmittelbar nebeneinander zu
bauen [130]), und auch bei dem niedersten Grade der Intelligenz
ist der Mensch einsichtig genug, sich diese Gefahr zu vergegen=
wärtigen und sich danach einzurichten. Mit dem angeblichen
Isolierungstriebe des Germanen hat es also nichts auf sich,
und wenn er ihm wirklich eigentümlich gewesen sein sollte, so
ist das Kausalverhältnis zwischen ihm und dem getrennten
Wohnen geradezu umzukehren: nicht er hatte dieses, sondern
dieses hatte ihn zur Folge; das getrennte Wohnen aber war
seinerseits wiederum nur eine Folge des Holzhauses, und wir

---

[129] Adversus casus ignis remedium. Wenn er noch hinzufügt:
sive inscitia aedificandi, so mag er damit auf die unterlassene Ver=
wendung des Steins gezielt haben.

[130] Was es mit dem Zusammenrücken von Holzhäusern in
Städten auf sich hat, dafür bieten die verheerenden Feuersbrünste in
Konstantinopel und den russischen Städten abschreckende Beispiele.
In Konstantinopel ist nach einer Notiz, die gerade augenblicklich die
Runde durch die Zeitungen macht, der deutsche Handwerkerverein in
30 Jahren dreimal abgebrannt, in Moskau wurden bei einer Feuers=
brunst im Jahre 1834 mehr als 1000 Häuser ein Raub der Flammen,
in Petersburg gehörten früher die Brände zur Tagesordnung und die
Polizei hatte mit Rücksicht darauf die Anordnung getroffen, daß auf
dem Firste eines jeden Daches eine Wassertonne angebracht werden
mußte, die aber regelmäßig leer war, da es der Polizei zu mühsam
war, sich von dem Vorhandensein des Wassers zu überzeugen: von
Samson=Himmelstierna, Rußland unter Alexander III., Leipz.
1891 S. 12, 288. Ein Beispiel aus dem Altertum gewährt Xanthus
in Lykien, welches zweimal gänzlich abbrannte, woraus Thomas
Friedrich, Die Holztechnik Vorderasiens im Altertum, Innsbruck 1891
S. 3 mit Recht folgert, daß es aus Holzhäusern bestanden hat.

werden annehmen dürfen, daß es die alten Arier damit nicht
anders gehalten haben werden, wie Griechen und Germanen
und wahrscheinlich auch alle anderen indoeuropäischen Volks=
stämme in der Urzeit. Bezeichnend für die Besorgnis des
Germanen vor der Feuersgefahr scheint mir die sprachliche
Thatsache, daß der Begriff der Ansteckung im übertragenen
Sinn z. B. durch Krankheit von dem natürlichen des An=
steckens (= in Brand stecken, Weigand, Deutsches Wörter=
buch) ausgegangen ist, bei dem Feuer ist die Sprache, d. i.
das Volk, sich des Begriffs der Ansteckung, d. i. der Übertra=
gung eines Übels durch Berührung von einem auf den andern
zuerst bewußt geworden.

Der Babylonier kannte diese Gefahr nicht, sein Stein=
haus schützte ihn dagegen. Die Ansteckung, vor der er allein
sich fürchtet, ist die durch Seuchen, die unter den Übeln, welche
die bösen Geister über ihn verhängen, an erster Stelle genannt
werden, erst nach ihr werden Wasserfluten, Erdbeben, Miß=
wachs u. s. w. genannt [131]), der Feuersbrunst wird gar nicht
gedacht. Auch in den beiden Listen der Heimsuchungen, die
Gott der Herr dem Volk androht, wenn es seine Gebote nicht
halten werde, bei 3. Moses 26 und 5. Moses 28 fehlt die
Feuersbrunst. Alle gedenkbaren Übel werden aufgezählt:
Seuchen, Dürre, Hungersnot, wilde Tiere, Feinde, Verwüstung
der Städte, giftige Luft, Heuschrecken, Ungeziefer, Würmer,
aber der Feuersbrunst wird keine Erwähnung gethan. Auch
von einem Fall derselben erinnere ich mich nicht im alten
Testament gelesen zu haben, und ebenso wenig thun die baby=
lonisch-assyrischen Berichte eines solches Erwähnung. Wie viel=
sagend dies Schweigen über die Feuersbrunst in beiden ist,
braucht nicht gesagt zu werden; das Steinhaus des Semiten
im Gegensatz zu dem Holzhause des Ariers ist dadurch in ein=
druckvollster Weise veranschaulicht.

---

131) Hommel S. 254.

Bei keinem der indoeuropäischen Völker hat sich das Holzhaus so lange erhalten wie beim russischen. Noch bis auf den heutigen Tag bildet der Holzbau in manchen Gegenden des russischen Reichs z. B. in Sibirien, von Kirchen und öffentlichen Gebäuden abgesehen, die fast ausnahmslose Regel, und selbst bei der Gründung von Petersburg hat Peter der Große, der sonst in allen Dingen westeuropäische Einrichtungen nachahmte, in diesem Punkt an der Weise des Volks festgehalten, das Holzhaus, welches er für sich selber errichtete, ist, geschützt durch ein darüber gebautes Steinhaus, noch bis auf den heutigen Tag erhalten.

Worin mag der Grund gelegen sein, daß von allen anderen europäischen Völkern allein das russische Jahrtausende lang sich von dem altarischen Holzbau nicht losgesagt hat? Die Schwierigkeit der Beschaffung des Steinmaterials kann es nicht gewesen sein, denn das Holzhaus hat sich auch in Gegenden behauptet, wo der Bruchstein leicht zu beschaffen gewesen wäre, ganz abgesehen von der mehr oder weniger wohl überall sich bietenden Möglichkeit der Herstellung des Backsteins. Ebensowenig die mangelnde Kenntnis des Steinbaus, welche vielmehr durch die schon von altersher bestehende Verbindung der Slaven mit den Byzantinern vermittelt war. So bleibt also, da das Holzhaus vor dem Steinhaus den Vorzug der leichteren Erwärmung schwerlich voraus haben dürfte, wohl kein anderer Grund übrig, als die größere Leichtigkeit und Billigkeit seiner Herstellung, was für ein ganzes Volk, das sich durch diese Rücksicht bestimmen läßt, zu dem minder Guten zu greifen, gleichbedeutend ist mit dem Hange zur Bequemlichkeit, der Scheu vor schwerer Arbeit, und er bildet in der That einen Grundzug des russischen Volks (Buch VII). Nur die Kirche hat es verstanden, für ihre Zwecke die Arbeitskraft des Volks in Bewegung zu setzen, alle für sie bestimmten Gebäude: Kirchen und Klöster waren schon von altersher Steinbauten. Und sie haben sich für das Volk bezahlt gemacht. In der Bedrängnis durch die Mongolen haben die nach dem Vorbilde der Burgen befestigten Klöster unschätzbare Dienste geleistet, sie bildeten die einzigen Bollwerke, die ihnen Stand hielten und die Vereinigungspunkte für die nationalen Unabhängigkeitsbestrebungen — der Stein hat die ihm oben (S. 116) nachgerühmte fortifikatorische Bedeutung in Rußland glänzend bewährt, an ihm hat sich der Ansturm der Mongolen gebrochen, ohne ihn würden sie sich dort behauptet haben.

Ich fasse das Ergebnis meiner bisherigen Ausführungen in den Satz zusammen: Jahrtausende hindurch dreht sich der Kulturabstand zwischen Arier und Semiten um den Gegensatz von Holzbau und Steinbau; wo jener diesem Platz macht, geschieht es infolge der unmittelbaren oder mittelbaren Berührung des Ariers mit dem Phönizier und Ägypter, und sie ist für den Zeitabstand, in dem es erfolgt, maßgebend geworden (Griechen — Römer — Kelten — Germanen — Slaven). Die folgende Darstellung kehrt zum Steinbau des Babyloniers zurück. Es geschieht, um zu der oben hervorgehobenen technischen Seite des Bauwesens diejenige hinzuzufügen, die für uns allein den Grund abgab, dasselbe in unseren Gesichtskreis zu ziehen: die kulturhistorische. An das Holzhaus des Ariers knüpft sich nicht das mindeste kulturhistorische Interesse, es hat sich ihm auf seinem Kulturwege eher als Hemmnis, denn als Förderung bewährt. Aber für den Babylonier bedeutet der Steinbau einen Kulturfaktor ersten Ranges, der Stein, kann man geradezu sagen, ist zum Eckstein der babylonischen Welt geworden, überall sieht sich die Geschichtsschreibung genötigt auf ihn zurückzugreifen, wie dies nunmehr im folgenden dargethan werden soll.

4. Das Bauwesen in Babylon.

a. Das Bauhandwerk. — Die Sabbatruhe und das Zeitmaß.

XXIII. Die Herstellung der Hütte des Ariers erforderte weder schwere Arbeit noch Kunstfertigkeit. Jeder konnte sie mit leichter Mühe sich selber herrichten. Ganz anders die gewaltigen Bauwerke des Babyloniers, für sie bedurfte es beider in hohem Maße. In einem einzigen desselben steckte mehr Schweiß, als der Arier im Lauf eines ganzen Jahrtausends vergossen hatte; die heiße Sonne Mesopotamiens sorgte dafür, daß er dem Arbeiter in vollen Strömen von der Stirne rann, und tausende von Händen mußten sich jahrelang vereinigen, um Bauten wie die Stufentempel, die Paläste und die hängenden Gärten der Könige und die selbst sie noch in Schatten stellenden Mauern von Babylon (s. darüber unten) aufzuführen [132]). Mit dem Bauwesen gesellte sich zu dem Stück harter Arbeit, welches die Landwirtschaft an die Bevölkerung herangetragen hatte, noch ein anderes ungleich schwereres hinzu; beiden hatte der Arier nichts als die wenig anstrengende Mühe des Wartens und der Pflege seiner Herden entgegenzusetzen; es ist gewiß nicht zu viel gesagt, daß das Quantum der von beiden Völkern im Lauf eines Jahrtausends beschafften Arbeit sich verhält wie hundert zu eins. Wer da weiß, was die Arbeit für ein Volk bedeutet, wird es begreifen, wenn ich der außerordentlichen Verschiedenheit des Arbeitspensums des Ariers und Semiten einen maßgebenden Einfluß auf ihre beiderseitige Volksart zugestehe [133]).

Aber die fleißigen Hände allein reichten zur Herstellung dieser Bauten nicht aus. Der Plan der Bauten mußte vorher entworfen, die Maße festgestellt, das Gewicht der gewaltigen Steinlast, die der Boden zu tragen hatte, zum Zweck der sicheren Fundierung berechnet werden, und die Ausführung des Baus mußte von kundigen Personen geleitet und überwacht werden, kurz es bedurfte neben dem Handarbeiter, dem die große Arbeit

---

132) Nach den biblischen Angaben sollen beim salomonischen Tempelbau dreitausend Aufseher die Arbeit von achtzigtausend Steinhauern und Zimmerleuten und von siebenzigtausend Handlangern geleitet haben. Der Bau selber währte sieben Jahre.

133) Ich komme unten (§§ 35, 36) darauf zurück.

zufiel, noch des Sachverständigen, neben dem Bauhandwerker noch des Baumeisters. So führt das Bauwesen in Babylon mit Notwendigkeit zur Teilung der Arbeit, es ist der erste Fall in der Welt, wo Kopf und Hände sich getrennt haben, das Gesetz der Teilung der Arbeit im großen Maßstabe geschichtlich zuerst verwirklicht und in dem Gegensatz von B a u h a n d w e r k und B a u k u n st zu Tage getreten ist.

Ich wende mich im folgenden zuerst dem Bauhandwerk zu.

Es sind problematische Dinge, die ich vorzuführen gedenke, für keine meiner Behauptungen vermag ich einen direkten Beweis beizubringen; so wird es denn darauf ankommen, ob das Gewicht der inneren Gründe den Mangel der positiven historischen Zeugnisse auszugleichen vermag.

Aus dem alten Testament wissen wir, daß die Juden während ihrer ägyptischen Knechtschaft von den Ägyptern zu Fronarbeiten bei den Bauten verwandt worden sind, es waren ihnen Fronvögte bestellt, welche die Arbeit zu bewachen hatten (2. Moses 1, 11), und von sieben Tagen ward ihnen je ein Ruhetag gegönnt (5. Moses 5, 15). Damit ist die Organisation des Bauhandwerks bei den Ägyptern gezeichnet, und ganz dieselbe Gestalt hat es meiner Ansicht nach auch in Babylon an sich getragen.

Es ist oben (S. 130 f.) nachgewiesen worden, daß die Ägypter den Ziegelbau und die ursprüngliche Form ihrer späteren Pyramide: den Stufentempel von den Babyloniern entlehnt haben, und man wird im Hinblick darauf der Annahme, daß es sich mit der Organisation des Bauhandwerks nicht anders verhalten habe, einen hohen Grad von Wahrscheinlichkeit nicht absprechen können. Auch die Babylonier werden die grobe Arbeit durch besiegte Völkerschaften haben verrichten lassen, die zu dem Zweck nach Babylon versetzt wurden, und hier gegen Verabreichung dürftigster Leibesnotdurft von Staatswegen unter der Aufsicht von Fronvögten zur Fronarbeit gezwungen wurden. Der Ausweg, fremden Völkerschaften die harte Arbeit aufzubürden, anstatt sie durch freie Personen um Lohn verrichten zu lassen, der bei den gewaltigen Bauten auch die reichste Schatzkammer hätte erschöpfen können [134]), lag zu nahe, als daß die praktischen Babylonier nicht darauf hätten verfallen müssen. Daß ganze Völkerschaften nach Babylon geführt wurden, dafür gewährt die Versetzung der Juden zur Zeit des babylonischen Exils ein bekanntes Beispiel [135]). Vielleicht hat dies Los schon die Urbevölkerung des Landes, die von den Semiten unterworfenen Akkader und Sumerier getroffen, jedenfalls spricht alle Wahrscheinlichkeit dafür, daß ein so mächtiges Volk, wie es das

---

[134] Um auch den der Sache minder Kundigen in Stand zu setzen, sich darüber ein Urteil zu bilden, exemplifiziere ich, indem ich die sonstigen öffentlichen Bauten übergehe, nur auf die Mauern Babylons und die Wasserbauten, wobei ich der Darstellung von Hirt, Geschichte der Baukunst bei den Alten, Berlin 1821 Bd. 1 S. 134—158 folge. Der Umfang der äußeren Mauern betrug nach Herodot 480 Stadien (= 11—12 deutsche Meilen), er umschloß neben der eigentlichen Stadt, die wiederum durch innere, nicht viel weniger starke Mauern umschlossen war, ein den Umfang derselben um etwa das Zwanzigfache übersteigendes Areal von Obst- und Ackerland, bestimmt, im Fall einer Belagerung die Bevölkerung zu ernähren. Die Höhe der Mauern betrug nach der niedrigsten Angabe der Alten 300 Fuß, nach der schwerlich richtigeren von Herodot 200 Ellen, aus der Plinius 200 Fuß macht; hinsichtlich der Breite variieren die Angaben von 32—100 Fuß, vier Quadrigen hätten darauf nebeneinander vorbeifahren können. Dazu kommen 250 Türme, jeder 10 Ellen höher als die Mauer, und 100 Thore von Erz. Um über den Euphrat, der die Stadt in zwei Teile trennte, eine Brücke zu schlagen, wozu unter demselben noch ein Tunnel kam von einer Burg zur andern, hatte man ihn vorübergehend in einen künstlich gegrabenen See geleitet, der zugleich die doppelte Bestimmung hatte, bei ungewöhnlich hohem Anschwellen des Flusses das überströmende Wasser aufzunehmen und bei Wassermangel es in die Kanäle zu entlassen.

[135] Zur Fronarbeit scheinen sie allerdings nicht verwendet worden zu sein, wenigstens berichtet das alte Testament darüber nichts, und es begreift sich auch, da nur die Vornehmen nach Babylon geführt wurden, während man die kleinen Leute im Lande ließ.

II. Abstand der Kultur 4, a. Das Bauhandwerk in Babylon. § 23.

babylonische zu seiner Blütezeit war, die Baulast auf andere Schultern abgewälzt haben wird [136]). Die harte Arbeit ist im ganzen Altertum durchweg durch Unfreie verrichtet worden, Gewinnung billiger Arbeitskraft, die Menschenjagd war eins der Hauptmotive der Kriege, wie noch heutzutage in Afrika.

Der Fronarbeiter konnte nicht das ganze Jahr hindurch jeden Tag arbeiten, er wäre dem Druck der Arbeit erlegen, er bedurfte eines periodisch wiederkehrenden Ruhetages. Dazu war der siebente Tag ausersehen, der bekannte jüdische Sabbat. Die sprachliche Entlehnung des Wortes von dem assyrischen sabbattu = Ruhe, Feier zeigt, daß wir es hier nicht mit einer jüdischen, sondern babylonischen Einrichtung zu thun haben. Sechs Tage hatte der Mann zu arbeiten, am siebenten durfte er sich ausruhen. Man hat diesen Rhythmus der siebentägigen Woche der Babylonier mit den sieben Planeten in Verbindung bringen wollen, allein es ist nicht abzusehen, was die Planeten mit der Organisation der Arbeit zu schaffen hatten. Mochte man immerhin die einzelnen Tage nach ihnen benennen, aber die Einrichtung, daß an sechs gearbeitet, am siebenten geruht wurde, steht außer allem Zusammenhang mit ihnen. Um die Einrichtung zu erklären, darf man sich meines Erachtens nicht an die Zahl sieben halten, sondern muß von der Zahl sechs ausgehen und den Grund ermitteln, warum die Babylonier die Zahl der Arbeitstage auf sechs festsetzten. Meines Erachtens ließen sie sich dabei ebenso wie bei der Einteilung des Tages in zwölf Stunden (s. u.), des Jahres in zwölf Monate, der Mine in sechzig Seckel durch ihr Duodecimalsystem leiten. Zwölf und selbst noch neun Arbeitstage waren zu viel [137]), und so wählte

---

136) So geschah es von dem assyrischen König Sanherib in Bezug auf den Bau der Kriegsschiffe mit den Kriegsgefangenen des Landes Chatti. F. Delitzsch, Wo lag das Paradies? Leipzig 1887 S. 76.

137) Daß der Mensch nicht neun Tage ununterbrochen arbeiten kann, hat sich zur Zeit der französischen Revolution ergeben, als man

man sechs; ein Volk mit dem Decimalsystem würde fünf gewählt haben.

Daß die siebentägige Woche eine babylonische Einrichtung war, steht außer Zweifel, ebenso, daß der siebente Tag als Ruhetag gedacht war [138]); des Nachweises bedarf nur die Behauptung, daß er für den Fronarbeiter bestimmt war.

Ein direkter Nachweis läßt sich dafür allerdings nicht erbringen, aber der Schluß von dem, was wir über den jüdischen Sabbat wissen, reicht meines Erachtens vollkommen aus, um die Thatsache außer Zweifel zu stellen [139]). Derselbe begegnet uns zuerst bei den Juden in der ägyptischen Knechtschaft als Ruhetag für die Fronarbeit bei den Bauten, und diese Bedeutung hat er bei ihnen stets beibehalten. Indem Moses dem aus der Knechtschaft erlösten Volk die fernere Beachtung desselben vorschreibt, nimmt er ausdrücklich auf diese einstmalige Bestimmung desselben Bezug: Du sollst gedenken, daß Du auch Knecht warst in Ägypten (5. Mos. 5, 15). Nur als Ruhetag von der Arbeit ist er gedacht, nicht als Tag der religiösen

---

den Versuch mit dem Dekadensystem machte, man kehrte zu den sechs Arbeitstagen zurück. Auch im Eisenbahnwesen hat man dieselbe Erfahrung gemacht.

138) Außer sabattu bringt Delitzsch a. a. O. S. 72 noch ein specielles, einem Glossem entnommenes Argument dafür bei, daß der siebente Tag „für das babylonisch-assyrische Sprachbewußtsein ein Tag ergötzlicher festlicher Ruhe" war. Ein meines Wissens bisher noch nicht beachtetes Argument werde ich unten (§ 27) bei Gelegenheit der babylonischen Sintflut nachtragen: die Sintflut nimmt am siebenten Tage (dem Sabbat) ein Ende, da ruhen die Götter, welche sie bewerkstelligt haben, aus.

139) Die herrschende Ansicht, welche sie mit den sieben Planeten in Verbindung bringt, ist irrig, s. dagegen Wellhausen, Reste arabischen Heidentums Heft 3, Berlin 1887: Die Meinung, daß die Planeten angebetet seien, hat keine hinreichenden Gründe. Die Woche ist älter als die Namen ihrer Tage, die von den Planeten hergenommenen Namen sind nachträglich nach einem höchst künstlichen Princip auf die Tage verteilt.

Gottesverehrung, den Sonntag hat erst die christliche Kirche aus ihm gemacht, den Aposteln war diese Vorstellung noch fremd. Nirgends wird von Moses die Verwendung desselben zum Gottesdienst vorgeschrieben, lediglich die zur Enthaltsamkeit von der Arbeit, und wenn er sagt: Du sollst den Sabbat heiligen (2. Mos. 20, 8), so bedeutet dies nichts weiter, als das Vorbild Gottes nachahmen, der ebenfalls am siebenten Tage geruht hat (2. Mos. 20, 11: und ruhete am siebenten Tage, darum segnete der Herr den Sabbattag und heiligte ihn); den Sabbat „entheiligen" ist gleichbedeutend mit „Arbeit thun" (2. Mos. 31, 14). Selbst Ochs und Esel sollen an dem Tage ruhn (2. Mos. 23, 12), was zu der Idee der Gottesverehrung ebenso wenig stimmt, wie die Einschärfung der Nachahmung des von Gott gegebenen Vorbildes, der sich doch nicht selber verehren kann. Kurz der Sabbat war eine rein bürgerliche, keine religiöse Einrichtung, nicht Gottes, sondern des Menschen wegen eingeführt, eine Einrichtung socialpolitischer Art wie unsere heutigen Arbeitsordnungen. Ganz dasselbe gilt auch von dem von Moses eingeführten siebenten Ruhe= oder Sabbatsjahr [140]).

---

140) Die religiöse Bedeutung desselben ist eine gänzlich unter=geordnete, sie beschränkt sich darauf, daß das Gesetz verlesen werden soll, 5. Moses 31, 10—13. Das Motiv, welches Moses bei Einführung des Sabbatjahres leitete, war ebenfalls rein socialpolitischer Art, es war gedacht als eine Wohlthat für die Armen und Bedrängten. Der Acker soll nicht bestellt werden (3. Moses 25, 3—7), nicht etwa nach Art des Brachjahres, damit er sich erhole, sondern „damit die Armen unter Deinem Volk davon essen", 2. Moses 23, 11. Schulden sollen in diesem Jahr nicht beigetrieben werden, 5. Mos. 15, 1, 2, und Knechte und Mägde sollen frei werden, 5. Moses 15, 12, was in juristischer Beziehung besagen will: der Dienstschaftsvertrag darf nicht auf längere Zeit als sechs Jahre errichtet werden. Die Bestimmung erinnert an das römische Mancipium, dem ebenfalls eine Zeitschranke gesetzt war. Der Gegensatz zwischen dem römischen, d. i. arischen Decimal= und dem semitischen Duodecimalsystem wiederholt sich darin,

Hatte nun der Sabbat bei den Juden eine socialpolitische Bedeutung, so kann er unmöglich in Babylon, wo er dem Obigen nach seinen Ursprung hat, eine religiöse gehabt haben. Hätte er sie gehabt, Moses würde bei der religiösen Tendenz, die seine ganze Gesetzgebung kennzeichnet, ihn derselben sicherlich nicht entkleidet und ihn nicht in einen gewöhnlichen bürgerlichen Ruhetag verwandelt haben; die einzige Beziehung, in die er die Religion zu ihm setzt, ist die Einschärfung seiner Beachtung durch das Gebot Gottes, und wahrscheinlich hat er selbst damit noch gegenüber der Gestalt, welche der Sabbat in Babylon an sich trug, eine Neuerung getroffen. Die entgegengesetzte Ansicht, welche dem Sabbat bei den Babyloniern eine religiöse Bedeutung beilegen will, beruht meines Wissens lediglich auf dem Schluß: weil er sie bei den Juden gehabt habe, werde er sie auch wohl bei den Babyloniern gehabt haben. Aus dem Obigen erhellt, daß der Vordersatz unrichtig ist.

So war also der Ruhetag bei den Babyloniern lediglich eine socialpolitische Einrichtung, deren ganze Bedeutung aufging in Einstellung der Arbeit am siebenten Tage zum Zweck der Erholung von den Anstrengungen der sechs Arbeitstage. Dem Gebote der Einstellung der Arbeit an gewissen Tagen begegnen wir auch bei andern Völkern; bei Griechen und Römern mußte die Arbeit an öffentlichen Fest- und Feiertagen unterbleiben, aber nicht um des Arbeiters willen, sondern aus Rücksicht auf das religiöse Gefühl und die Feststimmung des Volks, das an der Vornahme von Arbeiten an diesen der Gottesverehrung oder der Festfreude gewidmeten Tagen Anstoß genommen hätte. Dem Arbeiter um seiner selbst willen einen periodischen Ruhetag vorzuschreiben, ist keinem der beiden Völker wie überhaupt keinem anderen Volk des Altertums außer den Babyloniern, den Ägyptern und Juden, die ihn von ihnen entlehnten, in den

---

daß die Zeitfrist für das römische Dienstverhältnis auf fünf, für das jüdische auf sechs Jahr festgesetzt ist.

II. Abstand der Kultur. 4, a. Das Bauhandwerk in Babylon. § 23.

Sinn gekommen. Das ruft die Frage hervor: warum nur hier, warum nicht auch dort?

Die Antwort lautet: weil er dort weder notwendig, noch praktisch durchführbar war, während er hier in dem Verhältnis, auf das er meiner Ansicht nach allein berechnet war: der durch Fronarbeiter beschafften Arbeit bei den öffentlichen Bauten ebenso geboten wie ausführbar war.

Er war geboten. Der tierische Organismus ist einer unausgesetzten Anstrengung der Kräfte nicht gewachsen, er bedarf der Erneuerung derselben durch Ausspannung, Erholung. Dem freien Arbeiter mag die Sorge dafür selber überlassen bleiben, der unfreie ist dazu nicht in der Lage, ihm diktiert der Herr das Maß der Arbeitszeit. Aber auch ihm gebietet sein eigenes Interesse, die Arbeitskraft nicht durch unausgesetzte Anstrengung vor der Zeit abzunutzen und zu erschöpfen, ihr vielmehr die Zeit zu lassen sich zu erneuern, und je anstrengender die Arbeit ist, um so gebieterischer drängt sich diese Rücksicht auf die Erhaltung der Arbeitskraft ihm auf. Man vergegenwärtige sich sechs Tage harter Fronarbeit unter der glühenden Sonne Babylons, und man wird verstehen, warum sie am siebenten Tage ausgesetzt ward. Die Ägypter kannten gegen ihre jüdischen Fronarbeiter kein Erbarmen (2. Mos. 1, 13: Und die Ägypter zwangen die Kinder Israel zum Dienst mit Unbarmherzigkeit), aber den siebenten Ruhetag ließen auch sie ihnen.

Der Ruhetag war aber beim Bauhandwerk wie geboten, so auch ohne die mindeste Unbequemlichkeit praktisch ausführbar. Beim Bauhandwerk stößt die Durchführung eines festen Rhythmus von Arbeits- und Rasttagen nicht auf die geringste Schwierigkeit, der Bauhandwerker kann seine Arbeit ohne Nachteil für den Bau jeder Zeit aussetzen.

Werfen wir jetzt einen Blick auf die Welt des Ariers, so wird es begreiflich werden, warum die Einrichtung eines periodischen Ruhetages ihm bis zur Einführung des Christentums und damit des christlichen Sonntags gänzlich fremd geblieben ist.

So zunächst dem alten Arier: Der Hirte kann die Verrichtungen, die ihm obliegen, nicht periodisch einstellen, das Vieh muß unausgesetzt bewacht und täglich gemolken werden, der Gedanke, bei ihm die Sonntagsordnung durchzuführen, scheitert selbst bei der äußersten Strenge ihrer Handhabung, an der offensichtlichen Unmöglichkeit. Andererseits hat aber der Hirte den Ruhetag, der dem Bauarbeiter unentbehrlich ist, garnicht nötig, denn seine Thätigkeit strengt ihn so wenig an, daß er sie das ganze Jahr hindurch ohne Nachteil für seine Gesundheit durchführen kann. Auch der mit der Ansiedlung des Ariers auf dem Boden Europas erfolgte Übergang von der Weidewirtschaft zur Landwirtschaft war nicht danach angethan, die Einrichtung eines periodisch wiederkehrenden Ruhetages ins Leben zu rufen. Mit den Interessen der Landwirtschaft läßt er sich nicht vereinigen, diese ist abhängig von den Jahreszeiten und vom Wetter, bald giebt es für den Landwirt Zeiten, wo er die Arbeit ohne Nachteil aussetzen kann, bald solche, wo sie sich ihm in einer Weise drängt, daß er ohne den größten Schaden nicht einen Tag verlieren kann, und es ist nur ein Rest des starren, bereits von den Aposteln als wertlos erklärten Judaismus, wenn man ihm schlechthin die Beobachtung der Sonntagsruhe vorschreibt, zugleich eine arge Inkonsequenz, da noch niemand auf den Gedanken verfallen ist, dasselbe für den Arzt, Apotheker, Post- und Eisenbahnbeamten u. a. m. zu thun.

Das Ergebnis der bisherigen Ausführung besteht in dem Satz: der siebente Ruhetag oder, was dasselbe besagt, unsere Wocheneinteilung ist eine babylonische Einrichtung, lediglich darauf berechnet, dem Fronarbeiter bei den öffentlichen Arbeiten, die behufs der Erhaltung seiner Arbeitskraft unabweisbar gebotene Zeit zur Erholung zu lassen. Beibehalten von den Ägyptern, ist sie durch Moses für die Juden auf die Enthaltung von der Arbeit überhaupt ausgedehnt worden, ohne daß er damit das Gebot der Gottesverehrung verbunden hätte, dieser letzte Schritt ist vielmehr erst durch die christliche Kirche erfolgt, die aus dem jüdischen Sabbat den christlichen für den Gottesdienst bestimmten Sonntag gemacht hat, den dann die puritanische Strenge der Engländer und Nordamerikaner in das gerade Gegenteil des jüdischen Sabbats verkehrt hat, der weit entfernt ein Tag strengen Ernstes zu sein, ein Tag der Freude und ausgelassensten Heiterkeit war, dem englischen Sonntag ebenso unähnlich wie ein Sonnentag in Jerusalem einem Nebeltage in London.

Dieselbe Rücksicht auf Schonung der Arbeitskraft des Fronarbeiters, welche den siebenten Ruhetag nötig machte, erforderte auch Ruhepausen während der Arbeit. Die Arbeit konnte, ohne die Kraft frühzeitig abzunutzen, nicht den ganzen Tag ununterbrochen fortgehen, es mußte ihr Zeit gelassen werden, sich zu erholen. Die Dauer derselben konnte aber unmöglich dem Belieben der Fronvögte überlassen werden, was ihrer Willkür, Parteilichkeit, Bosheit, Unmenschlichkeit freien Spielraum eröffnet hätte, sie mußte normativ geregelt sein; die Annahme, daß es in Babylon für die Bauarbeit festbestimmte Arbeitsschichten und Ruhepausen gegeben habe, läßt sich schlechterdings nicht ablehnen.

Damit tritt die babylonische Zeiteinteilung, die Zerlegung des astronomischen Tages in zwei gleiche Hälften: Tag und Nacht und die beider in zwölf gleiche Stunden in unseren Gesichtskreis. Alle anderen Völker des Altertums haben sie von den Babyloniern entlehnt; bevor sie mit diesen in Berührung traten, war sie ihnen unbekannt. Man hat das Verdienst derselben den chaldäischen Astronomen zugewiesen, aber längst bevor von einer Wissenschaft die Rede sein konnte, ist in Babylon gebaut worden, und für das Bauwesen war die Einführung eines festen Zeitmaßes aus dem obigen Grunde gänzlich unabweisbar; die Chaldäer haben nur eine Einrichtung, die im Leben längst aufgekommen war, wissenschaftlich weiter ausgebildet und verwertet. Sie war eine bürgerliche, durch und durch praktische Einrichtung; der Tag war gedacht als Arbeitstag, die

Stunde als Arbeits= oder Ruhestunde, die Zeit als Zeitmaß der Arbeit.

Eines bestimmten Zeitmaßes bedarf es für die Arbeit nur da, wo der Arbeiter nach der Zeit arbeitet: für den Tagelöhner, Gesellen, Fabrikarbeiter; wer das Maß der Arbeit, sei es der eigenen oder der fremden, in seiner Hand hat, hat eine feste Zeiteinteilung nicht nötig, er arbeitet und läßt arbeiten, wie Interesse, Neigung, Arbeitskraft es erfordern oder zulassen. So erklärt es sich, daß der Arier Jahrtausende lang ohne ein festes Zeitmaß auszukommen vermochte, weder als Hirte noch als Landmann hatte er es nötig. Den Tag berechnete er wie alle Naturvölker nach Aufgang und Untergang der Sonne. So auch der Römer zur Zeit der XII Tafeln, welcher den Gerichtstag mit Sonnenuntergang zu Ende gehen ließ (sol occasus suprema tempestas esto). Der Tag hatte also eine wechselnde Länge. Auch die einzelnen Abschnitte des Tages wurden von ihnen nach dem Stande der Sonne bemessen (Morgen, Vormittag, Mittag, Nachmittag, Abend). Daß eine so unvollkommene Zeiteinteilung sich bei den Ariern so lange zu behaupten vermochte, bis sie durch Annahme der babylonischen Zeitrechnung ersetzt ward, beweist, daß sie für sie nicht mit Unzuträglichkeiten verbunden gewesen sein kann.

Aber für das Bauwesen in Babylon war sie gänzlich ungenügend. Hier bedurfte es einer vom Stande der Sonne unabhängigen Bemessung des Arbeitstages und einer Zerlegung desselben in genau meßbare Größen. Zu dem Zweck bediente man sich der Uhr, deren man zwei Arten kannte: die Sonnen [141]) und die Wasseruhr. Jene hatte den Fehler, daß sie ausnahmsweise des Tages bei umwölktem Himmel versagte, für die Nacht aber schlechterdings nicht zu gebrauchen war. Auch für sie aber bedurfte es der Bemessung der Stunden, da die Gleichheit des Tages ohne Gleichheit der Nacht nicht zu erzielen war; die

---

141) Im alten Testament erwähnt bei Jesaias 38, 8.

Uhr mußte auch bei der Nacht gehen, um kundzugeben, wann die zwölf Stunden der Nacht abgelaufen seien und der Tag beginne, kurz die Nacht mußte bemessen werden, nicht ihret=, sondern des Tages wegen. Das war aber nur mittelst der Wasseruhr möglich. Die Idee derselben war eine außerordent= lich einfache und doch höchst ingeniöse. Man teilte die Wasser= menge, die vom Sonnenaufgang des einen bis zu dem des anderen Tages durch ein enges Rohr geflossen war, in zwei gleiche Teile: damit hatte man die Tag= und die Nachtuhr; in vierundzwanzig: damit hatte man die Stunde. Der Gedanke ist derselbe wie bei unserer Uhr: Bemessung der Zeit nach der Bewegung im Raum, bei uns des Pendels, bei den Babyloniern des Wassers, bei der Sanduhr des Sandes. Habe ich mit meiner Behauptung, daß die babylonische Zeitmessung, die ohne Uhr nicht möglich war, ihrem ersten Ursprung nach auf das Bauwesen in Babylon zurückzuführen ist, das Richtige getroffen, so würde also auch die Erfindung der Uhr, eine der wichtigsten, welche die Menschheit je gemacht hat, sich den dadurch ins Leben gerufenen anreihen; jedenfalls gebührt den Babyloniern das Ver= dienst, das schwierige Problem, Zeit und Raum in ein fest meßbares Verhältnis zueinander zu bringen, zuerst in der Ge= schichte gelöst zu haben.

Der Tag, sagte ich oben, war als Arbeitstag gedacht. Darum begann er mit sechs Uhr morgens und endete mit sechs Uhr abends. Um diese Zeit war es in Babylon selbst an den kürzesten Tagen morgens und abends schon und noch hell genug, um die Arbeit verrichten zu lassen [142]). Daß die Arbeit nicht

---

142) Selbst in unseren Breitegraden, wo es ungleich später hell wird, ist der zwölfstündige Arbeitstag der Babylonier für den Tage= löhner auf dem Lande beibehalten, ebenso im Forstwesen: in Schweden beginnt er sogar schon um fünf Uhr und endet erst um sieben Uhr. Nach dem Urteil Kundiger wird hier aber eher weniger als mehr be= schafft, als bei uns, das Maß der Arbeitszeit ist für die Arbeitskraft zu hoch gegriffen, die Babylonier hatten wie bei den sechs Arbeitstagen

den ganzen Tag ununterbrochen fortgesetzt werden konnte, ist oben bereits bemerkt worden, es bedurfte, ganz abgesehen von der Zeit zum Essen, der Zeit zur Erholung. Ihrem Duodecimalsystem gemäß werden die Babylonier die Arbeits- und Rastzeit nach der Dreizahl bemessen haben: drei Arbeitsschichten von je drei Stunden, nach der ersten und zweiten eine Rastzeit von je anderthalb, oder die erste von einer, die zweite von zwei Stunden. Eine Unterstützung für die dreistündige Arbeitsschicht erblicke ich in der gleichen Dauer der römischen Nachtwache (vigilia). Die Römer haben bekanntlich ihre Zeiteinteilung von den Babyloniern übernommen, auch bei ihnen hat der Tag und die Nacht je zwölf Stunden, beginnt der Tag mit sechs Uhr morgens und endet mit sechs Uhr abends; was liegt näher, als auch für die Übereinstimmung der dreistündigen Arbeitsschicht des Soldaten, seiner Nachtwache, mit der des Bauhandwerkers in Babylon denselben Ursprung anzunehmen?

Dem bisherigen nach würde die ganze babylonische Zeiteinteilung sich auf einen einzigen Gedanken zurückführen lassen: **Organisation der Fronarbeit bei den öffentlichen Bauten von Staatswegen.** Daß es einer solchen bedurfte, wird ebenso wenig Gegenstand des Zweifels sein können, als daß alle Erscheinungen, denen wir dabei begegnen, sich diesem Gesichtspunkt in ungezwungenster Weise unterordnen: die Woche mit ihren sechs Arbeitstagen und einem Rasttage, die Zerlegung des astronomischen Tages in zwei gleiche Hälften, der Beginn der einen mit Eintritt der Helle, der anderen mit Eintritt der Dunkelheit, die Zerlegung des Tages und damit notwendigerweise auch der Nacht in zwölf gleiche Stunden. Zu der Annahme, daß das babylonische Zeitsystem seinen Ursprung den chaldäischen Sternkundigen verdanke, stimmt dies alles nicht. Nicht die

---

der Woche, so auch bei der zwölfstündigen Dauer des Arbeitstages das Maß reichlich erkannt, das bei der Arbeit nicht überschritten werden darf, ohne die Arbeitskraft zu erschöpfen.

II. Abstand der Kultur. 4, a. Das Bauhandwerk in Babylon. § 23.

Wocheinteilung: mochten sie immerhin auch die Planeten heranziehen, um den sieben Tagen ihren Namen zu geben, aber was hatten diese damit zu schaffen, daß an sechs Tagen gearbeitet, am siebenten geruht werden solle? Nicht die Zerlegung des astronomischen Tages in zwei Hälften: der Astronom kennt ihn nur als ein einheitliches Ganzes, Hälften haben für ihn nicht die mindeste Bedeutung. Nicht der Beginn des Tages mit sechs Uhr morgens und der Nacht mit sechs Uhr abends: sein astronomischer Tag bemißt sich nach dem höchsten Stande der Sonne, und wenn er Tag und Nacht unterscheiden will, so geschieht es nach Sonnenaufgang und Untergang, für ihn haben sie also eine stets wechselnde Länge. Der Gedanke eines gleichen Maßes für Tag und Nacht ist also eine durch und durch bürgerliche Einrichtung und nicht minder ist es die Verlegung des Anfangs beider auf sechs Uhr morgens und abends statt der astronomisch allein korrekten auf Mittag und Mitternacht. Wäre die babylonische Zeiteinteilung auf die Chaldäer zurückzuführen, sie müßte eine ganz andere Gestalt an sich tragen; die Gestalt, die sie in Wirklichkeit an sich trägt, beweist, daß sie nicht dem Boden der Wissenschaft entwachsen, sondern durch praktische Motive ins Leben gerufen worden ist, daß sie eine staatliche Einrichtung war, für die wir uns, wie bei allen staatlichen Einrichtungen, nach dem Zweck umzusehen haben, dem sie dienen sollte. Von allen, an die man dabei denken könnte, nimmt keiner so zweifellos die erste Stelle ein, als die Bedeutung der Zeit für die Arbeit, d. i. die Funktion der Zeit als Arbeitsmaß, und da erfahrungsmäßig alle Einrichtungen da zuerst ins Leben treten, wo sie am notwendigsten, nicht da, wo sie es minder sind, so stütze ich darauf die Behauptung: die babylonische Zeitmessung war gemünzt auf die Arbeit, und nicht minder die fernere: auf die des Fronarbeiters; der freie Arbeiter bedurfte keines gesetzlichen Zeitmaßes für seine Arbeit, auch nicht der Anordnung des siebenten Ruhetages, aber für den unfreien, den Fronarbeiter war beides unerläßlich, und die Anwendung des Ruhetages auf den Fronarbeiter ist durch das Zeugnis des alten Testaments für die Juden in der ägyptischen Gefangenschaft außer Zweifel gestellt.

Den im bisherigen beigebrachten Gründen für den von mir angenommenen praktischen Ursprung der babylonischen Zeiteinteilung vermag die herrschende Ansicht, welche ihn auf die Wissenschaft zurückführt, nichts entgegenzusetzen, auch sie ist eine Hypothese, so gut wie die meinige, ein historisches Zeugnis für den von ihr behaupteten Ursprung hat sie nicht, sie sieht sich gleich mir auf den Weg der Schlußfolgerung angewiesen, aber der Schluß, den sie macht: weil die Chaldäer die Zeitrechnung wissenschaftlich behandelt haben, so werden sie sie auch eingeführt haben, ist um nichts besser, als der: weil die Amme das Kind genährt hat, wird sie es auch zur Welt gebracht haben, und er wird dadurch widerlegt, daß die babylonische Zeitrechnung unter dieser Voraussetzung, wie soeben gezeigt, eine ganz andere Gestalt an sich tragen müßte. Es erübrigt nichts als die Annahme eines praktischen Ursprungsmotivs, und ich warte ab, ob man ein zwingenderes aufzufinden vermag, als das von mir vermutete: Festsetzung des Maßes der Arbeitszeit des Fronarbeiters bei den öffentlichen Bauten im Interesse der Erhaltung seiner Arbeitskraft. Der ganze Zuschnitt der babylonischen Zeiteinteilung: die Woche — der bürgerliche Tag — die Stunde, läßt sich aus einem einzigen Gesichtspunkt begreifen: Organisation der Arbeit beim öffentlichen Bauwesen.

b. **Die Baukunst. — Das Längenmaß. — Politische Bedeutung.**

XXIV. Die Hütte des Ariers erforderte wie keine schwere Arbeit, so auch keine Kunstfertigkeit. Jeder konnte sie sich selber herstellen. Aber die gewaltigen Bauten in Babylon setzten einen hohen Grad von Kunstfertigkeit voraus, für sie bedurfte es neben dem Arbeitsmann: dem Bauhandwerker des gewiegten Technikers: des Baumeisters. Der Plan mußte im voraus entworfen, die Risse gezeichnet, die Maße festgestellt, die gewaltige Last, welche der Boden zu tragen hatte, berechnet und danach das Fundament eingerichtet werden [143]), kurz, an den Baumeister in Babylon ergingen dieselben Anforderungen wie an den heutigen. Er war der erste in der Welt, der sich einer Kunst rühmen konnte: der $\mathrm{\mathring{\alpha}\varrho\chi\iota\tau\acute{\epsilon}\varkappa\tau\omega\nu}$, wie ihn die Griechen nennen, der die Kunst Beginnende, denn die Baukunst ist geschichtlich die älteste aller Künste; sie aber hat in Babylon das Licht der Welt erblickt.

Wenn ich im folgenden der Baukunst der Babylonier meine Aufmerksamkeit zuwende, so geschieht es nicht, um sie nach ihrer künstlerischen Seite hin zu würdigen. In dieser Richtung bietet sie nichts beachtenswertes dar und steht hinter der griechischen Architektur außerordentlich weit zurück. Von einer bewundernswerten Findigkeit in allem Praktischen, groß im Technischen des Bauwesens haben die Babylonier es im Künstlerischen über einen recht niedrigen Grad nicht hinausgebracht. Der Gedanke, der sie bei ihren Bauten beseelte, war nicht die Idee des Schönen, sondern des Gewaltigen; ihre Bauten waren nicht darauf berechnet, das ästhetische Wohlgefallen zu erregen, wie die der Griechen, sondern das Gefühl des Staunens über das, was der Mensch fertig zu bringen vermöge, wie die alttestamentliche Sage vom Thurmbau zu Babel es richtig wiedergegeben hat — Spiegel, welche dem Volk das Bild seiner Größe und Überlegenheit über alle anderen Völker der Erde reflektieren sollten.

Nur in Bezug auf einen Punkt glaube ich auch die architektonische Seite des Babylonischen Bauwesens in meinen Gesichtskreis ziehen zu sollen. Er betrifft die Form des babylonischen Etagentempels. Sie weicht von derjenigen, welche alle andern Völker bei ihren Tempeln zur Anwendung gebracht

---

[143] Beispielsweise betrug für die Türme der königlichen Burg von 80 Fuß das Fundament 30 Fuß.

haben, gänzlich ab. Der Tempel hat die Bestimmung, eine Wohnung des Gottes zu sein, in ihm denkt man sich ihn als anwesend, in ihm wird ihm in Gestalt des Opfers am Altar sein Mahl dargebracht, der Altar ist die Nachbildung des Herdes. So giebt das Haus das architektonische Motiv des Tempels ab: der Tempel ist das zur höchsten künstlerischen Vollendung gesteigerte, der Erhabenheit der Gottheit entsprechende Haus des Menschen. Ein beredtes Zeugnis dafür legt die Sprache ab, indem sie beide mit demselben Namen belegt, so die griechische ναός (= Wohnung, insbesondere die des Gottes), die lateinische in aedes (ebenso), die deutsche in Gotteshaus, die hebräische in bajit (= Haus und Tempel); auch die s. g. Stiftshütte der Juden d. i. das heilige Zelt (ohel moëd) führt uns ihre eigene Behausung zur Zeit der Wanderung in der Wüste vor Augen.

Wie kamen nun die Babylonier in Abweichung von allen andern Völkern, selbst von ihren Stammesgenossen: den Juden dazu, bei ihren Tempeln sich von dem Vorbilde des Hauses loszusagen und dafür den des Turmes zu wählen [144]), der ihnen doch nicht zur Wohnung diente? Eine Antwort darauf habe ich in den Werken, welche die Architektur der Babylonier behandeln, nicht gefunden, man beruhigt sich einfach bei der Thatsache: es war einmal so, ein Grund dafür läßt sich nicht beibringen. Und doch kann man von vornherein mit aller Bestimmtheit sagen: die Abweichung von einer sonst bei allen Völkern sich wiederholenden, durch die Bestimmung des Tempels selber gegebenen Regel muß ihren Grund gehabt haben. Worin kann er gelegen gewesen sein? Etwa in der Symbolisierung des Gedankens der Erhebung des religiösen Gemüts zur Gottheit: wie dieses gegen Himmel strebt, so auch der Stein? Das Volk

---

144) Das alte Testament spricht einfach vom Turmbau zu Babel, Herodot I, 181 korrekter von acht übereinander gebauten Türmen.

II. Abstand der Kultur. 4, b. Die Baukunst in Babylon. § 24.

hätte ein anderes sein müssen, um dieser Deutung Raum zu geben, mit seiner nüchternen Sinnesart halte ich eine derartige tiefsinnige Symbolik für unvereinbar, es muß ein anderer Grund gesucht werden, der sich damit verträgt.

Es ist eine bekannte, bei vielen Völkern in ihrer Kindheits= zeit sich wiederholende Vorstellung, daß die Gottheit auf den Bergen ihren Wohnsitz hat, und darum bilden diese die gegebene Stätte, wo sie ihr ihre Verehrung bezeugen. So geschah es nach Herodot I. 131 von seiten der Perser, die sich dazu die höchsten Berge wählten, und so auch von den den Babyloniern stammverwandten Juden, die nicht bloß vor dem Bau des salomonischen Tempels (1. Könige 3, 2), sondern noch nachher auf Bergen opferten (1. Kön. 22, 44; 2, 14, 4; 2, 15, 4, 35), und auch Chasis-adra, der Noah der babylonischen Sint= flutsage errichtet nach seiner Rettung einen Altar auf der Höhe des Berggipfels [145]). In derselben Weise werden es auch die Babylonier (Akkader=Sumerier) gehalten haben, bevor sie aus den Bergen in die Niederung herabstiegen. Wie ließ sich die alte Weise der Gottesverehrung in ihrer neuen Heimat, wo es an allen Bergen fehlte, aufrecht erhalten? Was die Natur ihnen versagte, ersetzten sie durch die Kunst. Sie bildeten den Berg künstlich nach durch den Etagentempel, bei dem sie nach Art der in den Bergen übereinander getürmten Felsblöcke ein Steinquadrat über das andere setzten. In der Ferne gesehen mußte der Etagentempel den Eindruck eines mitten in der Ebene sich erhebenden Felskegels machen. Die hier ausgespro= chene Ansicht von der Nachbildung des Berges im Etagentempel wird bestätigt durch ein Seitenstück desselben, bei dem die da= rauf gerichtete Absicht außer Zweifel steht: die fälschlich so genannten schwebenden Gärten der Semiramis. Von dem Etagentempel unterschieden sie sich nur dadurch, daß die ein=

---

145) Worte des Textes des babylonischen Originalberichts über die Sintflut — Kolumne III, 46 (s. darüber § 27).

zelnen Absätze desselben mit Bäumen bestanden waren. Einer der babylonischen Könige hatte sie für seine persische Gemahlin aufführen lassen, um ihr ein Bild aus ihrer Heimat: einen bewaldeten Berg vor Augen zu führen. Der Etagentempel stellt uns einen kahlen, jene Gärten einen bewaldeten Berg dar.

Auf der höchsten Höhe des Etagentempels befand sich nach Herodot I, 181 ein „großer Tempel mit einer großen wohlgebetteten Ruhestätte und einem goldenen Tisch, in dem niemand des Nachts verweilen durfte außer einem Weibe, welches der Gott sich aus allen erwählt hatte." Hier hoch oben, fern vom Getümmel und dem Lärm der Straße und in derselben reinen Luft wie auf den Bergen, sollte der Gott mit seiner Auserwählten der Ruhe pflegen, ohne durch sonst jemand gestört zu sein. Derselben Vorstellung, daß die Gottheit des Nachts oben auf dem Berge weilt, und daß niemand sie dort stören darf, begegnen wir auch in dem Bericht des Strabo (III, 1. § 4) über das „heilige Vorgebirge" (Gibraltar), auf welchem dem Glauben des Volks zufolge die Götter des Nachts ihre Ruhe hatten und wo niemand sie stören durfte; nur bei Tage war es gestattet, dasselbe zu besteigen. Erwägt man, daß das heilige Vorgebirge innerhalb der Macht- und Kultursphäre von Gades [146]), der gewaltigen Stadt der Tyrer, lag, und unausgesetzt von phönizischen Seefahrern, die hier vor Anker gingen, bevor sie die Meerenge passierten, besucht ward, so glaube ich nicht fehl zu greifen, wenn ich jenen Volksglauben auf Rechnung der Phönizier d. i. mittelbar der Babylonier setze.

Die Bedeutung des babylonischen Etagentempels in ein Wort zusammengefaßt würde demnach lauten: Berg Gottes. Mit diesem Namen wird der Tempel im alten Testament

---

146) Bezeichnend dafür ist der Name fretum Gaditanum für die Meerenge von Gibraltar.

II. Abstand der Kultur. 4, b. Die Baukunst in Babylon. § 24.

geradezu bezeichnet, der Tempel ist „der heilige Berg" (Ps. 48, 2, Ez. 28, 14); hebr. bama bedeutet zugleich Heiligtum und Berg. Vielleicht wird die Entzifferung der babylonischen Inschriften diesen Namen auch noch einmal für die Babylonier zu Tage fördern, jedenfalls dürfte die von mir versuchte Deutung des Etagentempels, die ich mit den bekannten Worten: Ehre sei Gott in der Höhe wiedergeben kann, nicht dem mindesten Zweifel unterliegen. Der Gedanke, der die Babylonier bei dem Bau desselben leitete, war der, dem Gott den Berg, den er gewohnt war, künstlich herzustellen. In diesem Sinne kann man mithin sagen: das Motiv, das allen andern Völkern bei ihren Tempeln vorschwebte: Herstellung einer Wohnung für die Gottheit, wiederholt sich auch bei den Babyloniern, nur daß bei ihnen nicht die Wohnung des Menschen: das Haus, sondern die des Gottes: der Berg nachgebildet wird.

Der Grund, warum ich das Bauwesen der Babylonier in den Kreis meiner Untersuchung gezogen habe, bestand nicht in dem unmittelbaren Interesse, das es als solches darbietet, sondern in dem mittelbaren für alles, was mit ihm in Zusammenhang steht, kurz gesagt in der Beantwortung der Frage: was verdankt der Babylonier seinem Bauwesen? Für den einen Zweig desselben: das Bauhandwerk, habe ich die Frage oben (§ 23) beantwortet, für den zweiten: die Baukunst soll es hier geschehen.

An den Baumeister ergehen andere Anforderungen als an den Bauhandwerker. Das erste und unentbehrlichste Erfordernis für ihn war ein bestimmtes Längenmaß, um die Maße seines Bauwerks im voraus festzustellen und die Ausführung durch den Bauhandwerker zu kontrollieren. Indem ich mich wie überall, so auch hier, durch die Überzeugung leiten lasse, daß alle Einrichtungen da zu Tage getreten sind, wo sie unabweisbar geboten waren, nicht da, wo sie sich zur Not entbehren ließen, gelange ich zu dem Schluß, daß das babylonische Längenmaßsystem seinen Ursprung im Bauwesen gehabt haben muß.

Die griechische, lateinische und deutsche Sprache verlegen denselben übereinstimmend in die Vermessung des Feldes ($\gamma\varepsilon o\text{-}\mu\dot\varepsilon\tau\varrho\eta\varsigma$, agri-mensor, Feldmesser), das Längenmaß würde ihnen zufolge also zuerst in diesem Anwendungsfall zu Tage getreten sein. Aber ungleich nötiger als bei ihm ist es im Bauwesen[147]). Ein Grundstück läßt sich bestellen, verpachten, verkaufen, ohne vorherige exakte Feststellung seines Flächeninhalts, ein Bau aber läßt sich schlechterdings nicht aufführen, ohne vorherige Feststellung seiner Maße. Bei seinem Bauwesen war dem Babylonier das Längenmaß unentbehrlich; selbst schon der Bau der Privathäuser, welche in Babylon drei= bis vierstöckig waren (Herodot I. 180), und bei denen mithin die Höhe der einzelnen Stockwerke vorher festgestellt werden mußte, machte es nötig, der gewaltigen öffentlichen Bauten ganz zu geschweigen. Daß das Längenmaßsystem auch beim Verkauf von Grundstücken zur Anwendung kam, wissen wir aus den uns erhaltenen babylonischen Rechtsurkunden. Dem obigen nach dürfte es aber keinem Zweifel ausgesetzt sein, daß wir darin nur eine später ganz erklärliche Verwendung einer ursprünglich durch das Bauwesen hervorgerufenen Einrichtung zu erblicken haben.

Mittelst der Aufstellung eines Längenmaßes[148]) war für den Baumeister hinsichtlich der Bemessung des Raumes dasselbe Problem gelöst, wie für den Bauhandwerker mittelst des Arbeitstages und seiner Einteilung hinsichtlich der Be=

---

147) Nur in Ägypten war durch die Überschwemmung des Nil, welche jedes Jahr die Grenzen zerstörte, die Vermessung des Feldes von jeher unabweisbar geboten, und Strabo 16, 2 § 24 hat gewiß das Richtige getroffen, wenn er für Ägypten den Ursprung der Geometrie auf dieses Interesse zurückführt. Daß die Babylonier sich des Feld= messers auch zur Vermessung der Ländereien bedienten, braucht wohl nicht gesagt zu werden, Beispiele bei Oppert et Menant: Documents juridiques de l'Assyrie et de la Chaldée, Paris 1877. S. 99, 13; 100, 26; 102, 16; 118, 14.

148) Angabe desselben mit dem babylonischen Namen bei J. Oppert und J. Menant a. a. O. S. 347.

messung der Zeit; in beiden Richtungen ist es das Bauwesen gewesen, das die Nötigung dazu an den Babylonier herangetragen hat. Seinem Bauwesen verdankt er den Ruhm, der Erste in der Welt gewesen zu sein, der auf den Gedanken geraten ist, Zeit und Raum zu messen. Was spätere Völker in dieser Richtung geleistet haben, enthält nur die Verwertung und exaktere Durchführung des von ihm zuerst erfaßten Gedankens. Nach der herrschenden Ansicht wären es die chaldäischen Weisen gewesen, die das Problem, Zeit und Raum zu messen, zuerst in Angriff genommen und gelöst hätten. Aber ihnen gebührt nur das Verdienst, das ursprünglich auf rein empirischem Wege Gefundene und lediglich auf praktische Zwecke Berechnete zum Gegenstande wissenschaftlicher Untersuchung und Erkenntnis gemacht zu haben, die Mathematik als Wissenschaft mag auf ihre Rechnung gesetzt werden, als Kunst war sie längst vor ihnen vorhanden, das Bauwesen wäre ohne sie unmöglich gewesen, dem Stadium der Wissenschaft ist hier, wie fast überall in der Welt das der Empirie vorausgegangen, und ganz dasselbe gilt, wie ich unten (S. 221 ff.) hoffe darthun zu können, auch von der Astronomie der Chaldäer, ihr Ursprung führt auf den Seemann zurück, der für seine praktischen Zwecke den Lauf der Gestirne beobachtete. An die durch das Bauwesen bedingte Meßkunst reiht sich als zweite mit ihm notwendig gesetzte die Zeichenkunst. Der Baumeister mußte es verstehen, den von ihm entworfenen Plan des Gebäudes auf die Tafel zu bringen, er mußte zeichnen können. Ihm hat sich später der Mann von Fach: der Maler hinzugesellt, der zu der Zeichnung noch die Farbe und die feine künstlerische Ausführung hinzufügte. Es sind uns Leistungen von ihnen erhalten, die einen nicht unbeträchtlichen Grad der Kunstfertigkeit verraten [149]). Zur

---

[149] Eine Menge von Abbildungen giebt Hommel in dem öfter genannten Werk: besondere Hervorhebung verdient die auf S. 482, die auch in der Beziehung höchst interessant ist, daß sie uns in dem dort

Malerkunst kam dann noch die Skulptur hinzu, wie es scheint, ausschließlich im Dienst der Architektur.

Ich wende mich im folgenden einer Seite der Baukunst zu, die bisher kaum je richtig gewürdigt sein dürfte, und die doch in meinen Augen in Bezug auf ihre hohe Bedeutung alles bisher Beigebrachte weitaus schlägt. Es ist die Bedeutung der babylonischen Baukunst für die Politik. Der Etagentempel vergegenwärtigt uns die Baukunst im Dienst der Religion, die Befestigungswerke Babylons im Dienst der Politik. Ihnen verdankt Babylon, um alles in ein Wort zusammen zu fassen, das größte Gut, dessen es sich erfreute: die Sicherheit seines Staatswesens. Jahrtausende hindurch hat dasselbe sich behauptet, allen Gefahren, die sonst einem Staatswesen drohen können, sei es von außen, sei es im Innern, trotzend; dem Stein, der dasselbe gewährleistete, konnten sie alle nichts anhaben, an ihm prallte jeder Angriff ohnmächtig ab.

So lange die Welt steht, hat sie Befestigungswerke einer Stadt, wie die von Babylon, nicht wieder erblickt, erst in allerjüngster Zeit haben die von Paris ein Gegenstück dazu geliefert; alles, was bis dahin, sowohl das Altertum als die neuere Zeit in diesem Punkt hervorgebracht hat, hält mit ihnen von weitem den Vergleich nicht aus. Babylon war mit doppelten, alle sonstigen Größenverhältnisse hinter sich lassenden, im Quadrat angelegten Mauern umgeben: einer äußeren und einer inneren[150]). Nach Herodot betrug der Umfang der äußeren Ringmauer 480 Stadien (= 10 deutschen Meilen), nach den geringsten Angaben der Alten 360 (= 7½ Meilen), der von ihr umschlossene große Flächengehalt — wir könnten ihn mit modernem Ausdruck als das Weichbild der Stadt oder die Stadtflur be-

---

abgebildeten Kopf den Typus des Semiten, wie wir ihn noch in den heutigen Juden vor Augen haben, in unverkennbarster Weise vorführt.

[150]) Das Genauere nebst Angabe der Quellenzeugnisse bei A. Hirt, Die Geschichte der Baukunst bei den Alten I S. 135 fl.

zeichnen — war darauf berechnet, die Bevölkerung im Fall einer Belagerung durch das dort wachsende Obst und Getreide zu ernähren. Über die Höhe der Mauern weichen die Angaben der Alten sehr erheblich von einander ab, aber auch die geringste Zahl zu Grunde gelegt, würde ihre Höhe doch alles, was die Welt sonst je gesehen, weit hinter sich lassen. Ebenso verhält es sich in Bezug auf die Breite oder Dicke der Mauer. Vor der Mauer befand sich ein Graben, für dessen Breite und Tiefe die zum Bau der Mauern erforderliche Erde den Maßstab gewährt. Die innere Mauer schloß die eigentliche Stadt in sich, nach Herodot war sie nicht viel weniger stark, auch sie umgeben mit einem dem Verhältnis der ausgegrabenen Erde an Breite und Tiefe entsprechenden Graben.

Zu diesen Befestigungen der Stadt Babylon gesellte sich sodann noch im Osten des Stadtgebiets eine gegen die Meder bestimmte fünfzehn deutsche Meilen lange, hundert Fuß hohe Mauer nach Art der chinesischen.

So war Babylon gegen den äußeren Feind in einer Weise gesichert, die jeden Gedanken, sich seiner durch Sturm zu bemächtigen, von vornherein zu einem völlig aussichtslosen stempelte, die Höhe seiner Mauern spottete eines jeden Versuchs, sie zu erklimmen, ihre Stärke, sie zu stürzen, ja sogar sich ihnen nur einmal zu nähern, da jeder unter den Geschossen und Steinen, die von oben auf ihn entsendet werden konnten, ein sicheres Grab gefunden haben würde. Groß genug, um zur Zeit eines feindlichen Einfalls die gesamte Bevölkerung des Landes in seine Mauern aufzunehmen und damit die Zahl seiner Vertheidiger ins ungemessene zu steigern, stellte Babylon ein bewaffnetes für hunderttausende von Streitern ausreichendes Heerlager dar. Babylon war uneinnehmbar, es wäre nur durch Hunger zu bezwingen gewesen, aber auch auf diesen Fall war man gefaßt; bei der Belagerung durch Cyrus hatte man sich nach Herodot (I, 190) mit Lebensmitteln „auf sehr viele Jahre" vorgesehen, und Cyrus hätte unverrichteter Sache wieder abziehen müssen, wenn er sich nicht auf die von Herodot (I, 191) beschriebene Weise, nämlich auf dem Wege der Überrumpelung, die ihm nur durch die kaum glaubliche Nachlässigkeit und Sorglosigkeit der Bevölkerung ermöglicht wurde, der Stadt von der Flußseite aus bemächtigt hätte — das Sicherheitsgefühl, das unerschütterliche Vertrauen auf die Uneinnehmbarkeit des Platzes ward das Verderben der Bevölkerung. Die zweite Belagerung der Stadt durch Darius, die bereits ein Jahr und sieben Monate gedauert hatte und die statt der Sorge nur die Spottlust der Bevölkerung erregte (Herodot III, 151), wäre ebenfalls erfolglos verlaufen, wenn dem Belagerer nicht der Verrat des Zopyrus den Eingang zur Stadt verschafft hätte (Herodot III, 152—159): auch diesmal war es wiederum die zu große Vertauensseligkeit der Babylonier, welche ihr Verderben heraufbeschwor.

Zu den zwei Befestigungswerken, welche den Schutz des Stadtgebiets und der Stadt zum Zweck hatten: der äußeren und der inneren Ringmauer, gesellte sich noch hinzu die der königlichen Burg. An beiden Seiten des Flusses erbaut, die durch einen Tunnel verbunden waren, stellte sie zwei Festungen innerhalb der Stadt dar. Die größte von beiden befand sich an der Westseite des Flusses, wo wir uns wohl den Hauptteil der Stadt zu denken haben. Den Umfang der drei konzentrischen Ringmauern giebt Diodor für die äußerste auf 60 Stadien (= 1½ deutsche Meilen), für die zweite auf 40, für die dritte auf 20, für die der östlichen Burg den äußersten Umfang auf 30 an. Wozu diese beiden Festungen innerhalb der Stadt? Etwa als letztes Bollwerk gegen den äußeren Feind, nachdem er die Stadt eingenommen hatte? Da würde sich auch dieses nicht zu behaupten vermocht haben. Nein! Der Gedanke, der die Könige bei Anlage ihrer Burg leitete, kann nicht die Sicherung gegen den äußeren, sondern nur die gegen den inneren Feind gewesen sein. Sie war meines Erachtens gedacht als Zwingburg des Königs, um das Volk im Fall eines Aufstandes im Zaume zu halten. Darum die Verteilung derselben auf beide Seiten des Flusses, was bei einem königlichen Palast sonst keinen Sinn gehabt hätte.

Mit diesem Zweck bringe ich noch drei Einrichtungen in Babylon in Verbindung. Die eine war der erwähnte unterirdische Gang unter dem Flußbett, ein Tunnel, wie wir sagen würden, welcher beide Burgen miteinander verband[151]. Er wird hergestellt worden sein, als man den Fluß zum Bau der Brücke vorübergehend abgeleitet hatte. Damals war das Flußbett trocken, man brauchte dasselbe nur um soviel zu vertiefen, als die Höhe des bedeckten Ganges betragen sollte, und konnte bauen, wie auf festem Lande; als er und die Brücke fertig waren, ward der Fluß in sein Bett zurückgeleitet.

Die zweite war die Bedeckung der Brücke mit hölzernen, nicht dauernd daran befestigten, sondern darüber gelegten Bohlen, so daß sie sich mühelos entfernen ließen. Nach Herodot (I, 186) wurden sie stets des Nachts abgenommen, und als Grund giebt er an, „damit die Babylonier des Nachts nicht darüber gingen und sich bestehlen könnten". Als ob, wer stehlen wollte, nicht diesseits des Flusses dieselbe Gelegenheit dazu gehabt hätte, wie jenseits! Der Grund kann meines Erachtens nur der gewesen sein, den Schiffen die Durchfahrt durch die Brücke zu ermöglichen; bei Tage konnte man die Bohlen wegen des lebhaften Verkehrs zu dem Zweck nicht abtragen, darum geschah es des Nachts. Bei Tage war die Brücke für die Fußgänger und das Fuhrwerk da, bei Nacht für die Schiffe, beide hatten ihre Zeit. kam ein Schiff bei Tage des Weges, so mußte es bis zum Eintritt der Nacht warten, ebenso ein Fußgänger und Fuhrwerk bis zum Eintritt des Tages.

---

151) Herodot erwähnt ihn nicht: die Zeugnisse der Alten, welche seiner gedenken, bei Hirt, Die Geschichte der Baukunst bei den Alten I S. 138.

Die dritte Einrichtung bildeten die an beiden Seiten des Flusses befindlichen, durch Thore verschließbaren Mauern.

Was haben diese drei Einrichtungen mit dem obigen Zweck zu schaffen, das Volk im Zaume zu halten? Denken wir uns den Fall, daß dasselbe sich empörte. Was wird geschehen sein? Dann wird man die Bohlen der Brücke abgetragen und die Thore an den Flußmauern verschlossen haben. Damit war jede Kommunikation zwischen beiden Stadtteilen abgeschnitten, jeder Zuzug von der einen Seite des Flusses nach der andern unmöglich gemacht, nicht einmal eine Nachricht über den Stand der Sache konnte hinüber gelangen. Darin erblicke ich den Zweck der Mauern auf beiden Seiten des Flusses, sie waren darauf berechnet, die Bevölkerung diesseits und jenseits desselben erforderlichen Falls wie in einen Käfig einzusperren. Ich kann mir nicht denken, daß sie auf den äußeren Feind berechnet waren, der Gedanke, sich Babylons von der Flußseite aus zu bemächtigen, war ein so vollendet aussichtsloser, daß man dagegen keine Vorkehrungen zu treffen brauchte; aber immerhin angenommen, daß man es für nötig erachtet hätte, so wird man sicherlich nicht verabsäumt haben, im Fall eines Aufstandes sich der angegebenen Einrichtung in der von mir angenommenen Weise zu bedienen, es würde sich dann mit ihr ebenso verhalten, wie mit der Brücke, die, ohne auf diesen Fall berechnet zu sein, doch bei Eintritt desselben die wertvollsten Dienste leistete. Während der Bevölkerung beider Stadtteile in dieser Weise die Verbindung unter sich abgeschnitten werden konnte, war sie der bewaffneten Gewalt durch den unterirdischen Gang gesichert. Er ermöglichte es ihr, den Aufstand in jedem der beiden Stadtteile separat zu bekämpfen, sie warf zuerst ihre Macht auf die eine Seite, hatte sie ihn hier gedämpft, auf die andere.

Auf diese Weise begreift es sich auch, warum die beiden königlichen Burgen einen so enormen Umfang ($1^{1}/_{2}$ und $^{3}/_{4}$ Meilen) hatten. Für die Palastbauten hätte es dessen nicht bedurft; er erklärt sich dadurch, daß er, um es in heutiger

Sprache auszudrücken, zur Kasernierung der königlichen Leibgarden nötig war. Inmitten seiner allen Angriffen von seiten der Bevölkerung spottenden Burg, umgeben von seinen Garden, konnte sich der König des vollen Gefühls der Sicherheit erfreuen, die Geschichte weiß von Aufständen in Babylon nichts zu berichten, die Zwingburg des Königs, das Trutzbabel, wie ich sie nennen möchte, in Verbindung mit den oben erwähnten Einrichtungen, welche jeden Gedanken daran im Keim ersticken mußten, hielten die Bevölkerung im Zaume. Sicherheit gegen den inneren wie den äußeren Feind und damit die Jahrtausende sich behauptende Stabilität seines Staatswesens — muß ich fürchten auf Widerspruch zu stoßen, wenn ich behaupte, daß Babylon sie seinen Bauten verdankt? Sie hinweggedacht, was wäre aus ihm geworden? Dasselbe, was aus so unzähligen Völkerschaften, die es noch nicht zu befestigten Städten gebracht hatten und selbst einem minder mächtigen Feind beim ersten Anlauf erlagen, hinweggeschwemmt vom Erdboden, ohne eine Spur von sich zurückzulassen. Ein Gebirgsvolk vermag sich ohne künstliche Befestigungen selbst gegen einen übermächtigen Feind zu behaupten, seine Berge und Felsen leisten ihm den Dienst derselben, aber ein Volk in der Ebene, wie das babylonische, und noch dazu im Unterschiede von den stammverwandten Assyrern ein so überaus friedliebendes, das ganz den Künsten des Friedens: Ackerbau, Gewerbe, Handel, Schiffahrt dahingegeben, die Waffen nur ergriff im Falle der Verteidigung, ein solches Volk wäre ohne sie verloren gewesen. Und wenn es Jahrtausende hindurch allen Gefahren getrotzt hat, welche kriegerische und mächtige Nachbarn von außen und Aufstände und Umwälzungen im Innern einem Gemeinwesen bereiten können, worin anders haben wir den Grund zu erblicken, als in der im bisherigen beschriebenen Verwendung des Steins, um sich ihrer zu erwehren? Die politische Bedeutung, welche dem Stein für das babylonische Staatswesen zukommt, ist in meinen Augen höher anzuschlagen als die kulturhistorische, denn das erste im Leben der Völker ist Sicherheit nach außen, Frieden und Ordnung im Innern, die Kultur ist erst das zweite, und wenn diese in Babylon ihr Werk ungefährdet fortsetzen und sich zur höchsten Blüte entfalten konnte, so glaube ich im bisherigen dargethan zu haben, wodurch dies ermöglicht ward.

5. Verwendung von Stein und Holz bei Semiten und Ariern außer dem Bauwesen.

XXV. Die Verwendung, welche der Babylonier von dem Stein machte, ist mit dem Bauwesen nicht erschöpft, es gesellen sich noch verschiedene andere Verwendungsarten hinzu, die ich im Interesse der vollständigen Veranschaulichung der Bedeutung des Steins für die babylonische Welt nicht glaube übergehen zu sollen. Wie im Bauwesen so wiederholt sich der Gegensatz von Stein und Holz für Semiten und Arier auch bei ihnen.

Unter ihnen nimmt die erste Stelle die Verwendung des Steins zur Schreibtafel ein.

a. Die Schreibtafel.

Der Stein bildete die Schreibtafel des Babyloniers [152]), sie ersetzte ihm unser Papier. Alles, was, wie wir sagen würden, zu Papier gebracht werden soll, wird von ihm auf Stein getragen, seine Rechtsurkunden waren steinern, und die neueren Funde in den Ruinen der Städte Mesopotamiens haben uns einen Reichtum derselben erschlossen, welcher uns die umfassendsten Einblicke in sein Rechtsleben eröffnet (§ 30) [153]). Die

---

152) Bei den Juden kommt in alter Zeit auch die Ochsenhaut vor.

153) Daß auch die Phönizier sich der Steintafel zur Aufzeichnung der Gastfreundschaftsverträge mit Angehörigen anderer Völker bedienten, war schon früher bekannt, und es sind uns noch einige erhalten. Es war die „Scherbe der Gastfreundschaft" (chirs aelychot, auch chirs, cheres schlechthin), die tessera hospitalis der Römer.

einfachste Herstellung der Urkunde bestand in dem Einritzen der Schrift auf eine weiche Thontafel und dem Dörren derselben in der Sonne. Sie schloß die Gefahr der Verfälschung in sich, nicht bloß so lange die Thontafel noch weich war, sondern auch noch nachdem sie bereits gedörrt war; die Partei brauchte sie bloß zu erweichen, um die eingetragenen Schriftzeichen z. B. die Zahlen des Betrages des Darlehns, der Zinsen, des Kaufpreises mit andern zu vertauschen. Dieser Gefahr ließ sich nur vorbeugen, wenn sie, nachdem sie in der in Babylon üblichen Weise vor Notar („dem Schreiber" der Urkunde, der in derselben stets genannt wird) und Zeugen errichtet war, und bevor sie in die Hände der Partei zurückgelangte, gebrannt wurde. Das Dasein eines öffentlichen Ofens (S. 129, § 30) bildete die unerläßliche Voraussetzung des babylonischen Schriftwesens. Außer den gebrannten Urkunden kamen auch Basaltsteine vor, in welche die Schrift eingehauen ward; welche Bewandtnisse es mit ihnen hatte, wird unten (§ 30) gezeigt werden.

Einen zweiten Anwendungsfall der Steintafel enthält ihre Verwendung von seiten der Staatsgewalt. Wenn Moses dem Volk gebietet, daß es alle von ihm erlassenen Gesetze, sobald es in das Land der Verheißung gekommen sei, in Stein aufzeichnen und öffentlich ausstellen solle (5. Mos. 27, 2—4), so glaube ich, daß er damit nur eine dem Volk vor seiner Trennung von Babylon dort bekannt gewordene Einrichtung beibehalten hat; auch in Babylon werden die Verfügungen der Staatsgewalt von dauerndem Charakter in Stein öffentlich ausgestellt gewesen sein. Selbst die Instruktionen der Könige an abwesende Beamte werden, wo der mündliche Weg der Mitteilung durch ihre Unzuverlässigkeit oder die beabsichtigte Geheimhaltung [154] ausgeschlossen war, in dieser Weise zu ihrer Kunde gebracht worden sein.

---

154) Wie der Verschluß der Steintafel bewirkt ward, darüber s. § 30.

So ist es in Ägypten geschehen — wir besitzen noch das Reskript eines ägyptischen Pharao an seinen Statthalter in Palästina (Thontafel von Pell-el-Amarna) — und da die Ägypter das Brennen der Ziegel von den Babyloniern erlernt haben (S. 130), so wird, was wir bei den Schülern finden, auch für die Lehrmeister anzunehmen sein. Von diesen öffentlichen Erlassen ist uns meines Wissens weder bei den Babyloniern, noch Assyrern irgend etwas erhalten.

Dagegen verdanken wir den neuen Funden ein wertvolles geschichtliches Material in den persönlichen Berichten der Könige über die von ihnen verrichteten Thaten, Kriegszüge und Bauten, die teils von außen auf den Bauten, teils als Gründungscylinder im Innern angebracht waren. In ihnen besitzen wir die frühesten Aufzeichnungen, welche nicht bloß in Babylon, sondern in der Welt überhaupt je gemacht worden sind. Mit ihrer Hülfe läßt sich die Geschichte auf dem Boden Babylons bis in eine Zeit hinauf verfolgen, hinter der die Aufzeichnungen aller andern Völker mit Ausnahme der Ägypter um mehr als drei Jahrtausende zurückbleiben, nämlich bis etwa 3800[155]).

Von alle dem, was Griechen und Römer zu einer Zeit, als sie sich schon längst zu geschichtlichem Leben erhoben hatten, aufgezeichnet haben, ist nichts bis auf unsere Tage gekommen. Der Grund dieser Verschiedenheit liegt in der Vergänglichkeit des von ihnen verwandten Schreibmaterials. Es war das Holz; der Gegensatz von Stein und Holz zwischen Semiten und Ariern ist für die geschichtliche Überlieferung bei beiden Völkern nicht minder folgenreich geworden, wie für ihre geschichtliche Entwicklung; die Holztafel des Griechen und Römers ist verfault[156])

---

155) Für Ägypten nur bis etwa 2700. Die Verantwortlichkeit für die Richtigkeit dieser Berechnungen muß ich meinem Gewährsmann Hommel a. a. O. S. 12, 13 überlassen.

156) Nur in Pompeji und in siebenbürgischen Bergwerken, wo das Verfaulen ausgeschlossen war, haben sich noch einige erhalten.

ober verbrannt, die Steintafel des Semiten hat sich erhalten. Das älteste Material, auf das je Zeichen eingetragen worden sind, ist die Ochsenhaut gewesen (S. 32), in Rom erhielt sie sich in einer Anwendung noch bis in die historische Zeit hinein (S. 32), im übrigen aber machte sie der Holztafel Platz [157]), sowohl für das Verkehrsleben [158]), als für den öffentlichen Gebrauch, wo diese sich in Anwendung für die Edikte des Prätors noch bis in die Kaiserzeit hinein behauptete. Auch die Gesetze werden in alter Zeit auf Holztafeln eingezeichnet gewesen sein; das erste von ihnen, für welches die Aufzeichnung auf Erz bezeugt wird, sind die XII Tafeln, seit der Zeit wird es wohl bei allen geschehen und der charakteristische römische Gedanke durchgeführt sein: was dauernde Geltung beansprucht, wie das Gesetz, dem dauerhaften Material: dem Erz, was nur vorübergehende, wie das prätorische Edikt (Jahresdauer) dem vergänglichen: dem Holz anzuvertrauen. An Dauerhaftigkeit kann es der Stein mit dem Erz nicht aufnehmen, und doch können sich die Tafeln, die uns von den Römern erhalten sind, mit denen von den Babyloniern und Assyrern weder in Bezug auf ihre Reichhaltigkeit noch auf ihr Zurückgreifen in die Vergangenheit messen, keine geht über das siebente Jahrhundert der Stadt zurück. Der Grund liegt darin, daß das Metall mit seiner Dauerhaftigkeit zugleich eine Eigenschaft vereinigt, die für die Erhaltung der Erztafeln des römischen Altertums wahrhaft verhängnisvoll geworden ist: seine Schmelzbarkeit und Verwertbarkeit für andere Zwecke. Die Erztafeln

---

157) Der Umstand, daß auch die Germanen ihre Runen auf Holzstäbe einritzten, berechtigt zu dem Schluß, daß die Verwendung des Holzes zur Schrift den Ariern Europas schon vor ihrer Trennung gemeinsam war.

158) Einen jedem Juristen bekannten Anwendungsfall bietet das Testament mit seiner bekannten Formel: in his tabulis cerisque (Gaj. II, 104) und der bonorum possessio secundum und contra tabulas.

sind eingeschmolzen — wie viele von alten römischen Gesetzen mögen in den Glocken der christlichen Kirchen stecken, wie manche von den Germanen bei der wiederholten Einnahme Roms zu Geräten, Waffen u. s. w. verwandt worden sein — während die wilden Horden, welche Babylon und die anderen Städte des Landes dem Erdboden gleich machten, den Stein als unbrauchbar liegen ließen. Den Stein hat seine Wertlosigkeit gerettet, dem Metall ist sein Wert verhängnisvoll geworden.

An das Rechtsleben und die politische Geschichte reiht sich als dritter Gegenstand, über den der Stein uns die Kunde aufbewahrt hat, noch an: die Litteratur. Zu den wertvollsten Funden, welche in jüngster Zeit gemacht worden sind, und deren vollständige Entzifferung noch erst der Zukunft harrt, zählt der der Bibliothek des assyrischen Königs Asurbonigal (668—626). Äußerlich sich darstellend als eine gewaltige Masse von zum Teil zerbrochenen, zum Teil völlig erhaltenen Steintafeln, deren jede den Namen des Sammlers, die Bezeichnung des Werkes und die Seitenzahl angiebt, schließt sie innerlich alles in sich, was die Litteratur bis dahin an wissenschaftlichen (auch sprachvergleichenden) und dichterischen Werken Beachtenswertes zu Tage gefördert hatte. Zu ihnen gehört auch das in ferne Vergangenheit zurückreichende und zur Zeit bereits entzifferte Nationalepos der Babylonier: das Heldengedicht von Izdubar, mit seinem Bericht über die Sintflut, dessen außerordentlich hohen historischen Wert ich an späterer Stelle (§ 27) darthun werde. Sicherlich wird uns die weitere Entzifferung dieser Bibliothek noch nicht minder wertvolle Aufschlüsse über die Geschichte, das Leben und Denken und die Volksart der Babylonier gewähren, die Geschichtsschreibung und auch die Sprachforschung steht hier vor noch ungehobenen Schätzen.

b. Die Straße.

In den Bergen bedarf der Mensch nicht des Steins, um einen künstlichen Weg herzustellen, die einzige Arbeit, die er ihm macht, besteht darin, daß er an Stellen, wo der Felsen ihm den Weg verlegt, das Gestein entfernt. Aber in der Ebene kann der morastige oder sumpfige Boden diese Nötigung in einer Weise an ihn herantragen, daß er schon auf der niedersten Stufe der Kultur nicht umhin kann, sich einen künstlichen Weg zu schaffen. Der Wegbau hat in der Ebene, nicht im Gebirge das Licht der Welt erblickt, erst nachdem er dort ausgebildet worden ist, hat er sich in die Höhen gemacht.

Das nächstgelegene Material zur Herstellung des Weges bot dem Menschen das Holz. Aus Holz baute er sich sein Haus, aus Holz seinen Weg. Baumstämme waren es, die er in sumpfigem Terrain neben einander legte; wo das Holz knapper war, machte er Faschinen aus Flechtwerk. Das war die Weise, wie der Germane sich viele Jahrhunderte hindurch in seiner waldreichen Heimat seinen Weg herstellte, es war sein bekannter Knüppeldamm. Ebenso hielt er es mit den Brücken über den Strom, sie waren von Holz, bei den Römern begegnen wir der Holzbrücke in Rom noch beim pons sublicius, die sich als Erinnerung an die Urzeit noch bis in die späteste Zeit hinein behauptete (§ 49).

An Stelle des Holzes, das ihm fehlte, verwendete der Babylonier zur Herstellung der Wege und Brücken wiederum den Stein. Das sumpfige Land, welches er bewohnte, machte die Herstellung fester, erhöhter, widerstandsfähiger, zu jeder Jahreszeit, auch zur Regenzeit, fahrbarer Landstraßen zur unabweisbaren Notwendigkeit, und die „Königsstraßen," wie sie hießen, reichen hier schon ins graue Altertum hinauf[159]).

---

159) Movers, Die Phönizier II S. 278; III S. 132.

Nach Ifidor¹⁶⁰) foll das Verdienft, den Stein zum Straßenbau zuerft verwandt zu haben, den Phöniziern gebühren. Es ift leicht erfichtlich, wie diefe Meinung bei den alten Schriftftellern, denen er fie entnommen hat, auffommen fonnte. Durch die Phönizier, die in den Landftrichen, wo fie fich niedergelaffen hatten, die erften Straßen bauten, hatten die abendländifchen Völker den Straßenbau zuerft fennen gelernt, und fo galt er ihnen als eine fpecififch phönizifche Einrichtung. Vergleicht man aber die Bodenverhältniffe der fteinigen Küfte Pföniziens mit denen des lehmigen, wafferreichen Mefopotamiens, fo wird es feinem gegründeten Zweifel unterliegen können, an welcher von beiden Stellung die Nötigung, welche die Natur dem Menfchen zur Herftellung des Weges auferlegte, die dringlichere war. Der Babylonier, der zuerft den Stein zu allen anderen Dingen verwandte, hat es ebenfo gethan in Bezug auf den Straßenbau: die erften Straßen der Welt find in Babylon und Mefopotamien erbaut worden, durch Vermittlung der Phönizier ift dann der Straßenbau erft den Völkern des Abendlandes zugekommen. Kein anderes von ihnen hat für feine eminente Bedeutung dasfelbe Verftändnis gezeigt, wie das römifche¹⁶¹). Bei ihm gefellte fich zu dem Motiv der Handelsftraße, dem der Straßenbau bei den Babyloniern feinen Urfprung verdankte, noch das militärifche „der Heerftraße" (via militaris) hinzu, und dem Zufammenwirken beider ift es zuzufchreiben, daß fie mit ihren Leiftungen die Babylonier weit überflügelten. Auch

---

160) Isid. Orig. XV, 16, 6: Primum autem Poeni dicuntur lapidibus vias stravisse, postea Romani eas per omnem pene orbem disposuerunt.

161) Die niedrigfte Stufe unter den arifchen Völkern nehmen in diefer Beziehung die Ruffen ein, bei ihnen ift erft in unferem Jahrhundert die erfte Chauffee gebaut worden (1822 zwifchen Petersburg und Strelna); auch in diefem Punkt wiederholt fich bei ihnen diefelbe Erfcheinung, der wir oben (S. 140) bei ihrem Holzhaufe begegnet find: die mangelnde Verwendung des Steins.

die Brücken waren von Stein gebaut. Die Brücke über den Euphrat, welche beide Teile der Stadt mit einander verband, ist uns durch die Alten beschrieben ¹⁶²).

Die zwei noch übrigen Verwendungen, welche der Stein bei den Babyloniern fand, stehen an Bedeutung hinter den beiden bisher erörterten weit zurück, aber erwähnen muß ich auch sie, weil sie das Bild, das ich im bisherigen von der Steinwelt des Babyloniers entworfen habe, abrunden und zeigen, wie der Stein durch die ganze babylonische Welt hindurch ging, und die Parallele zwischen dem Holz des Ariers und dem Stein des Babyloniers auch hier wiederum zutrifft.

c. Die Steinigung.

Sie bildet die aus dem alten Testament jedem bekannte eigentümlich semitische Vollziehung der Todesstrafe durch das Volk. Soll jemand des Todes sterben, so greift der Semite zum Stein ¹⁶³), steinigt ihn, der Arier zum Holz; dieser bindet ihn an einen Pfahl oder Baum und schlägt oder peitscht ihn mit Prügeln oder Ruthen zu Tode, oder schlägt ihn ans Kreuz ¹⁶⁴), jener steinigt ihn, beide bleiben dem Stein und Holz treu auch bei Vollziehung der Todesstrafe.

Der Steinigung glaube ich den Schlüssel zum Verständnis einer nach dem Zeugnis der römischen Juristen bei den Arabern ihrer Zeit sich findenden eigentümlichen Art der Verrufserklärung zu entnehmen. Es wurden von denjenigen, die sie verhängt hatten, Steine auf das Grundstück des Geächteten gesetzt zum Zeichen dessen, daß jeder, der es bebauen würde, des

---

162) Siehe oben S. 167 und Hirt a. a. O. Bd. 1 S. 137.

163) Nicht bloß der Jude, der Karthager machte es ebenso, s. das Zeugnis bei Herodot I, 167, wo die Karthager ihre sämtlichen Kriegsgefangenen steinigen.

164) So geschah es dem Phyraortes in Ekbatana nach seiner Besiegung durch Darius.

Todes sterben solle ¹⁶⁵). Was soll das Setzen der Steine? Niemand hat meines Wissens darauf bisher eine Antwort erteilt, und doch liegt sie sehr nahe: das Setzen der Steine enthält die symbolische Androhung der Steinigung. Die Steine drohen demjenigen, der das Grundstück bebaut, den Tod durch Steinigung an („res mortem minatur"), und darum werden sie auf das Grundstück gesetzt von allen, welche den Bann über dasselbe verhängen („plerique inimicorum"), die Steinigung geschieht nicht durch einen Einzelnen, sondern durch mehrere, sie war die Form der semitischen Volksjustiz. Daß die spätere Ausführung der Drohung in anderer Weise geschah, was als sicher angenommen werden kann, steht ihrer von mir angenommenen bloß symbolischen Bedeutung nicht im Wege, jeder mußte, wozu die Steine nach altem semitischen Volksgebrauch bei einem Akt der Volksjustiz dienten.

d. Der Sarg.

Wie der Babylonier bei seinen Lebzeiten in einem Steinhause, der Arier in einem Holzhause wohnt, so empfängt jenen, wenn er gestorben ist und seine Leiche nicht etwa, wie es bei Ärmeren geschehen sein wird, verbrannt wird (in welchem Fall man die Asche in einem thönernen Krug beisetzt), der aus gebranntem Ton angefertigte Steinsarg ¹⁶⁶), diesen in gleichem

---

165) l. 9 de extraord. crimin. (47, 11) ... in provincia Arabia σκοπελισμόν crimen appellant, cujus rei admissum tale est: plerique inimicorum solent praedium inimici σκοπελίζειν, i. e. lapides ponere indicio futuros, quod si quis eum agrum coluisset, malo leto periturus esset insidiis eorum, qui scopulos posuissent; quae res tantum timorem habet, ut nemo ad eum agrum accedere audeat, crudelitatem timens eorum, qui scopelismon fecierunt. Hanc rem Praesides exequi solent graviter usque ad poenam capitis, quia et ipsa res mortem comminatur.

166) Abbildung eines Steinsarges mit dem darin erhaltenen Skelett und den zur Aufnahme von Speise und Trank für den Toten

II, 6. Das Brennen des ersten Ziegels. Pflug u. Stein. § 26. 179

Fall der aus einem ausgehöhlten Baumstamm (vrksha) hergestellte Holzsarg[167]) — der Gegensatz von Stein und Holz bei Semiten und Ariern erstreckt sich über das Leben hinaus bis ins Grab hinein.

Das Gesamtergebnis aller meiner Ausführungen in diesem und den beiden vorhergehenden Paragraphen dränge ich in die Worte zusammen: der Backstein der Eckstein der babylonischen Welt.

6. Das Brennen des ersten Ziegels. — Parallele zwischen Pflug und Stein.

XXVI. Alles, was ich in den vorhergehenden Paragraphen über die Bedeutung des Steins für die babylonische Welt ausgeführt habe, hing an der künstlichen Herstellung desselben durch Brennen des Ziegels. In dem wohl kaum je unter dem historischen Gesichtspunkt gewürdigten Akt des Brennens des ersten Ziegels erblicke ich eine der folgenreichsten Thaten, welche der Mensch auf Erden je vollbracht hat, eine Erfindung, mit der sich in Bezug auf ihre kulturhistorische und politische Tragweite keine zweite messen kann, selbst nicht die des Pfluges. Bisher ist man gewohnt gewesen, diesem die erste Stelle einzuräumen, und zweifellos hat sie einen Wendepunkt in der Geschichte der Menschheit begründet: den Übergang vom Hirtenleben zur Landwirtschaft, in wirtschaftlicher Beziehung der größte Fortschritt, den sie je vollzogen hat. Der Pflug hat den Ertrag, den der Mensch bis dahin dem Boden abgewonnen hatte, schon von vornherein um mindestens das Zehnfache gesteigert, und diese Steigerung hat mit seiner Vervollkommnung und dem Fortschritt der Landwirtschaft immer

---

bestimmten Thongefäßen bei Hommel a. a. O. S. 214, Behälter für die Asche S. 210, Backsteingruft S. 215.

167) Zimmer, Altindisches Leben S. 407.

größere Dimensionen angenommen, sodaß derselbe Fleck, der einst nur für zehn Familien ausreichte, jetzt davon mehrere hunderte zu ernähren vermag. Durch die vermehrte Nahrung, die er dem Boden abgewann, und durch das Band, das er zwischen ihm und dem Menschen knüpfte (S. 108, 119), hat der Pflug zugleich den Fortschritt von dem Nomadenleben der Urzeit zur Seßhaftigkeit der Völker vermittelt — den Beginn aller Geschichte, denn sie beginnt erst mit der Seßhaftigkeit.

Aber damit ist auch die Bedeutung des Pfluges für die Entwicklungsgeschichte der Menschheit erschöpft. Ein landwirtschaftlicher Schriftsteller [168] hat ihm zwar nachgerühmt, daß er „durch die weit über die eigenen Bedürfnisse des Ackerbauers hinausreichenden Erträge einen Teil der Bevölkerung von der rohen Arbeit frei gemacht und ihm die Möglichkeit eröffnet hat, in den allmählich zur Entwicklung gelangenden höheren geistigen Thätigkeiten, in Gewerben, Kunst und Wissenschaft, den höheren Zielen des menschlichen Daseins nachzustreben." Aber von der bloßen Möglichkeit der Kultur bis zum wirklichen Eintritt derselben ist noch ein weiter Schritt, und er kommt nicht auf Rechnung des Landwirts, sondern des Städters. Alle Kultur ist von der Stadt ausgegangen, und ist dauernd an sie geknüpft, denn nur in ihr finden sich die Voraussetzungen vor, deren sie zu ihrem Gedeihen bedarf (S. 119 f.). Stadt und Kultur fallen in dem Maße zusammen, daß es für die Kulturepochen ausreicht, bloß den Namen einer einzigen Stadt, der Hauptstadt des Landes, zu nennen, um die Kultur des ganzes Volks und damit zugleich deren Bedeutung für die Kulturgeschichte überhaupt zu zeichnen: Babylon, Athen, Rom, Paris. Die Stadt in dem hier zu Grunde gelegten Sinn fällt wiederum zusammen mit dem Stein, er bedeutet für sie dasselbe,

---

[168] Richard Braungart, Die Ackerbaugeräte in ihren praktischen Beziehungen wie nach ihrer urgeschichtlichen und ethnographischen Bedeutung Bd. 1 S. 4. Heidelberg 1881.

was der Pflug für die Landwirtschaft: ihr Dasein und damit der Beginn der höheren Kultur datiert erst von dem Moment, wo der Steinbau den Holzbau verdrängt hat. Mit dem Stein beginnt eine neue Ära in der Geschichte der Menschheit, die wir nach ihm als das Zeitalter des Steins bezeichnen dürfen, denn er hat die Gestalt der Welt in einer Weise verändert, wie weder vor ihm noch nach ihm irgend etwas anderes; der Stein bezeichnet den folgenreichsten Wendepunkt in der Geschichte der ganzen Menschheit, mit dem Umschwung, den er herbeigeführt hat, kann sich derjenige, den der Pflug bewirkt hat, nicht von weitem messen. Davon gedenke ich den Leser im folgenden zu überzeugen, indem ich eine Parallele ziehe zwischen Stein und Pflug.

Der erste Punkt, in Bezug auf den beide sich mit einander messen sollen, ist die wirtschaftliche Seite. Bei dem Pfluge ist sie gleichbedeutend mit der Bedeutung der Landwirtschaft für die Nahrungsfrage. Aber die Nahrung ist nicht das einzige, dessen der Mensch bedarf, alles andere entfällt auf das Konto des Steins, wer es haben will, sucht es in der Stadt. Die Landwirtschaft in die eine Wagschale, Handel, Gewerbe, Industrie in die andere geworfen — hat der Stein den Vergleich mit dem Pflug zu scheuen? Als zweiter Punkt kommt ihre beiderseitige Bedeutung für die Seßhaftigkeitsfrage in Betracht. Die Geschichte lehrt uns, daß die Seßhaftigkeit der Völker in der Urzeit durch den Pflug nicht bedingt war — sie führt uns Hirtenvölker vor, die Jahrtausende hindurch seßhaft geblieben sind, so das altarische (S. 28 ff. und 37) — und ebenso, daß sie mit dem Pflug nicht gewährleistet war: die Germanen haben sich auch in historischer Zeit, nachdem sie längst mit dem Pflug bekannt geworden waren, auf die Wanderung begeben. Aber sie führt uns kein einziges Volk vor, das seine Städte im Stich gelassen hätte — die definitive Seßhaftigkeit der Völker ist erst durch den Stein beschafft worden, die Fessel, mit der er den Menschen an den Boden schmiedete, spottete des Versuchs, sie zu sprengen (S. 119).

Damit ist alles, was sich vom Pflug aussagen läßt, abgethan, allem andern, das ich im folgenden aufführen werde, hat er nichts entgegenzusetzen.

Das ist zunächst das <u>Moment der Gemeinsamkeit der Arbeit</u>. Die Arbeit, welche der Pflug dem Menschen auferlegt, kann von jedem allein beschafft werden, die, welche der Stein nötig macht, nicht, es bedarf mehrerer Personen, um selbst den einfachsten Bau aufzuführen. <u>Der Pflug ist isolierte, der Stein gemeinsame Arbeit</u>. Nicht etwa bloß in dem Sinn, daß mehrere Personen gleichzeitig und an demselben Ort arbeiten — das ist auch bei isolierter Arbeit möglich z. B. im Zuchthaus beim Pensum der Sträflinge — sondern, daß sie es thun zur Verfolgung eines und desselben nur auf diesem Wege erreichbaren Zwecks, und dieser Umstand ist von hoher Bedeutung [169]). Mit der Einheitlichkeit des Zwecks ist nämlich bei jeder gemeinsamen Arbeit notwendigerweise gegeben die Unterordnung des Willens des Einzelnen unter einen höheren (natürlichen oder künstlich gebildeten), der den Plan des Ganzen vorgezeichnet hat und für richtige Ausführung Sorge trägt. Damit fügt der Stein zu dem äußerlichen Moment der Arbeit, das er mit dem Pfluge teilt, noch ein moralisches hinzu, das diesem abgeht.

So sind es also drei Momente, welche mit dem Stein ebenso notwendig verbunden wie sie dem Pfluge fremd sind: Gemeinsamkeit der Arbeit — Einheit des Zwecks — Unterordnung des eigenen Willens unter einen höheren. Damit haben wir bereits drei der Momente, welche das Wesen jeder staat-

---

[169] Einige neuere Sprachforscher wie z. B. Noiré und Max Müller nehmen die Gemeinsamkeit der Arbeit auch für die Frage von der Entstehung der Sprache in Bezug: (synergestische Theorie), nach Max Müller drücken die „eigentlichen Nährwurzeln der Sprache" eine gemeinschaftliche Thätigkeit aus.

lichen Verbindung ausmachen, des Gemeinwesens sogut wie des Staats. Es fehlt nur noch ein viertes, damit der volle Thatbestand der staatlichen Verbindung am Stein zu Tage trete: Die Gemeinsamkeit des Zwecks. Bei einem Privatbau ist der Zweck für alle, die sich daran beteiligen, bloß derselbe (Gleichheit, Identität des Zwecks), bei einem öffentlichen steigert sich die Identität zur Gemeinsamkeit des Zwecks, der Bau soll der Gesamtheit zu gute kommen. Mit den öffentlichen Bauten beschreitet die Idee des Staats den Boden der Wirklichkeit; Befestigungswerke der Städte, Tempel, Versammlungslokale für das Volk oder die Obrigkeit gehören zu den ersten Akten aller staatlichen Thätigkeit, den ersten Lebensregungen des Staats. In den res publicae in diesem Sinn trat dem Römer seine res publica im politischen Sinn greifbar, sichtbar vor Augen, an ihnen ward allen klar, was sie durch gemeinsame Anstrengung zu Wege gebracht hatten und was ihnen gemeinsam gehörte: die sinnenfällige Verkörperung des Staatsgedankens. Ich fasse das Gesagte in den Satz zusammen: dem Stein kommt geschichtlich eine politische Bedeutung zu, der Pflug ermangelt derselben gänzlich, das Staatswesen hat ihm nicht das Mindeste zu danken.

Zur Gemeinsamkeit der Arbeit fügt der Stein noch die des Zusammenwohnens, und damit die Möglichkeit der Konzentration größter Volksmassen auf dem kleinsten Raum hinzu, während sie sich mit dem Pfluge nicht verträgt: auf demselben Areal, das bei der Großstadt für eine Million Einwohner ausreicht, finden auf dem Lande kaum Tausend ihr Auskommen. Von welcher Bedeutung dieses Zusammenwohnen nicht bloß in kulturgeschichtlicher, sondern auch in politischer Beziehung ist, kann ich hier nach alledem, was ich früher darüber gesagt habe, mit Stillschweigen übergehen.

Zu diesem zweiten Moment, welches der Stein vor dem Pfluge voraus hat, gesellt sich als drittes hinzu die Dauerhaftigkeit seiner Leistungen. Die Arbeit des Pfluges ist vorübergehender Art, jedes Jahr muß sie erneuert werden, sie hinterläßt keine dauernden Spuren. Aber die Arbeit des Steins bleibt, noch nach Jahrtausenden geben die Bauten der Vergangenheit Kunde von dem Geschlecht, das sie ins Leben gerufen hat. Der Stein verbindet die Gegenwart mit der Vergangenheit, er führt ihr nicht ein bloßes Bauwerk von ihr vor Augen, sondern alle geschichtlichen Erinnerungen, die sich daran knüpfen. Daher der sonst völlig unbegreifliche Haß späterer Geschlechter gegen den toten Stein: die Vernichtung der Bauwerke der Vergangenheit, wo das Andenken an die in ihnen ausgeprägten Zustände die blinde Volkswut entfesselte, wie z. B. zur Zeit der französischen Revolution die Bastille; jede Erinnerung an die Vergangenheit sollte mit dem sie verkörpernden Stein für immer vom Erdboden vertilgt werden. Ich fasse das Gesagte unter dem Gesichtspunkt zusammen: der Stein hat eine geschichtliche Bedeutung, er ist der Träger der Kontinuität des Volksbewußtseins.

Zu den angegebenen drei Momenten gesellt sich endlich als viertes noch hinzu die Bedeutung des Steins für das Gesetz der Teilung der Arbeit. Auf den Pflug erleidet dasselbe keine Anwendung, auch der gewöhnlichste Bauer ist im stande, das Pflügen ganz und gar für sich allein zu verrichten. Aber beim Bauwesen ist dies ausgeschlossen, hier ist die Teilung der Arbeit zwischen dem Bauhandwerker und dem Baumeister unabweisbar geboten, und wenn irgendwo, so muß sie sich hier zuerst vollzogen haben. Ich beziehe mich auf dasjenige, was ich oben (S. 143) beim Bauwesen in Babylon gesagt habe. Die Teilung der Arbeit beim Bauwesen ist aber nicht bloß manueller Art, sondern sie ist die zwischen Kopf und Hand: Baukunst und Bauhandwerk, und damit gewinnt sie in kulturgeschichtlicher Beziehung eine Bedeutung, die ihr in Anwendung auf die bloße Arbeit der Hände nicht zukommt. An den Stein hat sich in Babylon die erste Erhebung zur Kunst und Wissenschaft geknüpft (S. 157 ff.). Vom Pfluge ist nie die mindeste Anregung zu irgend einer Kunst oder Wissenschaft ausgegangen, die Geschichte kommt nie in die Lage, bei ihnen seiner zu gedenken, was sie von ihm auszusagen hat, beschränkt sich auf ihn selber, seine Erfindung und allmähliche Vervollkommnung; ein kulturgeschichtlicher Einfluß, wie der Stein ihn in so hohem Grade ausgeübt hat, ist ihm zu allen Zeiten fremd geblieben.

Ich fasse das Ergebnis meiner Parallele zwischen Stein und Pflug in den Satz zusammen: der Pflug kann sich in Bezug auf seine Bedeutung für die Entwicklungsgeschichte der Menschheit mit dem Stein nicht von weitem messen, sie erschöpft sich im wesentlichen in der Nahrungsfrage, während der Stein berufen war, der Welt eine neue Gestalt zu verleihen.

Seine Geschichte beginnt, wie wir wissen, an einer Stelle, wo die Natur ihn versagt hatte und der Mensch genötigt war, ihn sich künstlich herzustellen; er teilt in der Form, in der hier sein Werk begann, als Backstein, mit dem Pflug die Eigenschaft, eine Erfindung des Menschen zu sein. Von dieser Stelle aus, wo er zuerst das Licht der Welt erblickt hatte, hat er, nachdem er die glänzendsten Leistungen vollbracht — das erste Stück seiner Geschichte —, seine Wanderung über die Welt angetreten —, das zweite Stück derselben. Alle Kulturvölker der alten Welt — von den Phöniziern und Juden braucht es nicht gesagt zu werden — verdanken den Steinbau den Babyloniern, selbst die Ägypter. In ältester Zeit haben auch sie den Backstein des Babyloniers zu ihren Bauten verwandt (S. 130), bis sie ihn später durch den Naturstein ersetzten, wie es von seiten aller übrigen Völker, als sie vom Holzbau zum Steinbau übergingen, von vornherein geschah. Bei ihnen allen ist dieser Übergang auf Rechnung, sei es der unmittelbaren, sei es der mittelbaren Berührung mit den Babyloniern zu setzen. Der unmittelbaren für die Arier Asiens, die Inder und Perser, der mittelbaren für die Europas, die durch die Phönizier mit dem Steinbau bekannt geworden sind.

Alles dies: die ganze Geschichte des Steins in der babylonischen wie in der übrigen Welt war an die Voraussetzung geknüpft, daß der Mensch, der sich in der Urzeit in dem Zweistromlande niederließ, auf den Gedanken geriet, den Ziegel herzustellen. Er mußte es, die Natur ließ ihm keine Wahl. Wollte er hier wohnen, so mußte er, da sie ihm Holz und Stein versagt hatte, sich nach einem Ersatz umsehen. Er lag ihm vor den Füßen, er brauchte nur den Lehm zu Stücken zu formen und an der Sonne zu dörren. Noch bis auf den heutigen Tag geschieht dasselbe in ähnlicher Weise in den Moorgründen an der Nordsee. Der Kolonist, der sich dort ansiedelt, und dem es ebenfalls an Holz und Stein fehlt, baut sein erstes Haus, wenn man seine überaus klägliche Hütte so nennen will, aus den von ihm selber gestochenen und an der Sonne getrockneten Torfstücken, bis er es soweit gebracht hat, sich Holz und Stein von außerhalb kommen zu lassen. Aber erst, als in Mesopotamien das Dörren des Ziegels durch das Brennen ersetzt ward, war ein dem Naturstein an Härte und Dauerhaftigkeit nahekommendes Baumaterial gewonnen. Damit war der entscheidende Schritt für die Entwicklung des Steinbaus in Babylon sowohl, wie für die übrige Welt gethan, mit ihm waren alle ferneren besiegelt, einer reihte sich mit Notwendigkeit an den andern. Denn notwendig ist nicht bloß dasjenige, wozu die Natur, sondern auch das, wozu die eigene Einsicht, der Zweck den Menschen nötigt. Das Zweckgesetz hat für den Menschen dieselbe zwingende Kraft, wie das Naturgesetz.

Man bringe alles, was ich oben (§ 23, 24) über das Bauwesen der Babylonier gesagt habe, unter diesen Gesichtspunkt und versuche, ob er die Probe besteht. Ich lasse zu dem Zweck die einzelnen Punkte, die ich dort namhaft gemacht habe, noch einmal unter diesem Gesichtspunkt der teleologischen Notwendigkeit kurz die Revue passieren.

1. Die Teilung der Arbeit im Bauwesen zwischen Bauhandwerker und Baumeister. Nicht erforderlich solange es bloß galt,

gewöhnliche Häuser herzustellen, war sie unabweisbar geboten, als man sich zum Bau der Tempel und der Befestigungswerke der Stadt erhob.

2. Der Arbeitstag mit alle dem, was er mit Notwendigkeit im Gefolge hatte: die Stundeneinteilung nebst dem für sie nicht zu entbehrenden Zeitmesser (Wasseruhr) und den periodischen Ruhetag. Man mag über meine Ansicht, daß die Arbeit durch Fronarbeiter verrichtet worden ist, denken wie man will, auch wenn sie durch freie Arbeiter beschafft ward, alle drei Dinge: der Arbeitstag, die Stundeneinteilung und der periodische Ruhetag waren um nichts weniger notwendig geboten. Daß die Babylonier sich dabei durch das Duodecimalsystem leiten ließen, hatte in einleuchtenden Zweckmäßigkeitsrücksichten seinen Grund, es ist leichter teilbar als das Decimalsystem, bei dem die Grundzahl sich nur durch 2 und 5 teilen läßt, während jenes sich durch 2, 3, 4, 6 teilen läßt.

3. Das babylonische Längenmaßsystem. Für denjenigen, der messen will, wie es der Baumeister mußte, ist es unentbehrlich: wenn irgendwo, so mußte es im Bauwesen mit absoluter Notwendigkeit zu Tage treten.

4. Die technische Seite der Baukunst: Meß=, Rechen= und Zeichenkunst. Auch der noch so wenig geschulte Baumeister kann sie nicht entbehren, er muß die Maße des Baues vorher feststellen, das Gewicht, welches das Fundament und die Mauern zu tragen haben, berechnen, die Risse des Gebäudes zeichnen.

5. Von dieser ersten rein empirischen oder praktischen Berührung mit der Mathematik bis zur wissenschaftlichen Behandlung derselben durch die Chaldäer war nur ein Schritt. Ohne die durch das Bauwesen an sie herangetragene Anregung und Nötigung hätten sie ihn schwerlich gemacht; ebenso wenig wie den in Bezug auf die wissenschaftliche Behandlung der Zeit, der ihnen ebenfalls durch die praktische Bedeutung der Zeit beim Bauwesen vorgezeichnet war.

6. Die Befestigungswerke der Stadt. Die Notwendigkeit

derselben für ein in der Ebene wohnendes, jeder Zeit dem Angriff der Berg- und Wüstenbewohner ausgesetztes Volk, bedarf nicht der Darlegung, nur in Bezug auf ihre alles sonstige Maß übersteigenden Dimensionen trifft der Gesichtspunkt des absolut notwendigen nicht zu. Habe ich oben das Richtige getroffen, so würde sich auch der babylonische Etagentempel in diese Reihe einfügen. Auch für ihn lag eine Nötigung vor, allerdings keine äußere aber eine innere: die des religiösen Gemüts.

8. Die Verdrängung des Holzbaues durch den Steinbau bei allen anderen Kulturvölkern. Diesem gegenüber vermochte sich jener, von besonderen Verhältnissen abgesehen, auf die Dauer ebenso wenig zu behaupten, wie Pfeil und Bogen gegenüber dem Schießgewehr. Das Unvollkommene weicht mit Notwendigkeit dem Vollkommeneren, das Gewehr schlägt Pfeil und Bogen, der Stein das Holz.

Alles dies war mit dem Brennen des ersten Ziegels bereits vorbereitet, keimartig gesetzt, es bedurfte nur der Zeit, um aus diesem Keim die ganze Welt hervorgehen zu lassen. Und an der nötigen Zeit hat es nicht gefehlt. Die Geschichte kennt kein anderes Kulturvolk, dem eine so unendlich lange Zeit ungestörter, durch keine Stürme, weder Bedrängungen von außen und mörderische Kriege, noch Unruhen und Umwälzungen im Innern unterbrochener Entwicklung beschieden gewesen ist, wie dem babylonischen, sie bemißt sich, wenn wir auch die Zeit mitrechnen, die auf ihre Vorgänger, die Akkader und Sumerier entfällt, nach mehreren Jahrtausenden.

Wer der Ansicht ist, daß die Volksart etwas angeborenes ist, wird als zweiten Faktor noch die eminente praktische Begabung, die den hervorragendsten Charakterzug des Volks bildet, und die dieser Ansicht zufolge auf Rechnung der Natur zu stellen wäre, mit in Ansatz bringen. Was ich davon halte, darüber habe ich mich schon an anderer Stelle (S. 94 ff.) ausgesprochen. Meiner Überzeugung nach ist kein Volk von der

Natur von allem Anfang an anders ausgestattet worden als das andere, alle sind aus ihren Händen als völlig gleiche hervorgegangen, ihre spätere Differenzierung ist lediglich das Werk ihrer durch die Verschiedenheit des Bodens (in dem früher von mir entwickelten weiteren Sinn) vorgezeichneten geschichtlichen Entwicklung. Wenn irgendwo der maßgebende Einfluß des Bodens auf die geschichtliche Entwicklung des Volks in volles Tageslicht tritt, so ist es in Babylon, hier läßt sich der Causalnexus zwischen ihm und allem, was sich auf ihm abgespielt hat: der politischen Geschichte des Volks, seiner Kultur, seinen Einrichtungen, seiner Volksart in einer Weise darlegen, wie bei keinem andern. In Bezug auf alles, was mit seinem Bauwesen zusammenhängt, ist dies oben, in Bezug auf alles, was mit den Wasserverhältnissen zusammenhängt, wird es unten geschehen. Mit dem eminenten praktischen Geschick des Babyloniers hat es dieselbe Bewandtnis, es war kein Geschenk der Natur, sondern der endliche Niederschlag einer über Jahrtausende sich hinziehenden, durch die Verhältnisse, in denen er sich fand, unabweisbar gebotenen, in diesem Sinne also durch die Natur selber ihm auferlegten Verstandesthätigkeit.

Ich nehme vom Stein Abschied, um mich im folgenden dem zweiten Faktor der babylonischen Welt: dem Wasser zuzuwenden.

7. Das Wasser in der Urzeit.

a. Die Sintflut.

XXVII. Stein und Holz hatte die Natur dem Babylonier versagt, aber dafür hatte sie ihm ein anderes Gut von unschätzbarem Wert zugewandt, das sie dem Arier vorenthalten hatte, große Ströme und das Meer. Der Besitz desselben bedeutete für ihn ein ebenso wirksames Fördernis seiner

Kultur wie für den Arier der Mangel desselben ein schwer wiegendes Hemmnis.

Dessen war er sich selber im vollsten Maße bewußt. Zeugnis dafür legt ab sein Gott Nun, welcher die Personifikation der Idee enthält, daß das Wasser der Quell alles Lebens ist, und zwar sowohl in dem historischen Sinn, daß die Erde aus dem Wasser hervorgegangen ist, als in dem, daß das Wasser der Quell alles Segens, das belebende Element der Schöpfung ist. Er wohnt in der Tiefe des Meeres, in dem großen Urwasser (ebenfalls nun genannt), aus dem einst die ganze Erde sich erhoben hat[170]). Ursprünglich hat das Wasser die ganze Erde bedeckt, dann haben sich Erde und Meer geschieden, die bekannte kosmogenetische Vorstellung des alten Testaments. Wie ist der Mensch dazu gekommen, sie sich zu bilden? Der Paläontologe entnimmt sie den fossilen Überresten der Fauna des Meeres auf der Erde, aber auf diesem Wege der wissenschaftlichen Schlußfolgerung ist sie dem Menschen auf der niedersten Stufe der Erkenntnis schwerlich zugekommen. Im Stromgebiet des Euphrat und Tigris bot sich ihm ein anderer Weg dar, der in ungleich höherem Grade die Wahrscheinlichkeit für sich hat. Es war der der unmittelbaren sinnlichen Wahrnehmung. Die ganze Niederung, welche er bewohnte, war in der Urzeit gänzlich vom Wasser bedeckt gewesen, und noch in der Zeit, als die Sumerier und Akkader einen Teil desselben besiedelt hatten, setzte sich die Scheidung von Land und Wasser fort, und der Prozeß hat nie aufgehört, selbst nicht bis auf den heutigen Tag[171]).

---

170) Hommel a. a. O. S. 19, 197, 255.

171) Hommel S. 181, 182: „Der persische Meerbusen reichte im Altertum viel weiter landeinwärts, als in späterer Zeit, wie benn noch heutzutage langsam, aber stetig die Menge des angeschwemmten Landes zunimmt (im Altertum um eine englische Meile in 30, gegenwärtig in 70 Jahren).

Diesen unter ihren Augen sich abspielenden Vorgängen haben die ersten Bewohner des Landes, die Akkader und Sumerier ihre kosmogenetische Vorstellung von der Bildung der Erdoberfläche entnommen: alles Land ist aus dem Meere hervorgegangen, sie bildete ein Stück ihrer Religion, der Personifikation des einst die ganze Welt in sich schließenden Urwassers in Gott Nun. Die Juden haben, als sie sich vom babylonischen Muttervolk trennten, wie so vieles andere, auch diese Vorstellung von dorther mitgenommen, nur daß sie an Stelle des in der Tiefe des Wassers thronenden Gottes Nun Gott den Herrn setzten, der über dem Wasser schwebt. Durch sie mag sie gleich anderen den Ägyptern zugetragen worden sein, bei denen sie sich ebenfalls findet[172]). Bei beiden Völkern, Juden wie Ägyptern, waren die Verhältnisse des Landes ungleich weniger danach angethan, sie auf originärem Wege ins Leben zu rufen, als in Mesopotamien; hier brauchte der Mensch nur die Augen zu öffnen, um zur Einsicht zu gelangen, daß der Boden, den er bewohnte, einst Meeresboden gewesen und durch Zurücktreten des Meeres trocken geworden war.

Aber das Meer hat sich vor ihm nicht immer zurückgezogen, ein Mal hat es vorübergehend seine Fluten ins Land ergossen, alles weithin überschwemmend und verheerend. Es war die uns aus dem alten Testamente bereits bekannte Sintflut. Nach dem mosaischen Bericht hat sich das Ereignis abgespielt vor dem Turmbau zu Babel, d. i. zu einer Zeit, wo die Juden Babylon noch nicht verlassen hatten, sie nahmen also die Erinnerung daran bereits mit. Aber der Umstand, daß ihnen die Anschauung des Meeres, das dabei eine wesentliche Rolle gespielt hatte, verloren gegangen war, hat es bewirkt, daß das Ereignis in ihrer Vorstellung eine erheblich andere Gestalt angenommen hat, als die, in der es sich in

---

172) Hommel S. 19, 20, der gleichfalls eine Übertragung von den Babyloniern auf die Ägypter annimmt.

Wirklichkeit zugetragen hatte. Die Kenntnis des wahren Herganges verdanken wir einem neuerdings aufgefundenen babylonischen Bericht. Er ist enthalten in dem elften Kapitel des altbabylonischen Nationalepos vom Izdubar[173]), wo dieser sich ihn von dem zu den Göttern versetzten frommen Mann der Sage, Chasis-adra, dem Noah der jüdischen, erstatten läßt. Mit dem alttestamentlichen Bericht stimmt er nur in dem einzigen Punkte überein, daß von dem ganzen sündhaften Geschlecht, das nach göttlichem Ratschluß vertilgt werden soll, nur ein Einziger um seiner Frömmigkeit willen mit den Seinigen gerettet wird, dem die Gottheit selber im voraus das Ereignis verkündigt und die Art, wie er seine Rettung zu bewerkstelligen hat, vorzeichnet. In allen anderen Punkten weichen beide voneinander ab, und zwar läßt sich meines Erachtens deutlich erkennen, wodurch die Abweichung bewirkt worden ist. Während das Ereignis, wie sofort gezeigt werden soll, sich in Wirklichkeit in der Nähe der See abgespielt hat und sich nur hier abspielen konnte, hat der alttestamentliche Bericht es so zugestutzt, wie es nach Vorstellung des Binnenländers auch im Binnenlande vor sich gehen konnte; die charakteristischen Züge des altbabylonischen Berichts, welche auf die See hinweisen, sind dabei verloren gegangen.

Ich stelle im folgenden die Abweichungen beider Berichte zusammen. Es sind vier.

Der erste besteht darin, daß der alttestamentliche Bericht sich jeder Ortsangabe enthält, während der altbabylonische den Schauplatz des Ereignisses ganz genau angiebt: die „Stadt Surippak am Ufer des Euphrat" (I, 11), welche damals schon uralt war (I, 12). Es ergiebt sich daraus zweierlei.

---

173) Übersetzung von Paul Haupt in seinem Exkurs zu Schrader, Die Keilinschriften und das alte Testament. Gießen 1883. S. 55 fl. Die folgenden Citate im Text enthalten die Kolumnen und Zeilen des Berichts.

II, 7. Das Wasser in der Urzeit. a. Die Sintflut. § 27.

Zunächst, daß das Ereignis zu einer Zeit stattfand, wo die Kultur bereits ein langes Alter hinter sich hatte, was außerdem auch daraus hervorgeht, daß Chasis-adra Gold und Silber mitnimmt (II, 25, 26), ein Umstand, auf den ich seiner Zeit (§ 29) zurückkommen werde. Sodann, daß es in einem Flach=land spielt, zu dem das Meer im Fall seines Austretens völlig freien Zutritt hatte.

Der zweite Punkt besteht in der Schilderung des Ereig=nisses. Nach dem alttestamentlichen Bericht „thun sich auf die Brunnen in der Tiefe und die Fenster des Himmels", Meer und Erdbeben spielen dabei keine Rolle. Nach dem babylonischen „regnen nicht bloß die Himmel Verderben" (II, 31) und „die Kanäle strömen über" (II, 46), sondern „die Wirbelwinde werden entfesselt" (II, 45) und „die Anunnaki (= die Götter des großen Wassers) bringen Fluten" (II, 47) und „machen die Erde erzittern durch ihre Macht (II, 48), Ramāns Wogenschwall steigt bis zum Himmel empor (II, 49) und alles Licht verfällt der Finsternis" (II. 50).

Auf Grund dieser Darstellung hat der Geologe Sueß[174]) die Ursache des Ereignisses in dem Zusammentreffen von Erdbeben und Cyklonen in dem Gebiet des persischen Meerbusens erblicken wollen, und meiner Ansicht nach hat er damit vollkommen das Richtige getroffen. In Folge dessen trat das Meer ins Land hinein, was sich aufs unzweifelhafteste daraus ergiebt, daß das Schiff landeinwärts getrieben ward, bis es an den Bergen (Armeniens) Halt machte, während es doch, wenn die Wassermasse zufolge des alttestamentlichen Be=richts bloß von oben und unten gekommen wäre, mit Not=wendigkeit in die See hätte treiben müssen[175]). Auf diese

---

174) Das Antlitz der Erde. Prag und Leipzig 1883. Abt. 1. Abschn. 1. Die Sündflut S. 25 fl.

175) Wenn Dillmann, Die Genesis Leipzig 1886 S. 135, die Deutung von Sueß nur als möglich, eine binnenländische Über=schwemmung aber für ebenso möglich, ja nach der Haltung der anderen

Weise erklären sich auch die „Wirbelwinde", die „Fluten" und der bis „bis zum Himmel emporsteigende Wogenschwall" des Berichts, sie führen uns das durch Cyklone und Erdbeben gepeitschte Meer in aller Anschaulichkeit vor Augen, wozu sich noch die „Finsternis" gesellt, die bei Cyklonen einen Grad erreichen kann, daß man in einem von Sueß (S. 46) mitgeteilten Fall nicht mehr imstande war, „das Ende des Schiffs zu erblicken"

Der dritte Punkt betrifft die Zeitdauer des Ereignisses. Der babylonische Bericht nennt sechs Tage und sieben Nächte, der alttestamentliche vierzig Tage und Nächte. Bei beiden kann meines Erachtens über die Absichtlichkeit der Zeitbestimmung kein Zweifel obwalten.

Warum bestimmt jener die Zahl der Tage nur auf sechs, warum nicht wie es doch das Natürlichste gewesen wäre, gleich der der Nächte auf sieben? Weil der Gott, der die Elemente entfesselt hat, am siebenten Tage ruht, ebenso wie Gott Jehova nach der Schöpfung, das ist der Sabbat, wo selbst die Götter nicht arbeiten. Es ist die Vorstellung der Arbeitswoche des Babyloniers (S. 146 ff.) übertragen auf die Götter; sie hat begonnen mit dem Abend des einen Sabbat und endet mit dem Ende der Nacht vor dem zweiten, bis dahin hat allerdings der Gott im Unterschiede von dem schwachen Menschen, welcher der Nachtruhe bedarf, Tag und Nacht durcharbeiten müssen.

Der Grund, warum der alttestamentliche Bericht die Zahl der Tage und Nächte so außerordentlich erhöht, liegt auf der Hand. Es mußte dem Volk begreiflich gemacht werden, wie es zuging, daß des Wassers so viel werden konnte, daß niemand selbst auf den höchsten Bergen sich zu retten vermochte,

---

Flutsagen für wahrscheinlicher erklären will, so hat er dabei dies entscheidende Moment von Sueß gänzlich außer acht gelassen. Wohin sollte sich das Wasser nach Endigung der Sintflut verlaufen, wenn nicht in die See? Mit dem Wasser wäre aber auch die Arche in die See getrieben.

und daß diese selbst fünfzehn Ellen hoch unter Wasser standen (1. Mos. 7, 20). Dazu bedurfte es eines ungleich längeren Zeitraums als der sechs Tage und sieben Nächte des babylonischen Berichts, die ebenfalls des Guten mehr als genug thaten, da bereits ein einziger Tag vollkommen dazu ausgereicht hätte; die erhöhte Zahl kommt in beiden Fällen auf Rechnung der Sage, welche dem Volk den Hergang plausibel zu machen suchte. Hier wie dort hat sie sich von der Wirklichkeit weit entfernt; es giebt keine Cyklone und Erdbeben, die sechs Tage, keinen Regen nach Art des alttestamentlichen Berichts, der vierzig Tage währt; die Erdichtung ist in beiden Fällen mit Händen zu greifen.

Der vierte Punkt der Abweichung beider Berichte betrifft die Art des Fahrzeuges, in dem der fromme Mann sich rettete: in dem babylonischen ist es ein Schiff, in dem alttestamentlichen ein Bretterkasten, die bekannte Arche Noah. Die Arche malt uns den Binnenländer, der von dem Erfordernis eines Fahrzeuges, das sich sicher auf dem Wasser halten soll, b. i. dem Kiel, keine Vorstellung hat.

Mein Gesamtergebnis lautet: Der alttestamentliche Bericht enthält die Anpassung eines Ereignisses, das die See zur Voraussetzung hatte, an das Vorstellungsvermögen des Binnenländers, dem die Anschauung von der See und allem, was mit ihr zusammenhängt, fehlte.

b. Die Wasserbauten der Babylonier.

XVIII. Das Wasser schließt für den Landwirt möglicherweise zwei Aufgaben gerade entgegengesetzter Art in sich: das Wasser, wo es daran mangelt, seinem Grundstück zuzuführen und es, wo es ihm Schaden droht, von ihm abzuwehren [176]. Die Natur kann ihn beider Aufgaben überheben.

---

176) Rechtliche Gestaltung dieses Gegensatzes vom aquam ducere und arcere im römischen Recht in der servitus aquae ductus und aquae haustus und der actio aquae pluviae arcendae.

So der ersten in der gemäßigten oder kalten Zone, wo die atmosphärischen Niederschläge sich über das ganze Jahr verteilen und die Sonne nicht Macht genug hat, um das Wasser rasch wieder verdunsten zu lassen; hier sorgt der Himmel für ihn und erspart ihm die Nötigung, sich das Wasser auf künstlichem Wege zu holen. Ebenso der zweiten, wenn die Terrainverhältnisse nicht derartig sind, um ihn eine Gefahr vom Wasser befürchten zu lassen. Anders in Bezug auf die erste in der heißen Zone, wo die atmosphärischen Niederschläge ihm nur in der Regenzeit oder nur selten zu teil werden und unter der glühenden Sonne rasch wieder verdampfen; ohne Vorrichtungen für eine geregelte Zufuhr des Wassers zur Zeit der Dürre ist er hier ein verlorener Mann, sein Land verschmachtet, die Herstellung künstlicher Wasserleitungen ist ihm hier durch die Natur selber in so zwingender Weise vorgezeichnet, daß sie eine der ersten Sorgen bildet, die der Mensch in diesen Gegenden sich hat obliegen lassen; selbst bei Völkern auf niedrigster Kulturstufe findet sich eine Organisation des Wasserwesens, die den Mann des Nordens mit Staunen erfüllen kann, und die alle ihre sonstigen Einrichtungen weit hinter sich läßt[177]). Ebenso in Bezug auf die zweite Aufgabe in Gegenden, wo wie in den Bergen reißende Gebirgswasser, in der Ebene die See oder vorübergehend aus ihren Ufern tretende Ströme den Menschen nötigen, sich des verderblichen Elements zu erwehren. Hier

---

177) So in den von den Russen unterworfenen Teilen Centralasiens, wo sie ein seit Jahrtausenden bestehendes höchst ausgebildetes und rechtlich bis ins kleinste geregeltes Bewässerungssystem antrafen. Von welcher Bedeutung dasselbe war, sollte sich bald unter der russischen Herrschaft zeigen. Die russische Administration, welche die einheimische ablöste, hatte für die Einrichtung kein Verständnis, und die Folge der dadurch bewirkten Verwahrlosung und Gesetzlosigkeit war, daß nach dem Zeugnis des russischen Naturforschers und Reisenden Middendorf in einem Zeitraum von zwei Jahren ganze Distrikte, darunter welche von 40 Dörfern, verödeten.

sind Deiche, Dämme, Stromregulierungen, Abzugsgräben, welche das Wasser fern halten sollen, ebenso geboten wie dort die Wasserleitungen, die es herbeiführen sollen.

In Mesopotamien trafen beide Aufgaben zusammen, beide von einer Dringlichkeit und Unabweisbarkeit, daß die Bevölkerung sich ihnen garnicht entziehen konnte. Austreten der Flüsse im Frühjahr und zur Regenzeit und Überschwemmung der weiten Ebene, — Wassermangel zu allen übrigen Zeiten des Jahres und Verschmachten des Landes, das war die Lage, welche die Natur dem Menschen bereitet hatte. Aber der Babylonier hat es auch hier wiederum verstanden, die scheinbare Ungunst der Natur in Segen zu verkehren, er hat die Ströme sich unterthänig gemacht, indem er sie nötigte, in ihrem Bett zu bleiben und ihm für die Zeit der Dürre das erforderliche Wasser zu spenden[178]). Jenes geschah zunächst durch die mächtigen Dämme, mit denen er sie umgab, sodann durch die Stromregulierungen, insbesondere durch Herstellung eines gewundenen künstlichen Strombettes an Stelle des geraden, dieses durch Ableitung des Wassers in breite Kanäle und künstlich hergestellte Seen, welche eine solche Ausdehnung hatten, daß auf einem derselben die Flotte Alexanders bei ausbrechendem Sturm in Gefahr geriet. Überall befanden sich Schleusen, um das Wasser je nach Bedürfnis abzusperren oder zu entlassen, aus den Kanälen ward es durch Schöpfwerke aufs höher liegende Land gehoben. Für die Wasserbauten war der Ziegel nicht tauglich, an Stelle desselben bediente man sich des Natursteins, den man von außerhalb bezog (§ 29) und der bei den Landbauten keine Verwendung fand; die Quais der Flüsse und die Pfeiler der Brücke von Babylon waren ganz aus Quadern hergestellt.

So war Mesopotamien gegen die doppelte Gefahr, welche

---

178) Über alles Folgende s. Hirt, Geschichte der Baukunst bei den Alten 1 S. 148—155.

ihm drohte, die der Überschwemmung durch seine beiden Ströme im Falle des hohen Wasserstandes, wie die des Wassermangels für das Land zur Zeit der Dürre durch seine meisterhaften Wasserbauten aufs vollständigste gesichert, sie erregten selbst bei den Ägyptern, ihren einzigen Rivalen in diesem Punkt in der alten Welt, Bewunderung[179]). Ein enges Netz von Kanälen, von großen, welche unmittelbar durch den Strom getränkt wurden, und von kleinen, die von ihnen ihr Wasser erhielten, erstreckte sich über das ganze Land und führte den Segen des Wassers selbst dem entlegensten Fleck Erde zu. Reichten die Ströme zur Zeit des niedrigen Wasserstandes nicht mehr aus, die nötige Wassermenge zu liefern, so halfen die gewaltigen Wasserbassins der künstlichen Seen aus. Auf diese Weise war das Zweistromland selbst zur Zeit der äußersten Dürre gegen die Gefahr des Verschmachtens gesichert, durch das künstliche Berieselungssystem war es in einen blühenden Garten verwandelt worden, späterhin ist es infolge der Vernachlässigung desselben wiederum geworden, was es vorher war, eine Wüstenei.

Mit der Landwirtschaft wetteiferte die Gartenkunst. Ein Garten bildete den Stolz und das Entzücken des Babyloniers, der Anschauung von ihm ist die alttestamentliche Vorstellung des Paradieses entnommen. Ein wahres Wunderwerk, welches das Staunen der alten Welt erregte, leistete die Gartenkunst in den hängenden Gärten des Nabuchodonosor[180]). Bei ihnen begegnen wir zwei Einrichtungen, die in Babylon zuerst das Licht der Welt erblickt haben, dem

---

179) Ob die Ägypter bei ihrem gewaltigen, nach Herodot künstlich gegrabenen See Moeris das Vorbild der Babylonier oder diese bei ihren Seen das der Ägypter nachgeahmt haben, steht dahin; ich meinerseits zögere nicht, bei der früher nachgewiesenen Priorität der Babylonier in Bezug auf den Landbau, mich auch in Bezug auf die Wasserbauten für die erstere Ansicht zu entscheiden.

180) Beschreibung bei Hirt, Geschichte der Baukunst der Alten I S. 142 fl.

Hinaufschaffen des Wassers mittelst der Wasserschnecke und dem Springbrunnen. Hoch oben auf dem etagenweise aufgeführten Bauwerk befand sich ein gewaltiger Wasserbehälter, aus dem die Gartenanlagen und die Springbrunnen auf den einzelnen Etagen durch Röhrenleitung gespeist wurden.

So brauchen also die Wasserbauten der Babylonier den Vergleich mit ihren Landbauten nicht zu scheuen, ja in Bezug auf die Großartigkeit der Konception möchte ich ihnen sogar noch den Preis vor jenen zugestehen. Welche Verwegenheit des Planens gehörte dazu, um z. B. auf den Gedanken zu geraten, einen breiten, gewaltigen Strom wie den Euphrat vorübergehend abzuleiten, um eine Steinbrücke über ihn zu schlagen, oder ganze Seen auszugraben. Wasserbauten ähnlicher Art hat die Welt Jahrtausende hindurch nie wiedergesehen, weder bei den Alten, noch bei den neueren Völkern, erst in unsern Tagen ist im Suezkanal ein Werk geschaffen worden, das sich mit ihnen vergleichen läßt. Selbst ein im größeren Maßstabe durchgeführtes künstliches Berieselungssystem suchen wir auf dem Boden Europas, auch da, wo es am Platze gewesen wäre, vergebens; die Staatsgewalt hat die Sorge für die Berieselung dem Individuum überlassen. Der Arier hat sich nie zu dem Gedanken des Babyloniers aufgeschwungen, daß es sich hierbei um ein öffentliches Interesse handele, das die Staatsgewalt selber in die Hand zu nehmen habe. Erst durch den Araber, als er nach Spanien kam, ist dieser Gedanke nach Europa hinübergetragen und von ihm in vollendeter Weise zur Ausführung gebracht worden, ohne aber anderwärts Nachahmung zu finden. Der Araber bewährte sich in diesem Punkte als würdiger Abkömmling oder Stammesvetter des alten Babyloniers, mit dem er auch den Ziegelbau und die Vorliebe für den Garten und den Springbrunnen teilt. Die Berieselungswerke kann man als das Monogramm des Semiten bezeichnen, wodurch er überall seine Anwesenheit auf dem Boden, wo er heimisch gewesen ist, kund gegeben hat.

Großartige Wasserleitungen hat auch der Römer ins Werk gesetzt, aber sie hatten nur den Zweck, der Bevölkerung das nötige Wasser zuzuführen, nicht das Land zu speisen; der Gedanke eines von Staatswegen ins Leben zu rufenden Berieselungssystems ist auch den Römern nie gekommen; er bildet eins der Unterscheidungsmerkmale des Semiten von dem Arier.

Ich habe früher (S. 107 ff., 142) die Bedeutung der Arbeit für die Bildung der Volksart hervorgehoben und auf den gewaltigen Abstand hingewiesen, der sich bei einem Vergleich der vom Semiten geleisteten Arbeit mit der des Ariers ergiebt. Zu den zwei bereits erwähnten Arbeitspensen des ersteren: der Landwirtschaft und dem Landbau, fügte der Wasserbau noch ein drittes hinzu, welches das erste weit hinter sich ließ und dem zweiten mindestens gleich kam. Welch unermeßliches Quantum nationaler Arbeitsleistung in demselben enthalten war, bedarf dem Obigen nach nicht noch der Darlegung. Aber das quantitative Moment dieser Arbeitsleistung ist nicht das einzige, welches daran hervorgehoben zu werden verdient, in meinen Augen wird dasselbe vielmehr an Bedeutung noch überboten durch ein anderes, das der Gemeinsamkeit der Arbeit, das der Aufwendung derselben für einen das ganze Volk betreffenden Zweck. Gemeinsame Verfolgung eines und desselben Zweckes durch Vereinigung der Kräfte Aller bildet den entscheidenden Schritt, durch den ein Volk sich von der uranfänglichen, niederen Stufe des bloß natürlichen Daseins zu der des staatlichen erhebt, die erste Lebensregung des Staats, jedes neue Stück Arbeit, das es in dieser Weise beschafft, bedeutet einen ferneren Schritt auf der Bahn der staatlichen Entwicklung — der Höhenpunkt, der einem Volk zugesprochen ist, bemißt sich nach der Energie, mit der, und dem Umfange, in dem es den Gedanken der gemeinsamen Arbeit verwirklicht hat — die gemeinsame Arbeit hat für den Staat dieselbe Bedeutung wie die individuelle für das Eigentum, beide, Staat und Eigentum, sind Arbeitsprodukte und haben die Arbeit wie zu ihrem historischen Ausgangspunkt so auch zu ihrer dauernden Grundlage, die Staatsthätigkeit vergegenwärtigt uns die eine, die nationale Güterproduktion die andere, letztere ist die gesellschaftliche im Gegensatz zur staatlichen.

Damit habe ich den Maßstab aufgestellt, nach dem ich den Höhenpunkt der staatlichen Entwicklung eines Volks beurteile, und den ich im folgenden auf die Arier und Babylonier zur Anwendung bringen werde. Aber der Anlaß, der mich darauf geführt hat, die gewaltige gemeinsame Arbeit, welche in den Wasserbauten der Babylonier steckt, könnte dem Mißverständnis Raum geben, als ob ich unter der gemeinsamen Arbeit lediglich die manuelle verstände, welche in realen Arbeitsprodukten äußerlich sichtbar wird. Ich verstehe unter ihr vielmehr jede Vereinigung der Kräfte der Gesamtheit zur Verfolgung eines und desselben gemeinschaftlichen Zweckes. Dazu gehört auch die Abwehr des äußeren Feindes, und dieser Zweck ist geschichtlich der erste Anlaß gewesen, der die Völker zur Vereinigung ihrer Kräfte genötigt hat; der Zweck der Selbsterhaltung nimmt bei Völkern wie bei Individuen die erste Stelle ein, er, nicht der Rechtszweck enthält den ersten Ansatz zur Staatsbildung. Aber nicht schon dann, wenn die Vereinigung mit dem Anlaß, der sie ins Leben rief, wieder ihr Ende nimmt, sondern erst, wenn sie Bestand gewinnt, d. i. wenn sie zu einer geregelten Heereseinrichtung führt. Im Heerwesen hat der Staat zuerst das Licht der Welt erblickt, die Organisation desselben bildet den Maßstab zur Bemessung der ersten staatlichen Entwicklung. Einen weiteren Schritt auf derselben Bahn enthält die Anlage befestigter Plätze zur Abwehr des Feindes. Der zweite Zweck, der an die Reihe kommt, ist die Gottesverehrung. Ursprünglich lediglich auf das Haus und die Familie beschränkt, das Opfer am häuslichen Herde und der Ahnenkultus am Grabe, wird sie im Laufe der Zeit eine gemeinsame Angelegenheit des ganzen Volks, es werden Priester eingesetzt und den Göttern Tempel errichtet. Priester und Tempel bedeuten für diesen Zweck dasselbe, was das Heer und befestigte Städte für den ersten; sie bilden das Kriterium der staatlichen Verfolgung desselben durch Aufbietung gemeinsamer Mittel, das Volk hat die Priester zu erhalten und die Tempel zu bauen. Bei den Ariern in ihrer ursprünglichen Heimat findet sich von alledem noch nichts, wir begegnen bei ihnen weder einer Heereseinrichtung und befestigten Städten, noch Priestern und Tempeln, von einem Staatswesen, d. i. einer dauernden Vereinigung zu einem und demselben Zweck kann daher bei ihnen noch nicht die Rede sein, sie bilden ein Volk, keinen Staat. Trug ein Krieg die Nötigung an sie heran, sich zu vereinigen, so hörte die Einigung mit dem Anlaß wieder auf. Zu einer Heeresorganisation haben die Arier es erst gebracht, als das Tochtervolk sich vom Muttervolk trennte, während der Wanderzeit, die mit unausgesetztem Kampf gleichbedeutend war, war sie unabweisbar geboten. Es war der erste Ansatz zur Staatsbildung — im Heere hat der Staat bei den Ariern das Licht der Welt erblickt. Unsere heutige Staatstheorie müßte ihm allerdings den Anspruch auf diese Bezeichnung absprechen, da es ihm an dem von ihr für wesentlich erklärten Erfordernis fehlte: seiner festen Domizilierung im Raum, dem Staatsgebiet. Allein das ist eine Abstraktion, die sie der Erscheinung des Staats in der historischen Zeit entnommen hat und die hier vollkommen zutrifft, die aber für die Periode der Wanderung der Völker keine Geltung beanspruchen kann. Sie zeigt uns die Möglichkeit einer völlig abweichenden Erscheinungsform des Staats, des Wanderstaats. Die genauere Betrachtung der Verhältnisse des arischen Wandervolks während der Wanderung (Buch IV) wird darthun, daß wir es hier nicht mit einem bloßen Wandervolk, sondern mit einem Wanderstaat zu thun haben. Alle seßhaften Völker, auf die er bei seinem Zuge stieß, sind ihm erlegen; er selber hat sich stets behauptet — die Unabhängigkeit der Staatsidee von dem territorialen Moment und zugleich ihre Überlegenheit über dasselbe hätte von der Geschichte nicht eindringlicher veranschaulicht werden können.

Ich kehre nunmehr zum Babylonier zurück, um den Gesichtspunkt, den ich oben als Maßstab für die Höhe der staatlichen Entwicklung aufstellte: Vereinigung der Kräfte des Volks zur Verfolgung eines und desselben gemeinsamen Zwecks, auf ihn zur Anwendung zu bringen.

Mit diesem Maßstab gemessen stellt sich sein Staatswesen als ein ganz außerordentlich hoch entwickeltes dar, die Arier Europas haben Jahrtausende gebraucht, bis sie es zu derselben Höhe brachten. Ihr Bauwesen führt uns zwei Leistungen allerersten Ranges vor, die eine dem Wehrzweck, die andere der Gottesverehrung bestimmt: die Befestigungen Babylons (S. 164 ff.) und die Tempel (S. 159 ff.), beide lassen alles, was andere Völker des Altertums, mit Ausnahme der Ägypter, ihnen an die Seite stellen können, weit hinter sich. Zu ihnen gesellen sich, denselben beiden Zwecken dienstbar, zwei Einrichtungen hinzu, die Heereseinrichtung [181]) und die ökonomische Fundation des Kultus mit öffentlich angestellten Priestern.

Wehrzweck und Gottesverehrung bilden bei allen Völkern die ersten Ansatzpunkte der Gemeinsamkeit des Handelns, d. i. der Erhebung zum staatlichen Dasein; das Bezeichnende derselben für die babylonische Welt besteht in dem staunenswerten Aufwand an nationaler Kraft, mit dem sie hier verwirklicht worden sind. Das Eingreifen der Staatsthätigkeit blieb aber auf diese beiden Zwecke nicht beschränkt, es gab noch zwei andere, denen wir sie ihre ganze Sorgfalt zuwenden sehen: die Landwirtschaft und den Handel. Jener nahmen sie sich an durch Herstellung des oben geschilderten über das ganze Land sich erstreckenden Kanalisations- und Berieselungssystems, diesem

---

181) Daß es in Babylon an der Organisation des Heerwesens nicht gefehlt haben kann, betrachte ich als unzweifelhaft, obschon ich positive Zeugnisse dafür nicht beizubringen vermag.

ebneten sie die Straßen zu Wasser und Lande: zu Wasser mittelst Stromregulierungen und durch Ziehen eines Verbindungskanals zwischen Euphrat und Tigris, — zu Lande durch Anlage gepflasterter Straßen (S. 175).

Das sind die Leistungen, deren die Staatsgewalt in Babylon sich rühmen kann, und die für die Art, wie sie ihre Aufgabe erfaßt hatte, ein beredtes Zeugnis ablegen. Wie hoch steht sie über jener Ansicht einer nicht gar fern hinter uns liegenden Periode, welche diese Aufgabe des Staats in den Rechtszweck setzte. Was würde die Geschichte von der babylonischen Welt zu berichten wissen, wenn die Staatsgewalt sich durch diese Ansicht hätte leiten lassen! Ohne sie wäre das Land geblieben, was es in der Urzeit war, und was es wieder geworden ist, seitdem die Staatsgewalt ihre Hand davon gezogen hat, Sumpf und Wüstenei. Daß es das fruchtbarste Land der Welt geworden ist, verdankt es lediglich dem im großartigsten Stil entworfenen und mit äußerster Aufbietung der Kräfte der gesamten Bevölkerung ausgeführten System der Kanalisation und Berieselung. Dazu aber bedurfte es einer Gewalt, welche den Plan feststellte, die Ausführung leitete und ihre Anordnungen mittelst Zwanges verwirklichte; eine solche, ein ganzes Volk zur Verfolgung gemeinsamer Zwecke mittelst Zwangsgewalt in Aktion versetzende Macht nennen wir aber Staatsgewalt. Jedes der großen Werke, welche der Boden von Mesopotamien aufzuweisen hat, legt von ihr Zeugnis ab, und soweit sie in die Vergangenheit zurückreichen, d. i. bereits in die vorbabylonische Zeit der Akkader und Sumerier, ist hier das Dasein des Staats zurück zu datieren. Auf diesem Fleck hat er zuerst in der Geschichte das Licht der Welt erblickt, und alles Große, was hier zu Tage getreten ist, hat seinen letzten Grund darin, daß er existierte; daß er selber existierte, seinen letzten Grund wiederum in der an den Menschen herangetragenen Nötigung der Natur. Nirgends ist der von ihr auf eine Bevölkerung ausgeübte Zwang, ihre Kräfte zur Verfolgung eines gemeinsamen Zweckes in planmäßiger Weise aufs höchste anzuspornen, ein so unabweisbarer gewesen, als auf dem Fleck Erde, auf dem die Babylonier sich angesiedelt hatten, der Staat war hier eine Lebensfrage, die Bedingung des menschlichen Daseins — paradox ausgedrückt könnte man sagen: er steckte im Wasser, ist aus ihm hervorgegangen, nicht minder wie nach der Kosmogonie des Volks die ganze Erde. Der Arier verdankt das Aufkommen des Staats den Nötigungen der Wanderschaft, der Semite denen des Bodens, bei beiden war es das reale Moment der Sicherung des Daseins, bei jenem der Sicherung gegen den Feind, bei diesem gegen die Natur; bei beiden bildete er die Bedingung ihres Daseins; bei beiden stellt er sich dar in derselben Form, die für alle Zeiten das Kriterium der Staatsthätigkeit bleiben wird: Form der Vereinigung der Kräfte (Mittel) der Gesamtheit zur Verfolgung eines von ihr als Lebensbedingung der Gesellschaft empfundenen Zweckes — die Zwecke wechseln, die Form ihrer Verfolgung und die an den Staat ergehende Aufgabe, sie in die Hand zu nehmen, bleiben ewig dieselben.

c. Strom- und Seeschiffahrt der Babylonier.

XXIX. Der Arier kannte nur Kähne und Nachen, mit denen er über den Fluß setzte, und die er sich durch Aushöhlen von Baumstämmen herstellte; ein Schiff, d. i. ein für den Warentransport bestimmtes und in seiner Größe und Konstruktion (Kiel) danach eingerichtetes Fahrzeug hat er nie erbaut; er hätte dafür, selbst wenn es ihm geschenkt worden wäre, gar keine Verwendung gehabt; denn das einzige Handelsgut, das er darauf hätte verladen können, sein Vieh, konnte er ungleich müheloser treiben. Damit der Mensch auf den Gedanken verfallen konnte, ein Schiff zu erbauen, um durch Benutzung des Wassers der Reibung, welche mit dem Landtransport verbunden ist, zu entgehen, bedurfte es zweier Voraus-

setzungen, der durch schiffbare Flüsse oder das Meer ihm er-
öffneten Wasserstraße und der Möglichkeit einer Ladung. Zur
Ladung eignen sich aber nur Güter: Erzeugnisse der Natur
oder des Erwerbsfleißes, die hier fehlen, dort sich finden. In
einem Lande, wo alles, dessen die Bevölkerung bedarf, an allen
Orten in ausreichender Menge und gleicher Güte zu haben ist,
hätte das Lastschiff nichts zu thun, Mangel an der einen,
Überfluß an der anderen Stelle, Ausgleichung des beiderseitigen
Bedürfnisses, kurz Möglichkeit des Handels ist die unerläßliche
Voraussetzung der Schiffahrt.

In Bezug auf die erste der beiden Voraussetzungen war
das Zweistromland durch die Natur im reichsten Maße bedacht.
Euphrat und Tigris waren nur in den oberen Partieen, wo
sie sich durch die Felsen hindurchwinden mußten, dem Schiffe
unzugänglich, hier setzten die Stromschnellen und das reißende
Gefälle sowohl der Thal- wie der Bergfahrt ein unübersteigliches Hindernis entgegen. Nur ein Floß vermag diese Strecken
zu passieren, und ich gebe im folgenden die Beschreibung,
welche Moltke von der heutigen Einrichtung desselben entwirft [182]). Es werden Baumstämme zu einem Floß verbunden,
und dem Floß wird eine Unterlage von 40—60 aufgeblasenen
und verpichten Hammelhäuten gegeben. Dadurch erlangt dasselbe eine — um mich der Worte Moltkes zu bedienen, der damit selber eine Fahrt bestanden hat, — „Leichtigkeit, Beweglichkeit, Lenkbarkeit, daß es sich biegt wie ein Fisch und die
Gestalt der Welle annimmt, auf der es schwimmt." Die
Baumstämme des Flosses und das darauf geladene Vieh werden am Bestimmungsort verkauft, die dafür eingekauften Waren
und die Hammelhäute werden auf dort erstandenen Mauleseln
oder Kamelen auf dem Landwege zurückbefördert. Die Einrichtung wird, nur in etwas veränderter Gestalt, bereits von

---

182) Moltke, Briefe über Zustände und Begebenheiten in der
Türkei. Berlin 1841. S. 241, 290.

Herodot (I, 194) beschrieben, und sie erscheint ihm nach der Stadt Babylon als „das größte Wunder" des Landes. Sicherlich wird man sie weit in die Vergangenheit zurückdatieren dürfen; die Findigkeit der Babylonier hätte sich in diesem einzigen Punkt gänzlich verleugnen müssen, wenn sie nicht auf diesen bequemen Ausweg verfallen wären, sich aus den Gebirgsgegenden das ihnen fehlende Nutz= und Brennholz und Schlachtvieh zu verschaffen, wozu nach Herodot noch der Wein hinzu kam. Daß Vieh mit demselben transportiert werden konnte, geht aus seinem Bericht hervor, wonach die Führer des Flosses Esel mitnahmen, auf die sie bei der Heimkehr die Felle und eingekauften Waren luden.

Von dem Momente, wo Euphrat und Tigris die Berge verlassen hatten, waren sie schiffbar, und was die Natur noch zu wünschen übrig gelassen hatte, beschaffte die Kunst durch Regulierung des Strombettes und große auch der Schiffahrt dienende Kanäle [183]). Es fehlte nur das Schiff, und das haben die Bewohner dieser Gegend schon in frühester Zeit zu erbauen verstanden, zu einer Zeit, wo alle anderen Völker der Welt sich noch mit Flößen, ausgehöhlten Baumstämmen, aus Flechtwerk hergestellten und kümmerlich mit Häuten gegen das Eindringen des Wassers gesicherten Fahrzeugen behalfen. Das hohe Alter des Schiffs, selbst des Seeschiffs bei den Babyloniern wird durch Thatsachen, die ich unten anführen werde, außer Zweifel gestellt, der Schiffsbau reicht hier mindestens schon in das vierte Jahrtausend hinauf. Der Einwand, den man dem Mangel des Materials entlehnt hat, um die Seeschiffahrt der Babylonier zu bestreiten, wird durch die soeben angegebene Bezugsquelle desselben entkräftet. Es tritt uns hier

---

[183] Unter ihnen verdient besondere Hervorhebung der Verbindungskanal zwischen Euphrat und Tigris. Das Hindernis, welches die Ungleichheit der Höhe des Wasserstandes in beiden Flüssen ihm entgegensetzte, ward durch Schleusen überwunden.

dieselbe überraschende Erscheinung entgegen, der wir schon einmal begegnet sind (S. 128). Wie das Steinhaus da zuerst erbaut worden ist, wo die Natur den Stein, so das Schiff zuerst da, wo sie das Holz versagt hatte — Ursprung der Baukunst wie der Schiffsbaukunst an einer Stelle, wo es an dem geeigneten Material fehlte, nicht da, wo die Natur dasselbe in reichstem Maße zur Verfügung gestellt hatte.

In dem Schiff erblicke ich eines der bewundernswertesten Werke, welche je aus den Händen des Menschen hervorgegangen sind, man möchte glauben, daß er Jahrtausende hat denken, versuchen, verbessern müssen, bis er die richtige, endgültige Konstruktion desselben gefunden hatte. Wie ist er auf den Kiel verfallen? Wie auf die sonstige Konstruktion des Schiffs, durch welche seine leichte Beweglichkeit im Wasser bedingt ist, die oblonge, gerundete Form, die Zuspitzung des Rumpfes an beiden Enden [184] und nach unten, und wie auf die Rippen des Schiffs (Shomten), durch welche die Festigkeit desselben bedingt ist? Wie wenig sich dies alles von selbst versteht, lehrt uns die Arche Noah, der das alles fehlte; sie konnte nur von einem Volke ausgedacht werden, welches von den Erfordernissen eines Schiffs nicht die mindeste Vorstellung hatte. Hat er alles dies erst im Laufe einer langen Erfahrung stückweise zusammengebracht, oder gab es nicht ein Vorbild für ihn, das er nur nachzubilden brauchte?

Ich habe oben (S. 159) nachgewiesen, daß der Babylonier in seinem Etagenturm den Berg nachgebildet hat, bei seinem Schiff hat er meines Erachtens dasselbe mit dem Fisch gethan. Dieser vergegenwärtigte ihm das zu lösende Problem, das gesicherte leichte Schwimmen im Wasser; er brauchte ihn

---

184) Die Schiffe der Alten waren an beiden Enden völlig gleich, was damit zusammenhing, daß das Steuerruder nicht befestigt war und den Vorteil bot, daß das Schiff, ohne zu wenden, rückwärts wie vorwärts gehen konnte. Breusing, Die Geschichte der Nautik bei den Alten. Bremen 1886. S. 97.

II, 7. Das Wasser in der Urzeit. c. Schiffahrt der Babylonier. § 29. 209

in seinem Schiff nur nachzubilden, damit es ganz so schwimme wie er. Alle die Züge, die ich oben als die charakteristischen des Schiffs angeführt habe, sind im Fisch vorgezeichnet. Man vergegenwärtige sich das Gerippe eines Schiffs: den Kiel mit den darin eingefügten Rippen, und man hat das des Fisches, das Rückgrat mit den Gräten vor Augen. Man füge noch die äußere Gestalt des Schiffes: die oblonge, abgerundete Form, die Zuspitzung nach beiden Enden und nach unten hinzu, und der Fisch ist fertig; nur die Flossen fehlen noch, ihre Stelle vertreten die beweglichen Ruder. Mit dem Segel ist zum Schiff noch ein Bestandteil hinzugekommen, der im Fisch nicht sein Vorbild findet; im übrigen trifft die Übereinstimmung zwischen beiden in einer Weise zu, daß man meines Erachtens seine Augen geflissentlich verschließen muß, um die hier entwickelte Ansicht von der absichtlichen Nachbildung des Fisches im Schiff zurückzuweisen. Der Mensch hat von dem Tier ungleich mehr gelernt, als wir heutzutage ahnen, ich selber hoffe außer dem Beispiel von der Taube, das ich unten geben werde, im Verlauf meines Werks noch manche andere beibringen zu können, und ich bin überzeugt, daß demjenigen, der diesem Thema, der Mensch in der Schule des Tiers, seine besondere Aufmerksamkeit zuwenden wollte, eine nicht unbeträchtliche Ausbeute bevorstehen würde. Das Problem der Luftschiffahrt wird vielleicht erst dann endgültig gelöst werden, wenn der Mensch, wie für das Wasser den Fisch, so für die Luft den Vogel vollständig nachgebildet haben wird.

Für die Entwicklung der Schiffahrt in Mesopotamien war die Nähe des persischen Meerbusens von unschätzbarem Wert. Ihr verdankte die Bevölkerung den außerordentlich wichtigen Übergang von der Stromschiffahrt zur Seeschiffahrt.

Die Seeschiffahrt hat überall mit der Küstenfahrt begonnen. Diese teilt mit der Stromschiffahrt den wertvollen Vorteil, daß der Schiffer bei ihr immer das Land in Sicht behält, wo er seinen Bedarf an Wasser und Nahrung ergänzen und im Fall der Not eine Zuflucht finden kann, und das ihn zugleich gegen die Gefahr des Verirrens, welche die hohe See ihm droht, sicher stellt. Sein Weg ist ihm durch die Küste, auch wenn sie sich noch so weit erstreckt, fest vorgezeichnet, ganz so wie durch das Stromufer; er kann sicher sein, daß er auch vom entferntesten Punkt den Weg zu seinem Ausgangspunkt zurück findet. Küstenfahrt ist halbe Stromfahrt; aber sie ist auch bereits halbe Seefahrt. Wider seinen Willen können Stürme und Meeresströmungen den Küstenfahrer auf die hohe See verschlagen, und selbst freiwillig wird er sich bestimmt fühlen, sie aufzusuchen, wenn die Küste ihm Gefahren droht, welche er auf der hohen See nicht zu besorgen hat. Vor die Wahl gestellt, sein Schiff auf Felsenriffen zerschellen, auf Sandbänken scheitern zu sehen oder sich der hohen See anzuvertrauen, wird er dieses als das minder Bedrohliche vorziehen; der Küstenfahrer, der sich einmal auf die hohe See hinausgewagt hat, wird bald inne, daß „die Tiefe weniger Gefahren bereitet als die Untiefe" [185]). So leitet die Küstenfahrt unvermerkt in die Seefahrt hinüber, und „aus dem zaghaften Küstenfahrer wird ein kühner Seefahrer" [185a]). In dieser Weise ist es auch der Babylonier geworden.

Die Babylonier hätten nicht das unternehmende Volk sein müssen, das auf dem Lande vor keinen noch so großen Schwierigkeiten zurückbebte, wenn sie das kleine Wagnis, von den Mündungen des Euphrat und Tigris in den persischen Meerbusen zu stechen und die beiden Küsten desselben zu befahren, nicht unternommen hätten; wer dies bezweifelt, hat von dem Volk gar keine Vorstellung. Einmal aber auf der See konnte ihnen, wie gesagt, die Bekanntschaft mit der hohen See nicht erspart bleiben — der Übergang von der Küstenfahrt zur Seefahrt war ein unabweisbarer.

Die Alten nennen nur die Phönizier als Seefahrer, nicht

---

[185]) Breusing a. a. O. S. 1.
[185a]) Breusing a. a. O.

die Babylonier, mit jenen waren sie selber durch die Seeschiff=
fahrt bekannt geworden, und ihnen verdankten sie die eigene An=
leitung dazu. Aus diesem ihrem Schweigen über die Seeschiff=
fahrt der Babylonier hat man auf das Nichtdasein derselben
geschlossen, wie ich unten hoffe zeigen zu können: mit großem
Unrecht. In Babylon nahmen andere Dinge, die man sonst
nirgends fand, die Aufmerksamkeit der Fremden zu sehr in Anspruch,
als daß sie sich gemüßigt fühlen konnten, der Seeschiffahrt, in
der unbestritten die Phönizier die erste Stelle in der damaligen
Welt einnahmen, noch besonders zu gedenken. Fremde Bericht=
erstatter heben bei einem Volke diejenigen Züge hervor, die in
ihren Augen die hervorstechendsten sind; ein Ostasiate, der seinen
Landsleuten seine Reiseeindrücke in Europa schildern wollte,
würde über das Heerwesen in England wahrscheinlich kein Wort
verlieren, umsomehr aber die Seeschiffahrt, die Industrie und
den Handel des Volks betonen, in Preußen umgekehrt das
Heerwesen, in Italien die Kunst, ohne jener zu gedenken —
fehlen den drei Völkern die Zweige, deren er nicht Erwähnung
gethan hat?

Ich hoffe, im folgenden den Beweis führen zu können,
daß die Seeschiffahrt den Babyloniern nicht bloß überhaupt
bekannt gewesen ist, sondern daß sie bei ihnen bereits in die
früheste Zeit, mindestens in die Mitte des vierten Jahrtausends
hinaufreicht. Hatten sich damals, was ich annehme, worüber
aber jeder denken mag wie er Lust hat, Phönizier[186] und
Juden vom Muttervolk noch nicht getrennt, so nahmen sie die
Anschauung des Betriebs der Seeschiffahrt und des Seeschiffes
bereits mit, insbesondere die Vertrautheit mit der Verwendung
der Taube und der Beobachtung der Gestirne zum Zweck der
Orientierung zur See (s. u.). Bei den Juden, denen mit der

---

186) Sidon, die älteste phönizische Stadt, soll erst ums Jahr
3000 gegründet sein, also zu einer Zeit, wo die Seeschiffahrt in Baby=
lon längst betrieben wurde.

See die Möglichkeit der Verwertung dieser Kenntnisse fehlte, verlor sie sich, während es den Phöniziern, welche sich an einer der bevorzugtesten Seeküsten der ganzen Welt niederließen, vorbehalten war, das Muttervolk in diesem Punkt noch zu überbieten.

Die meisten neuern Schriftsteller, welche Veranlassung gehabt hätten, der Frage von der Seeschiffahrt der Babylonier näher zu treten, übergehen sie gänzlich mit Stillschweigen, nur wo sie der Phönizier gedenken, schließen sie sich der Ansicht an, daß sie die ersten Seefahrer der Welt gewesen sind[187]). Nur zwei Schriftsteller haben sich meines Wissens positiv über die Frage geäußert. Der eine ist Eduard Meyer in seiner Geschichte des Altertums (B. 1 S. 225), der es aus ganz unstichhaltigen Gründen[188]) als „völlig feststehend" behauptet,

---

187) So auch Breusing a. a. O. S. 2.

188) Den einen bildet die angebliche ausdrückliche Angabe einer Inschrift (bei Friedrich Delitzsch, Wo lag das Paradies? Leipzig 1881. S. 76), die aber nichts anderes berichtet, als daß ein assyrischer König in Ninive hohe Schiffe habe erbauen und mit Matrosen aus Tyrus und Sidon habe bemannen lassen. Delitzsch selber bestreitet S. 99 nur die Möglichkeit, daß die Babylonier ohne Hülfe phönizischer Seeleute nach Indien hätten gelangen können. Aber der Grund, mit dem er dies zu beweisen gedenkt, daß die Babylonier kein seefahrendes Volk gewesen seien und sich ihre Seeschiffe von phönizischen Schiffsbauern hätten zimmern lassen, setzt das voraus, was erst zu beweisen ist. Für die Frage von der Seeschiffahrt der Babylonier ist jene von einem assyrischen König in Ninive redende Inschrift ohne alle und jede Beweiskraft. Den zweiten Grund von E. Meyer bildet die Thatsache, daß „Alexander von Babylon aus Expeditionen zur Erforschung der arabischen Küste aussandte, was völlig überflüssig war, wenn babylonische Kauffahrer hier Handel trieben". Als ob nicht heutzutage ganz dasselbe vorkäme: Entsendung einer Expedition von Regierungswegen zu Lande oder Wasser in Gegenden, die längst dem Handel bekannt gewesen sind. Gerade das Beispiel von Alexander zeigt, daß der Seeweg von Babylon nach Indien zu seiner Zeit völlig bekannt war. Wer könnte den Nearch mit seiner

daß von Babylon aus nie Seeschiffahrt betrieben worden ist. Der zweite Götz in seinen Verkehrswegen des Altertums, Stuttgart 1888, S. 66, nach dessen Ansicht es im persischen Meerbusen schon um die Mitte des vierten Jahrtausends einen Seeschiffahrtsverkehr gab. Als Zeugnis dafür dienen ihm Inskriptionen verschiedener plastischer Werke, welche als Bezugsquelle der dioritischen Steinblöcke, deren man für sie bedurfte, ausdrücklich die Berge von Magan (= Schiffsland) nennen. Als nächstliegende Region kann damit nur das „nordostarabische Küstenland gemeint sein, wo alteruptive Massengesteine sich noch heutigentags finden". Ich bin in der Lage, seine Behauptung noch durch verschiedene bisher gänzlich übersehene Argumente stützen zu können. Das schlagendste muß ich einer späteren Stelle (§ 30, S. 247) vorbehalten, es ist das Seedarlehen (foenus nauticum) der Babylonier, das ihre Schiffahrt über allen Zweifel erhebt. Zwei andere Argumente, deren ich mich glaube bedienen zu können, bedürfen einer eingehenden Begründung ihrer Beweiskraft. Ich entnehme dieselben dem babylonischen Bericht über die Sintflut und dem hohen Alter der Astronomie in Babylon.

Der babylonische Bericht über die Sintflut.

Sehen wir zu, wie er sich für die Frage von der Seeschiffahrt der Babylonier verwerten läßt.

Chasis-adra nimmt auf sein Schiff einen eigenen Steuermann mit [189]). Damit ist das Schiff deutlich als Seeschiff gekennzeichnet. Für die Flußschiffahrt bedarf es feines Steuer-

---

Flotte von der Mündung des Indus aus in See stechen lassen, wenn es nicht feststand, daß derselbe den persischen Meerbusen und Babylon, worauf es abgesehen war, erreichen werde?

[189]) Der Umstand, daß der Name desselben genannt wird (Buzurkurgal) läßt mich vermuten, daß es mit diesem Namen eine eigene Bewandtnis hatte, vielleicht gelingt es den Assyrologen noch einmal, sie zu entdecken.

mannes, der Kurs, den das Schiff zu nehmen hat, ist durch den Fluß selber gegeben, und die rein mechanische Führung des Steuerruders ist eine so außerordentlich einfache, daß sie von jedem gewöhnlichen Matrosen besorgt werden kann. Ganz anders bei der Seeschiffahrt, wo die Bestimmung des zu nehmenden Kurses Sache des Schiffers ist. Dazu aber bedarf es besonderer Voraussetzungen, die sich bei jemandem, der bloß das Steuer= ruder zu handhaben versteht und keine nautischen Kenntnisse besitzt, nicht vorfinden. Der Mann muß wissen, welche Richtung das Schiff einzuschlagen hat, um den ihm aufgegebenen Punkt zu erreichen; wenn es bloß auf Küstenfahrt abgesehen ist, wie die Küste beschaffen ist (Vorgebirge, Buchten, Felsenriffe, Sand= bänke, Untiefen), welche Stellen er zu vermeiden hat, und wo er nötigenfalls landen kann; wenn er sich auf die offene See hinauswagt, wo er die nächstgelegene Küste zu suchen hat, um im Fall der Not zu ihr seine Zuflucht zu nehmen, er muß den Stand und Lauf der Gestirne kennen, um sich danach auf hoher See zu orientieren. Kurz die Seefahrt, selbst schon die bloße Küstenfahrt erfordert **nautische Schulung**, und sie, nicht die bloß **mechanische Führung** des Steuerruders macht den Steuermann aus. Ohne den Steuermann ist das Schiff zur See verloren, hier ist er gänzlich unentbehrlich.

Für die Stromfahrt auf dem Euphrat und Tigris und den Kanälen bedurfte es keines Steuermannes, hier gab es keine Klippen, Untiefen, die er zu vermeiden hatte, die Wasserstraße war, wie wir wissen, so musterhaft eingerichtet, daß auch ein gewöhnlicher Bootsmann das Schiff lenken konnte. Der Um= stand, daß Chasis-adra einen eigenen Steuermann mitnimmt, zeigt, daß es zu der Zeit bereits Leute gab, die sich auf die Steuermannskunst verstanden und daraus ein Gewerbe machten, was dem Obigen nach gleichbedeutend damit ist, daß man da= mals bereits Seeschiffahrt betrieb. In der Seeschiffahrt hatte sich demnach zu jener Zeit schon dieselbe Scheidung vollzogen, wie im Bauwesen: die zwischen dem gewöhnlichen Handarbeiter

(Bauhandwerker, Matrose), der bloß der körperlichen Kraft und dem Sachkundigen, der besonderer technischer Kenntnisse bedurfte, wie diesem im Bauwesen die Leitung des Baus zufiel, so bei der Schiffahrt die des Schiffs.

Im mosaischen Bericht über die Sintflut fehlt der Steuermann. Den Juden war die Anschauung der See und damit auch der Seeschiffahrt abhanden gekommen (S. 191 ff.), für ihre Unkenntnis derselben legt das Weglassen des Steuermanns des babylonischen Berichts dasselbe Zeugnis ab, wie die Verwandlung des Schiffes des Chasis-adra in die Arche Noah. Das Fehlen des Steuermanns im mosaischen Bericht muß über die Bedeutsamkeit desselben im babylonischen die Augen öffnen.

Ein zweites Zeugnis, welches ich diesem Berichte (mit dem hier der mosaische übereinstimmt) glaube entnehmen zu können, besteht in dem Entlassen der Taube. Beiden Berichten zufolge soll sie Kunde darüber bringen, ob das Wasser sich verlaufen hat, nur darin weichen beide voneinander ab, daß Noah dreimal eine Taube entläßt (vorher noch den Raben), Chasis-adra nur das erstemal, zum zweitenmal eine Schwalbe, zum drittenmal einen Raben. Die Kritik hat diesem Umstande bisher garnicht die nötige Beachtung zugewandt; es soll im folgenden geschehen.

Daß es dieses Mittels, um sich über den angegebenen Umstand zu versichern, nicht bedurfte, liegt auf der Hand. Durch dieselbe Öffnung, durch welche die Taube entlassen ward, konnte auch ein menschliches Auge hinausblicken und Umschau halten, ob es trocken geworden sei und der Bericht thut sogar der Luke, durch die Chasis-adra ausschaut, ausdrücklich Erwähnung (III, 27). Durch sie hatte er bereits, bevor er die Taube entsandte, ein „Stück Land zwölf Maß hoch" entdeckt (III, 31). Das Mittel war also nicht bloß ein völlig überflüssiges, es war auch ein durchaus trügerisches. Was folgte daraus, wenn der Vogel nicht wieder zurückkehrte? Doch nur, daß er irgendwo einen festen Punkt entdeckt hatte, auf dem er sich niederlassen konnte. Was nützte es aber den Insassen des Schiffs, wenn sie wußten, daß irgendwo, z. B. auf den höchsten Bergspitzen das Wasser sich verlaufen hatte? Für sie konnte es sich nur darum handeln, ob die nächste Umgebung trocken genug war, um das Schiff zu verlassen, und davon konnte sie nur der eigene Augenschein überzeugen; sie hätten hundert Vögel entlassen können, ohne darüber Gewißheit zu erhalten. Der Bericht ist aber auch in sich selber widerspruchsvoll, denn bevor Chasis-adra die Taube entließ, hatte er selber bereits das obige „feste Stück Land" entdeckt, und doch soll die Taube hin- und herfliegen und zurückkehren, da sie keinen Ruheplatz fand (III, 38, 39), sie hatte ihn ja bereits. Mit dem Entlassen der Taube muß es eine andere Bewandtnis gehabt haben.

Die Taube war der Seekompaß des Phöniziers. Auf jedem Schiff, das in See stach, befanden sich Tauben, die man entließ, wenn man sich über die nächstgelegene Küste oder Insel orientieren wollte, die Richtung, welche die Taube einschlug, nachdem sie hoch genug gestiegen war, um ein weites Gesichtsfeld zu überschauen, gab die gewünschte Auskunft[190]).

---

190) Plin. Hist. Nat. VI, 22. Das Entlassen einer Taube war ein Akt, der nur für die Seeschiffahrt Sinn hatte, für die Stromfahrt wäre er sinnlos gewesen, er berechtigt uns also mit voller Sicherheit zum Schluß auf die Seeschiffahrt. Daß bereits die Babylonier sich dieses Mittels für den angegebenen Zweck bedient haben, dafür giebt es allerdings meines Wissens kein ausdrückliches Zeugnis, allein der oben erbrachte Nachweis, daß das Entlassen der Taube (Schwalbe, Raben) von seiten des Chasis-adra für den angeblich damit verbundenen Zweck gänzlich ungeeignet war, läßt nur die Annahme übrig, daß das Mitnehmen und Entlassen von Tauben eine babylonische Einrichtung war, die also nicht, wie die Alten annahmen, von den Phöniziern erfunden, sondern von ihnen nur dem Muttervolk entlehnt worden ist. Möglich daß bei den Babyloniern statt der Taube, die den Phöniziern ausschließlich dazu diente, auch noch die Schwalbe und der Rabe verwandt wurde, jedenfalls verstattet das Entlassen des

II, 7. Das Wasser in der Urzeit. c. Schiffahrt der Babylonier. § 29.

Zu den beiden für das Seeschiff des Chasis-adra charakteristischen Zügen: dem Steuermann und der Taube kommt als dritter noch die außerordentliche Größe desselben hinzu. Das Schiff ist geräumig genug, um dem Bericht (I, 42—44) zufolge, außer dem Chasis-adra, seiner Familie, Knechten, Mägden, Verwandten, seinem Kornvorrat und all seinem Hab und Gut noch das „Vieh des Feldes" und das „Wild des Feldes" in sich aufzunehmen. Einem Volke, das nur Flußschiffahrt mit kleinen Fahrzeugen getrieben hätte, wäre die Vorstellung eines so gewaltigen Schiffs gänzlich unfaßbar gewesen, ein Volk, das die Seeschiffahrt kannte, hatte von dem Seeschiff wenigstens einen annähernden Maßstab dafür. Das Seeschiff muß notwendigerweise groß sein, einmal um die hohe See zu halten, und sodann um genug Waren in sich aufzunehmen, damit die weite Fahrt sich lohne. Aber wie konnte Chasis-adra, wenn dem Volk zu jener Zeit das Seeschiff bereits völlig bekannt war, durch den Bau desselben in der ihm von Gott Ea aufgegebenen Weise [191]) fürchten, den Spott des Volks auf sich zu laden? (I, 29—31). Dies läßt sich auf einen Punkt beziehen, der allerdings wohl dazu geeignet war. Chasis-adra soll nämlich sein Schiff, offenbar um sich gegen den Regen von oben zu schützen, mit einem Dach versehen (I, 27), und eine solche bei keinem sonstigen Schiff sich findende, weil völlig zweckwidrige Vorrichtung war allerdings ganz geeignet, die Spottlust herauszufordern.

Zu den bisherigen drei Argumenten würde aus dem Bericht wahrscheinlich noch ein viertes und für sich allein schon völlig entscheidendes hinzukommen, wenn die betreffende Stelle

Vogels vom Schiffe des Chasis-adra uns keine andere Deutung als die von mir angenommene.

191) Charakteristisch für die Unkenntnis der Juden ist wiederum der Umstand, daß Jehovah es für nötig hält, dem Noah die ausdrückliche Anweisung zu erteilen, die Arche zu verpichen. Im babylonischen Bericht fehlt sie, weil sie sich für ein der Schiffahrt kundiges Volk von selbst verstand.

nicht lückenhaft wäre. Gott Ea gedenkt bei seiner An=
weisung über den **Bau des Schiffes** auch des **Meeres**
(I, 27), leider sind aber die Worte, welche die Beziehung des
Schiffs zu ihm mitteilen, nicht zu entziffern gewesen. Ich kann
mir keine andere denken, als die **Bestimmung des Schiffes**
für das Meer, sonst hätte ja dasselbe bei der **Beschreibung
des Schiffes** garnicht in Bezug genommen werden können.

Ich fasse das Ergebnis meiner bisherigen Untersuchung in
den Satz zusammen: der babylonische Bericht über die Sint=
flut stellt außer Zweifel, daß zur Zeit, als das Ereignis sich
zutrug, bereits Seeschiffahrt betrieben ward.

Hat das Ereignis sich so, wie es berichtet wird, wirklich
zugetragen? Daß die Sage es in ihrer Weise sich zurecht ge=
legt und ausgeschmückt hat, ist mit Händen zu greifen, ich ver=
weise beispielsweise auf dasjenige, was ich über die sechs Tage
und sieben Nächte (S. 194 ff.) und über die Entsendung der Taube
gesagt habe. Aber die Sage dichtet nicht ins Blaue hinein,
sie schließt stets geschichtlichen Kern in sich, und die historische
Kritik hat die Aufgabe, ihn herauszuschälen. In Bezug auf
die Sintflut selber ist dies bereits von ihr geschehen (S. 193),
es verbleibt nur die Rettung des Chasis-adra. Ist sie rein
erdichtet, oder sollte nicht auch ihr ein wirklicher Vorgang zu
Grunde liegen? Ich zweifle nicht daran. Der Rettung des
Chasis-adra liegt nach meiner Überzeugung die Thatsache zu
Grunde, daß zur Zeit, als das Ereignis Platz griff, Schiffer,
die sich gerade an Bord eines Seeschiffs befanden, die Gefahr
bestanden, während alle andern ihr erlagen. Ihre Rettung hat
die Sage, wie sie es liebt, in einer einzigen Person: in der des
Chasis-adra typisch zum Ausdruck gebracht — Chasis-adra
**ist die Personifikation des Seemanns, der sich in
der großen Flut gerettet hat.** Alles, was die Sage
von ihm berichtet, findet sich beim Seeschiffe. Er hat den
Steuermann (II, 38) und die Tauben (Schwalben, Raben)
an Bord (III, 37—44), nicht minder Weib und Kind und sein

Gesinde (II, 28, 29), die ihn auf seinen langwierigen Reisen begleiten, sein Gold und Silber (II, 25, 26) zum Einkaufen der Waren, Getreide, Früchte, lebendiges Vieh (II, 27, 29), um sich und die Seinigen während der Fahrt zu verpflegen.

Das ist in meinen Augen der historische Thatbestand des babylonischen Berichts, alles andere kommt auf Rechnung der Sage, und es ist nicht schwer zu begreifen, wie sie dazu gelangt ist.

Sollte nach dem Willen der Götter alles Leben auf Erden vernichtet werden (I, 22), so mußten selbst die höchsten Berge bedeckt werden, und um das zu erwirken, mußte der Aufruhr der Elemente: Erdbeben, Cyklone, Wolkenbrüche, eine ganze Woche hindurch anhalten, bis der Anbruch des Sabbats ihm ein Ende machte. Von dem Meere bis zu dem Gebirge Nizir[192], wo das Schiff gelandet sein soll, betrug die Entfernung über 100 geographische Meilen, der Flächengehalt allein in der Ebene, (Mesopotamien, die syrische Wüste u. s. w.), den das Wasser bedeckt haben mußte, wäre mit 15 000 Quadratmeilen nicht zu hoch angeschlagen, und diese Fläche hätte, damit das Wasser auch die höchsten Berge erreichte, mehrere tausend Fuß unter Wasser stehen müssen! eine bare Unmöglichkeit! Die Erdichtung und das Motiv, das sie veranlaßte, liegt klar auf der Hand. Sollte, nachdem alles Leben auf Erden vernichtet war, neues darauf entstehen, so konnte dies nur in der Weise durch die Sage motiviert werden, daß Gott Ea den Chasis-adra angewiesen hatte: „den Samen des Lebens jeglicher Art in das Innere des Schiffs zu bringen" (I, 23). Sollte das Schiff nicht durch die zurücklaufende Wasserflut ins Meer getrieben werden, so mußte es auf einem Berge auf festen Grund geraten sein. Sollten die lebenden Wesen, die es in sich barg, nicht infolge des unausgesetzt vom Himmel sich ergießenden

---

[192] Östlich von Tigris, etwa zwischen dem 35. und 36. Breitegrad. F. Delitzsch in der oben angeführten Schrift S. 105.

Regens im Innern des Schiffs ersaufen, so mußte es mit einem Dach versehen sein. Und daß endlich die Rettung des Chasisadra nicht in dem Umstande, daß er sich zufälligerweise an Bord befand, ihren Grund haben, daß sie vielmehr nur das Werk göttlicher Eingebung sein konnte, war vom Standpunkt des religiösen Glaubens aus nicht minder geboten. Gott Ea, „Der Herr der unerforschlichen Weisheit" (I, 17), d. h. derjenige, der die Dinge voraussieht und in der Not Rat weiß, hatte ihm einen Traum gesandt, der ihm alles verkündete (III, 22).

Wie viel nun auch die dichtende Sage von dem Ihrigen hinzugethan, und wie sehr sie sicherlich auch die Dimensionen des rettenden Schiffs übertrieben haben wird [193]), als historisch zuverlässiger Kern des Berichts bleibt meines Erachtens diejenige Thatsache übrig, die für meine Zwecke allein in Betracht kommt: **das Dasein der Seeschiffahrt** zur Zeit, als das Ereignis sich abspielte.

Über die Zeit fügt der Bericht keine Angaben hinzu, aber wir können ihm wenigstens so viel entnehmen, daß man damals bereits eine lange Kultur hinter sich hatte. Die Stadt Surippak war zu der Zeit schon „uralt", und wenn er den Chasisadra Gold und Silber mitnehmen läßt, so zeigt dies, daß es damals bereits einen auswärtigen Handel gegeben hat, da Gold und Silber nur auf diesem Wege in ein Land gekommen sein kann, wo es sich nicht fand, und der Betrieb der Seeschiffahrt zu dieser Zeit, weit entfernt zu befremden, reiht sich nur als dritter Zug jenen beiden an, um das Kulturbild, das sie uns vorführen, abzurunden. Wahrscheinlich ist schon damals das Gold und Silber auf dem Seewege ins Land gekommen, für die spätere Zeit steht die Bezugsquelle aus Indien außer Zweifel, und nicht minder zweifellos ist, daß man schon um die Mitte des vierten Jahrtausends die bioritischen Steinblöcke auf diesem

---

193) Die Zahlen in I, 25, 26 sind nicht mehr zu entziffern. Haupt a. a. O. S. 68.

Wege vom Auslande bezog (S. 213) — sollte der babylonische Handelsmann das Gold und Silber verschmäht haben? Wie es sich damit aber auch verhalten haben möge, das hohe Alter der Seeschiffahrt bei den Babyloniern wird durch die beiden im bisherigen dafür beigebrachten Zeugnisse: das der Steinblöcke des „Schifflandes" Magan und das Seeschiff des Chasisadra über allen Zweifel erhoben.

Das hohe Alter der Astronomie in Babylon.

Nach den Mitteilungen, welche die Chaldäer Alexander machten, erstreckten sich ihre schriftlichen Aufzeichnungen über Himmelsbeobachtungen in das Jahr 1903 vor seiner Anwesenheit in Babylon zurück, d. i., da Alexander 323 in Babylon starb, mindestens bis auf das Jahr 2226[194]). Wie sind die Chaldäer dazu gekommen, Himmelsbeobachtungen anzustellen? Die Frage ist meines Wissens nie aufgeworfen worden, auch nicht von den Astronomen. Offenbar denkt man sich, sie seien durch dasselbe wissenschaftliche Interesse dazu veranlaßt worden, wie der heutige Astronom, und daß sie, nachdem sie einmal darauf gekommen waren, sich durch dies Interesse haben leiten lassen, wird sich allerdings nicht bezweifeln lassen. Aber ein anderes Ding ist es, wie sie ursprünglich dazu gekommen sind, und darüber habe ich meine eigene Ansicht. Babylon war nicht der Boden für die reine, d. i. lediglich der Ergründung der Wahrheit unbekümmert um deren praktischen Wert sich zukehrende Wissenschaft, zur Philosophie haben es die Babylonier nie gebracht, nicht einmal in ihren ersten Anfängen. In den Augen des Babyloniers hatte nur ein Wissen Wert, welches sich fürs Leben verwenden ließ, die Richtung auf das Praktische bildet den Grundzug des babylonischen Volks. Praktischen Anregungen verdankte, wie oben (S. 163) nachgewiesen, bei ihnen die Mathe-

---

194) Mädler, Geschichte der Himmelskunde Bd. 1 S. 23.

matik ihren Ursprung. Die Chaldäer haben sie erst zur Wissenschaft ausgebildet, nachdem sie auf empirischem Wege längst im Bauwesen geübt worden war. Und ganz dasselbe nehme ich auch für die Astronomie an; wie ihnen dort der Baumeister vorausgegangen ist, so hier der Seemann.

Vergegenwärtigen wir uns die Lage desselben auf der hohen See. Die unerläßliche Bedingung, um sich auf ihr zu orientieren, war die Kenntnis der Himmelsrichtung, er mußte jeder Zeit wissen, wo Nord, Süd, Ost, West war. Bei Tage unterrichtete ihn darüber der Stand der Sonne, aber wie bei Nacht? Da konnten deren Stelle nur die Gestirne vertreten, und um sich nach ihnen zu richten, mußte er mit ihrem Stand und Lauf vertraut sein. Ohne diese Kenntnis war er auf offner See verloren, er hätte nach der gerade entgegengesetzten Richtung von der beabsichtigten steuern können.

Und diese Kenntnis hat er besessen. Als der fromme Dulder Odysseus von Ogygia seine weite Seereise antrat, gab ihm Kalypso die Anweisung mit, wie er sich auf der Fahrt nach dem Stande der Gestirne zu richten habe[195]). So machten es also schon in ältester Zeit die Griechen. Sie selber aber hatten es von den Phöniziern erlernt[196]), und nach der Meinung der Alten[197]) waren sie es gewesen, welche zuerst die Sternkunde für ihre Seefahrten verwandt hatten. Ich habe mich über die Art, wie sie dazu gelangten, schon oben (S. 210) ausgesprochen. Wie die Phönizier das Seeschiff und die Taube von dem Muttervolk entlehnt haben (S. 216), so auch die Sternkunde. Wenn es richtig ist, daß das Muttervolk schon um die Mitte des vierten Jahrtausends die Seeschiffahrt betrieb, während die älteste Ansiedlung der Phönizier in Sidon erst von 3000 datiert, und daß der Schiffer ohne Kenntnis des gestirnten

---

195) Homer. Od. 5, 272—275.
196) Strabo 16, 2, 24.
197) Plinius H. N. 7, 56.

Himmels auf offner See verloren war, so ist der Schluß, daß man sich schon um jene Zeit dieses Mittels zur Orientierung bedient hat, ein unabweisbarer. Und damit stimmt auch das hohe Alter der Astronomie der Chaldäer überein. Bevor sie auf den Gedanken kamen, die Sternkunde zur Wissenschaft aus= zubilden, muß schon ein langes Studium der empirischen Ver= wendung derselben vorausgegangen sein. Längst bevor sie von der Höhe des Etagentempels aus den Himmel beobachteten, ist dies bereits von dem Seeschiffer von seinem Seeschiff aus ge= schehen. Er ist der erste Sternkundige der Welt gewesen, und er ist es geworden, weil er mußte, weil die Not ihn dazu zwang. Seine Beobachtungen zur See waren der erste Bei= trag und der erste Anlaß zur wissenschaftlichen Sternkunde; seine Fragen an die Weisen des Landes, welche sich eines höheren Wissens, als er rühmen konnte, vor allem der Kenntnis der Mathematik — in der Sprache der Alten die Chaldäer — boten die Anregung, welche diese bestimmte, der Sache weiter nachzuforschen, und ihm mit ihrem exakteren Wissen an die Hand zu gehen. Die Astronomie der Chaldäer ist die Tochter der Nautik, wie ihre Mathematik die der Baukunst — die Summe des Wissens, welche die Chaldäer zusammengebracht hatten, verwertete sich zur See. Die Wissenschaft in Babylon ist, wie durch praktische Motive ins Leben gerufen, so ihnen auch unausgesetzt dienstbar geblieben — der Babylonier hat nichts getrieben, wovon er nicht den praktischen Nutzen absah.

Dieses praktische Verhältnis zwischen der Astronomie und der Nautik hat sich bis auf den heutigen Tag behauptet, und es wird niemals eine Änderung erfahren. Der einzige Berufs= zweig, innerhalb dessen sie sich verwertet, und für den sie gänz= lich unentbehrlich ist, ist der des Seemanns; und diese durch die Verhältnisse selber geforderte Verbindung zwischen der Nautik und der Astronomie hat bereits im Altertum bestanden. Höchst bezeichnend dafür ist der Umstand, daß der griechische Astronom

Thales bereits ein Lehrbuch der Nautik geschrieben hat[198]). Werde ich danach mit meiner Annahme, welche den Ursprung der Astronomie der Chaldäer auf die praktischen Interessen des babylonischen Seemanns zurückführt, das Richtige getroffen haben?

Aber nicht darum, so wertvoll das Ergebnis im übrigen auch sein mag, war es mir zu thun. Für meine Zwecke handelte es sich nur darum, der Astronomie der Chaldäer einen Anhaltspunkt zur Bestimmung des Alters der Seefahrt bei den Babyloniern zu entnehmen. Ich denke, daß es dazu nicht längerer Ausführungen bedarf. Wenn bereits die erhaltenen schriftlichen Aufzeichnungen der Chaldäer bis über 2200 hinaufreichen, so werden ihre nicht aufgezeichneten Beobachtungen sich sicherlich in eine viel frühere Zeit hinauferstreckt haben, und wenn dem Chaldäer bereits der Seefahrer in der Himmelsbeobachtung vorausgegangen ist, so gelangen wir, wenn wir dazu auch noch so mäßige Zeiträume in Ansatz bringen, doch in eine Zeit zurück, wo von einer Seeschiffahrt der Phönizier noch nicht die Rede sein konnte, d. i. in das vierte Jahrtausend. Die Ansicht der Alten, daß die Phönizier die ersten Seefahrer der Welt gewesen seien, ist demnach eine irrige, vor ihnen haben bereits die Babylonier die See befahren, sie kannten, wie im bisherigen nachgewiesen, alles, was dazu nötig war: das Seeschiff, den Steuermann, die Taube als Seekompaß, die Verwendung der Kenntnis des gestirnten Himmels zur Orientierung

---

198) Breusing a. a. O. S. 13. Ob, wie er annimmt, „das älteste, welches je geschrieben ist", lasse ich dahingestellt. Sollten die Chaldäer nicht dem babylonischen Seefahrer in derselben Weise an die Hand gegangen sein, wie Thales dem griechischen? An „Hülfsbüchern, aus denen der Seefahrer sich Rats erholen konnte", fehlte es auch im Altertum nicht, Breusing S. 6, und Breusing selber hat S. 8—10 einige Proben daraus mitgeteilt. Jedenfalls wird der babylonische Seefahrer sich die mündliche Unterweisung durch den Chaldäer nicht haben entgehen lassen.

auf hoher See. Die einzige Frage, die noch der Erledigung bedarf, ist die, wie weit sie ihre Seefahrt ausgedehnt haben, oder, da bereits feststeht, daß sie auf der Westküste des persischen Meerbusens nach Arabien gekommen sind (S. 213): sind sie an der Ostküste desselben entlang bis nach Indien gekommen? Ich nehme keinen Anstand, für die Bejahung dieser Frage mit aller Entschiedenheit einzutreten und ich glaube die Thatsache durch die Gründe, welche ich dafür beibringen werde, außer allen Zweifel stellen zu können [199]). Die Küstenfahrt an der Ostküste des persischen Meerbusens ist von der Natur in ganz außergewöhnlicher Weise begünstigt, sie gehört zu den bequemsten und sichersten, welche sich überhaupt denken lassen. Bis dicht an das Land hinan ist das Meer tief, überall finden sich in den Buchten oder an den Inseln Ankerplätze, und dem Schiffer kommen noch die periodischen Strömungen des Golfs zu gute, welche sein Schiff von Oktober bis Mai hinaus, von Mai bis Oktober herein tragen. Auch außerhalb des persischen Meerbusens bis zur Mündung des Indus hin bietet die Küstenfahrt nicht die geringsten Schwierigkeiten oder Gefahren dar. Und diese Küste hätten die Babylonier nicht befahren sollen? Um das ganze Gewicht der Frage zu ermessen, vergegenwärtige man sich, daß andere Völker des Altertums, wie die Araber, Ägypter, Phönizier, denen die Natur den Seeweg nach Indien in ebenso hohem Maße erschwert, wie jenen erleichtert hatte, vor demselben nicht zurückgeschreckt sind. Das rote Meer, durch das sie ihren Weg zu nehmen hatten, ist eins der gefährlichsten der ganzen Welt. Größtenteils von geringer Tiefe hat es überall einen sandigen Strand oder eine öde Felsenküste, die sich in vielen höchst gefährlichen Klippen unter dem Wasser fort-

---

[199]) Mit den Gründen, welche E. Meyer und F. Delitzsch dagegen vorgebracht haben, habe ich mich schon oben (S. 212 Anm. 188) auseinandergesetzt.

setzt, dazu noch unzählige Korallenbänke, und an der Ausfahrt in den Golf von Aden und in den indischen Ocean harrt des Schiffers das „Thor der Trauer", d. i. das Grab unzähliger Schiffe: die Meerenge von Bab=el=Mandeb. Dann befindet er sich auf der hohen See, und der Weg, den er von hier bis zur Mündung des Indus oder nach Indien zurückzulegen hat, ist noch ebenso weit, als der, den er bereits hinter sich hat, beide zu= sammen mehr als das Doppelte des Weges, den der Babylonier zu durchmessen hatte. Hier die doppelte Länge des Weges, eine Küstenfahrt der allergefährlichsten Art und eine lange Fahrt auf offener See, dort die Hälfte des Weges, unausgesetzte Küsten= fahrt ohne alle und jede Gefahren. Und da will man noch zweifeln, ob die Babylonier nach Indien gekommen sind, ein Volk, das bereits die Seeschiffahrt betrieb, als von den Phöniziern noch nicht die Rede war, und das hervorragte durch seine Findig= keit und Unternehmungslust? Woher wußten denn die übrigen Völker, daß es überhaupt ein Indien gab? Sind sie auf gut Glück vom Golf von Aden oder von irgend einem Punkt der Küste Arabiens aus in die hohe See gestochen, um irgend ein noch gänzlich unbekanntes Land zu suchen? Sie verdankten ihre Kunde von Indien den Babyloniern, und um sich von ihnen unabhängig zu machen und sich selber die Vorteile des direkten Handels mit Indien zu verschaffen, dem Lande der wertvollsten Handelsprodukte, die sich sonst nirgends fanden, und wo Gold im Überfluß zu haben war, haben sie das Wagnis unternommen, von ihren ungleich ungeeigneteren Ausgangspunkten aus den See= weg einzuschlagen.

So führt uns schon eine unbefangene Erwägung der ein= schlagenden Verhältnisse zu dem Ergebnis: es ist garnicht anders denkbar, als daß die Babylonier den Seeweg nach Indien ge= kannt haben.

Und sie haben ihn gekannt. Zeugnis dafür legen ab folgende vier Thatsachen, welche eine Berührung der Babylonier mit den Indern außer allen Zweifel stellen. Auf den Einwand, daß sie auf dem Landwege vermittelt sein könne, werde ich unten an der dafür geeigneten Stelle antworten. Nur die Zeit, in die wir diese Berührung zu verlegen haben, läßt sich aus jenen Thatsachen nicht entnehmen; da aber Produkte aus Indien bereits im alten Testament erwähnt werden, die Babylonier dieselben dem Obigen nach aber jedenfalls früher gekannt haben müssen, als die Juden, welche sie nur von den Arabern oder Phöniziern beziehen konnten, so ist dieser Verkehr unter allen Umständen weit vor die Zeit der durch Alexander vermittelten Verbindung zwischen Babylon und Indien zurückzuversetzen.

Die Thatsachen sind:

1. **Die Annahme der babylonischen Wocheneinteilung nebst den entsprechenden Namen.** Wie kamen die Inder dazu, eine so specifisch babylonische Einrichtung zu der ihrigen zu machen? Eine praktische oder gar eine wissenschaftliche Nötigung lag dazu im mindesten nicht vor. Ich erkläre mir den Vorgang in folgender Weise. Der babylonische Schiffer rechnete auch im Ausland nach seinen Tagen; hatte er den Einheimischen einen Termin zu setzen z. B. für Ablieferung der Waren an Bord, für die Abfahrt des Schiffes, so wird er es in seiner Sprache gethan haben. Auf diese Weise lernten diejenigen, welche in den Hafenplätzen mit ihm verkehrten, die Händler, Träger u. s. w. die babylonischen Namen für die Wochentage kennen, und aus diesen Kreisen mag dann die Bezeichnung dafür in die übrigen Schichten des Volks und selbst in die Schriftwerke, denen wir die Kunde davon verdanken, gedrungen sein. Im Mittelalter sind auf dieselbe Weise manche seemännische Ausdrücke aus dem Munde des fremden Seeschiffers in die Landessprache übergegangen.

2. **Die Übereinstimmung von sanskr. mana** (= lat. mina, griech. μνᾶ = Goldmine) mit dem babylonischen (ursprünglich akkadisch-sumerischen) **mana**, der

Bezeichnung für die Goldeinheit des Babyloniers [200]). Daß der Inder das Goldmaß von Babylon entlehnt hat, nicht dieser von jenem, ergiebt sich zur Evidenz aus dem bei ihm wie bei allen babylonischen Maßen zu Grunde gelegten Duodecimal- oder Sexagesimalsystem [201]), während der Arier ursprünglich das Decimalsystem hatte, das nur später erst durch das Duodecimalsystem durchkreuzt ward [202]); bei der Beziehung des Geldes zum Handel wird die Behauptung, daß die Übertragung auf dem Wege des Handels vermittelt worden ist, nicht Gegenstand des Streites sein können.

3. **Übereinstimmung des indischen Baustils mit dem babylonischen.** Die ältesten Tempel der Inder (Dagogs) waren Etagentempel, in den sechs unteren Etagen mit denen der Babylonier völlig übereinstimmend, und nur in den drei sich darüber erhebenden kreisförmigen Aufsätzen und der Kuppel von ihnen abweichend [203]). Auch bei den neueren

---

200) Zimmer, Altindisches Leben S. 50, 51. Er erblickt darin mit Recht „Spuren eines alten Kulturzusammenhanges zwischen Indien und Babylon, der Heimat des ersten rationellen Maß- und Gewichtssystems".

201) Die Mine zerfiel in 60 Schekel, dieser in 30 Teile, 60 Minen bilden ein Talent.

202) Johannes Schmidt, Die Urheimat der Indogermanen und das europäische Zahlensystem, Abhandlungen der Akademie der Wissenschaften zu Berlin 1890, philos.-histor. Klasse Abt. II S. 24 ff. Er schließt S. 54 seine Untersuchung mit dem Satz ab: „Wo das Sexagesimalsystem Eingang fand (über die Inder f. S. 51), wird nicht die ganze übrige Kultur vor der Thür stehen geblieben sein — — — schon jetzt wird man fragen dürfen, wie viel von dem gemeinsamen europäischen Kulturbesitze wir Babylon verdanken". Auf die Beantwortung dieser Frage hatte ich es in diesem zweiten Buch abgesehen.

203) Schnaase, Geschichte der bildenden Künste bei den Alten, Berlin 1843 Bd. 1 S. 159 fl. Er giebt den Eindruck des Bauwerks mit den Worten wieder: „Die ganze Pyramide — — — ist eigentlich

Tempelbauten (Pagoden) wiederholt sich über den Eingangsthoren die in mehreren Absätzen aufsteigende Pyramide [204]). Die uns erhaltenen Bauten stammen allerdings erst aus recht später Zeit [205]), allein da zu der Zeit, als sie errichtet wurden, Babylon längst in Trümmern lag, so schließt sich damit der Gedanke einer Nachbildung der damaligen Bauwerke Babylons von selbst aus, und wir sind demnach zu der Annahme genötigt, daß die Entlehnung des babylonischen Baustils bereits zu einer Zeit erfolgt ist, wo die Vorbilder in Babylon noch existierten. Den uns erhaltenen indischen Bauwerken werden andere uns nicht erhaltene vorausgegangen sein, denen jene nachgebildet worden sind.

Allerdings bietet sich für die Übertragung des babylonischen Baustils auf die Inder noch ein anderer Weg dar, als der hier angenommene unmittelbare, nämlich der mittelbare durch die Perser. Die großen indischen Bauten verraten eine auffallende Übereinstimmung mit denen in Persepolis [206]). Allein diese selber enthalten ihrerseits nur eine Nachahmung oder richtiger Fortbildung der babylonischen. Sie sind offenbar von babylonischen Baumeistern oder von einheimischen, die in deren Schule gebildet waren, gebaut worden. Warum nicht dasselbe für die indischen annehmen? Warum auf eine Übertragung aus zweiter Hand zurückgreifen, wo der Weg der Nachbildung des Originals selber, die Übertragung aus erster Hand nicht das mindeste gegen sich hat? In Wirklichkeit ist damit aber viel zu wenig gesagt; die zweite Alternative hat nicht nur nichts gegen sich, sondern die größte Wahrscheinlichkeit für sich. Denn nicht bloß, daß die beiden beigebrachten Thatsachen die Beeinflussung der Inder durch die Babylonier über allen Zweifel

---

nur ein durch Ummauerung regelmäßig gestalteter Hügel" — in Babylon der Berg, hier der Hügel!

204) Schnaase S. 165.
205) Schnaase S. 160.
206) R. Pietschmann in seiner Bearbeitung von Perrot und Chizick, Geschichte der Kunst im Altertum, Leipzig 1884 S. 799.

erheben, während eine Beeinflussung derselben durch die Perser (außer der noch erst zu erweisenden in der Baukunst) gar nicht erfindlich ist, so fällt für jene auch der Umstand ins Gewicht, daß der Seeweg dem Babylonier eine ungleich leichtere, bequemere und gesichertere Straße nach Indien eröffnete, als der Landweg dem Perser. Was dieser zu bedeuten hatte, wissen wir aus den Berichten über den Rückweg Alexanders von Indien nach Persien, er brachte nur den vierten Teil seines Heeres mit zurück. Ich berühre damit die oben (S. 226 f.) ausgesetzte Frage, ob die Verbindung zwischen den Babyloniern und Indern auf dem Seewege oder auf dem Landwege stattgefunden hat, ich habe sie bis zu diesem Punkt aufgespart, weil wir gerade hier imstande sind, sie mit aller wünschenswertesten Sicherheit zu beantworten.

Auf dem Schiff, oder sagen wir einer Flotte, ließ sich alles, was der babylonische Baumeister nötig hatte, um für einen indischen Fürsten einen ihm aufgegebenen Prachtbau aufzuführen, mit leichtester Mühe nach Indien schaffen: des Baues kundige Arbeiter in reichster Zahl, die nötigen Werkzeuge, die Modelle des Baues in gebranntem Thon zur Auswahl des Bestellers, Erdpech u. s. w. Man vergleiche damit die Schwierigkeiten des Landwegs: die Langsamkeit desselben im Vergleich zum Seewege, auf dem das Schiff nach Angabe der Alten in 24 Stunden etwa 1200 Stadien (= 120 Seemeilen, 30 geographische) zurücklegte [207]), während der Landtransport vielleicht die zehnfache Zeit erforderte, die Kostspieligkeit desselben (Zugvieh — Träger — Geschenke — Zölle für Verstattung des freien Durchzuges) im Vergleich zu der Billigkeit des Seetransports, die Gefahr räuberischer Überfälle u. s. w. — und dann frage man sich, welchen der beiden Wege der Babylonier nach Indien eingeschlagen haben wird. Die Antwort kann nicht zweifelhaft sein.

---

207) Breusing S. 11.

Ich kehre zu der obigen Frage von den Bauten der Inder zurück. Das Ergebnis meiner Ausführungen darüber glaube ich in den Satz zusammenfassen zu können: der Anstoß zu den indischen Bauten und der indische Baustil sind nicht auf Persepolis, sondern auf Babylon zurückzuführen. Die Babylonier sind die **gemeinsamen Lehrmeister der Perser wie der Inder** geworden. Als Arier kannten beide Völker bis dahin nur den Holzbau (S. 39) ebenso wie ihre Stammesgenossen in Europa, bevor sie mit den Phöniziern in Berührung traten (S. 134 ff.).

4. **Die Sintflut in Indien.** Der Sage von der Sintflut begegnen wir, wie bei so vielen Völkern des Altertums, auch bei den Indern. Die Gestalt, welche sie bei ihnen an sich trägt, stimmt mit der bei den Babyloniern zu auffallend überein, als daß sich der Gedanke einer Entlehnung abweisen ließe. Zweifellos haben sich ähnliche Katastrophen wie in Mesopotamien noch an vielen anderen Punkten der Erde wiederholt, und auch die Rettung des Chasis-adra der indischen Sage: des Manu auf seinem Schiff und selbst die Motivierung derselben durch die Eingebung von Gott Brama, der ihn von dem bevorstehenden Ereignis in Kenntnis setzt und ihm aufgiebt ein Schiff zu bauen, nötigt noch nicht, eine Entlehnung der Sage anzunehmen. Daran schließen sich dann aber noch zwei andere Züge, welche die Übereinstimmung der indischen mit der babylonischen Sage in einer Weise vervollständigen, daß es schwer zu begreifen wäre, wie zwei Völker gänzlich unabhängig von einander dazu hätten gelangen sollen. Wie Gott Ea den Chasis-adra, so weist auch Gott Brama den Manu an, Samen aller Art mit ins Schiff zu nehmen und das Schiff des Manu treibt ebenfalls ins Land und findet festen Halt auf dem Himalaya. Auf Grund davon hat zuerst Bornouf sich für die Entlehnung der indischen aus der babylonischen Sage ausgesprochen, und seine Ansicht scheint in Frankreich allgemein angenommen zu sein, während sie in Deutschland auf

Widerspruch gestoßen ist[208]). Ich meinerseits schließe mich ihr aus voller Überzeugung an. Der im bisherigen geführte Nachweis der Beeinflussung der Inder durch die Babylonier dürfte vielleicht dazu beitragen, seiner Ansicht den Eingang zu erleichtern.

Durch die im bisherigen aufgezählten Thatsachen ist der Verkehr zwischen den Babyloniern und Indern außer Zweifel gestellt, und zugleich der Nachweis erbracht worden, daß er nicht auf dem Landwege stattgefunden haben kann. Ein nicht minder beweiskräftiges Zeugnis dafür legt die Sprache ab in bei beiden Völkern für gewisse Gegenstände völlig übereinstimmenden Namen, die ich im folgenden zusammenstelle[209]).

	Urinbogerm.	Ursemitisch
Der Stier	staura	taura
Das Horn	karna	karnu
Der Löwe	laiwa, ljawa	labiatu, libatu
Das Gold	gharata	harudu
Die Weinrebe	waina	wainu:

Auch das Vorkommen gewisser Tierarten, die sich bei den Semiten nicht fanden, und die sie nur von Indien bezogen haben können, wie Pfau, Affe, Elefant weist auf einen Handelsverkehr zwischen ihnen hin[210]), wozu noch das Sandel-

---

208) S. darüber Dillmann, Die Genesis Aufl. 5. Leipzig 1886 S. 137. Nur Zimmer a. a. O. S. 101 hat sich in vorsichtiger Weise dahin ausgesprochen, daß er die Entlehnung für „wahrscheinlicher" hält.

209) Ich folge hierin Hommel, Die Namen der Säugetiere bei den südsemitischen Völkern, Leipzig 1879 und lasse nur die problematischen fort. Die Stellen finden sich S. 289, 290, 414, 415. Nach Ansicht der Sachkundigen (s. bei V. Hehn, Kulturpflanzen und Haustiere Aufl. 4 S. 286) soll auch hebräisch tukkijim Pfau nichts anderes als sanskr. cikki sein, dasselbe nimmt Hommel S. 415 für ursem. tarpu Silber und das nur im Letto — slavisch — germanischen erhaltene, mutmaßlich also urinbogermanische sirpara an.

210) Hehn a. a. O.

holz und das zum Weihrauch benutzte Zimmt kam²¹¹. Eine Beeinflussung der Babylonier durch die Inder in Dingen der Kultur war durch die niedere Stufe, welche diese selbst noch zur Zeit des Herodot einnahmen, ausgeschlossen²¹²).

Ich fasse das Ergebnis der vorstehenden Untersuchungen in zwei Sätze zusammen:

1. Die Babylonier haben bereits in frühester Zeit, mindestens um die Mitte des vierten Jahrtausends Seeschiffahrt betrieben.

2. Sie sind — ob schon damals oder später, steht noch zu ermitteln — auf dem Wege der Küstenfahrt unzweifelhaft bis nach Indien gekommen und haben dort mannigfache Spuren ihrer Anwesenheit zurückgelassen, wie andererseits Spuren davon sich auch bei ihnen finden.

8. Handel, Land- und Wassertransport. — Verkehrsrecht.

XXX. Mit der Schiffahrt der Babylonier steht in engster Verbindung ihr Handel, ihr in erster Linie verdankt er den außerordentlichen Aufschwung, den er schon in frühester Zeit genommen hatte.

Handel heißt Güterbewegung aus einer Hand in die andere, der Handelsverkehr stellt sich äußerlich dar als Raumveränderung von Sachen. Jede Raumveränderung der Sache erfordert einen Kraftaufwand, einen um so höheren, je größer ihre Last, je länger der Raum zwischen den beiden Endpunkten und je schlechter die Straße ist; das Maß des erforderlichen Kraftaufwandes kann eine Höhe erreichen, daß die Kosten den Gewinn aufheben, dann ist der Handel unmöglich.

---

211) Jerem. 6, 20: Was frage ich nach dem Weihrauch, der aus Reich Arabia, und den guten Zimmtrinden, die aus fernen Landen (Indien) kommen.

212) Lefmann, Geschichte des alten Indiens, Berlin 1890 S. 3.

Das Problem des Handels hängt demnach an der möglichsten Erleichterung der Raumüberwindung. Den Raum selber kann er nicht verringern, ebenso wenig das Gewicht der fortzuschaffenden Last; die beiden Punkte, bei denen er einzusetzen hat, um die Aufgabe zu lösen, sind die Straße, auf der, und die bewegende Kraft, durch die die Last fortgeschafft werden soll. Um die Lösung beider Aufgaben dreht sich eins der wichtigsten Stücke der Kulturgeschichte der Menschheit. Nur im Laufe vieler Jahrtausende ist sie dahin gelangt, beide Aufgaben zu der Höhe zu fördern, auf der sie sich das ganze Altertum und in der neuern Zeit bis in unser Jahrhundert hinein behauptet haben, bis die Verwendung des eisernen Schienenstranges zur Straße und die der Dampfkraft zur Fortbewegung dem Transportwesen eine gänzlich neue Gestalt gegeben haben.

Auf diesem Höhepunkt hat sich das Transportwesen bereits bei den Babyloniern gefunden, alle späteren Völker haben nichts hinzugefügt, das sie nicht bereits kannten. Was sie für Herstellung fahrbarer Straßen zu Lande geleistet haben, ist oben (S. 175 ff.) bereits mitgeteilt, ihnen gebürt der Ruhm, die ersten Chausseen gebaut zu haben und nicht geringeres haben sie für die Wasserstraßen gethan (Regulierung des Strombettes und Anlage von Kanälen).

Auch in Bezug auf die Verwendung der tierischen Kraft zur Fortbewegung zu Lande, der einzigen, die bis zur Entdeckung der bewegenden Kraft des Dampfes zur Verfügung stand, nehmen sie bereits die höchste Stufe ein.

Die niedrigste und darum ursprünglichste Form derselben bestand in dem Tragen der Last durch den Menschen, im Innern von Afrika hat sie sich noch bis auf den heutigen Tag behauptet. An Stelle des Lastträgers trat dann das Lastvieh, an Stelle dieses das Zugvieh, das bereits eine gesteigerte Abrichtung des Tieres erforderte und die Erfindung des Wagens zur Voraussetzung hatte. Nur im Gebirge und in der Wüste, wo das Zugvieh mit dem Wagen nicht anwendbar war, behauptete sich

II. Abstand der Kultur. 8. Handel, Transport, Verkehrsrecht. § 30. 235

das Lastvieh (Esel, Maulesel, Kamel). Als erstes Zugvieh des Menschen ist überall das Rindvieh benutzt worden, und im Lokalverkehr hat es sich noch bis auf den heutigen Tag erhalten, im Handelsverkehr hat es sich wegen seiner Langsamkeit neben dem Pferde nicht zu behaupten vermocht. Mit dem Pferde schließt die Stufenleiter der Verwendung der tierischen Kraft zur Fortbewegung von Lasten ab, von allen Haustieren ist das Pferd am schwersten zu bändigen gewesen. Zum Streitwagen mag es auch von dem Arier schon in seiner ursprünglichen Heimat verwandt worden sein, zum Ziehen des Lastwagens (anas) bediente er sich ausschließlich des Ochsen, daher die Bezeichnung desselben als anadvah (= den Lastwagen ziehend)[213], und nicht anders verhält es sich mit den Germanen zur Zeit der Völkerwanderung. Ob der Babylonier das Pferd bereits zum ziehen von Lasten verwendete, darüber ist mir ein Zeugnis nicht bekannt, ich muß die Frage den Assyrologen überlassen. Wenn die Angabe von Strabo, daß auf den Mauern von Babylon mehrere Vierspänner aneinander vorbeifahren konnten, zu dem Schluß berechtigen sollte, daß dies in Wirklichkeit vorgekommen sei, so würde damit die Frage so gut wie entschieden sein. Da doch die Babylonier schwerlich einen Weg von mehreren Stunden zurückgelegt haben werden, um aus der inneren Stadt zu den äußeren Mauern zu gelangen und auf ihnen zum Vergnügen spazieren zu fahren — ein Korso der Babylonier — und die Vierspänner für Kriegszwecke an dieser Stelle sich ebenso wenig eigneten, so erübrigt nichts, als darunter die Lastwagen zu verstehen, welche den Wächtern und Kriegern auf den Mauern den Proviant und das Wasser zuführten[214].

---

213) Zimmer a. a. O. S. 226. Ich gebe zugleich die Worte des von ihm in Bezug genommenen Gewährsmanns wieder: „Pferde werden im Lastwagen nie eingespannt" (S. 226 Anm.).

214) [Das Jheringsche Manuskript verweist hier in einer Note auf den bei J. Oppert et J. Ménant, Documents juridiques de

Der Kraftverlust, welcher mit dem Landtransport in der doppelten Reibung der Räder um die Axe und auf dem Boden verbunden ist, fällt beim Wassertransport hinweg, der unschätzbare Vorzug, den dieser vor jenem hat, besteht darin, daß das Schiff eine viel geringere Reibung zu überwinden hat. Dagegen kann ihm in dem Widerstand, den ihm der Gegenstrom des Wassers entgegensetzt, ein anderes Hindernis entgegentreten. Bei glattem Wasserspiegel und bei der Thalfahrt auf Flüssen setzt das Wasser nur einen geringen Widerstand entgegen, in beiden Fällen kommt also die bewegende Kraft fast ausschließlich der Fortbewegung zu gute. Nur bei der Bergfahrt und bei konträrem Wellengang auf der See wird ein größerer Teil der bewegenden Kraft durch den Gegenstrom des Wassers in Anspruch genommen. Aber die Natur hat hier mittelst der bewegenden Kraft des Windes einen überreichlichen Ersatz gewährt, und auch sonst hat sie dadurch für eine Kompensation gesorgt, daß die Thalfahrt um ebensoviel weniger Kraftaufwand erfordert, als die Bergfahrt mehr.

Wenn ich im bisherigen Dinge vorgebracht habe, die jeder bei einigem Nachdenken sich selber sagen kann, so möge der Leser es einem Hange von mir zu gute halten, der ihm im Verlauf des Werks vielleicht schon öfters lästig geworden ist, allen Verhältnissen nämlich, die ich berühre, auf den Grund zu gehen und, so weit sie äußerlicher Art sind, eine sinnliche Anschauung von ihnen zu geben. So glaubte ich auch im vorliegenden Fall mich nicht auf das Aussprechen der allbekannten Wahrheit der Überlegenheit des Wasser- über den Landtransport beschränken, sondern sie durch einen Vergleich beider sinnlich veranschaulichen zu sollen.

Ich kehre zum Babylonier zurück. Was er für das

---

l'Assyrie et de la Chaldée, Paris 1877 mit currus longus wiedergegebenen assyrischen Ausdruck; der Inhalt dieser Note war im übrigen nicht mit Sicherheit festzustellen.]

Transportwesen sowohl zu Lande als zu Wasser, im eigenen Lande beschafft hatte, wissen wir aus dem vorhergehenden, und nicht minder, wie ihm die Natur zur See zu Hülfe kam durch die periodisch wechselnden Wasserströmungen im persischen Meerbusen, die sein Schiff vom Oktober bis Mai hinaus, vom Mai bis Oktober herein trieben und es ihm ermöglichten, mit geringer Bemannung auszukommen und die Fahrt nach Indien hin und zurück in einem Jahr zurückzulegen. Mit der Seeschiffahrt waren für ihn zwei Formen des Handels ins Leben gerufen: der auswärtige und der Großhandel. Über jenen ist es nicht nötig etwas hinzuzufügen, um so mehr nimmt aber dieser unsere Aufmerksamkeit in Anspruch.

Seehandel ist notwendiger Weise Großhandel, was für den Landhandel, möge er zu Axe oder auf Stromschiffen geschehen, nicht gilt. Der Großhandel hat nicht auf dem Lande, sondern auf der See das Licht der Welt erblickt. Hier war die Nötigung dazu eine unabweisbare. Stromschiffahrt kann auch mit kleinen Fahrzeugen betrieben werden, Seeschiffahrt nur mit großen. Mit der Größe des Schiffs ist zugleich die der Ladung vorgezeichnet, der disponible Raum muß verwertet werden, damit die Fahrt sich bezahlt macht, je stärker die Ladung, desto lohnender die Fahrt.

Aber mit dem bloß quantitativen Moment der Ladung ist der Großhandel in dem Sinn, den die Sprache damit verknüpft, und in dem ich ihn hier nehme, noch nicht gegeben. Nicht die Masse der Waren, die beide umsetzen, scheidet den Großhändler vom Kleinhändler — dann würden manche Kaufleute in großen Städten, die einen enormen Absatz an Private haben, zu den Großhändlern, und Importeure, die wenig importieren, zu den Kleinhändlern zu zählen sein. Das unterscheidende Merkmal beider besteht in dem Publikum, an das sie verkaufen, beim Großhändler geschieht es an Kaufleute, beim Kleinhändler an Konsumenten, der Großhändler hat ein Lager, der Kleinhändler einen Laden.

Diesem Großhändler in unserm heutigen Sinn begegnen wir nun bereits in Babylon. Ich entnehme dies daraus, daß der Babylonier für den Großhändler und Kleinhändler verschiedene Bezeichnungen hatte[215]), wobei er angesichts der nachgewiesenen gänzlichen Unbestimmtheit des quantitativen Moments nur den obigen Gegensatz im Auge gehabt haben kann. Der Großkaufmann des Babyloniers war Importeur und Exporteur, von ihm kaufte der Kleinkaufmann die Waren, welche er an die Konsumenten absetzte. Ich glaube dafür noch ein Argument beibringen zu können, dessen Beweiskraft freilich erst der genaueren Darlegung bedarf.

Unser heutiger gesamter Geldverkehr beruht auf dem Gedanken der Produktivkraft des Geldes. Wie der Acker seine Früchte trägt, so auch das Geld, und die römischen Juristen haben vollkommen das richtige getroffen, indem sie den Begriff der Frucht auf das Geld übertrugen — wie jener seine Früchte trägt (fructus naturales), so auch dieses (fructus civiles). Dieselben fallen zusammen mit den Zinsen!, welche die lateinische Sprache treffend als usurae d. i. als Äquivalent für das in fremdem Gebrauch (usus) befindliche (geliehene oder vorenthaltene) Geld bezeichnet. Die Zinsen scheinen etwas so selbstverständliches zu sein, daß es befremdend erscheinen mag, wenn ich es noch erst für nötig halte, die Frage aufzuwerfen: wie mögen sie in die Welt gekommen sein?

Den historischen Ausgangspunkt derselben wird sicherlich das Darlehn gebildet haben — und zwar diejenige Form desselben, bei der wir ihnen heutzutage allein noch begegnen: das Gelddarlehn. Ein Darlehn kann auch in anderen fungiblen Sachen als in Geld gegeben werden z. B. in Getreide, und auch bei ihm begegnen wir in den römischen Rechts-

---

215) Bei Oppert et Ménant a. a. O. S. 11 Nr. 28, 29, übersetzt mit mercator magnus und parvus und unterschieden von dem bloß reichen Kaufmann: mercator potens, firmus, bonus S. 12 Nr. 32—34.

quellen den Zinsen (Festsetzung eines Maximalsatzes für sie). Aber sicherlich sind sie bei ihm nicht zur Entstehung gelangt, sondern darauf erst übertragen worden, nachdem man sich bei dem Gelddarlehn an sie gewöhnt hatte. Aber selbst beim Gelddarlehn bedarf ihr erstes Aufkommen meiner Ansicht nach noch erst der Erklärung. Den frühsten Anlaß desselben wird sicherlich die Notlage desjenigen abgegeben haben, der, momentan von Geldmitteln entblößt, sich an eine nahestehende Person mit der Bitte wandte, sie ihm vorübergehend vorzustrecken. Vom Standpunkt des Entleihers aus läßt es sich als Verlegenheitsdarlehn, von dem des Darleihers aus als Gefälligkeitsdarlehn bezeichnen, von beiden Seiten ist es auf Erweisung einer bloßen Gefälligkeit abgesehen, desselben Dienstes, wie einer sie dem andern durch Leihen von andern Sachen erweist, und so wenig in diesem Fall der Entleiher auf den Gedanken verfallen wird, dem Darleiher dafür einen Vorteil zu versprechen, oder dieser darauf, sich dafür einen auszubedingen, ebenso wenig in jenem Fall. Das Gefälligkeitsdarlehn, oder, wie man es auch nennen könnte: das des täglichen Lebens ist notwendigerweise zinslos. Den Gegensatz bildet das geschäftliche. Hier stehen beide Personen sich auf dem Geschäftsfuß gegenüber, es ist nicht das Wohlwollen, das den Darleiher bestimmt, das Darlehn zu geben, sondern sein eigenes Interesse, er will selber Vorteil von dem Geschäft haben, und diesen Vorteil erhält er in den Zinsen. Das Geschäftsdarlehn ist seiner Natur nach verzinslich, das Gefälligkeitsdarlehn seiner Natur nach unverzinslich. Bei den Römern wiederholt sich dieser Gegensatz in Form des Mutuum und Nexum. Die Verpflichtung, welche jenes begründet, ist lediglich auf Zurückerstattung des Kapitals gerichtet, und Zinsen vertragen sich so wenig mit ihm, daß es zu ihrer Ausbedingung eines besonderen Vertrages (Stipulation) bedarf, und daß sie nicht mit der Darlehnsklage (condictio certae pecuniae), sondern mit der Klage aus diesem Vertrage (actio ex stipulatu) eingeklagt werden müssen. Das Mutuum ist mithin seinem Begriff nach unentgeltlich, es steht auf einer Linie mit dem Kommodatum (Leihen nicht fungibler Sachen z. B. eines Buches). Den Gegensatz bildet das Nexum, bei dem ein und derselbe Akt gleichmäßig die Verpflichtung zur Zurückzahlung des Kapitals und zur Entrichtung der Zinsen begründet, und dementsprechend auch eine und dieselbe Klage (legis actio per manus injectionem = Exekutivklage) für beide ausreicht.

Ich glaube dem die Thatsache entnehmen zu können, daß die Zinsen bei den Römern nicht auf dem Boden des gewöhnlichen Lebens, sondern auf dem des Geschäftsverkehrs zuerst ins Dasein getreten sind. Aber dem Geschäftsverkehr in Rom ist bereits längst der in Babylon vorausgegangen; zu einer Zeit, wo Rom noch garnicht gegründet war und wo die Vorfahren der Römer sich statt des Metallgeldes, das die Voraussetzung der Zinsen bildet, noch des Viehes zum Ersatz desselben bedienten (S. 34, 43), blühte in Babylon bereits ein schwunghafter Handel und war das Metallgeld bereits längst bekannt. Mit beiden waren hier die Voraussetzungen zum Aufkommen der Zinsen gegeben. Die Zinsen sind eine babylonische Einrichtung, die, wie ich sofort darzuthun hoffe, bei den Babyloniern schon in die früheste Zeit hinaufreicht, alle andern Völker des Altertums haben sie von ihnen erhalten, ich brauche nicht erst hinzuzufügen: durch Vermittelung der Phönizier[216]).

Von der Überzeugung geleitet, daß alle Einrichtungen zuerst da zu tage getreten sind, wo sie unabweisbar, nicht da, wo sie wegen ihrer geringen Dringlichkeit zur Not entbehrlich waren, gelange ich zu der Annahme, daß die Zinsen in Babylon dem Kapitalbedürfnis des Großhändlers, der dem obigen nach (S. 237) gleichbedeutend ist mit dem Befrachter eines See-

---

216) Nach einem positiven Zeugnis dafür habe ich mich vergebens umgesehen, gäbe es eins, so müßte es sich bei Salmasius de usuris finden, der aber keins angeführt hat.

schiffes, ihren Ursprung verdanken. Ein ganzes Seeschiff zu befrachten erforderte allein schon große Geldmittel, und dazu gesellte sich noch der nötige Vorrat von Gold und Silber, um für den Fall, daß der Erlös der zu verkaufenden Waren für den Ankauf der zu erstehenden nicht ausreichte, gedeckt zu sein. Möglich, daß das Vermögen einiger Weniger beträchtlich genug war, um dies zu beschaffen, aber man müßte die Babylonier nicht kennen, um nicht zu wissen, daß diejenigen, denen es daran fehlte, den richtigen Weg entdeckt haben werden, um sich das Fehlende zu verschaffen. Sie wandten sich an diejenigen, welche es besaßen, indem sie ihnen einen Anteil am Gewinn dafür zusicherten. Ihr Verhältnis juristisch ausgedrückt wäre das der Gesellschafter (socii) gewesen, genauer, das zwischen dem Kommanditisten und dem Komplementar. Es liegt auf der Hand, daß diese Form des Verhältnisses ihre großen Unzuträglichkeiten hatte. Eine Kontrolle des Komplementars durch die Kommanditisten wäre unter diesen Umständen gänzlich unmöglich gewesen, er hätte sie bei seinen Angaben über die Höhe des Preises der verkauften und der angekauften Waren aufs gröblichste übervorteilen können.

Diese Erwägung mußte mit Notwendigkeit dahin führen, den Anteil am Gewinn im Proportionalverhältnis zum eingeschossenen Kapital von vornherein zu fixieren. Die Darleiher waren dadurch aller Weiterungen überhoben, mochte das Unternehmen viel oder wenig abwerfen, sie erhielten den ihnen zugesicherten Betrag. Damit haben wir die Zinsen. Sie waren gedacht als Gewinnanteil an einem Handelsunternehmen, an Stelle der Beteiligung an demselben in Form der Societät trat die in Form des verzinslichen Darlehns — der Darlehnsvertrag mit der Funktion des Gesellschaftsvertrages.

Auf diese Weise glaube ich das Aufkommen der Zinsen in einer Weise erklärt zu haben, der man einen hohen Grad innerer Wahrscheinlichkeit nicht wird absprechen können. Die

Frage gestellt: ist es wahrscheinlicher, daß die Zinsen im kaufmännischen oder im gewöhnlichen Verkehr zuerst zu tage getreten sind, so wird man um die Antwort nicht verlegen sein. Mit welcher Ungunst die Zinsen selbst dann noch zu kämpfen gehabt haben, nachdem sie bereits längst in Übung gewesen waren, lehrt das Verbot derselben im mosaischen und kanonischen Recht, auf das ich unten zurückkommen werde. Ihre erste Entstehung verstand sich also keineswegs ganz so von selbst, wie es uns vom Standpunkt unseres heutigen Verkehrslebens wohl erscheinen mag, sie bedarf der Erklärung, und ich finde keine andere als die obige: die Zinsen verdanken ihren Ursprung dem kaufmännischen Verkehr, und zwar da dieser, längst bevor er bei andern Völkern sich entwickelte, bereits in Babylon heimisch war, speciell dem babylonischen. Ich habe versucht, ob ich dafür nicht positive Anhaltspunkte in den babylonischen Quellen zu entdecken vermöchte. Selbstverständlich konnte meine Hoffnung nicht darauf gerichtet sein, ein direktes Zeugnis für das erste Aufkommen der Zinsen in Babylon aufzufinden, aber mein Suchen ist doch insofern nicht vergeblich gewesen, als es mir gelungen ist, wenigstens dafür positive Anhaltspunkte zu gewinnen, daß die Zinsen in Babylon in einer ganz besonderen Beziehung zum kaufmännischen Verkehr und zwar ganz besonders zur See gestanden haben.

Ich lasse zunächst das gewöhnliche verzinsliche Dahrlehn des Kaufmanns, von dem oben allein die Rede war, außer Betracht und wende mich einer eigentümlichen Spielart desselben zu: dem Seedarlehn[217]). Die zur Zeit noch herr-

---

[217]) Im Interesse meiner nichtjuristischen Leser füge ich einige Worte zur Erläuterung hinzu. Das Seedarlehn unterscheidet sich von dem gewöhnlichen, dem Landbarlehn wie man es nennen könnte, nicht dadurch, daß der Seefahrer es aufnimmt, um die Mittel zum Ankauf von Waren am Abgangs- oder Bestimmungsort zu erhalten, sondern dadurch, daß die Haftung für Kapital und Zinsen an die Bedingung der glücklichen Fahrt geknüpft ist; geht das Schiff unter, so

II. Abstand der Kultur. 8. Handel, Transport, Verkehrsrecht. § 30. 243

schende Ansicht, welche alles auf das Seewesen im Altertum bezügliche auf die Phönizier zurückführt, schreibt auch ihnen die Ehre der Erfindung des Seedarlehns zu, von ihnen soll es, was nicht Gegenstand des Zweifels sein kann, auf die Griechen und Römer (foenus nauticum, pecunia trajectitia) übergegangen sein. Aber auch in diesem Punkt läßt die herrschende Ansicht sich nicht aufrecht erhalten — der Ruhm gebührt den Babyloniern.

Dafür giebt es zwei Zeugnisse, die ich einem uns erhaltenen Vokabularium[218]) entlehne, in dem den auf der linken Kolumne angeführten turanischen Ausdrücken auf der rechten die entsprechenden assyrisch-babylonischen gegenüber gestellt werden. Dasselbe enthält fast ausschließlich Rechtsausdrücke, es scheint als Rechtslexikon angelegt zu sein. Unter ihnen befinden sich auf der rechten Kolumne an der angegebenen Stelle vier (Nr. 7, 8, 9, 10), welche sich nur auf das Seedarlehn beziehen lassen.

Von den beiden zuletzt genannten lautet Nr. 9 in der Übersetzung: foenus una cum mercatore periit, Nr. 10 nahezu gleichlautend: foenus una cum mercatore extinctum est. Was haben wir uns dabei zu denken? Offenbar nicht den Bericht über eine **historische Thatsache**, sondern einen **technischen Ausdruck** für einen **rechtlich** bedeutungsvollen Vorgang. Die beiden Wendungen sprechen den Satz aus: die

---

haftet der Entleiher für nichts. Das Seedarlehn enthält demnach ein Mittelding zwischen der Societät und dem gewöhnlichen verzinslichen Darlehn, mit jener teilt es das Moment der Übernahme der Gefahr, mit dieser das der festen Fixierung der Zinsen, die hier, da sie dem Darleiher neben dem Äquivalent für die Überlassung des Kapitals zugleich das für die Übernahme der Gefahr (Assekuranzprämie, „pretium periculi" der Römer) zu gewähren haben, natürlich höher bemessen werden.

218) Bei Oppert et Ménant a. a. O. S. 11—21. Die im folgenden angezogenen Stellen finden sich auf S. 19.

Darlehnsverbindlichkeit geht mit dem Kaufmann unter. Der Umstand, daß dieser Untergang der Haftpflicht auf den Kaufmann beschränkt wird, zeigt, daß wir es hier mit einem Satz zu thun haben, der nur auf ihn Anwendung fand, mit einem Satz des babylonischen **Handelsrechts**. Wie haben wir uns den Untergang des Kaufmanns, mit dem seine Schuld erlischt, zu denken? Offenbar nicht als Tod, ebenso wenig als Bankerott, ein solcher Rechtssatz wäre bei einem Handelsvolk gänzlich undenkbar, ganz abgesehen davon, daß der Rechtssatz, wenn für ihn, um so mehr für den gewöhnlichen Schuldner gelten müßte. Es bleibt nur eine einzige Art des Untergangs übrig, die lediglich ihn treffen kann, das ist die zur See mit dem Schiffe. Unter dem mercator haben wir uns also den Kaufmann vorzustellen, der ein Seedarlehn aufgenommen hat, foenus una cum mercatore periit (extinctum est) heißt also: wenn er bei einem Schiffbruch sein Grab in den Wellen gefunden hat, so ist der Anspruch gegen seine Erben erloschen, die Formel hätte sich zu einer Urteilsformel für den babylonischen Richter geeignet.

Von den beiden zuerst genannten Wendungen lautet Nr. 7: foenus sicut imposuit, Nr. 8: foenus una cum frumento imposuit. Unter dem imponere der zweiten Stelle kann zweifellos nur das Aufladen des Getreides an Bord verstanden werden, und auch in der ersten läßt sich das imponere nur in gleicher Weise verstehen; in Anwendung auf ein gewöhnliches Darlehn wäre der Ausdruck sprachlich gänzlich undenkbar, dasselbe wird nicht „aufgeladen oder aufgelegt", sondern „ausgezahlt". Aber das Seedarlehn wird in der That aufgeladen, an Bord geschafft, und aus der Wendung: foenus sicut imposuit entnehmen wir, daß dieser Moment der Beschaffung an Bord rechtlich bedeutungsvoll war. Der Jurist weiß, welche Wirkung sich damit verknüpfte: mit diesem Akt ging die Gefahr auf den Darleiher über. Beide Wendungen bezeichnen uns demnach den **Moment der Perfektion des Seedarlehns**.

Aus der zweiten entnehmen wir, daß das Seedarlehn nicht bloß in Geld, sondern auch in Getreide gegeben worden ist, wozu sicherlich noch andere Handelsprodukte gekommen sein werden. Da sich aber von ihnen keine Zinsen berechnen ließen, so werden sie in Geld angesetzt worden sein, juristisch gesprochen: das Seedarlehn galt, auch wenn es in Sachen entrichtet ward, stets als Gelddarlehn, nur daß die Ladung, mochte sie vom Geber oder Empfänger beschafft sein, auf Gefahr des Ersteren zur See ging[219].

In dem bilinguistischen Vokabularium figuriert als Gegenstück der Formel auf der rechten Kolumne: foenus una cum mercatore periit (extinctum est) auf der linken (turanischen) Kolumne die Wendung: foenus mercatoris instar. Wie kann darin ein Gegenstück liegen? Die Antwort erteilt das s. g. foenus quasi nauticum der Römer. Zum Verständnis meiner nichtjuristischen Leser bemerke ich, daß darunter ein Darlehn zu verstehen ist, welches zu irgend einem gewagten Unternehmen in der Weise vorgeschossen wird, daß der Darleiher ganz wie beim Seedarlehn die Gefahr übernimmt, gelingt es, so hat der Empfänger es nebst der dafür bedungenen, der Gefahr entsprechenden Vergütung zurückzuzahlen, mißlingt es, so zahlt er nichts[220]. Daß die obige Wendung in diesem Sinne zu verstehen ist, ergiebt sich aus zwei Umständen. Einmal daraus,

---

219) So nach römischem Recht, wenn das Darlehn in Geld entrichtet, aber die Verabredung getroffen war, daß die davon angeschafften Waren auf Gefahr des Darleihers gehen sollten l. 1 do naut. foen. (22, 2): (ut) merces ex ea pecunia comparatae .... periculo creditoris navigent.

220) Davon handelt die l. 5 ibid., wo der Jurist als Beispiel anführt: si piscatori erogaturo in apparatum plurimum pecuniae dederim ut si cepisset, redderet, wozu aus dem Vorhergehenden noch hinzuzufügen ist: et insuper aliquid practer pecuniam. Die Vergütung wird vom Juristen treffend als pretium periculi (Assekuranzprämie) bezeichnet.

daß sie als Gegenstück zu dem Seedarlehn der rechten Kolumne aufgeführt wird und sodann daraus, daß auf beiden Kolumnen das gewöhnliche Darlehn nicht als foenus mercatoris oder mercatoris instar bezeichnet wird, sondern als foenus schlechthin (Nr. 18—21), und, worin der Gegensatz zum Seedarlehn besonders schlagend hervortritt, als foenus secundum consuetudinem urbis (Nr. 16, 77) und foenus secundum usuram urbis d. i. als Landdarlehn im Gegensatz zum Seedarlehn. Unter urbs haben wir hier nicht die Stadt im Gegensatz zum Lande, sondern zur See zu verstehen, consuetudo urbis bezeichnet das Recht, das für das gewöhnliche Darlehn gilt, bei dem der Entleiher die Gefahr trägt, im Gegensatz zum foenus mercatoris d. i. dem Seedarlehn, bei dem der Darleiher sie trägt, usura urbis den Zinssatz, der bei jenem zur Anwendung gelangte, während bei diesem ein solcher nicht existierte, da die Zinsen stets individuell nach Maßgabe der übernommenen Gefahr bemessen wurden. Der Grund, warum auf der turanischen Kolumne nicht das foenus mercatoris selber, sondern nur das instar mercatoris Aufnahme fand, ist leicht zu entdecken. Die Turanier lebten nicht an der See, von einem Seedarlehn im eigentlichen Sinn konnte also bei ihnen nicht die Rede sein, aber das foenus quasi nauticum war auch bei ihnen möglich, und es bedarf dazu nicht einmal der Annahme eines entwickelten Handelsverkehrs bei ihnen, dasselbe ließ sich z. B. auch in Form der Beteiligung an der Ausrüstung einer räuberischen Expedition unter Zusicherung eines Anteils an der Beute denken. Foenus mercatoris und instar mercatoris unterscheiden sich daher in dem faktischen Thatbestand, rechtlich stehen sie sich völlig gleich, bei beiden handelt es sich um ein Unternehmen, bei dem das dazu dem Unternehmer (mercator) vorgestreckte Kapital auf Gefahr des Darleihers steht und in einer der Höhe der Gefahr entsprechenden Proportion verzinst wird.

Habe ich im vorstehenden die Rechtsausdrücke des turanisch=

babylonischen Rechtsvokabulariums richtig gedeutet, was meines Erachtens nicht Gegenstand des Zweifels sein kann, so ist damit das wertvolle Ergebnis gewonnen, daß das foenus nauticum bereits den Babyloniern bekannt gewesen ist. Wertvoll ist es in meinen Augen nicht sowohl als bloße Thatsache, als Beitrag zur Geschichte des foenus nauticum im Altertum für den Rechts= historiker, sondern wegen der Schlüsse, die der Kulturhistoriker ihm zu entnehmen hat.

Das foenus nauticum hat die Seeschiffahrt zu seiner not= wendigen Voraussetzung. In dem foenus nauticum der Baby= lonier besitzen wir also ein untrügliches Zeugnis für ihre See= schiffahrt, es ist das oben (S. 213) in Aussicht gestellte, das ich hiermit nachtrage.

Das foenus nauticum wiederholt sich auch bei den Phöniziern. Erinnern wir uns, daß die Seeschiffahrt bei den Babyloniern bereits ins vierte Jahrtausend hinaufreicht, in eine Zeit, wo Sidon noch nicht gegründet war, so ergiebt sich für das foenus nauticum derselbe Schluß, wie für die Verwendung der Taube und des gestirnten Himmels zur Orientierung des Seefahrers (S. 216 und 222), nämlich daß dasselbe eine ur= sprünglich babylonische Einrichtung ist, welche die Phönizier, als sie sich vom Muttervolk trennten, mitnahmen und beibehielten. Das foenus nauticum bereits im vierten Jahrtausend? höre ich ausrufen. Man sehe zu, ob man meinen obigen Beweis der Unentbehrlichkeit des Darlehns für den überseeischen Handel zu entkräften vermag. War das Darlehn mit dem Seehandel unabweisbar gesetzt, so war auch die eigentümliche Form des= selben im foenus nauticum sogut wie gegeben. Juristisch von dem gewöhnlichen Darlehn allerdings sehr scharf unterschieden, traf es doch bei dessen Verwendung im Seehandel mit ihm im Resultat so gut wie zusammen. Hatte bei diesem der Entleiher Schiffbruch erlitten, so trat faktisch regelmäßig ganz dasselbe ein, wie bei jenem, der Darleiher hatte das Nachsehen —: foenus una cum mercatore periit. Das foenus nauticum unterschied sich von ihm nur dadurch, daß es den regelmäßigen faktischen Erfolg in Form Rechtens brachte, und dazu bedurfte es so wenig eines besonderen juristischen Denkens, daß ich glauben möchte: das Seedarlehn ist geschichtlich dem gewöhnlichen Darlehn für die Seefahrt vorausgegangen. Habe ich mit dem oben für das erste Aufkommen des Darlehns in Babylon geltend gemachten Gesichtspunkt der Beteiligung am überseeischen Handelsgeschäft das Richtige getroffen, so war es das Nächstliegende, den Darleiher auch an der Gefahr des Unternehmens teilnehmen zu lassen; seine Befreiung von der Gefahr in Form des gewöhnlichen Darlehns läßt sich dem angenommenen geschichtlichen Ausgangspunkt gegenüber nur als der letzte Schritt bezeichnen, mit dem es sich, nachdem zuerst der Gewinnanteil in Gestalt der Zinsen fixiert war, nun völlig von diesem Ausgangspunkt losriß. Das Seedarlehn hat mit der Societät wenigstens noch eine der beiden Seiten gemein, das gewöhnliche gar keine.

Der im bisherigen erbrachte Nachweis von der Bekanntschaft der Babylonier mit dem Seedarlehn stellt die Thatsache außer Zweifel, die ich oben (S. 240) zunächst noch dahin gestellt sein lassen mußte, nämlich daß das Darlehn schon in ältester Zeit in Beziehung zu ihrem Seehandel stand. Ich hatte dort diese Beziehung für das gewöhnliche Darlehn in Bezug genommen, und ich teile im folgenden zwei Spuren mit, in denen ich sie glaube entdeckt zu haben. In dem bilinguistischen Rechtsvokabularium finden wir ein foenus anni (N. 14) und ein foenus mensis (N. 15). Da beide sich als technische Ausdrücke gegenüber gestellt werden, so können wir in ihnen nur die zwei typischen Formen des Darlehns erblicken, in denen der ganze Darlehnsverkehr sich erschöpfte. Auf die bloß faktische Verschiedenheit der Fristerstreckung für das Darlehn lassen sie sich nicht beziehen, sonst hätten auch noch andere Fristen, 2, 3 Monate, $1/2$, $3/4$ Jahr genannt werden können. Die rechtliche Bedeutung des foenus

II. Abstand der Kultur. 8. Handel, Transport, Verkehrsrecht. § 30.

mensis ist klar, die Babylonier berechneten die Zinsen nach Monaten (regelmäßig 1 Schekel = $\frac{1}{60}$ von der Mine) — die Römer haben auch in diesem Punkt sich ihrem Vorbilde angeschlossen — und diese Berechnungsweise wird selbstverständlich auch dann zur Anwendung gelangt sein, wenn die Darlehnsfrist mehr als einen Monat z. B. ein ganzes Jahr betrug, wie umgekehrt wir, die wir für die Zinsen den Maßstab des ganzen Jahres haben, diesen auch bei kürzeren Fristen zu Grunde legen. Das Jahresdarlehn der Babylonier muß demnach eine typische auf besondere Verhältnisse berechnete Form des Darlehns gewesen sein. Wir brauchen nicht lange zu suchen, wo es Anwendung fand. Es war das Darlehn des Seefahrers. Derselbe stach Anfang Oktober, wenn die Meeresströmung landauswärts ging in See und kehrte in der Zeit von Mai bis Ende September, wo sie landeinwärts ging, zurück. Die Dauer seiner Fahrt betrug also regelmäßig ein Jahr, sicherlich beim Indienfahrer, der solange wie möglich seine Zeit ausgenutzt haben wird. Damit war aber die Jahresfrist für sein Darlehn mit Notwendigkeit gegeben. Erst nach seiner Rückkunft war er in der Lage, Kapital und Zinsen zu entrichten, vorher wäre es ihm gänzlich unmöglich gewesen. Die einzige Form des Darlehns, die für ihn paßte, war das foenus anni. Ganz anders der Schuldner, der im Lande blieb. Er konnte seine Zinsen allmonatlich entrichten, und das hatte er zu thun, auch wenn das Darlehn auf noch so lange Zeit gegeben war[221]; ein foenus mensis verwandelte sich durch Festsetzung einer Jahresfrist ebenso wenig in ein foenus anni, wie das foenus anni des Schiffers in ein foenus

---

221) Darauf wird die obige Formel des Rechtsvokabulariums: foenus secundum usuram urbis zu beziehen sein: von einem gesetzlichen Zinsmaximum bei den Babyloniern haben wir keine Kunde, und wir wissen, daß der regelmäßige Zinsfatz von 20% überschritten werden konnte. (Siehe nachher im Text.)

mensis, wenn beim Ansatz der Zinsen der Monat zu Grunde gelegt war.

Die zweite Spur der Beziehung des Darlehns zum Seehandel — und in Bezug auf sie füge ich den Zusatz hinzu, der ursprünglichen — glaube ich in dem außerordentlich hohen Zinssatz in Babylon entdeckt zu haben. Er betrug durchgehends 20 % und steigerte sich selbst auf 25 %[222]. Einen solchen Zinssatz für den gewöhnlichen bürgerlichen Verkehr vermag ich mir nur zu erklären, wenn dem Kapitalisten außerhalb desselben die Möglichkeit offen stand, Geld in gewinnbringendster Weise zu verwerten, und diese Gelegenheit bot sich ihm in dem Export- und Importgeschäft des Großhändlers (mercator magnus) in einer Weise dar, wogegen der bei dem gewöhnlichen Darlehn zu Grunde gelegte Satz sicherlich noch ganz mäßig berechnet war. Bei dem Seedarlehn und dem gewöhnlichen (Land-)Darlehn zur See, wo der Entleiher im Verkehr mit rohen, des Handelswerts ihrer Naturerzeugnisse unkundigen Völkern vielleicht das Doppelte und Mehrfache des mitgenommenen Kapitals gut machte, werden die Zinsen ungleich mehr betragen haben. Der Entleiher konnte sie zahlen, sie kamen ihm reichlich wieder ein. Beim Binnenhandel und auch beim Landhandel mit benachbarten Völkerschaften wären solche Gewinne gar nicht möglich gewesen. Der hohe Zinssatz in Babylon wird nur erklärlich durch die außerordentliche Ergiebigkeit des auswärtigen Seehandels, in ihm werden wir wie das Verhältnis, in dem die Zinsen zuerst ins Leben getreten sind, bis sie auf das gewöhnliche Leben übertragen wurden, so auch dasjenige zu erblicken haben, das den hohen Zinssatz für dieses in seinem Gefolge hatte.

Das Bild von der Entwicklung des verzinslichen Darlehns in Babylon würde sich dem bisherigen nach in folgender Weise gestalten:

---

222) Kohler in der oben angeführten Schrift von Peiser S. XXXIX.

II. Abstand der Kultur. 8. Handel, Transport, Verkehrsrecht. § 30. 251

1. Die Zinsen sind eine babylonische Erfindung, alle anderen Völker verdanken ihre Bekanntschaft damit den Babyloniern.
2. Die Zinsen sind in Babylon ursprünglich gedacht als Anteil am Handelsgewinn eines überseeischen Unternehmens, aber wegen der Schwierigkeit der Kontrollierung desselben wurden sie sodann
3. als Quote vom eingeschossenen Kapital fest fixiert.
4. Damit war das Geld eine Ware geworden, aus deren zeitweiser Überlassung man Geld machen konnte, ein Handelsartikel, wie alle anderen Wertgegenstände, — das Geld kam an den Markt.
5. Daran schloß sich mit Notwendigkeit die Folge, daß jeder, welcher des Geldes begehrte, die Privatperson und der Kleinkaufmann, so gut wie der Großhändler, dafür Zinsen zu entrichten hatte.
6. Dem unentgeltlichen Darlehn war damit ein Ende gemacht, neben dem geschäftlichen Darlehn vermochte sich das Gefälligkeitsdarlehn bei einem Handelsvolk nicht zu behaupten. Damit scheint im Widerspruch zu stehen, daß in gar vielen der uns erhaltenen Urkunden[223] der Zinsen keine Erwähnung geschieht, nur in zweien (Nr. 1, 2) werden Verzugszinsen bedungen. Wie es sich in Wirklichkeit damit verhielt, entnehmen wir aus einer dieser Urkunden (Nr. 136), in der das Kapital 6 Talente beträgt, eine Summe von so hohem Betrage (das griechische Talent zu Grunde gelegt = 27 000 Mark), daß der Gedanke an ein Gefälligkeits- oder Freundesdarlehn dabei schlechterdings nicht aufkommen kann, und auch die Ausbedingung der Verzugszinsen Nr. 1 und 2 verträgt sich schwer mit dieser Annahme. Ich brauche wohl kaum erst anzugeben,

---

[223] Bei Peiser a. a. O. Nr. 1, 2, 7, 17, 36, 53, 60, 136.

was in all den Fällen, wo keine Zinsen bedungen waren, geschah: der Gläubiger zog sie vom Kapital vorher ab, wie es auch heutzutage von seiten mancher Wucherer geschieht, — der zweifelhafte Ruhm, diese Erfindung zuerst gemacht zu haben, gebührt demnach den Babyloniern.

An die hier gezeichnete Entwicklung des Zinsgeschäfts in Babylon schließt sich die Nachgeschichte desselben bei allen anderen Völkern des Altertums an. Sie alle haben es von den Babyloniern überkommen: die Phönizier und Juden, als sie sich von ihnen trennten, Griechen und Römer durch die Vermittlung der Phönizier, dasselbe wird auch für die Kelten bei ihrer Verbindung mit ihnen durch Gades anzunehmen sein, während Germanen und Slaven erst durch Römer und Griechen mit ihm bekannt geworden sein werden.

Einem Handelsvolk wie den Babyloniern waren Zinsen etwas Selbstverständliches. Einem Ackerbau treibenden Volk, dem der Handel fremd ist, werden sie in einem andern Licht erscheinen. Wie kann, wird es fragen, jemand für Geld, das er vorübergehend leiht, sich eine Vergütung ausbedingen? er büßt ja nicht das mindeste ein, er erhält es später auf Heller und Pfennig zurück. Dieser Auffassung begegnen wir noch bei den Juden[224], die mosaische Gesetzgebung hat das Zinsnehmen zuerst nur von Armen und Bedrängten, dann schlechthin von allen Personen ohne Unterschied, nur mit Ausnahme der Fremden verboten. Den Juden war das Verständnis der Zinsen, die sicherlich zu der Zeit, als sie Babylon verließen, dort bereits längst bekannt waren, im Laufe der Zeit als sie ein Ackerbau treibendes Volk wurden, abhanden gekommen. Bei ihnen selber würden sie unter den gänzlich veränderten Verhältnissen, d. h. der Abwesenheit des Handels, nicht bloß des

---

[224] Die Kreter stempelten das Zinsnehmen sogar zum Raub Plut. Qu. gr. 53 p. 303 B.

Seehandels, sondern des Handels überhaupt, schwerlich zur Entstehung gelangt sein. Es verhält sich damit nicht anders, als mit der Anschauung des Seeschiffs, mit dem die Zinsen dem Obigen nach ja in so enger Verbindung standen. So war es möglich, daß aus dem Seeschiff eine Arche ward und aus den Zinsen eine sittlich verwerfliche und darum von dem Gesetzgeber nicht zu duldende Einrichtung. Sie haben ihren damaligen Mangel an Verständnis für sie später, als sie ein Handelsvolk wurden, gründlich wieder gut gemacht. Die alttestamentliche Auffassung der Zinsen, die wir kurz mit den Worten wiedergeben können, daß sie das Darlehn lediglich als Gefälligkeitsdarlehn, als Akt des Wohlwollens, der Menschenfreundlichkeit erfaßt, diese Auffassung ist auch in das kanonische Recht übergegangen, welches das Zinsennehmen zur Sünde stempelte, und schlechthin untersagte. Der mosaischen Gesetzgebung war das Zinsverbot zu gute zu halten, für das kanonische Recht läßt es sich nur damit entschuldigen, daß nach Auffassung der christlichen Kirche das Gesetz Moses, soweit es nicht rein rituelle Vorschriften enthielt, auch für die Christen bindend war, die kirchliche Gesetzgebung sich hier also in einer Notlage befand; zwischen die beiden Alternativen gestellt: dem Gesetz Moses oder dem des Verkehrs gerecht zu werden, glaubte sie nicht umhin zu können, sich für die erste entscheiden zu müssen. Die Erfahrung hat gezeigt, daß sie damit etwas gänzlich Unausführbares erstrebte. Ein Handel ist ohne Zinsen undenkbar. Wo keine Zinsen, da auch kein Handel; da er schon im Mittelalter bestanden hat, so ergiebt sich daraus, daß er es verstanden hat, sich den Beschränkungen des kanonischen Rechts zu entziehen.

Die Zinsen ermöglichen es dem Kaufmann, mit fremden Geldmitteln zu operieren. Aber es steht ihm zu dem Zwecke noch ein anderes Mittel zu Gebote, das ihm ungleich näher liegt: er kauft seine Waren auf Kredit, der Wiederverkauf derselben verschafft ihm die Mittel, um am Verfalltage den Kaufpreis zu entrichten. Der Kredit ist nur eine versteckte Art des verzinslichen Darlehns, der Verkäufer schlägt die Zinsen auf den Kaufpreis, und darum vergütet er sie bei Barzahlung (Sconto). Zinsen und Kredit bilden die beiden Schwingen des Handels, die ihm zu seiner Bewegung ganz ebenso unentbehrlich sind, wie dem Vogel die Flügel zum Fliegen.

Wüßten wir auch nichts von der Organisation des Handels bei den Babyloniern im einzelnen, schon die bloße Thatsache seiner hohen Blüte würde das Dasein des Zinsgeschäfts und des Handels auf Kredit[225] außer Zweifel stellen. Wenn wie jenes, so auch dieser aller Wahrscheinlichkeit nach im Handel zuerst zu Tage getreten ist, wo er zweifellos die hervorragendste Anwendung fand, so kann es nur im Geschäftsbetrieb des mercator parvus geschehen sein. Der mercator magnus hatte den Preis der Waren, die er im Auslande erstand, sofort bar zu entrichten, das Kreditgeschäft fand hier keinen Platz. Um so mehr fand es ihn aber im Geschäft des mercator parvus, an den er seine Waren absetzte, und das Interesse beider Teile ging hier Hand in Hand. Um Waren in größerer Menge kaufen zu können, bedurfte dieser des Kredits, um einen Käufer zu finden, mußte jener ihm denselben bewilligen. Die Unterscheidung der beiden Arten des Kaufmanns zeigt, daß der Großhändler die Waren nicht selber an die Konsumenten vertrieb, das war Sache des Kleinhändlers, entgegengesetztenfalls hätte man diesen Unterschied gar nicht machen können.

Überseeischer Handel — Großhändler — Kleinhändler — Zinsen — Kreditgeschäft — das sind die Züge, welche unsere bisherige Darstellung in Bezug auf die Organisation des Handels in Babylon nachgewiesen hat. Es bleiben uns noch zwei. Es sind zwei Erfordernisse, ohne welche der Handel

---

225) Ein Beispiel dafür aus den babylonischen Rechtsurkunden siehe bei Peiser a. a. O. Nr. 45.

II. Abstand der Kultur. 8. Handel, Transport, Verkehrsrecht. § 30. 255

gar nicht bestehen kann: das Geld und das Handels=
recht.

Das Geld. Die endgültige Form desselben, welche überall die anderen Formen, deren man sich vorher bediente, aus dem Felde geschlagen hat und schlagen mußte, ist bekanntlich das Metallgeld. Würde tausendmal die Welt von neuem geschaffen, das Metallgeld würde immer wieder ganz in derselben Gestalt zur Erscheinung gelangen, die es heutzutage an sich trägt; das Gold würde die erste, das Silber die zweite, das Kupfer die dritte Stelle einnehmen; das Geld würde geprägt und das Edelmetall der größeren Haltbarkeit wegen mit unedlem versetzt (legiert) sein.

Der Punkt auf Erden, wo historisch nachweisbar das Metall zuerst zu Geld verwandt wurde, ist wiederum Babylon. Auf ihrem eigenen Boden ihnen versagt, haben sie es sich von anderen Völkern, bei denen es sich fand [226], zu verschaffen ge= wußt und den Wert desselben schon in frühester Zeit erkannt. Der erste Fall, in dem es meines Wissens erwähnt wird, be= gegnet uns in dem babylonischen Bericht über die Sintflutsage: Chasis-adra nimmt sein Gold und Silber mit an Bord (S. 193); der zweite im alten Testament: Abraham führt, als er nach Ägypten zieht, Gold und Silber mit sich (1. Moses 13, 2). Nach der Tradition der Semiten reicht ihre Bekannt=

---

226) Ihre hauptsächlichste Bezugsquelle wird weniger Südarabien als Indien gewesen sein. Das westliche Indien (Chawilah), das vom Pischon (payasvan = dem milchreichen Ganges) umflossen ist, wird als das Land bezeichnet, „wo das Gold ist", Lefmann, Geschichte des alten Indien, Berlin 1890 S. 1: es fand sich hier in reichster Masse im Goldsand, s. darüber Herodot III, 94 (jährlicher Tribut an Darius 360 Talente Goldsand) 98, 102, 106 (Gewinnung und Massenhaftigkeit). Der Bezug des Goldes seitens der Babylonier aus Indien ergiebt sich aus der Übereinstimmung von urindogerm. gharata und ursemitisch harudu = Gold; Hommel, Die Namen der Säugetiere bei den süd= semitischen Völkern, Leipzig 1879 S. 415.

schaft mit dem Edelmetall also bereits in die Urzeit hinauf. Zu ihm kam als Scheidemünze noch das Kupfer hinzu [227].

Das Prägen des Metalls scheint den Babyloniern noch nicht bekannt gewesen zu sein, während das Legieren uralt war [228]. Nach den Berichten der Alten ist es zuerst in Lydien erfolgt [229], und dazu stimmt, daß geprägte Münzen bisher in den Ruinen der assyrisch-babylonischen Städte nicht aufgefunden worden sind [230]. Das Metall war in bestimmte Stücke (die Mine zu 60 Schekel) [231] zerlegt, was stets ausdrücklich hervorgehoben wird. Wie konnte man sich darauf verlassen, daß sie das richtige Gewicht hatten? Es blieb kein anderes Mittel übrig als die Wage, dasselbe, dessen sich auch die Römer bedienten, bevor sie das Geld münzten. Nun wird allerdings des Wägens des Metalls meines Wissens in den Rechtsurkunden nirgends Erwähnung gethan [232], allein die Thatsache, daß

---

227) Über das Wertverhältnis von Gold, Silber und Kupfer Oppert et Ménant S. 348.

228) Brandis, Das Münz-, Maß- und Gewichtswesen in Vorderasien, Berlin 1866. S. 163.

229) Brandis a. a. O. S. 166.

230) Die Frage hängt an dem bis jetzt noch nicht ermittelten Ausdruck der Rechtsurkunden (nu—uh—hu—tu), der regelmäßig der Angabe, daß die Mine in einzelne Schekel zerlegt sei, hinzugefügt wird. Peiser übersetzt ihn mit: „gemünzt", fügt aber stets ein Fragezeichen hinzu. Sollte er nicht „zugewogen" bedeuten können?

231) Brandis, Über die Mine a. a. O. S. 26 über den Schekel S. 72.

232) Die beim Verkauf eines Hauses öfter (Oppert et Ménant S. 170 Z. 11, 178 Z. 18, 179 Z. 14) sich wiederholende Wendung: domus nummis pensata ist nicht auf das Wägen des Geldes zu beziehen — dann müßte es heißen: nummis pensatis — sondern auf die Ausgleichung der Sache durch den des Geldes, wir können sie wiedergeben mit: Sache um Geld, die auch als solche in den Urkunden vorkommt. Daselbst S. 118 Z. 12: contra pretium tradidit. Derselben Wendung begegnen wir in der römischen Mancipationsformel: emptus est hoc aere aeneaque libra (Gaj. I, 119). Schon vor Jahren

es vorkam, wird durch den technischen Ausdruck dafür in dem bilinguistischen Rechtsvokabularium (pecuniam ponderat) außer Zweifel gestellt, vielleicht war es nur darum nicht besonders hervorgehoben, weil es sich ganz von selbst verstand, (wie bei uns das Zuzählen der Geldstücke, das eben aus dem Grunde auch nie besonders erwähnt wird), wenn es nicht etwa in dem oben in der Note erwähnten zweifelhaften Ausdruck steckt. Unter dieser Voraussetzung werden wir mithin unter dem Ausdruck des Vokabulariums (S. 13. 49) pretium suum solvit nicht das Zuzählen, sondern das Zuwägen zu verstehen haben. Jedenfalls kann ich mir nicht denken, daß man in Babylon die Metallstücke von angeblichem Gewicht auf Treu und Glauben entgegen genommen habe, ohne sich zu überzeugen, ob sie auch dem Sollgewicht entsprachen, und welches andere Mittel als das Wägen dafür übrig blieb, sehe ich nicht ab.

Das Handelsrecht. Die babylonischen Rechtsurkunden setzen uns in Stand, uns von dem Handels- und Geldverkehr ein anschauliches Bild zu machen [233]. Dasselbe bleibt hinter demjenigen, welches uns das römische Recht auf dem

---

(1858 in meinem Geist des R. R. Bd. 3 Aufl. 1 S. 567, Aufl. 4 S. 542) habe ich darauf hingewiesen, daß sie zu dem ersten Teil der Formel nicht stimmt, und die Vermutung geäußert, daß sie einen spätern erst mit Aufkommen des Geldes hinzugefügten Zusatz zu ihr enthält. Die erst jetzt von mir entdeckte Übereinstimmung der römischen mit der babylonischen Formel, die auch die phönizische gewesen und den Römern durch den Handelsverkehr mit den Karthagern zugekommen sein wird, gewährt meiner Hypothese eine unerwartete Unterstützung. Der Akt der mancipatio als Eigentumsübertragung vor Zeugen war römischen, die Wagschale und das Zuwägen des Geldes nebst der obigen Wendung babylonischen Ursprungs.

[233] Man findet es bei Kohler in seinem Exkurs zu dem oben genannten Werk von Peiser S. LXVI fl. und in seiner selbständigen Schrift: „Aus dem babylonischen Rechtsleben", Heft 1 u. 2, Leipzig 1890, 1891.

258   Zweites Buch. Arier und Semiten.

Höhepunkt seiner Entwicklung in den ersten Jahrhunderten der Kaiser vor Augen führt, um nichts zurück, ich kenne keinen Rechtsbegriff, kein Rechtsgeschäft desselben, das sich nicht bei den Babyloniern wiederholte. Da finden sich außer den selbstverständlichen: dem Kauf, für den die römische Bestimmung gilt, daß die Gefahr mit Abschluß des Vertrages auf den Käufer übergeht, und der Miete, bei der auch die Aftermiete auftritt, und dem verzinslichen Darlehn: die Verzugszinsen, Konventionalpön, Cession, Schuldübernahme, Zahlungsanweisung, Kompensation, Quittungen, Einkaufskommission, der Gesellschaftsvertrag, der Anerkennungsvertrag und das abstrakte Schuldversprechen, die Bürgschaft und die Pfandbestellung, selbst der antichretische Pfandvertrag und die Afterverpfändung, und es kommen Rechtsgeschäfte einer so raffinierten Art vor, daß sie dem abgefeimtesten Wucherer der heutigen Zeit alle Ehre machen würden [234]. Ein ausgebildetes Handelsrecht ist die unausbleibliche Frucht eines hochentwickelten Verkehrs. Wie der Fluß sich sein Bett selber gräbt, so auch der Handel — das Recht des Handels steht mit ihm selber stets auf einer und derselben Höhe, es giebt keinen Teil des Rechts, für den die Gesetzgebung so wenig von nöten ist, und wo sie, wenn sie hemmend oder beschränkend einzugreifen versucht, sich so sehr zur Machtlosigkeit verdammt sieht [235], wie das Handelsrecht — oder allgemeiner gesprochen: das Verkehrsrecht.

Der Kaufmann bedient sich überall für seine Rechtsgeschäfte der Schrift. Niemand weiß ihren hohen Wert für die Rechtssicherheit so richtig zu würdigen wie er; für ihn

---

[234] Ein Beispiel giebt Kohler in seinem Exkurs zu dem oben genannten Werk von Peiser S. LXVI ff.

[235] Das lehrreichste Beispiel gewähren die Zinsbeschränkungen, über deren Erfolglosigkeit bereits die Römer klagen (s. die bekannte Stelle von Tac. Ann. VI, 16 über die „fraudes, quae toties repressae miras per artes rursum oriebantur") und die sich auch beim Zinsverbot des kanonischen Rechts wiederholt hat.

II. Abstand der Kultur. 8. Handel, Transport, Verkehrsrecht. § 30. 259

sind Handelsgeschäfte und schriftlich aufgezeichnete so gut wie gleichbedeutend; niemand hat so unausgesetzt bei allem, was er thut, die Feder zur Hand wie er.

In Babylon war der Gebrauch der Schrift ein ganz außerordentlich ausgedehnter, nicht bloß für den kaufmännischen Verkehr, sondern auch für den des gewöhnlichen Lebens; er erstreckte sich über alle Teile des Rechts. Ein Rechtsgeschäft abschließen und es schriftlich aufnehmen lassen, scheint für den Babylonier gleichbedeutend gewesen zu sein. Auch hier wie bei dem verzinslichen Darlehn wird es der Kaufmann gewesen sein, der den ersten Anstoß dazu gegeben hat, und sein Beispiel fand bei einem so durchaus praktischen Volk, wie das babylonische, fruchtbaren Boden — die Sitte des Kaufmanns ward die Sitte des Volks. Durch Vermittelung der Phönizier kam die Weise der schriftlichen Aufzeichnung der Verträge auch den Griechen zu, und auch bei ihnen ward sie zur allgemeinen Übung[236]). Den Römern blieb sie lange gänzlich fremd, ihre ersten Anwendungsfälle werden in der schriftlichen Aufzeichnung des Testaments und in den Schuldbüchern (codices accepti et expensi) bestanden haben, wozu sich später dann die Urkunden über Rechtsgeschäfte (cautiones) hinzugesellten. Bezeichnend für den ausländischen Ursprung der Schrift in Rom ist der Umstand, daß die Verwendung derselben im gerichtlichen Verfahren (formula) zuerst in der internationalen Rechtspflege (praetor peregrinus) erfolgte, auf das Streitverfahren zwischen Römern (praetor urbanus) ward sie erst übertragen, als man sich hier an sie gewöhnt hatte.

Die schriftliche Aufzeichnung geschah in Babylon auf einer feuchten Thontafel durch den in der Urkunde stets ge-

---

[236]) Gneist, Die formellen Verträge. Berlin 1845 S. 421: „man kann sich daher namentlich in Athen und später auch in allen Ländern griechischer Bildung den Gebrauch der γραμματεία nicht häufig genug denken".

nannten „Schreiber" — wir würden sagen Notar — und vor
Zeugen, die ebenfalls stets genannt werden, und die zur mehre=
ren Sicherheit noch ihre Siegel auf die Tafel drückten. Die
Thontafel ward dann, und zwar wie wir annehmen dürfen,
ohne daß sie in die Hände der Parteien gelangte, von dem Notar
in den öffentlichen Ofen (s. über ihn S. 129, 171) befördert
— abermals eine babylonische Erfindung, welche alle Völker
des Altertums sich angeeignet haben — und erst, wenn sie
gebrannt war, der Partei oder den Parteien eingehändigt.

Eine Fälschung, sollte man sagen, wäre dann nicht mehr
möglich gewesen, da sich auf der gebrannten Thontafel nichts
mehr hinzufügen oder hinwegnehmen ließ. Allein diese Gefahr
muß doch wohl bestanden haben, möglicherweise ließ sich z. B.
an den Zahlzeichen etwas ändern, oder sie konnten im Laufe der
Zeit durch schlechte Aufbewahrung oder Beschädigung der Ur=
kunde unleserlich werden[237]). Jedenfalls hatte man darauf
Bedacht genommen. Diesem Zweck diente meines Erachtens
eine Einrichtung, deren Sinn den Assyrologen bisher entgangen
ist[238]) und entgehen mußte, da ihnen der Schlüssel, den das
römische Recht dem Romanisten zu ihrem Verständnis an die
Hand giebt, fehlte. Sie bestand in der Anfertigung zweier im
wesentlichen gleichlautender Thontafeln, welche, bevor sie ge=
brannt wurden, mittelst eines Randes, die eine über der andern
miteinander verbunden wurden[239]). Die obere war offen, die

---

237) Ein Beispiel dafür s. bei Oppert et Ménant S. 185,
wo unsicher ist, ob 16 oder 26 zu lesen ist.

238) Oppert et Ménant S. 130: „Nous ne pouvons que
constater ici la haute antiquité de cet usage ainsi que sa persistance;
mais le but de cette double redaction demeure encore inexqliqué
pour nous".

239) Oppert et Ménant S. 80: elles (tablettes) sont recou-
vertes d'une enveloppe extérieure, sur laquelle les termes du
premier contrat sont à peu près identiquement reproduits. Die vielen
Duplikate, welche sich unter den Rechtsurkunden finden, zeigen, daß

II. Abstand der Kultur. 8. Handel, Transport, Verkehrsrecht. § 30.

untere verschlossen; jene reichte für den gewöhnlichen Gebrauch aus, nur wenn sich ein Streit über ihre Zuverlässigkeit erhob, ward der Rand zwischen beiden vor Gericht aufgebrochen und das Duplikat verglichen. Hätte der Inhaber der Doppeltafel, um auch dieses zu fälschen, den Rand weggebrochen, so würde er damit sich selber die Beweiskraft der Urkunde zerstört haben.

Derselben Einrichtung begegnen wir auch in Rom, wo sie zuerst beim Testament aufgekommen zu sein scheint. Dasselbe ward regelmäßig nur in einer Urkunde ausgefertigt, die mittelst eines Fadens verschlossen ward, auf den die Zeugen unter Beisetzung ihres Namens ihre Siegel in Wachs drückten. Es kam aber auch vor, daß man den wesentlichen Inhalt des Testaments noch auf der Außenseite wiederholte, um den in demselben ernannten Erben und Legataren die Möglichkeit zu verschaffen, bei Eröffnung des Testaments zugegen zu sein. Dieses äußere Testament ließ sich fälschen, aber das wäre erfolglos gewesen, da die Vergleichung desselben mit dem inneren die geschehene Fälschung sofort ans Licht gebracht hätte. Durch einen Senatsbeschluß ward diese zuerst im Leben aufgekommene Sitte zur ausschließlichen Form aller Urkunden erhoben, die auf Beweiskraft Anspruch machen wollten[240]). Die Übertragung einer ursprünglich babylonischen Sitte auf das römische Recht liegt hier offen vor, abgesehen von der Verschiedenheit des Schreibmaterials und des dadurch bedingten Verschlusses der Urkunde stimmt alles überein: die doppelte Ausserti-

---

man von der Einrichtung den ausgedehntesten Gebrauch machte, sie muß also ihre triftigen Gründe gehabt haben, man wird sich in Babylon vor Fälschern haben vorsehen müssen.

240) Paul. S. R. V. 25, 6: Amplissimus ordo decrevit, eas tabulas, quae publici vel privati contractus scripturam continent, adhibitis testibus ita signari, ut in summa marginis ad mediam partem perforatae triplici lino constringantur, atque impositae supra linum cerae signa imprimantur, ut exteriori scripturae fidem interior servet.

gung der Urkunde, einer äußeren und einer inneren, der Verschluß dieser, die Zeugen nebst subscriptio und superscriptio und den beigedrukten Siegeln. Dieser zweifellose Fall der Beeinflussung des römischen Rechts durch das babylonische dürfte vielleicht dazu dienen, den Widerspruch, auf den meine oben (S. 257) ausgesprochene Vermutung über die Nachbildung der römischen Mancipationsformen nach dem Muster der babylonischen, auf den sie sich beim romanistischen Purismus gefaßt machen muß, etwas abzuschwächen.

Neben der regelmäßigen Form der Aufzeichnung der Urkunden auf Thontafeln finden wir in Babylon noch eine andere, mit der es offenbar eine besondere, bisher von den Assyrologen noch nicht klar gestellte Bewandtnis hatte. Als Material zur Aufzeichnung diente bei ihr der Basalt, und schon dieser Umstand allein läßt darauf schließen, daß es hierbei auf eine besondere Dauerhaftigkeit abgesehen war. Der Stein hat die Gestalt eines Eies, und den oberen Teil desselben nehmen allerhand Götterbilder und symbolische Figuren ein [241]). Der untere enthält die Urkunde. Als Gegenstand derselben figuriert überall ein Grundstück; es handelt sich um dauernde Übertragung des Eigentums an demselben, und aus den Verwünschungen, die demjenigen angedroht werden, der den Stein „vernichtet, entfernt, verfälscht, eingräbt, verdeckt", ergiebt sich, daß sie auf dem Grundstück selber aufgestellt wurden [242]). Diese Urkunden sollten jedem verkünden, wer der Eigentümer sei — der Eigentumstitel und die bei dem Rechtsgeschäft zugezogenen Zeugen werden in der Urkunde ausdrücklich angegeben — und ihn in Kenntnis setzen, wie weit die Grenzen des Grundstücks sich erstrecken — auch sie werden genannt, ebenso der Feldmesser, der sie abgesteckt hat.

---

241) Abbildung bei Oppert et Ménant S. 86.
242) Siehe die verschiedenen Urkunden bei Oppert et Ménant S. 87--136.

Inhaltlich unterscheiden sie sich von den gewöhnlichen Urkunden in zwei Punkten. Einmal dadurch, daß das Rechtsverhältnis, welches sie begründen, dauernder Art, wie sie selber sich ausdrücken, auf ewige Zeit berechnet ist[243]), während es bei jenen vorübergehender Art ist. Damit hängt die Verschiedenheit des Materials der Urkunde zusammen, bei jenen der Basalt, bei diesen die Thontafel — eine Veranschaulichung der inneren Dauerhaftigkeit und Vergänglichkeit durch die äußere, die an die römische der vorübergehenden Dauer des prätorischen Edikts durch die Holztafel, und der ewigen des Gesetzes durch die Erztafel erinnert. Sodann dadurch, daß die Götter zum Schutz des Rechts angerufen werden, darum ihre Bilder an der Spitze der Urkunde. Auf das Haupt desjenigen, der es antastet, sei es faktisch, z. B. durch Verrückung der Grenzen, Verwüstung, Aneignung der Früchte, sei es rechtlich durch Bestreitung in Form Rechtens werden alle erdenklichen Verwünschungen herabbeschworen; die Urkunden kennen in der Aufzählung der Übel, welche die Götter über ihn verhängen sollen, kaum ein Maß, sie enthalten eine wahre Musterkarte der entsetzlichsten Flüche und Verwünschungen. Ich habe geglaubt, dafür einen Gesichtspunkt heranziehen zu können, der auch bei anderen Völkern, z. B. den Römern[244]) wiederkehrt: des unter dem Schutze der Götter stehenden Grenzfriedens; allein er ist zu eng, der göttliche Rechtsschutz, der hier in Anspruch genommen wird, geht weit darüber hinaus, er ist der des Grundeigentums ganz allgemein.

Für das babylonische Handelsrecht hatte diese Form keine

---

243) Daselbst S. 117: tabula auctoris limitationis aeternae; S. 121: auctor ponens limitationes aeternas; S. 133: ad fines dierum longinquorum, dierum aeternitatis. Die Formel auf S. 88, 119: quandocunque in successione dierum.

244) Angebliches Gesetz von Numa Pompilius bei Festus: terminus p. 368: eum, qui terminum exarasset, et ipsum et boves sacros esse.

Bedeutung, bei Handelsgeschäften ist sie nie zur Anwendung gebracht worden, — der Kaufmann verließ sich auf sein verbrieftes Recht, er hatte die Götter nicht nötig. Wenn ich ihrer gleichwohl gedacht habe, so ist es nur geschehen, weil ich bei der einmal aufgeworfenen Frage nach der Form der babylonischen Rechtsgeschäfte auch sie nicht glaubte umgehen zu können.

Das Recht bildete das letzte Moment, dem ich bei meiner Untersuchung über das babylonische Handelswesen eine genauere Aufmerksamkeit glaubte zuwenden zu sollen. Aber damit sind die Momente, welche für den Handel in Betracht kommen, noch keineswegs erschöpft; es fehlt noch ein ganz wesentliches. Was die bisherige Darstellung abgeworfen hat, besteht, um es schließlich noch einmal übersichtlich zusammen zu fassen, darin, daß der babylonische Handelsmann sich der günstigsten Handelsstraßen erfreute, die es überhaupt giebt: großer schiffbarer Flüsse und der See für sein Schiff, und daß ihm auch für sein Frachtfuhrwerk (S. 176, 235) die Straße zu Lande geebnet war, daß er den hohen Wert des Edelmetalls als Grundlage für das Geldwesen früh erkannt, und von dem Gelde die ausgiebigste Verwendung für seine Zwecke zu machen verstanden hatte — und endlich, daß er sich im Besitz eines ausgebildeten, ihm die vollste Sicherheit der Bewegung gewährleistenden Rechts befand. Man braucht keine Anschauung von kaufmännischen Dingen zu haben, um das letzte noch fehlende Moment zu entdecken. Um etwas zu erstehen, muß man seinerseits etwas bieten. Was bot der babylonische Seefahrer dem Inder, Araber oder andern in der Kultur weit unter ihm stehenden Völkerschaften, um von ihnen die Dinge zu erhandeln, welche die eigene Heimat ihm versagt hatte, vor allem dasjenige, auf das sein Sinn in erster Linie gerichtet war, das Gold? Von Vieh und Holz, das er selber sich erst verschaffen mußte, konnte keine Rede sein. Getreide, Früchte? Beides war dort im Überfluß vorhanden, anstatt es zu bringen, wird er umge-

II. Abstand der Kultur. 8. Handel, Transport, Verkehrsrecht. § 30. 265

kehrt es von dort geholt haben. Aber eins konnte er bieten, was sich nicht in ihrem Besitz befand, und das in ihren Augen einen Wert besaß, daß sie gern dafür das Zehn=, vielleicht das Hundertfache hingaben. Das waren die Erzeugnisse seines Gewerbfleißes. Es ist das bekannte Geschäft des Europäers mit dem Wilden: Austausch von Gold, Edelsteinen, Perlen gegen Glasperlen, bunte Tücher, abgängige Schießgewehre u. s. w. Für den Verkehr eines Industrie= und Handelsvolks mit einem Naturvolk ist es typisch, und in dieser Gestalt wird es sicher auch im Verkehr des Babyloniers mit jenen vorgekommen sein. Ein eisernes Beil, Schwert, eine Lanze mit eiserner Spitze — was galt dem Inder dagegen sein Gold? Von jenem konnte er Gebrauch machen, dieses war wertlos für ihn. Und wenn der Babylonier aus dem Golde in Babylon einen kunstvollen Becher hatte anfertigen lassen, wie viel des Goldes mochte ein indischer Fürst dahin geben, um sich in den Besitz eines solchen Wunderwerkes zu setzen? Oder gar (an Stelle des heimischen aus Holz roh geschnitzten Götzen oder Fetisch) für einen in Babylon in Thon gebrannten und mit grellen Farben bemalten! Man vergegenwärtige sich die Verhältnisse des Handelsverkehrs zwischen einem Naturvolk und einem Handelsvolk, und man wird wissen, wie unermeßlich der Gewinn gewesen sein muß, den der überseeische Handel für Babylon abwarf, und zugleich, wie es zuging, daß der Zinsfuß in Babylon den bei andern Völkern des Altertums üblichen um mehr als das Doppelte überstieg. So erklärt sich der ungeheure Reichtum, der sich hier im Laufe der Jahrtausende angesammelt und Babylon zur reichsten Stadt der Welt erhoben hatte [245]), erst in Rom in dem letzten Jahr-

---

245) Dies ergiebt sich allein schon aus demjenigen, was Herodot I 192, II 92 mitteilt, wozu sich sicherlich noch andere Zeugnisse hinzufügen lassen werden. Relativ mag der Reichtum der phönizischen Städte auf derselben Höhe gestanden haben, absolut aber muß Babylon bei seiner die ihrige weit hinter sich lassenden Größe

hundert der Republik und in der Kaiserzeit erblickte das Altertum noch zum zweitenmal seines Gleichen. In beiden Fällen war es die Überlegenheit des Starken über den Schwachen, welche diese ungeheure Anhäufung des Reichtums zu Wege gebracht hatte, dort im Handel, hier im Kriege. Babylon verdankte seine Schätze der Ausnutzung der Unkenntnis uncivilisierter Völker mit dem Wertverhältnis der Waren, die sie gegeneinander austauschten, Rom die seinigen seinen siegreichen Waffen. Beiden ist ihr Reichtum zum Verderben ausgeschlagen, denn er hat die Feinde gegen sie in Bewegung gesetzt, denen sie erlagen, die Perser gegen Babylon, die Germanen gegen Rom.

9. Gesamtergebnis.

XXXI. Meine Schilderung der babylonischen Kulturwelt hat hiermit ihr Ende erreicht, und es mag mir schließlich noch verstattet sein, das Ergebnis derselben in wenig Worten zusammenzufassen.

Es ist doppelter Art. Das eine betrifft die **hohe Entwicklungsstufe** der babylonischen **Kultur**. Sie war längst bekannt, und wozu sie also noch erst zum Gegenstand einer eingehenden Erörterung machen? Ich würde es mir nicht erlaubt, vielmehr einfach auf die Darstellungen anderer Bezug genommen haben, wenn ich nicht geglaubt hätte, nach dieser Seite im einzelnen manches beibringen zu können, was andern entgangen ist. Daß sich dies nur in einer zusammenfassenden Darstellung, welche auch das bereits Bekannte mit aufnahm, kurz

---

und Menschenzahl sie alle geschlagen haben. Über die Größe s. S. 164 f., einen Anhaltspunkt für die Menschenzahl giebt Herodot III 159, wo die Zahl der angesehensten Männer, welche Darius nach Unterdrückung des Aufstandes in Babylon hinrichten läßt, auf 3000 und die Zahl der in den benachbarten Völkern requirierten Mädchen, welche die Stelle der bei der Belagerung umgebrachten (III 150) vertreten sollten, auf 50 000 angegeben wird.

II. Abstand der Kultur. 9. Gesamtergebnis. § 31.

mittelst eines gerundeten Bildes der gesamten Kulturwelt beschaffen ließ, wird nicht der Bemerkung bedürfen. Das Zweite betrifft den Nachweis des **Kausalitätsverhältnisses** zwischen der babylonischen Kultur und den Verhältnissen des Landes. Dieser Nachweis ist bisher noch von niemandem erbracht; nirgends habe ich auch nur den geringsten Ansatz dazu getroffen. Daß ich meinerseits ihn erbracht habe, davon bin ich subjektiv fest überzeugt. Da der Punkt für die Zwecke meines Werks von äußerster Wichtigkeit ist, so halte ich es für geboten, dasjenige, was ich an früherer Stelle zerstreut darüber beigebracht habe, hier übersichtlich zusammenzufassen, der Gesamteindruck wird, wie ich hoffe, über die Richtigkeit meiner Behauptung keinen Zweifel übrig lassen.

Meine Behauptung lautet: Der Babylonier ist alles, was er geworden, durch den Boden geworden, auf dem er sich vorfand, zu allem, was er geleistet, hat die **Natur** ihm den Impuls gegeben. Dadurch, daß sie ihm Holz und Naturstein **versagt** hatte, den Impuls zur Beschaffung eines künstlichen Ersatzes, des **Backsteins**. Dadurch, daß sie ihm große schiffbare Flüsse und das Meer **gegeben** hatte, zum Bau des **Schiffes**. Mit diesen beiden ersten Ansätzen, dem Backstein und dem Schiff, war der ganze Aufbau der babylonischen Welt besiegelt.

Mit dem **Backstein**:

1. Das **Bauwesen**. Mit ihm die Trennung zwischen dem **Bauhandwerk** und der **Baukunst** (§ 142 f.).
2. Mit dem **Bauhandwerk** die babylonische **Zeiteinteilung** (S. 145), die **Wasseruhr** zur Bemessung der Zeit (S. 153), der siebente **Ruhetag** (S. 146 ff.).
3. Mit der **Baukunst** der Ansatz zur **Geometrie** und **Arithmetik** (S. 163) und zur **Kunst** (S. 157).

4. Die Stadt (S. 112). Mit ihr
5. Die Kultur (S. 118 ff.).
6. Die Befestigung der Stadt (S. 116, 164).
7. Mit ihr die Sicherheit und Dauerhaftigkeit des babylonischen Staatswesens (S. 169).
8. Mit dem Brennen des Thons die Schreibtafel des Babyloniers (S. 170) und
9. mit ihr die ausgedehnte Verwendung derselben für den Verkehr (S. 258 ff.) und damit die Sicherheit desselben.
10. Mit ihrer Dauerhaftigkeit und Wertlosigkeit für andere Zwecke (S. 173) die Erhaltung der babylonischen Rechts- und sonstigen Urkunden bis auf unsere Zeit.

Der Backstein schließt die Hälfte der babylonischen Welt in sich.

Mit dem Schiff:

1. Zunächst die Flußschiffahrt, dann als halbe Flußschiffahrt die Küstenfahrt und endlich die Seeschiffahrt (S. 205 ff.).
2. Mit ihr die unabweisbare Nötigung der Orientierung auf hoher See: die Verwendung der Taube und die Beobachtung der Gestirne (S. 216).
3. Mit dieser die Erhebung zur Astronomie (S. 221 ff.).
4. Mit der Seeschiffahrt der auswärtige Handel: das Export- und Importgeschäft des Großhändlers (S. 240 ff.).
5. Mit ihm das Seedarlehn und das gewöhnliche verzinsliche Darlehn (S. 238 ff.), und mit der außerordentlichen Verwendbarkeit des Geldes im überseeischen Handel der hohe Zinsfuß auch für das Landdarlehn (S. 250).

6. Der Gegensatz des Kleinhandels zum Großhandel (S. 237).
7. Mit dem schwunghaften Betrieb des Handels die hohe Ausbildung des Rechts (S. 257 ff.), und
8. das Zuströmen unermeßlicher Schätze nach Babylon, und mit ihm
9. das Verhängnis, dem das Reich erlag: die Bewältigung durch die Perser (S. 265 f.).

So reiht sich hier in ununterbrochenem Kausalnexus eins an das andere; hervorgerufen durch das ihm vorangehende ruft jedes seinerseits wiederum das folgende hervor; die Bewegung, einmal in Gang gesetzt, kennt kein Halten mehr, bis sie zu Ende gelangt ist. Ich kenne in der ganzen Geschichte kein Beispiel, wo das Kausalitätsverhältnis zwischen Boden und Volk so anschaulich und überzeugend zu Tage tritt wie hier, und gerade dieser Umstand mag für manche vielleicht den Grund abgeben, Mißtrauen in meine Deduktion zu setzen — es ist des Guten zu viel! Ich warte den Nachweis ab, daß der von mir angenommene Kausalzusammenhang in irgend einem Punkt versagt — ein Beweis läßt sich nur durch Gegenbeweis entkräften.

Man wird mir vielleicht den Einwand entgegensetzen, daß ich einen ganz wesentlichen Faktor bei dieser Kausalitätsreihe, der das Ganze erst in Gang zu setzen hatte, außer acht gelassen habe, den Menschen. Was nützen alle Impulse, welche die Natur an ihn heranträgt, wenn er nicht der richtige ist? Ist er zu stumpfsinnig, indolent, träge, so prallen sie wirkungslos an ihm ab. Ein anderes Volk als die Akkader, Sumerier, Babylonier nach Mesopotamien versetzt, und das Land wäre stets geblieben, was es heute wieder geworden ist: Sumpf und Wüste. Vom Standpunkt der herrschenden Ansicht, wonach den Völkern ihre Individualität angeboren ist, vollkommen richtig! Aber diese Ansicht ist eben eine grundfalsche. Die Völker werden eben nicht geboren, sondern sie werden (S. 94), und sie werden so, wie sie unter diesen bestimmten Verhältnissen werden **müssen**. So haben die genannten drei Völker auf dem Boden Mesopotamiens das werden müssen, was sie hier wurden; wären sie und die alten Arier in den Anfängen ihres Daseins miteinander vertauscht, sie nach Iran, diese nach Mesopotamien versetzt, aus jenen wären diese, aus diesen jene geworden. Den Einfluß, den die Verhältnisse des Bodens auf die Volksart beider mittelbar dadurch ausgeübt haben, daß sie eine gewisse Art des Verhaltens zu ihnen, kurz ein bestimmtes „operari" bedingten, das seinerseits stets wiederum das „esse" zur Folge hat (S. 96, esse sequitur operari) — werde ich demnächst darlegen, zuerst für die Semiten (§ 35), sodann für die Arier (§ 36). Bei dieser Gelegenheit wird sich der im Bisherigen erbrachte Nachweis über den Kausalnexus zwischen den Bodenverhältnissen und der Kultur des Babyloniers verwerten, der sonst in einer Urgeschichte der Indoeuropäer keinen Platz hätte finden dürfen. Er wird zuerst seine Früchte tragen bei der Frage von der **Volksart der Semiten**, der ich aus Gründen, die demnächst erhellen werden, nicht ausweichen durfte, und die uns auf Babylon verweist als die Stelle, wo sie sich gebildet hat. Vor allem aber für die Kulturwelt und Volksart des alten Ariers. Er soll uns für sie dieselben Dienste leisten, wie dem vergleichenden Anatomen die Untersuchung eines zur Ermittelung der Struktur und Entwicklungsgeschichte ganz besonders geeigneten Tieres; die Ergebnisse, die er an ihm gewonnen, dienen ihm als Direktive für die Untersuchung eines minder dazu geeigneten und schärfen sein Auge für die Wahrnehmung der an ihm minder deutlich hervortretenden entsprechenden Erscheinungen, kurz gesagt: der Babylonier soll uns einen **paradigmatischen** Dienst leisten für den alten Arier. Und dazu eignet er sich wie kein anderer — **das babylonische Volk ist das Mustervolk der historischen Kausalität**. In dieser Beziehung steht es einzig in der Welt da; man möchte sagen, es sei von der Geschichte dazu ausersehen worden, um den Gedanken der historischen Kausalität in einer Weise zu illustrieren, die gar keinen Zweifel an seiner Geltung aufkommen läßt.

Ich verlasse jetzt Babylon, um zunächst Rede und Antwort zu stehen über das, was die Arier ihm in Bezug auf ihre Kultur verdanken.

III. Übertragung der babylonischen Kultur auf die Arier.

XXXII. Babylon ist längst vom Erdboden verschwunden, nur Trümmer, die erst unsere Zeit ans Licht gebracht hat, verkünden die Stätte, wo es einst stand. Aber bevor es unterging, war längst der Menschheit das Wertvolle, das es beschafft hatte, zu gute gekommen. Die Geschichte läßt einmal nichts Bedeutendes, was sie an einer Stelle der Erde hervorgebracht hat, untergehen; sie trägt Sorge dafür, daß es der Welt erhalten bleibe, an anderer Stelle fortlebe; es ist das Gesetz der Ökonomie in der sittlichen Weltordnung, das sich im Leben der Völker ebenso bewährt wie in dem der Individuen, das Seitenstück zu dem Gesetz der Erhaltung der Kraft in der Natur. Neue Völker und Individuen treten an die Stelle der abgängigen, aber nicht wie der Soldat in der Schlacht an die der Gefallenen, sondern wie der Erbe an die des Erblassers, d. i. sie übernehmen das Erbe, das dieser ihnen hinterlassen. So ist auch das Kulturerbe Babylons auf die Indoeuropäer übergegangen, und noch heutigen tags lebt wie in unserer Kunst und Wissenschaft Hellas, in unserem Recht Rom, so in unserer Kultur Babylon bei uns fort; wir verdanken ihm außerordentlich viel mehr, als man gemeiniglich glaubt.

Babylon ist der Ursitz der Kultur; von hier hat sie ihre Wanderung über die Welt angetreten. Streitig kann dies nur sein in Bezug auf Ägypten; für alle andern Länder läßt sich der Beweis mit aller Evidenz erbringen. Bisher galt Ägypten als das älteste Kulturland der Welt, und nach dem Stande des für diese Frage zu Gebote stehenden Quellenmaterials war diese Ansicht gar nicht abzuwehren; für Ägypten reichten die erhaltenen Aufzeichnungen in eine Zeit hinein (erste Hälfte des dritten Jahrtausends), über welche die aller anderen Völker nichts zu berichten wußten. Aber die neueren Funde auf dem Boden Mesopotamiens haben uns für Babylon Zeitbestimmungen gebracht, welche die ägyptischen noch um ein Jahrtausend überragen, und wenn der Schluß von ihnen auf die Kultur ein begründeter ist, so muß die babylonische älter sein als die ägyptische. Und in Bezug auf eins der wichtigsten Werke desselben, das Bauwesen, wird dies durch die Verwendung des Ziegels zu den ältesten ägyptischen Pyramiden (S. 130) außer Zweifel gestellt. In Ägypten, wo der Naturstein in Überfluß vorhanden war, muß diese Verwendung des Ziegels ebenso befremdend erscheinen, wie sie in Babylon durch den Mangel desselben geboten war. Der Ziegelstein kann also nur von Babylon nach Ägypten gekommen sein, d. h. die Ägypter haben von den Babyloniern den Steinbau gelernt, den sie bis dahin nicht kannten. Und mit dem Ziegel haben sie auch die Form des Etagentempels für ihre ältesten Pyramiden übernommen (S. 131) und nicht minder die Einrichtung des siebenten Ruhetages beim Bauwesen (S. 143). Die Ägypter sind demnach im Bauwesen bei den Babyloniern in die Lehre gegangen, diese waren ihnen also jedenfalls in diesem Punkte um ein beträchtliches Stück voraus. Was von ihrem Landbauwesen, wird mit aller Wahrscheinlichkeit auch für die Wasserbauten anzunehmen sein, welche sich bei beiden aufs Haar gleichen, und vielleicht noch für manches andere, dessen Ermittlung der Zukunft vorbehalten bleibt.

Das ursprüngliche Abhängigkeitsverhältnis der ägyptischen Kultur von der babylonischen hat später der selbständigen Ent-

III. Übertragung der babylonischen Kultur auf die Arier. § 32.

wicklung derselben Platz gemacht, selbst im Bauwesen, wo der Naturstein den Ziegel und die Form der ägyptischen Pyramide die des babylonischen Etagentempels verdrängte, vor allem aber auf geistigem Gebiet, wo insbesondere in einem Punkt die Eigenart und Überlegenheit der ägyptischen Geistesstimmung über die babylonische schlagend hervortritt. Der Babylonier hat es niemals zum philosophischen Denken gebracht; sein Wissenstrieb steht ausschließlich im Dienst des praktischen Interesses und erstreckt sich über das unmittelbar Verwertbare nicht hinaus. Anders der Ägypter. In der ägyptischen Priesterkaste hat sich der menschliche Geist zum erstenmal zum philosophischen Denken erhoben, längst bevor seitens der Griechen ein Gleiches geschah, und es hat alle Wahrscheinlichkeit für sich, daß auch hier, wie so oft in der Geschichte, dem zeitlichen Prioritätsverhältnis das Ursprungsverhältnis entspricht. Der Verlauf der Darstellung wird uns Gelegenheit geben, eine glänzende Probe dafür beizubringen: die Erhebung zur Idee des einigen Gottes und der Gedanke der Emanation des menschlichen Geistes aus dem Allgeist mit der Geburt des Menschen und der Rückkehr in denselben mit seinem Tode.

Die im bisherigen nachgewiesene Übertragung der babylonischen Baukunst auf die Ägypter beweist, daß schon in frühester Zeit, mindestens im vierten Jahrtausend, eine Berührung zwischen den Babyloniern und Ägyptern stattgefunden haben muß; und sie kann nur die des Handelsverkehrs gewesen sein. Der Handel ist der Pionier der Kultur; der Kaufmann ist überall der erste gewesen, der sie in ferne Gegenden getragen hat. Seine Absicht ist nur darauf gerichtet, seine Waren abzusetzen; aber ohne es zu beabsichtigen, wird er zugleich Träger der Kultur, ein Werkzeug in den Händen der Geschichte. Auf diesem Wege ist die Verbreitung der babylonischen Kultur über die damalige Welt erfolgt, allen Völkern ist sie durch den Handel zugetragen. Nur einmal ist es auf anderem Wege geschehen, auf dem der Eroberung, als das babylonische Reich den Persern erlag. Die Eroberung stellt uns den zweiten Kanal dar, durch den die Geschichte den Übergang der Kultur zwischen zwei auf verschiedenen Entwicklungsstufen befindlichen Völkern vermittelt, sei es, daß das Übergewicht der Kultur sich auf Seiten des Siegers oder des Besiegten befindet. Nach den Erfahrungen, welche die Geschichte uns bei vielen Völkern an die Hand giebt, verwirklicht er sich im zweiten Fall rascher und wirksamer als im ersten, und dies begreift sich auch sehr leicht. Der in Kultur überlegene Sieger hat kein Interesse daran, das unterworfene Volk auf seine Kulturstufe zu heben, im Gegenteil eher das entgegengesetzte: um so leichter wird es ihm, seine Herrschaft über dasselbe zu behaupten. Umgekehrt aber hat der in der Kultur zurückstehende Sieger das höchste Interesse daran, sich rasch die des unterworfenen, höher stehenden anzueignen. In dieser Weise geschah es seitens der Römer mit der griechischen Kultur, der Ostgothen mit der römischen, und so auch der Perser mit der babylonischen; die Besiegten wurden die Lehrmeister der Sieger. Abgesehen von diesem einen Fall ist aber die Verbreitung der babylonischen Kultur über die Völker des Altertums nur auf dem Wege des Handels erfolgt.

Die Babylonier selber haben dafür nur relativ wenig gethan; es beschränkt sich auf ihre bereits an früherer Stelle (S. 226 ff.) hervorgehobenen Kultureinflüsse auf Indien und die soeben nachgewiesenen auf Ägypten. Die Aufgabe, die das Muttervolk aus Gründen, die sofort erhellen werden, nicht zu lösen vermochte, war dem Tochtervolk der Phönizier und Karthager vorbehalten.

Damit tritt ein dritter Weg der Verbreitung der Kultur in unsern Gesichtskreis: die Auswanderung. Was ich oben vom Kaufmann sagte, daß er der Pionier der Kultur sei, gilt vom Auswanderer in noch erhöhtem Maße. Jener kommt und geht, er streut nur den Samen der Kultur auf das fremde Erdreich aus; es kommt auf den Boden an, was daraus wird. Dieser bleibt, er setzt sein Kulturleben auf fremder Erde

III. Übertragung der babylonischen Kultur auf die Arier. § 32. 275

ganz so fort wie daheim, mit ihm ist die Kultur der Heimat auf fremden Boden übertragen. Und sind es nicht bloß einzelne, welche auswandern, sondern eine genügende Zahl, um sich in einem besonderen selbständigen Gemeinwesen behaupten zu können, so ist damit ein Verbreitungsherd der Kultur geschaffen, von dem aus sie sich mit derselben Notwendigkeit wie die Wärme der Umgebung, erst der nächsten, dann der entfernteren, mitteilt.

Auf dem Wege der Auswanderung ist wie in der Neuzeit unsere europäische Kultur nach Nordamerika, so die babylonische nach Sidon und Tyrus und später nach Karthago gekommen. Damit hatte sie die Küste des Mittelmeeres erreicht, und damit war ihr der Zutritt zu Europa geöffnet, der dem Babylonier verschlossen geblieben war, die Übertragung auf die Arier Europas war gesichert.

Aber die günstigere Lage war es nicht allein, welche dem Tochtervolk in Bezug auf die Verbreitung der Kultur das Übergewicht über das Muttervolk verschaffte, es gesellte sich noch ein Umstand hinzu, der ausschließlich auf dessen eigene Rechnung fällt: die Organisation des auswärtigen Handels. Sie prägt sich in folgenden auf die Ermöglichung eines sicheren und leichten Handelsbetriebs an auswärtigen Plätzen berechneten Einrichtungen aus, bei den Babyloniern habe ich keine Spur davon zu entdecken vermocht. Ich muß es den Assyrologen überlassen, der Frage weiter nachzugehen. Es waren folgende.

1. Die Einrichtung der Gastfreundschaftsverträge[246]). Sie waren schriftlich auf Thontafeln (chirs aelichoth = Scherbe der Gastfreundschaft, auch chirs, auch cheres schlechthin) verzeichnet, sei es in doppelter Ausfertigung, was früher mit Un-

---

246) S. darüber meine Abhandlung über die Gastfreundschaft im Altertum in Rodenbergs Deutscher Rundschau 1887 Heft 9 S. 382 fl.

recht von mir bestritten worden ist, sei es in einmaliger, bei der die Tafel durchbrochen ward, und wobei das eine Stück in den Händen des einen, das andere in denen des anderen Teils verblieb. Der Zweck war nicht, wie man gewöhnlich annimmt, darauf gerichtet, daß der Einheimische dem fremden Händler gastfreie Aufnahme, sondern daß er ihm Rechtsschutz gewähren solle, worauf er als Fremder keinen Anspruch hatte; nur durch Vermittelung eines Einheimischen konnte er ihn erlangen. Dessen bedurfte er, der gastlichen Aufnahme nicht, sein Schiff machte sie ihm überflüssig. Und selbst wenn sie ihm angeboten worden wäre, was bei der langen Zeit, die sein Aufenthalt in Anspruch nehmen konnte und der stetigen Wiederholung desselben alle Wahrscheinlichkeit gegen sich hat, würde er sie haben ablehnen müssen, da er doch sein Schiff nicht im Stich lassen durfte, er hätte gewärtigen können, es eines schönen Morgens leer oder garnicht wieder zu finden.

2. **Handelsverträge**[247].
3. **Handelskonsuln**.
4. **Handelsniederlassungen** (Faktoreien).
5. Ausführung von **Kolonieen**, und als nicht seltene Folge derselben
6. die **Unterwerfung** ganzer Landstriche, z. B. von Rhodus.

Im Punkt der Organisation des auswärtigen Handels haben also die Phönizier die Babylonier überholt, während sie im übrigen, von einzelnen Erfindungen auf dem Gebiete der Industrie abgesehen, es über den Kulturstand des Muttervolks nicht hinausgebracht haben, und so kann man ihre kulturhistorische Bedeutung im Vergleich zu der der Babylonier in die zwei

---

[247] Belege für das Folgende füge ich nicht bei, wer sie wünscht, findet sie bei Movers in seinem Werk über die Phönizier, das ich früher gelesen, bei der gegenwärtigen Gelegenheit aber nicht wieder verglichen habe.

III. Übertragung der babylonischen Kultur auf die Arier. § 32.

Worte fassen: diese haben die Kultur geschaffen, jene sie kolportiert.

In Karthago gewann die babylonische Kultur einen neuen erheblich vorteilhafteren Verbreitungsherd, als sie bisher in in Sidon und Tyrus besessen hatte. Die Wahl des Platzes bezeugt den scharfen Blick des kundigen Kaufmanns, er hätte nicht günstiger gewählt werden können, denn er brachte ihn in die nächste Nähe von Europa und erschloß ihm das von den Phöniziern noch weniger, als das ihnen zunächst liegende Ostbecken ausgebeutete Westbecken des Mittelmeers. Wie richtig der Platz gewählt war, zeigte sich daran, daß Karthago bald Sidon und Tyrus überflügelte. Die Annahme, daß es dies dem höheren Geschick und der größeren Regsamkeit seiner Bevölkerung verdankt habe, läßt sich mit nichts nachweisen; als einziger Erklärungsgrund bleibt nur die höhere Gunst seiner Lage übrig.

Aber etwas hat Karthago beschafft, was nicht auf die Gunst seiner Lage, sondern ausschließlich auf den Geist seiner Bevölkerung zurückzuführen ist. Es war eine politische Leistung ersten Ranges: seine republikanische Staatsverfassung; in Karthago hat die Republik das Licht der Welt erblickt[248]). In diesem Punkt haben also die Karthager den Babyloniern gegenüber nicht minder etwas specifisch Neues geleistet, als die Phönizier in Bezug auf die Organisation des auswärtigen Handels, im übrigen aber (Kunst, Wissenschaft, Religion) haben sie ebensowenig wie diese das von den Babyloniern überkommene Kapital vermehrt, sodaß also auch ihre kulturgeschichtliche Bedeutung ganz wie die der Phönizier sich darin erschöpft: sie haben, ohne (abgesehen von einem einzigen Punkt) etwas Erhebliches für die Kultur geleistet zu haben, nur die in Babylon entstandene kolportiert.

---

248) Von welcher Bedeutung dies war, behalte ich mir vor, an einer späteren, geeigneteren Stelle zu zeigen.

Durch sie ist sie auf dem Wege des Seehandels nach Europa gebracht worden und so auch zu den dort eingewanderten Ariern. Den Ariern Asiens, Indern und Persern, ist sie auf direktem Wege von Babylon zugekommen, den Ariern Europas durch sie. Erscheinen des Phöniziers bezeichnet den Beginn des Kulturlebens auf dem Boden Europas, wo er sich blicken läßt, erwacht es, wo er fern bleibt, schlummert es, seiner bedurfte es, um Europa aus dem Schlaf zu erwecken.

So erklärt es sich, daß zu einer Zeit, wo Griechen und Italiker bereits den Höhepunkt ihrer Kultur erreicht hatten, Germanen und Slaven sich noch auf niederster Stufe befanden. Zu ihnen sind die Phönizier nie gekommen, sie waren ihnen unerreichbar. Aber jene beiden andern Völker sind mit den Phöniziern schon in früher Zeit in Berührung getreten. Am nächsten und leichtesten war der Seeweg für sie nach Griechenland und Kleinasien, und hierher sind sie nach dem Zeugnis der Geschichte schon in frühester Zeit gekommen. Daher hier das erste Erwachen der Kultur. Nach der eigenen Annahme der Griechen ist sie ihnen von den Phöniziern zugekommen, Kadmus (= der Morgenländer) hat sie gebracht. Auch nach Spanien und Gallien sind sie gekommen, aber ohne, wie es scheint, einen nachhaltigen Einfluß ausgeübt zu haben, sonst hätten sich die Bewohner zu der Zeit, wo die Römer ins Land kamen, auf einer höheren Kulturstufe befinden müssen, es hätte sich wohl im Keltischen irgend ein phönizisches Lehnwort erhalten müssen, mit Sicherheit ist kein einziges nachzuweisen. Die Kelten verdanken ihre Kultur ausschließlich den Griechen und Römern.

Aus dem Bisherigen ergiebt sich, daß die Arier Europas ihre Erhebung zur Kultur nicht sich selber verdanken. Hätte der Trieb dazu in ihnen selber gelegen, so hätte er sich auch in den Völkern regen müssen, die mit den Phöniziern in keine Verbindung getreten sind, und unmöglich hätten die Griechen und Italiker einen so außerordentlichen Vorsprung in der Kultur vor ihnen gewinnen können. Er erklärt sich nur durch ihre

Berührung mit einer fremden Kultur, die sie bildsam genug waren, sich rasch zu eigen zu machen. Und diese Bildsamkeit haben sie allerdings in hohem Grade besessen, sie gehört, wie später gezeigt werden soll, zu den Charakterzügen der arischen Rasse im Gegensatz zur semitischen. Ihr verdankt es der Arier, daß er die ihm vom Semiten überlieferte Kultur bis zu einer Höhe gefördert hat, die diesem bei seinem ausschließlich auf das Praktische gerichteten Naturell unerreichbar bleiben mußte. Es ist der dem Lehrmeister an Empfänglichkeit und Vielseitigkeit seiner geistigen Begabung überlegene Schüler, der, ausgerüstet mit den Kenntnissen, die er von ihm erhalten hat, später sich auf die eigenen Füße stellt, seine eigenen Wege wandelt und den Lehrmeister weit überholt.

Schon bei der Schilderung der babylonischen Welt habe ich Gelegenheit gehabt, den Kulturabstand der Arier von den Babyloniern vor ihrer Berührung mit den Semiten und die Übertragung der babylonischen Kultur auf sie bei einzelnen Punkten hervorzuheben, es scheint mir aber im Interesse der Erzielung eines Gesamteindrucks rätlich zu sein, auch hier wie ich es oben (S. 267 ff.) in Bezug auf den Kausalnexus zwischen den Bodenverhältnissen und der Kultur Babylons gethan habe, eine tabellarische Übersicht darüber zu geben. Sie soll das Kulturerbe zeichnen, das die Arier von den Semiten (Babyloniern, Phöniziern, Karthagern) erhalten haben. Der historische Nachweis, wann, wo und wie es auf sie übergegangen ist, läßt sich nicht erbringen, der Beweis der Übertragung hängt an dem Schluß: bei den Semiten war es da, bei den Ariern in der Urzeit nicht, später hat es sich bei ihnen eingestellt, folglich wird es auf dem oben angegebenen Wege auf sie übertragen worden sein. Ich muß einräumen, daß dieser Schluß nicht bei allen Einrichtungen, für welche dies zutrifft, ein sicherer ist. Für einige halte ich ihn für völlig unabweisbar, für andere gestehe ich ihm nur einen mehr oder minder hohen Grad der Wahrscheinlichkeit zu, und gewisse Einrichtungen, wie z. B. das

Seeschiff, die Verwendung des Pferdes zum Reiten, des Wassers zur Berieselung der Felder habe ich garnicht mit aufgenommen, weil sie auch ohne alle Übertragung auf Grund der eigenen praktischen Einsicht sich haben bilden können oder, wie der dem arischen Muttervolk noch nicht bekannte Ackerbau, den Indoeuropäern auf anderem Wege zugekommen sind. Mit diesem Vorbehalt möge die folgende Liste aufgenommen werden.

1. Die Vertauschung des arischen Holzhauses mit dem babylonischen Steinhaus und infolge davon

2. die Verdrängung des isolierten Baus der Häuser und des Dorfes durch die Stadt.

3. Die den Ariern in der Urzeit unbekannte Verwendung des Steins zur Befestigung der Städte,

4. zu Wegebauten,

5. zu Brücken [249]).

6. Die Verarbeitung des Metalls,

7. die Verwendung desselben zum Gelde.

8. Das Geldgeschäft: verzinsliches Darlehn (foenus nauticum).

9. Verschiedene sonstige Einrichtungen des Privatrechts, wie z. B. die arrha, die schriftliche Aufzeichnung der Verträge bei den Griechen, die Duplikate der Rechtsurkunden bei den Römern und anderes mehr.

10. Auf dem Gebiete des öffentlichen Rechts die Republik.

11. Auf dem des internationalen Handelsverkehrs der Gastfreundschaftsvertrag.

12. Das Alphabet und das Schriftwesen.

---

[249] Der babylonische durch Ableitung des Flusses eingeschlagene Weg zur Errichtung der Steinbrücke hat bei den Ariern Europas meines Wissens keine Nachahmung gefunden. Ebensowenig der auf dieselbe Weise ermöglichte Bau eines Tunnels unter dem Flußbette. Daß das von den Westgoten bei dem Begräbnis des Alarich bewerkstelligte Abgraben des Busento nicht auf das Vorbild der Babylonier zurückgeführt werden kann, bedarf nicht der Bemerkung.

13. Das babylonische Zeitmaß: Tage, Stunde, Minute, nebst der auf sie berechneten Wasseruhr. Die durch die Einrichtung des siebenten Ruhetages gegebene Wocheneinteilung ist erst durch Vermittelung des Christentums auf die Arier übertragen worden, dagegen scheint die römische dreistündige Vigilie babylonischen Ursprungs zu sein.

14. Das babylonische Raummaß mit der Mathematik.

15. Die Beobachtung der Gestirne zur See und die Astronomie.

16. Die bildende Kunst. Das frühzeitige Erwachen derselben bei den Griechen, das späte bei den übrigen indoeuropäischen Völkern nötigt zu dem Schluß, daß ihnen eine Anregung dazu zu Teil geworden ist, die diesen versagt blieb; und bis auf weiteres, so lange nicht der Nachweis erbracht wird, daß bereits die Urbevölkerung, welche sie im Lande vorfanden, sich auf einer der ihrigen überlegenen Stufe künstlerischer Ausbildung befand, weiß ich der Annahme nicht auszuweichen, daß sie dieselbe von den Phöniziern erhalten haben, die schon von frühester Zeit her in Kleinasien, Griechenland und im griechischen Inselmeere ansässig waren, und die auch in andern Punkten, z. B. selbst in der Religion die Griechen (im Unterschiede von den übrigen indoeuropäischen Völkern) ganz erheblich beeinflußt haben.

So ist es also unendlich viel, was die Arier Europas von ihrer Kultur den Semiten verdanken, und bis auf den heutigen Tag lebt noch in unseren Einrichtungen ein ganz erhebliches Stück vom alten Babylon fort. Der Semite ist der Lehrmeister des Ariers geworden, wie jeder es für denjenigen wird, dem er in seiner Bildung überlegen ist, und mit dem er in Berührung tritt, ohne ihn hätte der Arier vielleicht noch Jahrtausende gebraucht, um seine heutige Kulturstufe zu erreichen. Daß die Zeit ihm so erheblich abgekürzt worden ist, verdankt er der Übertragung der an einer andern Stelle der Welt fertig gestellten Kultur auf die Griechen und Römer, die ihrerseits

wiederum nach und nach die übrigen indoeuropäischen Völker
derselben teilhaftig gemacht haben. Der Arier ist der Erbe des
Semiten geworden, er hat nicht wie dieser nötig gehabt, von
vorn anzufangen, sich alles selber zu erwerben, sondern er hat
mühelos dessen Kulturerbe überkommen. Aber er hat redlich
das seinige gethan, es zu vermehren. Nicht bloß quantitativ,
sondern vor allem auch qualitativ, er hat neue Kulturbahnen
eingeschlagen, die jener nie betreten hat und bei seiner eigen=
tümlichen Geistesrichtung nie hätte betreten können.

Damit tritt eine Frage von größter Erheblichkeit an uns
heran: die von der Verschiedenheit der semitischen und arischen
Rasse. Sie wird uns im Folgenden beschäftigen.

IV. Die Volksart der Arier und der Semiten.

1. Unumgänglichkeit der Orientierung über die Volksart beider.

XXXIII. Nicht nur um das ganze Kulturerbe, das die
Arier von den Semiten erhalten haben, übersichtlich zusammen=
fassen zu können, juristisch ausgedrückt: um ein Inventar dieses
Nachlasses aufzunehmen, habe ich der Welt des Babyloniers
eine so sorgfältige Beobachtung zugewandt, ihr Zweck bestand
vielmehr auch in der Möglichkeit, die sie mir in ganz hervor=
ragendem Maße darbot, meine Theorie von dem Kausalitäts=
verhältnis zwischen Boden und Volk in einer Weise darzuthun,
die meines Erachtens jeden Zweifel ausschließt. Nicht weil
dieser Nachweis für den Babylonier selber geboten gewesen wäre,
es würde vollkommen ausgereicht haben, alles, was von der
Kultur der Indoeuropäer auf seine Rechnung entfällt, einfach
neben einander zu stellen, des Aufwerfens der Frage, wie der
Babylonier dazu gekommen, ob auf völlig spontanem Wege oder

durch die Verhältnisse seines Landes dazu genötigt, hätte es dazu nicht bedurft. Mein Augenmerk bei jenem Nachweis war nicht auf den Babylonier, sondern auf den Arier — ich meine den Arier in seiner ursprünglichen Heimat — gerichtet; erbracht an jenem, sollte er bei diesem seine Verwendung finden. An dem Babylonier gedenke ich den Satz zu beweisen, dessen ich bei dem Arier bedarf: die Heimat ist das Volk. Hätte jener mir nicht die Augen geöffnet, ich wäre schwerlich zu der Erkenntnis gelangt, daß auch für den Arier, gleichmäßig für seine Kultur, wie für seine Volksart die Heimat maßgebend gewesen ist. Ich habe bei der Gelegenheit, wo ich diesen Einfluß des Bodens auf die Kultur für den Babylonier im einzelnen nachwies, ein Gleiches auch für den Arier gethan, es schien mir dies ratsamer, als eine zusammenhängende, ausschließlich dem Nachweis des Einflusses des Bodens auf die Kultur des Ariers gewidmete Darstellung, die nur im ersten Buch hätte Platz finden können, wo es an der erst in diesem Buch durch die Exemplifizierung am Babylonier vermittelten Einsicht in das Kausalitätsverhältnis zwischen dem Boden und der Kultur eines Volks noch gefehlt haben würde. Die von mir gewählte Form des bei jedem einzelnen Punkte sich wiederholenden Hinblicks vom Babylonier auf den Arier war zudem ungleich mehr geeignet, das Kausalitätsverhältnis zwischen Boden und Kultur auch für diesen zur Anschauung zu bringen; mit der Antwort über das: Warum bei jenem? wird der Punkt, wo wir den Aufschluß über das: Warum nicht bei diesem? zu suchen haben, schon vorgezeichnet: der Boden. Die Verschiedenheit der Kultur kommt bei beiden Völkern ausschließlich auf Rechnung der Heimat. Ich werde in den folgenden Paragraphen den Versuch machen, ganz dasselbe auch in Bezug auf die Verschiedenheit ihrer beiderseitigen Volksart nachzuweisen.

Ich betrete damit ein höchst schlüpferiges, und aus diesem Grunde bisher ängstlich vermiedenes Terrain. Was weiß uns die bisherige Geschichtsschreibung über die Volksart des Ariers und Babyloniers zu berichten? Nichts! für sie ist es ein historisches X, das sie zur Seite liegen läßt. Und nun gar die Frage, wie sie sich gebildet hat. Es ist das X in der zweiten Potenz, statt einer unbekannten Größe zwei! Es kann nicht anders als den Eindruck der Vermessenheit machen, wenn ich gleichwohl der Aufgabe nicht aus dem Wege gehe, sie muß jedem von vornherein als unlösbar erscheinen. Ich bezeichne im Folgenden den Weg, auf dem ich sie gleichwohl zu lösen hoffe.

Es ist der Weg der Schlußfolgerung.

Zunächst der Schluß von den **Göttern** auf die Menschen. In seinen Göttern malt der Mensch sich — wie die Götter so die Menschen — der Satz: Gott schuf den Menschen sich zum Bilde, läßt sich umkehren: der Mensch schuf sich Gott nach seinem Bilde. Wollen wir daher wissen, wie wir uns den Semiten und Arier zu denken haben, so wenden wir uns an seine Götter, in ihnen haben wir das reflektierte Bild seiner selbst.

Sodann der Schluß von der Verschiedenheit ihrer beiderseitigen **äußeren Lebensverhältnisse**. Völker und Individuen stehen in Bezug auf den Einfluß, den ihre äußeren Lebensverhältnisse auf sie ausüben, nicht auf derselben Linie. Das Individuum bringt bei seinem Eintritt in die Welt schon den Keim des künftigen Menschen mit, und er kann von einer solchen Zähigkeit, Sprödigkeit, Härte sein, daß eine noch so große Verschiedenheit der späteren Lebensverhältnisse ihm wenig anzuhaben vermag. Die Völker aber bringen nichts mit zur Welt, sie **werden**, sie sind eine völlig unbeschriebene Tafel, und was auf dieser Tafel, nachdem Jahrtausende ihres Daseins über sie dahingegangen sind, zu lesen ist, ist ausschließlich das Werk der Geschichte, während dasjenige, was die Tafel beim Individuum am Ende seines Lebens über seinen Charakter aussagt, in seinen Grundzügen schon bei seiner Geburt auf ihr verzeichnet stand, was sie hinzugefügt, sind nur die Konturen seines

IV. Volksart. 1. Unumgänglichkeit dieser Untersuchung. § 33. 285

äußeren Lebens. Bei dem Einzelnen ist die Zeit, die den Lebensverhältnissen für ihre Einwirkung auf ihn vergönnt ist, aufs knappste zugemessen: die kurze Zeit des menschlichen Lebens, bei den Völkern zählt sie nach Jahrtausenden, hier haben sie Zeit sich vollständig auszuwirken; würde der Einzelne ebensoviele Jahrtausende leben, wie er Jahre lebt, auch bei ihm würde sich der Einfluß der Lebensverhältnisse auf den inneren Menschen nicht verleugnen.

Auf dem angegebenen Wege glaube ich in die Lage zu kommen, die innere Verschiedenheit zwischen dem Babylonier und dem alten Arier mit ziemlicher Sicherheit feststellen zu können. Wie ihre Götter geartet sind, so sind sie selber geartet gewesen, wie ihre Verhältnisse gestaltet gewesen sind, so haben sie selber sein m u ß e n. Wer dieses Muß in Abrede nehmen will, möge versuchen, den Satz, auf den ich es stütze, zu widerlegen, ich selber vermeine damit eine der unanfechtbarsten geschichtsphilosophischen Wahrheiten ausgesprochen zu haben.

Bei dem Gegensatz des Babyloniers und alten Ariers werde ich es im Folgenden nicht bewenden lassen, ich erweitere meinen Gesichtskreis vielmehr und dehne ihn aus auf ihre Nachkommen, auf alle Völker, die von ihnen ausgegangen sind: von Babylon die Assyrer, Phönizier, Juden, von Iran die Inder, Eranier, Indoeuropäer, das ist dort auf die S e m i t e n, hier auf die A r i e r im weitern Sinn. Mein Thema nimmt damit die Gestalt an, die es in der Überschrift dieses Abschnittes an sich trägt: V o l k s a r t d e r A r i e r u n d S e m i t e n. Die Erwägungen, die mich zu dieser Erweiterung meines Themas bestimmt haben, sollen im Folgenden dargelegt werden.

Was wäre für die Zwecke dieses Werks mit dem Nachweis gewonnen, daß die Babylonier und die alten Arier verschieden geartete Völker waren? Schon in den ersten Anfängen ihrer Geschichte auf europäischem Boden tritt an die Indoeuropäer die babylonische Kulturwelt heran, die babylonische Kultur wird ein Element ihrer eigenen Vorgeschichte — die der Indoeuropäer gestaltet sich zur Nachgeschichte der Babylonier. Diese Nachgeschichte aber dehnt sich über alle von ihnen abstammenden Völker aus. In ihnen begegnen sich die Nachkommen der alten Arier mit denen der Babylonier, die beide unter sich bis dahin ohne alle Berührung geblieben waren. Die Geschichte läßt meist nichts großes, was sie bei dem einen Volk erzeugt hat, untergehen, sie wendet es durch Erbgang einem andern zu: die Arier werden die Erben der Semiten, ausersehen von der Geschichte, mit deren Mitteln dem ersten Akt der Weltgeschichte, der bei ihnen spielte, einen zweiten hinzuzufügen. Wer könnte da die Frage unterbrücken: wie ging es zu, daß die Semiten abtraten und die Arier an ihre Stelle traten? Worin anders hätte dies seinen Grund haben können, als in der Überlegenheit der arischen über die semitische Volksart? Die Vorgeschichte der Indoeuropäer hat uns demnach nicht bloß Auskunft darüber zu geben: wie waren sie selber beschaffen, als sie in die Geschichte eintraten, sondern auch darüber: wie waren die Semiten beschaffen, als sie aus der Geschichte austraten. Diese Frage beantwortet, und wir erfahren, warum die Stunde der Semiten in der Weltgeschichte geschlagen hatte. Sie hatten innerhalb der Grenzen ihres durch ihre Volksart gegebenen beschränkten Leistungsvermögens das ihrige gethan, sich vollständig erschöpft, sie waren abgängig, altersschwach geworden. Die Geschichte bedurfte ihrer nicht weiter, sie konnten gehen. An ihre Stelle setzte sie ein anderes noch jungfräuliches, ganz in der Stille herangewachsenes, jugendkräftiges Volk. Auf anderem Boden entstanden, daher mit einer ganz anderen Volksart ausgestattet als sie, war dasselbe imstande, Dinge zu vollbringen, die sie niemals hätten beschaffen können.

Darum meine Untersuchung über die Volksart der Arier und Semiten. Sie geht über den Umkreis meiner Aufgabe so wenig hinaus, daß dieselbe ohne sie vielmehr der vollen Lösung entbehren würde. Die weltgeschichtliche Verdrängung des Semiten durch den Arier ist nur begreiflich zu machen durch den Nachweis der Überlegenheit der arischen über die semitische Volksart.

Gelingt es mir für sämtliche Semiten einerseits und für sämtliche Arier andererseits gewisse gemeinsame Züge darzuthun, so ist damit zugleich der andere Nachweis erbracht, daß sie aus der Zeit stammen, bevor die Töchtervölker sich vom Muttervolk getrennt hatten. In ihnen haben wir mithin die ursprüngliche Volksart des Muttervolks vor uns. Vermöchten wir auf anderem Wege auch nichts über sie zu ermitteln, der Schluß von den Töchtervölkern auf das Muttervolk allein würde vollkommen ausreichen, um über sie keinen Zweifel übrig zu lassen. Und fast bis zur Unverwüstlichkeit muß diese ursprüngliche Volksart bei beiden Muttervölkern ausgeprägt gewesen sein, um sich bei ihren beiderseitigen Töchtervölkern über viele Jahrtausende zu behaupten, was sie, wie demnächst gezeigt werden soll, in der That gethan hat. In dem heutigen Juden ist noch der Semit der Urzeit, der alte Babylonier und Phönizier, in dem heutigen Inder und in den indoeuropäischen Völkern noch der alte Arier zu erkennen. Die Lehre, welche wir daraus entnehmen, ist, daß der Prozeß der ersten Bildung der Volksart für das ganze Leben der Völker der entscheidende ist; mögen auch noch so viele Züge sich im Laufe desselben hinzugesellen, sie vermögen den ursprünglichen Grundzug ihres Wesens nicht zu verwischen, er schimmert stets deutlich erkennbar durch, die urspüngliche Bildung der Volksart steht für die Völker auf einer Linie mit dem angebornen Charakter bei den Individuen, was die Natur bei diesen im Mutterschoße, das beschafft die Geschichte bei jenen in der ersten Periode ihres Daseins. In welcher Weise sie es in unserm Fall gethan hat, wird demnächst gezeigt werden. Mit der durch die Natur unabweisbar vorgezeichneten Gestaltung der äußeren Lebensverhältnisse war die Nötigung gesetzt, daß die Babylonier und die alten Arier das werden mußten, was sie wurden. Der Umstand, daß der typische Gegensatz zwischen ihnen beiden sich noch bei ihren Nachkommen nach Jahrtausenden erkennen läßt, beweist, daß ihre beiderseitige Volksart schon zur Zeit, als die Töchtervölker sich von ihnen trennten, aufs schärfste ausgeprägt gewesen sein muß. Für die alten Arier wird dies durch das Zeugnis der Sprache (S. 24) bewiesen, für die Babylonier durch das der hohen Kulturstufe, die sie schon zu der Zeit einnahmen, als die Phönizier und Juden sich von ihnen abzweigten[250], und die nur das Werk von Jahrtausenden hat sein können.

2. Renans Versuch der Zurückführung des Gegensatzes zwischen den Ariern und Semiten auf Polytheismus und Monotheismus.

XXXIV. Zu der im Vorstehenden dargelegten Bedeutung der Frage von der Volksart der Arier und Semiten steht die Beachtung, welche ihr bisher seitens der Wissenschaft zu Teil geworden ist, im schneidendsten Gegensatz. Bei den Historikern herrscht tiefes Schweigen über sie, selbst ein Mann wie Ranke, der doch durch die Weite seines Blicks, sein stets auf die Erkenntnis historischer Zusammenhänge gerichtetes Streben und seine in der Charakterisierung hervorragender historischer Persönlichkeiten bewährte Meisterschaft wie kein anderer berufen

---

[250] Die Belege dafür sind früher beigebracht, ich erinnere in Bezug auf die Phönizier an die Seeschiffahrt und die Verwendung der astronomischen Beobachtungen und der Taube für nautische Zwecke, für die Juden an den Turmbau zu Babel, das Gold und Silber, welches Abraham mitnahm und die Bekanntschaft der Juden mit den Zinsen, wodurch das Dasein der drei für das Kulturleben der Babylonier charakteristischen Einrichtungen: der Seeschiffahrt, der Baukunst und des Handels bereits für eine Zeit, die mindestens in das Ende des vierten Jahrtausends hinaufzusetzen ist (Gründung von Sidon um 3000), außer Zweifel gestellt wird.

und befähigt gewesen wäre, sich mit ihr auseinander zu setzen, selbst er ist ihr in seiner Weltgeschichte gänzlich aus dem Wege gegangen. Sicherlich nicht, weil sie ihm nie gekommen ist — sie muß sich ihm aufgedrängt haben — aber er wird sie zurückgewiesen haben, weil sie ihm keine Aussicht auf eine befriedigende Lösung darbot. Und darin konnte ihn allerdings der einzige Versuch, der bis dahin von seiten eines Orientalisten unternommen war, und der ihm sicherlich nicht unbekannt geblieben ist, bestärken. Es ist der von Renan[251]), den ich im Folgenden mitteilen und einer Prüfung unterziehen werde.

Nach Renan dreht sich der Gegensatz zwischen Ariern und Semiten um den zwischen Polytheismus und Monotheismus. Die große Verschiedenheit, welche zwischen ihnen obwaltet, soll lediglich darin ihren Grund haben, daß jene Polytheisten, diese Monotheisten waren. Sehen wir zu, wie es sich damit verhält.

Schon von vornherein hat die Ansicht wenig Wahrscheinlichkeit für sich. Die Religion erschöpft keineswegs das ganze Wesen eines Volks, sie bildet nur eine, möglicherweise höchst bedeutungsvolle, möglicherweise aber auch wenig bedeutsame Seite desselben. Was erfahren wir über die Verschiedenheit des griechischen und römischen Volkscharakters, wenn wir lediglich die Religion beider Völker ins Auge fassen wollen? So gut wie nichts! Wie unendlich viel mehr erfahren wir, wenn wir bei jenem Kunst und Philosophie, bei diesem Staat und Recht ins Auge fassen, da enthüllt sich uns die Verschiedenheit nicht bloß ihrer ganzen Lebensanschauung, sondern auch ihrer weltgeschichtlichen Bedeutung. Die Arier waren früher Poly=

---

251) E. Rénan, Histoire générale et système comparé des langues sémitiques. Première partie. Paris 1855, p. 1. Nachtrag im Journal Asiatique tom XIII p. 215—282, 417—480. Paris 1859, worin er seine Ansicht wider die dagegen erhobenen Einwendungen verteidigt; in der Folge citiert als I u. II.

theisten, durch das Christentum sind sie Monotheisten geworden. Käme dem Gegensatz von Polytheismus und Monotheismus der Einfluß auf die Volksart zu, den Renan ihm zuschreiben will, die Volksart der Arier hätte in Folge davon eine gänzlich andere werden müssen. Sie ist dieselbe geblieben, das Charakterbild, das Tacitus von den Germanen, Cäsar von den Galliern entwirft, trifft in seinen wesentlichen Zügen noch für ihre Nachkommen zu. Und auch mit dem Volk Israel, dem Mustervolk des Monotheismus, dem Renan sein Charakterbild des Semiten in erster Linie entnommen hat, verhält es sich nicht anders. Es wird unten gezeigt werden, daß dasselbe nicht von allem Anfang monotheistisch war, sondern erst später den Polytheismus mit dem Monotheismus vertauscht hat. Nach Renan hätte es dadurch ein gänzlich anderes werden müssen als das babylonische Muttervolk, das am Polytheismus festhielt. Es ist nicht geschehen, der Charakter des Semiten hat sich bei ihm, abgesehen von der religiösen Sphäre, ganz so behauptet, wie bei diesem.

Was Renan bestimmte, den Gegensatz zwischen Ariern und Semiten auf den vom Polytheismus und Monotheismus zu stellen, ist nicht unschwer zu ersehen. Vom weltgeschichtlichen Standpunkt bezeichnet der Übergang der Menschheit vom Polytheismus zum Monotheismus einen der gewaltigsten Wendepunkte im Laufe der ganzen Geschichte. Die Arier Polytheisten, die Israeliten und Araber Monotheisten — was liegt näher, als von diesem Punkt aus, der für ihren weltgeschichtlichen Gegensatz zweifellos von höchster Bedeutung ist, die Verschiedenheit der arischen und semitischen Rasse zu bestimmen?

Daß der Gegensatz von Monotheismus und Polytheismus nicht ausreicht, das ganze Wesen eines Volkes zu erschöpfen, ist soeben dargethan. Der Maßstab, den Renan an ihm zu besitzen glaubt, um die Verschiedenheit der Arier und Semiten zu bestimmen, ist somit unter allen Umständen zu eng. Aber er ist auch nicht richtig. Es ist nicht wahr, daß alle

IV. Die Volksart beider. 2. Renans Ansicht. § 34.

Semiten Monotheisten gewesen sind, nur die Israeliten und
Araber sind es gewesen, nicht die Babylonier, Assyrer, Phö=
nizier, und jene sind es auch erst im Lauf der Zeit geworden.

Nach Renan bildet der Monotheismus das ursprüngliche
Besitztum der semitischen Rasse, die Natur selber hatte es dem
Volk bei seiner Geburt in die Wiege gelegt. Es brachte die
„conception primitive de la divinité" mit zur Welt
(II, 418), es ist die „gloire de la race sémitique d'avoir
atteint, dès ses premiers jours, la notion de la divinité (I, 5). Die Behauptung setzt die Annahme voraus,
daß den Völkern ganz so wie den Individuen ihr Charakter
angeboren sei, und Renan nimmt keinen Anstand, sich zu dieser
zur Zeit noch weit verbreiteten Ansicht offen zu bekennen [252]).
Was von dieser Ansicht zu halten ist, darüber habe ich mich
schon an früherer Stelle ausgesprochen. Der Volkscharakter ist
kein Naturprodukt, sondern das Werk der Geschichte, der Nieder=
schlag des gesamten geschichtlichen Daseins des Volks. Der
Strom des geschichtlichen Lebens rauscht vorüber, aber der
Niederschlag, den er in einzelnen Atomen abgelagert hat, bleibt
— wie die Geschichte des Volks, so sein Charakter: esse sequitur
operari.

Daß dieser Satz wie für alle Völker der Welt so auch für
die Semiten und Arier zutrifft, werde ich demnächst darthun.
Ich werde jetzt die beiden oben (S. 290) aufgestellten Behaup=
tungen erweisen.

---

252) II, 445: A l'origine l'espèce humaine se trouva divisée
en un certain nombre de familles, énormément diverses les uns
des autres, dont chacune avait en partage certains dons ou certains
défauts. Erst im Laufe der Zeit hat sich dies „fait de la race",
„qui réglait tout dans les relations humaines" nach und nach ab=
geschwächt infolge der Erlebnisse des Volks. „l'idée de race fut rejetée
sur un second plan, sans disparaitre pourtant tout a fait.

Die Babylonier, Assyrer, Phönizier, sind von jeher[253]) Polytheisten gewesen und sind es stets geblieben, seine Behauptung von dem Monotheismus **aller** Semiten auch für sie aufrecht zu erhalten, hat Renan einen ganz eigentümlichen Weg eingeschlagen. Die mehreren Götter der drei genannten Völker sollen verschiedene **Namen** für eine und dieselbe als einheitlich gedachte Gottheit gewesen sein, deren mehrfache Eigenschaften, Seiten dadurch zum Ausdruck hätten gebracht werden sollen. Der Widerspruch dagegen konnte nicht ausbleiben[254]). Auf diese Weise ließe sich der Polytheismus gänzlich aus der Welt schaffen; was dem einen recht ist, ist dem andern billig, sind die mehreren Götter der Semiten nur verschiedene Namen für eine und dieselbe Gottheit, so auch die der Griechen, Römer, Germanen. Wo an einem und demselben Gott bloß verschiedene **Eigenschaften** oder **Seiten** unterschieden werden sollen, wie dies wohl bei keinem Volk in höherem Maße geschehen ist, als bei den Griechen[255]), geschieht dies in Form der **Apposition** oder des **Adjektivs** unter **Beibehaltung des Namens des Gottes im Singular**. Wo aber bei den Göttern der Plural auftritt, wie bei den Griechen ($\vartheta \varepsilon o i$),

---

253) Über die Behauptung, daß die Semiten es erst bei ihrer Niederlassung in Mesopotamien durch die Akkader=Sumerier geworden seien, s. unten.

254) Von seiten deutscher Gelehrten meines Wissens zuerst durch Steinthal in der Zeitschrift für Völkerpsychologie und Sprachwissenschaft Bd. 1. Berlin 1860. S. 328—345. Weitere litterarische Angaben wären hier völlig am unrechten Ort, ich bemerke nur, daß zwei deutsche Gelehrte: Grau, Semiten und Indogermanen in ihrer Beziehung zur Religion und Wissenschaft, eine Apologie des Christentums vom Standpunkt der Völkerpsychologie, Stuttgart Aufl. 2 1866 und Hommel, Die semitischen Sprachen und Völker Bd. 1, Leipzig 1883 sich in Bezug auf den Monotheismus der Semiten Renan angeschlossen haben.

255) Man vergleiche die Zusammenstellung in dem Register von Preller, Griechische Mythologie, bei den Namen der einzelnen Götter.

den Römern (dii) und den Babyloniern (f. u.) oder **mehrere Singulare** als Götternamen, da enthält dies den Beweis, daß dem Volk die Vorstellung der Einheit der Gottheit fremd ist, daß es sich vielmehr die Träger der verschiedenen Namen als verschiedene Individuen denkt. Der Plural der **Sprache** ist der Plural der **Sache**: **Polytheismus**, ebenso der Singular der Sprache als **ausschließlicher** (bloß ein einziger Name für Gott[256]): Jahve, Allah, Gott) der Singular der Sache: **Monotheismus**.

Daß die Babylonier sich ihre Götter als besondere **Individuen** gedacht haben, ergiebt sich aus den oben (S. 262 f.) erwähnten Verwünschungsformeln, zunächst daraus, daß hier die einzelnen Götter, nachdem sie besonders angerufen sind[257]), unter die Pluralform dei omnes supra memorati zusammengefaßt werden. Sodann aus der Verschiedenheit der Rolle, die jedem bei der Bestrafung des Übelthäters zugedacht ist, jeder soll ihm ein **besonderes** Übel zufügen. Den schlagendsten Beweis aber, gegen den jeder Widerspruch verstummen muß, gewährt der babylonische Bericht über die Sintflut, wo der eine Gott die Pläne des anderen durchkreuzt und vereitelt. Der Bericht schließt mit der Erzählung, daß Chasis-adra, als er gerettet war, auf dem Gipfel des Berges einen Altar baute und

---

256) Über die plurale Form ëlohim f. unten.

257) Oppert et Ménant a. a. O. S. 103: deus Anu, Bell et Ea. S. 104, 105: Nebo . . . Bin . . Sin . . Samas . . . Istar . . . Gula . . . Ninip . . Nirgal . . . Zamal . . . Turda . . . Ishara . . Die einzelnen babylonischen Gottheiten haben für meine Zwecke gar kein Interesse, s. darüber Hommel, Die semitischen Völker und Sprachen S. 370—397, kurz zusammengestellt bei Duncker, Geschichte des Altertums Bd. 1 Aufl. 5. Leipzig 1878. S. 267—272, Eduard Meyer, Geschichte des Altertums, Stuttgart 1884. Bd. 1 S. 175, 176. Eine assyrische Tafel zählt sieben höchste Götter, fünfzig Götter des Himmels und der Erde und dreihundert himmlische Geister Duncker S. 275.

auf demselben ein Opfer brachte, zu dem sich die Götter einfanden „wie die Fliegen".

So bleibt es also dabei: die Babylonier sind Polytheisten gewesen, und dasselbe gilt von den Assyrern und Phöniziern. Nach Hommel (a. a. O. S. 28), der mit Renan die Ansicht teilt, daß die Semiten von allem Anfang an Monotheisten gewesen seien, sollen sie es aber erst später geworden sein und ihren ursprünglichen Monotheismus mit dem Polytheismus der Akkader, Sumerier vertauscht haben. Einen Beweis hat er dafür zunächst nicht erbracht, sondern nur in Aussicht gestellt — er wird abzuwarten sein, ich zweifle aber, daß er sich wird erbringen lassen, der Vorgang stände einzig in der ganzen Geschichte da, überall hat der Polytheismus dem Monotheismus Platz gemacht, niemals dieser jenem. Die Ansicht scheint lediglich durch die Annahme hervorgerufen worden zu sein, daß die Hebräer von jeher Monotheisten gewesen seien — weil das Tochtervolk es war, so wird es auch das Muttervolk gewesen sein. Die Annahme ist eine irrige.

Die Hebräer und ebenso die Araber, deren ich bisher noch nicht gedacht habe, sind nicht von allem Anfang an Monotheisten gewesen, sondern es erst im Lauf der Zeit geworden. Für die Araber steht dies außer Zweifel. Ihr Übergang zum Monotheismus datiert allerdings nicht, wie man früher annahm, erst von Mohamed an, neuere Untersuchungen haben vielmehr dargethan [258]), daß er zu seiner Zeit bereits, wenn

---

258) Wellhausen, Skizzen und Vorarbeiten. Drittes Heft: Reste arabischen Heidentums, Berlin 1887, S. 184. „Im sechsten und siebenten Jahrhundert unserer Ära ist Allah den Göttern völlig über den Kopf gewachsen" ...... „Die Heiden, sagt Muhamet selber, wenden sich im Fall höchster Gefahr immer an Allah und nicht an die Götzen". Die Art, wie der Übergang sich vollzogen hat, ist hier in musterhafter Weise dargethan (S. 185, 186). Der Ausdruck: „der Gott" (für den einzelnen Stammgott), der im sprachlichen Verkehr fast die Alleinherrschaft bekam, bildete unmerklich den Übergang zu dem

nicht völlig erfolgt, so doch vorbereitet war. Ein Gleiches ist meiner Ansicht nach für die Hebräer bis auf die Zeit von Moses anzunehmen. Nach der alttestamentlichen Tradition wohnten ihre Vorfahren in Mesopotamien. Ihr sagenhafter Stammvater Abraham soll von Ur in Chaldäa ausgezogen sein (1. Mos. 1, 28, 31) und sein Enkel Jakob kehrt wieder dahin zurück, um sich ein stammverwandtes Weib zu holen. Als er sich wiederum entfernt, nimmt das eine seiner Weiber, die Rahel, heimlich die Götzen ihres Vaters mit sich (1. Mos. 31, 19, 32—33). Unmöglich kann also bereits Abraham Monotheist gewesen sein, er selber wie sein Monotheismus ist eine Erdichtung der späteren Zeit. Sollte er einmal den Stammvater des ganzen Volks abgeben, so war er unabweisbar zum Monotheisten zu erheben. War er Götzendiener, warum sollte es das Volk nicht ebenfalls sein? Darum mußte Araham bereits denselben Glauben an den einigen Gott bekannt haben, dem stets zum Rückfall in den alten Götzendienst geneigten Volk durfte ein so schwer wiegendes Argument, wie die Bezugnahme auf ihn nicht gelassen werden.

Daß wir es bei ihm in der That mit einer solchen tendenziösen Emendation der Urzeit im Licht und im Interesse der späteren Zeit zu thun haben, ergibt sich aus den Spuren des ehemaligen Polytheismus des Volks, die sich daneben im alten Testament erhalten haben, so z. B. aus 1. Mos. 6, 2: da sahen die Kinder Gottes nach den Töchtern der Menschen. Dazu gesellt sich noch das Zeugnis, welches die Sprache in der pluralen Form für Gott: elohim (= die Götter) ablegt. Es ist undenkbar, daß sie sich bei einem Volk, welches von jeher an einen Gott glaubte, hätte bilden können, sie zeigt, daß es ursprünglich mehrere Götter hatte — als sie dem einen

---

Gedanken eines identischen, allen Stämmen gemeinsamen, einen und allgemeinen Gottes. Im Koran finden sich noch Götzen des Volks angeführt.

Platz machten, ward der Ausdruck beibehalten und auf ihn übertragen[259]). Erst mit Moses tritt der Monotheismus in der jüdischen Geschichte auf, bis dahin war das Volk dem Polytheismus ergeben. So erklärt es sich und auch nur so, daß er das Gebot für nötig hielt: Du sollst keine anderen Götter haben neben mir. Hätte Renan mit seiner Behauptung (II, 228) Recht: que depuis une antiquité qui dépasse tout souvenir le peuple hebreu posséda les instincts essentiels qui constituent le monotheisme, so würde dies Gebot im Munde von Moses ebenso sinnlos gewesen sein, wie in dem eines heutigen Predigers; bei einem Volk, dem der Monotheismus in Fleisch und Blut übergegangen ist, bedarf es des Verbotes des Götzendienstes nicht, ebensowenig wie bei einem Kulturvolk des Verbots des Genusses von Menschenfleisch. Was Moses dabei im Auge hatte, war nicht der Abfall zum Götzendienst, sondern der Rückfall in denselben, der bei einem durch ihn zum Monotheismus hinübergeleiteten Volk allerdings in hohem Grade zu besorgen stand, und der, wie die biblische Geschichte zeigt, sich noch häufig wiederholt hat. Es war eine neue Lehre, die Moses dem Volk predigte, und die mit dem alten Glauben des Volks in Widerspruch stand. Die Zeit nach ihm vergegenwärtigt uns den Kampf zwischen beiden, es dauerte noch Jahrhunderte, bis die Erinnerung und die Anhänglichkeit an den früheren Glauben im Volke völlig erloschen und der Götzendienst mit Stumpf und Stiel ausgerottet

---

259) Renan will dies nicht zugeben, er wendet dagegen ein (II, 218, 219) . . . les absorptions de divinités dont l'histoire des cultes polytheistes offre de nombreux exemples, se passent d'une autre manière: les divinités absorbées ne disparaissent pas entièrement; elles sont subordonnées aux dieux supériereus, comme demidieux ou comme héros. Die Behauptung wird widerlegt durch den von Wellhausen erbrachten Nachweis (Anm. 258), daß die mehreren Götter der Araber in historischer Zeit ohne Rest in Allah aufgegangen sind.

war: ein Kampf derselben Art, wie ihn das Christentum bei den Germanen mit dem Heidentum zu bestehen hatte, das sich in manchen Erinnerungen und Resten noch Jahrhunderte lang neben ihm behauptete.

So ist es also erst Moses gewesen, der seinem Volk die Lehre vom einigen Gott gepredigt hat. Woher hat er sie genommen? Aus sich selbst? Es wäre ein Vorgang ohne Gleichen in der Geschichte der Menschheit. Keine große Wahrheit ist wie die Minerva aus dem Haupt des Jupiter plötzlich und unvermittelt in die Welt getreten, alle haben eine lange Zeit der Vorbereitung erfordert, in der sie allmählich reifen mußten, bis der Mann erschien, der berufen war, die Frucht zu brechen. Auch die hervorragendsten Geister haben ihre Vorgänger auf dem Wege zur Wahrheit gehabt. Und bei Moses allein sollte sich dieses Gesetz der Geschichte verleugnet haben, in seiner Seele hätte sich innerhalb der kurzen Spanne eines Menschenlebens der Umschwung vom Polytheismus zum Monotheismus vollziehen sollen?

Als angenommenes Kind einer ägyptischen Königstochter genoß Moses als Einziger seines Volks eine Erziehung, die keinem seiner Stammesgenossen werden konnte: die durch die ägyptischen Priester, sie unterrichteten ihn in ihrer Weisheit. Bei ihnen aber hatte sich, wie die neuere Ägyptologie dargethan hat, schon in früher Zeit eine Lehre ausgebildet, die, dem gemeinen Volk vorenthalten, ein Geheimnis der Eingeweihten blieb: die Lehre vom einigen Gott[260]: dem „Einen, uranfänglichen, ewigen Sonnengott, der die Welt beherrscht und in ihr sich manifestiert, von dem alle anderen Götter lediglich Formen (oder Namen) sind, von dem auch der Menschengeist (als Osiris) nur ein Ausfluß ist, der nach dem Tode wieder zu ihm zurückkehrt." Hier in der Priesterkaste, welche die erleuchtetsten Geister des Volks in sich schloß und die als einzige unter allen Priester-

---

260) S. darüber Eduard Meyer a. a. O., Ausbildung der monotheistischen Geheimlehre, § 92.

kasten des Altertums sich bereits zum philosophischen Denken erhoben hatte, hier war der Ort gegeben, wo die Lehre vom einigen Gott sich allmählich ausbilden konnte, hier hat Moses die Bekanntschaft mit ihr gemacht, und durchdrungen von ihrer Wahrheit, hat er sie dann seinem Volk, nachdem er es aus Ägypten geführt hatte, verkündet. An die Stelle des ägyptischen Sonnengottes setzte Moses Jehova, und der Idee, daß der Mensch nur ein Ausfluß Gottes sei, gab er den bekannten Ausdruck der Gottähnlichkeit mit ihm: „nach seinem Bilde schuf er ihn — ein Bild, das uns gleich sei" (1. Mos. 1, 26, 27). Aber wenn ihm somit auch das intellektuelle Verdienst, diese Lehre durch eigenes Denken gefunden zu haben, abgesprochen werden muß, so bleibt ihm das noch höher anzuschlagende moralische, die ganze Wucht seiner gewaltigen Persönlichkeit für sie eingesetzt und sie mit eiserner Hand dem Volk aufgenötigt zu haben.

Ganz ebenso wie mit Moses verhält es sich mit Mohamed. Wie jener seine Lehre vom einigen Gott nicht sich selber, sondern den ägyptischen Priestern verdankte, so dieser die seinige von Allah nicht sich selber, sondern seiner Bekanntschaft mit dem Monotheismus der unter den Arabern lebenden Juden und Christen. Wo der Monotheismus sich blicken läßt, ist der Untergang des Polytheismus besiegelt, wie der des Unvollkommenen mit dem Erscheinen des Vollkommenen — es ist nur noch eine Frage der Zeit; vor dem Licht des einigen Gottes erbleicht der Glanz der mehreren Götter, wie der der Sterne vor dem der Sonne. Auch bei Mohamed entfällt das Verdienst der neuen Lehre nicht auf die intellektuelle Seite, aber es verbleibt ihm ebenfalls das moralische, sein Volk mit Einsatz seiner ganzen Persönlichkeit zu derselben bekehrt zu haben.

So hat sich also die Theorie von dem der semitischen Rasse von allem Anbeginn innewohnenden Triebe zum Monotheismus als geschichtlich gänzlich unhaltbar erwiesen, die beiden einzigen semitischen Stämme, bei denen der Monotheismus zur

Erscheinung gelangt, nachdem sie lange dem Polytheismus er=
geben gewesen waren, die Hebräer und Araber, sind nicht durch
diesen Rassentrieb dazu gelangt, sondern er ist ihnen äußerlich
durch Moses und Mohamed mit Feuer und Schwert aufgenötigt
worden — bei einem von allem Anfang an dem Monotheismus
ergebenen Volk hätte es nicht der Androhung der Todesstrafe
für die Abgötterei bedurft.

Der Monotheismus der Hebräer verdient diesen Namen
aber nur in sehr beschränktem Sinn. Er ist nicht der Glaube
an den Einen Gott, außer dem es keinen zweiten giebt, sondern
an den Stammesgott des Volks Israel: an Jehova. Neben
ihm giebt es für die andern Völker noch andere Götter, Jehova
ist nur der oberste, mächtigste von allen. In Wirklichkeit haben
wir also hier neben dem **nationalen Monotheismus**
(Henotheismus, Monolatrie) noch einen **extra nationalen
Polytheismus**.

Damit ist der unermeßliche Fortschritt bezeichnet, den
Christus macht. Der Gott, den er predigt, ist der Gott der
ganzen Welt, nicht der eines einzelnen Volks, seine Jünger
sollen ihn „allen Völkern" predigen, Christus ist die Inkar=
nation des Gedankens der Universalität der Religion, der letzte
Schritt, den der Monotheismus in der Welt noch zu machen
hatte. Der Weg, den er in der Geschichte zurückgelegt hat, um
schließlich beim Christentum anzugelangen, würde also durch
folgende Stationen bezeichnet: die ägyptischen Priester — Moses
— Christus, als Nachläufer desselben Mohamed und der
Buddhismus in seiner späteren (nicht ursprünglichen) Gestalt.

Der Schritt, den Christus that, kommt nicht mehr auf
Rechnung des Judentums. Der Semite ist über den Gedanken
der **nationalen Exklusivität** der Gottheit, der überall
den Ausgangspunkt für die Erfassung der Gottesidee bildet, nie
hinausgekommen, auch der Israelit nicht. Aber der Grieche
war es bereits zu der Zeit, als Christus auftrat, und darum
begegnete seine Lehre bei ihm dem Verständnis, das sie bei dem

Semiten nicht fand. Der Hellenismus jener Zeit charakterisiert sich durch den Zug des Kosmopolitismus, der ihn beseelte: äußerlich wie innerlich. Äußerlich durch die Verbreitung des Griechen über die ganze damalige civilisierte Welt, innerlich durch seine Erhebung über den Gedanken des exklusiven Nationalitätsprincips. Äußerlich nicht mehr an sein Heimatland gebunden, ein Weltbürger, dem man überall begegnete, und damit zugleich ein Träger seiner Kultur für alle Völker, hatte er sich auch innerlich zu der entsprechenden kosmopolitischen Auffassung erhoben, die auf religiösem Gebiet sich in der Befreiung von dem G danken der Nationalgottheit kund that. Er hat Christus den Weg bereitet, und ich gehe sogar noch weiter, indem ich mich zu der von der neuen geschichtlichen Wissenschaft vertretenen Ansicht bekenne, daß Christus durch die hellenische Bildung seiner Zeit beeinflußt worden ist. Dem Boden seines Volks war seine Lehre nicht entsprossen — das Christentum bezeichnet im Gegenteil eine Überwindung des Judentums, es steckt bereits bei seinem ersten Ursprung etwas vom Arier in ihm. Man hat diese Verbindung zwischen ihm und dem Arier äußerlich dadurch zu vermitteln gesucht, daß Christus von einem arischen Vater abstammte. In meinen Augen hat diese äußere Anknüpfung nicht den mindesten Wert, sie konnte vorhanden sein, ohne daß sich die innere daraus ergab, sie konnte fehlen, ohne daß es an dieser gebrach.

Aber wie es auch an dem sein mag, daß Christus durch den Hellenismus beeinflußt worden ist, er hat doch einen unendlichen Schritt über denselben hinaus gethan. Mochte auch dem gebildeten Hellenen seiner Zeit die Lehre vom einigen Gott, die Christus verkündete, nicht neu sein, der Gedanke, daß Gott die Liebe sei, und daß das ganze Heil der Menschheit in der Liebe beschlossen, diese höchste Erfassung der Gottesidee, über die es nichts weiteres giebt, war ihm fremd. Damit erst, mit dieser seiner nicht mehr bloß intellektuellen, sondern moralischen Spitze war das Princip der Universalität der Religion prak=

tisch verwirklicht, der Menschheit eine wahre Heilsbotschaft verkündet. Der Glaube an den einigen Gott ist bloß etwas intellektuelles, er verträgt sich wie jede lediglich theoretisch erkannte Wahrheit mit vollendeter Herzenshärtigkeit, aber der Glaube an den Gott der Liebe, wenn er nicht bloß mit den Lippen verkündet wird, sondern im Herzen steckt, schließt sie aus. Der Gott der Liebe heißt: die Überwindung des Egoismus als Princip der sittlichen Weltordnung.

Ich komme zu dem Semiten zurück. Das Ergebnis meiner bisherigen Ausführung glaube ich dahin zusammenfassen zu können, daß der Monotheismus, weit entfernt das Erbteil der semitischen Rasse zu bilden, erst auf Grund der Lehre Christi bei den Ariern zur wahren Entfaltung gelangt ist, bei den Semiten hat der Gedanke der Gottheit die Bande, mit denen die Nationalität sie gefangen hielt, nie gesprengt, auch nicht bei den Hebräern, Jehova ist nur für sein Volk da [261]); das letzte Motiv, auf das bei ihnen allen der Gottesgedanke zurückzuführen ist, ist der nationale Egoismus: Gott für uns, aber nicht für andere. Daß derselbe Gott, der für uns, auch für andere da ist, kurz der Gedanke der Universalität oder Gemeinsamkeit auf dem Gebiet der Religion im Gegensatz der Nationalität oder Exklusivität — dieser Gedanke, ohne den der Monotheismus nur ein hohler Name, keine Wahrheit ist, ist erst durch den Arier verwirklicht worden, und daß er es ward, hat seinen letzten Grund nicht etwa in seiner höheren intellektuellen Begabung — denn in diesem Punkt ist er dem Semiten um nichts überlegen — sondern in seinem höheren sittlichen Schwunge: dem Idealismus, der den Grundzug seines Wesens bildet (§ 36).

---

261) „Ich bin der Herr Dein Gott". „Dein" bezeichnet hier wie so oft im alten Testament nicht das Individuum, sondern das Volk, Beispiel: „der Dich aus Ägypterland geführt hat", „daß Du Knecht gewesen bist im Lande Ägypten".

Der im bisherigen behandelte Gegensatz der Nationalität und Universalität auf dem Gebiete der Religion wiederholt sich bei den Römern auf dem des Rechts. Wie auf jenem, so beginnt auch auf diesem die Entwicklung mit dem Gedanken der Nationalität und Exklusivität: unser Recht ist nur für uns da, Fremde haben daran keinen Anteil[262]). Im eigenen Interesse, zum Zweck der Ermöglichung des Handelsverkehrs ward dieser Grundsatz allmählich außer Anwendung gesetzt, aber principiell überwunden d. i. durch das Princip der Universalität ersetzt worden ist er erst im jus gentium der Römer, das neben dem nationalen, lediglich für die Römer bestimmten Recht (jus civile) als allgemeines, für alle mit ihnen verkehrenden Völker besonders aufgestellt ward. Das jus civile steht auf einer Linie mit dem exklusiv nationalen Polytheismus oder Monotheismus, das jus gentium entspricht dem supranationalen Monotheismus des Christentums, und die römischen Juristen schreiben ihm ganz denselben Charakter der Allgemeingültigkeit zu, wie die christliche Kirche jenem[263]). Der Gedanke der Universalität taucht erst bei den Ariern auf, den Semiten ist er stets fremd geblieben.

Mit dem angeblichen Monotheismus der Semiten bringt Renan einen Zug in Verbindung, der die ganze Rasse kennzeichnen soll: den der religiösen Intoleranz. Im Wesen des Polytheismus liege die Toleranz, in dem des Monotheismus die Intoleranz. Aber gerade wenn er damit, wie ich allerdings glaube, das Richtige getroffen hat, so ergiebt sich daraus, daß seine Behauptung für die Polytheisten unter den Semiten nicht

---

262) S. meinen Geist des R. R. I § 16.
263) l. 9 de J. et J. (1, 1): quod naturalis ratio inter omnes homines constituit, id apud omnes peraeque custoditur vocaturque jus gentium, quasi quo jure omnes gentes utuntur. Ebenso das Mittelalter, welches das römische Recht als geoffenbarte Vernunft in Dingen des Rechts (ratio scripta) dem Christentum als geoffenbarte Religion zur Seite stellte.

IV. Die Volksart beider. 2. Renans Ansicht. § 34. 303

zutreffen kann, seiner eigenen Theorie nach müssen sie tolerant gewesen sein. Und sie waren es auch. Schon die bloße Thatsache, daß die Babylonier den Hebräern im babylonischen Exil nicht ihre Götter aufnötigten, sondern ihre bisherige Religionsübung duldeten, enthält den Beweis dafür. Und wie wäre es bei den Babyloniern, Phöniziern, Karthagern auch anders möglich gewesen! Religiöse Intoleranz bei einem Handelsvolk ist eine contradictio in adjecto. Hätten jene den Völkern, mit denen sie handelten, ihre eigenen Götter aufzwingen wollen, sie hätten ihr Höchstes und Heiligstes angetastet und an Stelle des friedlichen Austausches mit ihnen und der Duldung im fremden Lande einen Kampf auf Tod und Leben entfesselt. Der religiösen Intoleranz und dem religiösen Zelotismus und Fanatismus begegnen wir nur bei den Monotheisten unter den Semiten: den Hebräern und den Arabern der späteren Zeit. Jenen war von Moses (2, 34, 12) ausdrücklich vorgeschrieben, daß sie, wenn sie in ein fremdes Land kämen, „die Altäre (der Einwohner desselben) umstürzen, ihre Götzen zerbrechen und ihre Haine ausrotten" sollten. Bei den polytheistischen Semiten ist auch nicht die leiseste Spur dieses Zuges zu entdecken[264].

Für die Arier trifft die Behauptung im vollsten Umfange zu. Keins der arischen Völker hat seine Götter einem andern aufgenötigt, nicht einmal Propaganda für sie zu machen gesucht; wie diese daheim andere neben sich duldeten, so auch auswärts, insbesondere war es Grundsatz der römischen Politik

---

264) Wenn Nöldecke, Orientalische Studien, Berlin 1892, S. 7 auf Grund von 1. Kön. 19, 10 diesen Zug auch bei den Baalspriestern wiederfinden will, welche „die Altäre des Herrn zerstört und seine Propheten mit dem Schwert erwürgt hatten", so ist dagegen zu bemerken, daß es nicht die eines fremden, sondern des eignen Volks („die Kinder Israels" daselbst) waren, und daß es nur ein Nachealt für das war, was Elias ihnen zugefügt hatte, der „alle Propheten Baals mit dem Schwert erwürgt hatte", daselbst V. 1.

in unterworfenen Ländern, der einheimischen Gottesverehrung nicht das mindeste Hindernis entgegenzusetzen, ja die Römer gingen sogar so weit, bei der Belagerung einer fremden Stadt die Schutzgötter aufzufordern, zu ihnen überzusiedeln (evocare deos) und die ihrigen zu werden.

Nur in zwei Fällen scheint die römische Staatsgewalt diesen Geist der Duldsamkeit verleugnet zu haben. Zuerst zur Zeit der Republik im zweiten Jahrhundert vor Christus in Bezug auf den Kultus ägyptischer Gottheiten, der damals in Rom mehr und mehr um sich griff, und dem der Senat mit aller Energie entgegentrat, der aber gegen das Ende der Republik nicht bloß Duldung, sondern öffentliche Anerkennung erlangte; die Triumvirn erbauten im Jahre 43 der Isis einen Tempel für die öffentliche Gottesverehrung, unter August gab es deren mehrere. Sodann in der Kaiserzeit in Bezug auf das Christentum, das nahezu drei Jahrhunderte hindurch Gegenstand der grausamsten Verfolgungen ward: In Wirklichkeit war es aber nicht der Geist der religiösen Unduldsamkeit, der dies Verhalten der Staatsgewalt diktierte, sondern im ersten war es die sittliche Anstößigkeit des Kultus — zum Isisdienst gehörte die Prostitution im Tempel — im zweiten neben vielem andern, dessen man die Christen fälschlich beschuldigte, die politische Gefahr, welche man von einer Sekte befürchtete, die dem Grundsatz huldigte, daß man Gott mehr gehorchen müsse als den Menschen.

Erst das Christentum bringt in die Arier den Geist der religiösen Unduldsamkeit hinein. Eben selbst noch verfolgt, ruft es, sowie es zur Herrschaft gelangt ist, die Staatsgewalt an, um dieselben Übel, die früher den Christen zugefügt waren, über Andersgläubige, Ketzer und Abtrünnige, zu verhängen. Auf den Stifter des Christentums kann man diesen Geist der religiösen Unduldsamkeit nicht zurückführen, er entstammt nicht dem neuen, sondern dem alten Testament, dem durch dieses auf den Arier gepfropften Juden. Es ist das schlimmste, was dieser dem Arier gebracht, es ist das Nessusgewand, das sein Blut vergiftet hat. Aber er selber hat bitter dafür büßen müssen. In den Judenverfolgungen des Mittelalters und im heutigen Antisemitismus hat sich der Geist der Unduldsamkeit gegen seinen eigenen Urheber gekehrt — „das Unrecht, das du andern zufügst, wird dir vergolten werden": das Gesetz der Talion im Leben der Völker. Ob jemals der Arier den Geist des alten Testaments mit dem des neuen vertauschen wird? Der Zeitpunkt scheint noch sehr fern zu liegen.

Ich fasse das Ergebnis meiner Kritik der Ansicht von Renan in folgende zwei Sätze zusammen:

1. Es ist nicht wahr, daß sich der Gegensatz der Semiten und Arier um den Gegensatz von Monotheismus und Polytheismus bewegt, beide waren ursprünglich wie alle Völker der Welt es gewesen sind, Polytheisten.

2. Es ist nicht wahr, daß Intoleranz im Wesen des Semiten, Toleranz in dem des Ariers liegt. So lange sie dem Polytheismus huldigten, waren sie tolerant, der Zug der Intoleranz ist erst mit dem Monotheismus in sie hineingekommen. Er taucht zum erstenmal in der Geschichte bei den Hebräern auf, denen er von Moses eingeimpft worden war, er zuerst hat die religiöse Intoleranz in die Welt gesetzt. Von den Hebräern ist der Geist der Unduldsamkeit mit dem Monotheismus auf die Arier und Araber und alle sonstigen Bekenner des Islam übergegangen — die Religion hat Feuer und Schwert zu Hülfe gerufen.

3. Die Volksart der Semiten.

[XXXV. Fehlt.]

4. Die Volksart der Arier.

[XXXVI. Fehlt.]

Drittes Buch.

Der Auszug der Arier aus der Heimat.

I. Das ver sacrum.

1. Die Überlieferung.

XXXVII. Diejenige Einrichtung, der ich einen Aufschluß über die Vorgänge bei dem Aufbruch der Arier aus ihrer Heimat glaube entnehmen zu können, ist das ver sacrum der Römer. Der Umstand, daß sich diese Einrichtung auch bei den Griechen, den übrigen Italikern außer den Römern und selbst bei den Germanen wiederholt[265]), beweist, daß wir es hier nicht mit einer Übung zu thun haben, die sich erst auf römischem Boden gebildet hat, sondern mit einer solchen, welche in die Urzeit aller indogerma-

---

265) Über Griechen und Italiker: Schwegler, Röm. Gesch. I S. 240, über die Germanen: Friedrich Franz im dritten Jahres bericht des k. k. Staatsgymnasiums in Wien, IV. Bezirk, veröffentlicht von Fleischmann, Sonderverlag der Anstalt 1888 S. 7 fl. In einem der von ihm angeführten Zeugnisse wird der Brauch als „voterrimus ritus" bezeichnet. Bei den Griechen nahm er die Gestalt des den Göttern dargebrachten Zehnten an, bei den Skandinaviern entschied das Los, wer auszuwandern hatte, bei ihnen soll im Fall großer Hungersnot der dritte Teil, einmal sogar die Hälfte der Bevölkerung ausgewandert sein; der Göttersage zufolge ist auf diese Weise Odin mit den Asen von Asien (Troja!) ins Land gekommen, worüber oben (S. 13) schon das Nötige gesagt ist.

310 Drittes Buch. Der Auszug der Arier aus der Heimat.

nischen Völker hinaufreicht. Wir halten uns im folgenden an die Gestalt, die sie bei den Römern an sich trug.

Dafür giebt es in den Quellen zwei Anhaltspunkte: die Berichte der römischen und griechischen Schriftsteller, in erster Linie der des Festus, und die durch Livius (XXII, 10) mitgeteilte offizielle Formel des Gelöbnisses des ver sacrum, die dem Volk durch den Magistrat zur Abfassung seines Beschlusses unterbreitet ward, und deren Echtheit bei ihrer genauen und ausführlichen Fassung nicht dem mindesten Zweifel unterliegen kann. Sie befand sich offenbar wie alle andern solennen Formeln im Besitz des Pontifikalkollegiums [266]), und bei der hohen Bedeutung, welche sie für die folgende Untersuchung hat, teile ich die entscheidenden Sätze [267]) wörtlich mit: Rogatus in haec verba populus: Velitis jubeatisne haec sic fieri? Si res publica populi Romani quiritium ad quinquennium proximum, sicut velim eam, salva servata erit hisce duellis, quod bellum populo Romano cum Carthaginiensi est, quaeque duella cum Gallis sunt, qui cis Alpes sunt, quod ver attulerit ex suillo, ovillo, caprino, bovillo grege, quaeque profana sunt, Jovi fieri, ex qua die senatus populusque jusserit?

Nach der Darstellung des Festus, dem sich die heutige Altertumswissenschaft angeschlossen hat, hat das ver sacrum folgende Gestalt an sich getragen.

In Zeiten schwerer Not ward den Göttern, damit sie sich des Volkes erbarmten, von Staatswegen die gesamte Leibesfrucht des künftigen Frühlings gelobt, gleichmäßig von Menschen und Tieren. Die menschliche Leibesfrucht ließ man leben, bis

---

266) Sie wird sich wie alle andern Formeln religiöser Art im Archiv des Pontifikalkollegiums befunden haben, aus dem Livius sie direkt oder indirekt durch seinen Gewährsmann bezogen hat, er gedenkt ausdrücklich der Mitwirkung des Pontifex maximus.

267) Auf einige Nebenpunkte werde ich unten geeigneten Orts zurückkommen.

I. Das ver sacrum.. 1. Die Überlieferung. § 37.

sie herangewachsen war[268]), dann mußte die mannbare Jugend beider Geschlechter die Stadt verlassen und ihr Heil in der Fremde versuchen, ob sie sich irgendwo eine neue Heimat erringen könne. Das Volk hob jede Verbindung mit ihr auf — darin lag der Unterschied des ver sacrum von der Entsendung einer Kolonie — es kümmerte sich nicht darum, was aus der Schar ward; sie war ausschließlich in die Hand der Gottheit gegeben, die mit ihr verfahren mochte nach ihrem Wohlgefallen. Daher der Name ver sacrum und für die sich Beteiligenden der von sacrani. Als ihr Schutzgott galt Mars (von ihm trugen die mamertini ihren Namen), als Leiter des Zuges dienten die ihm geheiligten Tiere: der Wolf und der Specht.

Diese Darstellung enthält drei Punkte, welche zu der solennen Formel des ver sacrum nicht stimmen, in Bezug auf die sich Festus also zweifellos eine Ungenauigkeit hat zu Schulden kommen lassen.

Zunächst ist es nicht wahr, daß die Geburt des nächstfolgenden Frühlings gelobt ward[269]). Dann wäre das Gelübde ein unbedingtes gewesen, während ein jedes votum so auch dieses in echt römischer Weise an die Bedingung geknüpft war, daß die Gottheit vorher dasjenige geleistet habe, um was man sie gebeten hatte. In dem Fall, bei dessen Gelegenheit Livius die solenne Formel des ver sacrum mitteilt (XXII, 10), betrug der Termin dafür fünf Jahre (ad quinquennium proximum), es war in derselben ausdrücklich ein künftiger Volksbeschluß vorgesehen, welcher die Erfüllung der Bedingung festzustellen und den Vollzug des ver sacrum an-

---

268) In dem Fall, den Livius XXXIII, 44 vom Jahre der Stadt 557 berichtet, sogar bis zum 21. Jahre, bei Festus, Mamertini S. 158: 20 Jahre.

269) Festus, Mamertini p. 158, Fest., Ep. ver sacrum p. 379: proximo vere.

zuordnen hatte (ex quo die senatus populusque jusserit); es konnte also für die Jungen der Tiere, die hier allein genannt werden, nur der darauffolgende Frühling in Betracht kommen[270]), ein Punkt, dessen praktische Bedeutung ich demnächst (§ 39) darthun werde.

Sodann ward auch nicht alles in diesem Frühling Geborene „gelobt"[271]); der weiblichen Leibesfrucht wird in der Formel gar nicht gedacht — welche Bewandnis es damit hat, wird demnächst (§ 38) gezeigt werden — und von den Tieren nur das gelobt: quod ver attulerit ex suillo, ovillo, caprino, bovillo grege; von welcher Bedeutung diese Beschränkung auf das Herdenvieh ist, wird ebenfalls später (§ 38) dargelegt werden.

Nicht minder unrichtig ist, daß das Geborene dem Mars oder gar den unterirdischen Göttern geweiht ward; in der Formel wird ausdrücklich Jupiter genannt (Jovi fieri). Mars galt nur als Schutzgott der ausrückenden Schar. Wie wir uns Wolf und Specht als Führer der ausziehenden Schar[272]) zu denken haben, darüber erhalten wir von seiten der römischen Altertumsforscher nicht die mindeste Auskunft.

Die Entsendung der herangewachsenen Jugend in die Fremde soll in der Urzeit nach Festus an die Stelle der Kindesopfer getreten sein, und diese Ansicht ist auch von den heutigen Altertumsforschern angenommen worden[273]). Sie ist

---

270) Praktisch war dies von hoher Bedeutung. Man hatte es in der Hand, die Begattung der Tiere so einzurichten, daß die Jungen vor oder nach dem Frühling geworfen wurden.

271) Fest., Epit. a. a. O. quaecunque . . . animalia. Festus, Mamertini p. 158: quaecunque (was hier auch die geborenen Kinder umfaßt) vere proximo nata essent.

272) Zeugnisse dafür bei Fest. Ep. Irpini p. 106, Picena p. 212, Serv. ad Aen. XI, 785, Strabo V, 4, 2 p. 240.

273) Nach Schwegler, Röm. Geschichte a. a. O. soll sie sich kaum bezweifeln lassen.

I. Das ver sacrum. 1. Die Überlieferung. § 37.

entschieden falsch. Dem arischen Muttervolk war das Kindes=
opfer gänzlich fremd; es war eine mit dem Molochdienst zu=
sammenhängende Einrichtung der Phönizier. Dies schließt aller=
dings nicht aus, daß sie nicht den Indoeuropäern nach ihrer
Trennung vom Muttervolk durch ihre Berührung mit den
Phöniziern bekannt geworden und von ihnen angenommen
worden war. Für die Griechen ist diese Behauptung in der
That von Diodor (XX, 14) aufgestellt worden, er will dar=
auf den Mythus des Saturn, der seine eigenen Kinder ver=
schlingt, zurückführen, was offenbar verfehlt ist, da das Ver=
schlingen der eigenen Kinder mit einem Opfer derselben an die Gott=
heit nichts zu schaffen hat; das naheliegende und völlig beweis=
kräftige Beispiel des Agamemnon, der die Iphigenie der Arte=
mis geopfert, ist ihm entgangen. Auch den Italikern mögen
in der Urzeit die Kindesopfer bekannt gewesen sein[274]); aber
damit ist die Anknüpfung des ver sacrum an sie im mindesten
nicht dargethan, im Gegenteil, es läßt sich der positive Gegen=
beweis führen. Das aus der Zeit der Wanderung übertom=
mene Opfer der Greise an den Flußgott (§ 49) ersetzte man
in späterer Zeit, als das menschliche Gefühl sich dagegen
sträubte, durch Nachbildung derselben mittelst Binsenfiguren,
und ganz so geschah es mit dem angeblichen Kindesopfer durch
Puppen (oscilla), und selbst bei dem Tieropfer schlug man
denselben Weg ein, wenn man sich die erforderlichen Tiere
z. B. die Hirschkuh für die Diana, den Eber für den Mars,
nicht verschaffen konnte; man bildete sie in Wachs oder Brot=
teig nach und brachte sie so der Gottheit dar unter Aussprechen
des Namens — das gesprochene Wort erhob die Sache zu
dem, was sie sein sollte[275]). Damit ist die Idee einer Er=

---

274) Über die Spuren, in denen man sie finden will, s. Mar=
quardt, Handbuch der römischen Altertümer IV S. 204.
275) Serv. ad Aen. II, 116, der bei dieser Gelegenheit für den
religiösen Kultus den allgemeinen Grundsatz mitteilt: in sacris simu-
lata pro veris accipi.

setzung der Kindesopfer der Urzeit durch das ver sacrum widerlegt; sie dichtet den Römern etwas an, was im ganzen römischen Altertum ohne gleichen dastehen würde: Nachbildung eines Brauchs durch einen andern, der mit ihm nicht die mindeste Ähnlichkeit hat. Die Kinder, die man angeblich der Gottheit als Opfer gelobt hat, läßt man leben, bis sie herangewachsen sind, während sie doch sofort hätten geopfert werden müssen, und wenn sie herangewachsen sind, opfert man sie nicht, sondern entsendet sie in die Fremde. Die römischen Altertumsforscher haben den Widerspruch, der darin liegt, selber gefühlt. In dem Bericht des Festus über die Vorgänge bei der Entsendung der Mamertiner (Mamertini p. 158) grollt Apoll, der dem Stammeshaupt der Samniten im Traum als Mittel zur Erlösung von der Pest das Gelöbnis der Darbringung der sämtlichen Geburt des nächsten Frühlings eingegeben hatte, weil man die Kinder am Leben gelassen hatte, und als zwanzig Jahre später von neuem die Pest wütet, erscheint er demselben abermals im Traum und verkündet, es sei die Strafe dafür, daß sie ihr Gelübde nicht erfüllt hätten; sie sollten es nunmehr in der Weise thun, daß sie die damals Geborenen von sich stießen. So muß Apoll heran, um eine Schwierigkeit, die sich die römischen Altertumsforscher durch falsche Deutung des ver sacrum selber geschaffen hatten, zu heben. Hätte Apoll sich auf das jus sacrum verstanden, so würde er geantwortet haben: opfert Puppen statt Kinder, dann ist das Gelübde erfüllt; und hätten die römischen Altertumsforscher, statt sich das ver sacrum nach ihren Ideen selber zurechtzulegen, sich an die solenne Formel des Gelöbnisses selber gehalten, sie würden eingesehen haben, daß dasselbe mit einem Opfer von Menschen an die Gottheit nichts zu schaffen hat, denn in dieser Formel wird der Menschen gar nicht gedacht, nur der Tiere.

Der Zurückführung des ver sacrum auf das Kindesopfer der Urzeit liegt der Gedanke zu Grunde, daß es aus sich selber nicht erklärt werden kann, daß man zu dem Zweck vielmehr die Urzeit heranziehen muß, und damit hatte Festus vollkommen das Richtige getroffen. In der That enthält das ver sacrum die Nachbildung eines Vorgangs in der Urzeit, aber nicht die des Kindesopfers, sondern einer Thatsache, von der allerdings Festus gar keine Kunde haben konnte, die aber unsere heutigen Altertumsforscher sich nicht hätten entgehen lassen sollen: des Auszuges der Arier aus der Heimat. Mittelst dieses Gesichtspunktes ist nicht bloß der äußere Hergang bei demselben, das Verlassen der Heimat von seiten eines Teils der Bevölkerung völlig erklärt, sondern er erschließt uns zugleich die Möglichkeit, auf gewisse Fragen beim ver sacrum, die von der herrschenden Ansicht gar nicht einmal aufgeworfen, geschweige beantwortet sind, eine befriedigende Antwort zu erteilen.

Wie bei den Juden die Erinnerung an den Auszug aus Ägypten, so lebte auch bei den Indoeuropäern die an den Auszug aus ihrer ursprünglichen Heimat dauernd fort, und in Zeiten der Not erinnerten sie sich des Mittels, das ihnen einst geholfen hatte, und brachten es von neuem in Anwendung. Auswanderung des gesamten Volks oder eines Teils desselben im Fall der Not ist ein allen indoeuropäischen Völkern ebenso geläufiger, wie allen andern Völkern des Altertums fremder Gedanke. Es war der Vorgang, dem nicht bloß das arische Tochtervolk bei seiner Losreißung vom Muttervolk, sondern auch die einzelnen Zweige desselben bei ihrer Trennung untereinander ihr abgesondertes Dasein als Volk verdankten; bei einigen derselben, den Kelten und in gesteigerter Weise noch bei den Germanen, hat er sich im Lauf ihrer Geschichte öfter wiederholt. Griechen und Italiker sind, nachdem sie einmal die Sitze erlangt hatten, in denen wir ihnen in historischer Zeit begegnen, nicht mehr ausgewandert; sie haben der Not, welche eine etwaige Überfüllung an sie herantrug, durch Eroberung und Entsendung von Kolonieen, wobei die Verbindung mit dem

Muttervolk erhalten blieb, abzuhelfen gesucht, die Auswanderung der Urzeit kennen sie nur noch als einen religiösen Brauch in Form des ver sacrum.

Bei dem arischen Muttervolk sehen wir uns vergebens nach dem ver sacrum um. Das Motiv, welches bei ihm die Auswanderung veranlaßte, war nicht religiöser, sondern profaner, realistischer Art; die Auswanderung eines erheblichen Bruchteils des Volks war ein Akt, durch den man der Überfüllung zu steuern suchte (§ 38), und der sich wahrscheinlich noch öfter wiederholt haben wird, als in den zwei Fällen, von denen wir Kunde haben; der Trennung der Europäer und der Eranier, die Auswanderung erscheint hier als ein periodisch zur Anwendung gebrachter Aderlaß.

Daß nun aus diesem ursprünglich rein profanen Akt die religiöse Einrichtung des ver sacrum hervorgehen konnte, würde sich allein schon aus der Thatsache erklären, die im bisherigen bereits durch manche Belege beglaubigt worden ist, daß den Römern alles, was mit der Urzeit zusammenhing, im Licht des Geweihten (religiosum) erschien. Erstreckte sich dieser Nimbus sogar auf die hölzernen Nägel, den hölzernen Speer, das Steinbeil und die Erzeugung des Feuers, um wie viel mehr mußte erst der Akt, dem das Volk seine ganze Existenz verdankte: die Trennung des Tochtervolks vom Muttervolk, im Lauf der langen Wanderperiode dieser religiösen Verklärung teilhaftig werden; es war der wichtigste, folgenreichste Akt im ganzen Leben des Volks, der Geburtsakt des Volks. Hätte die Erinnerung daran im Laufe der langen Wanderperiode je verschwinden können, die Wiederholung dieses Aktes während derselben würde dafür gesorgt haben, daß sie sich erhalten mußte. Zu der Trennung aus der ersten Heimat kam später noch die aus der zweiten hinzu (Buch V), und selbst auf dem Boden Italiens, das der italische Stamm ursprünglich als ein einziger betreten haben wird, hat sich die Ablösung einzelner Völkerschaften vom Stammvolk noch öfter wiederholt.

I. Das ver sacrum. 1. Die Überlieferung. § 37. 317

Wenn auch die römische Volkstradition von diesen Vorgängen nichts mehr zu melden vermag [276]), und selbst den gelehrten Altertumsforschern der historische Zusammenhang des ver sacrum mit der Urzeit verschlossen blieb, **anstaltlich** hat sich in dieser Einrichtung die Reminiscenz an die Urzeit ebenso erhalten, wie in den übrigen obengenannten Einrichtungen. Sie alle behaupteten sich, auch nachdem sie im Leben alle Bedeutung verloren hatten, und nachdem selbst ihr Verständnis dem Volksbewußtsein abhanden gekommen war, lediglich darum, weil sie der Urzeit angehört hatten, nicht also bloß durch die historische vis inertiae, sonder durch die Ehrfurcht vor der ruhmreichen Vergangenheit; es war die Patina des Alters, welche ihnen einen religiösen Charakter verlieh; in den Augen des Volks waren es nicht sowohl historische **Versteinerungen** als **Reliquien**.

Bei dem ver sacrum hat dieser Zug des religiös Geweihten, das sonst als **religiosum** bezeichnet wird, die Gestalt des **sacrum** d. i. den Göttern Heiligen angenommen, die Wiederholung des Aktes der Urzeit ist unter dem Gesichtspunkt eines Gelöbnisses und Opfers an die Gottheit gebracht worden. Wie sich diese Vorstellung bilden konnte, ist unschwer zu begreifen. Sie knüpft an die dankbare Erinnerung desjenigen an, was die Gottheit in der Urzeit dem Volk erwiesen hatte. Damals hatte sie demselben geholfen in schwerer Not. Sie hatte sich der Ausziehenden erbarmt, welche die Heimat verlassen mußten, ihnen gnädig beigestanden bei all den Fährlichkeiten, die auf dem langen Marsch an sie herantraten, und ihnen eine neue Heimat gewährt. Zu der Gnade der Gottheit — das ist der Gedanke des ver sacrum in dieser Gestalt — nehmen wir auch jetzt unsere Zuflucht; wir setzen denselben Vorgang in Scene, der ihr damals die Gelegenheit verschafft hat, sie zu bethätigen, nicht weil er als solcher unsrer Not Ab-

---

[276]) S. jedoch die hirpinische Sage in § 40.

hülfe gewähren könnte, sondern lediglich, um durch das Opfer, das er uns auferlegt, die Geneigtheit der Gottheit zu erkaufen. Wir bringen ihr außer der ganzen Frühlingsfrucht von unsern Herden das Beste, was wir haben: unsere Kinder; sie mag mit ihnen verfahren nach ihrem Wohlgefallen, wir aber ziehen unsere Hand gänzlich von ihnen ab. So leben wir der Hoffnung, daß das Mittel, welches in der Urzeit geholfen, gleichmäßig das Muttervolk wie das Tochtervolk aus großer Bedrängnis errettet hat, auch uns zum Heil gereichen werde.

Es giebt gewisse Wahrheiten, die so offen am Wege liegen, daß man sich nur zu bücken braucht, um sie zu greifen, vorausgesetzt, daß man des Weges wandelt, wo sie liegen, und ein offenes Auge mitbringt; sie brauchen nicht erst gesucht, sondern nur gefunden zu werden. Zu ihnen zähle ich die obige über den historischen Ursprung des ver sacrum. Es bedurfte nicht des mühseligen Aufwandes von Gelehrsamkeit und einer glücklichen Kombinationsgabe, um diesen Fund zu thun, dazu reichte die bloße Heranziehung der römischen Urzeit aus. Nur dem Umstande, daß die römische Altertumswissenschaft sich diesen so nahe liegenden Gedanken bisher hat entgehen lassen, verdanke ich es, daß es mir, wie ich glaube, möglich geworden ist, wie über eine Reihe anderer Dinge des römischen Altertums so auch über das ver sacrum ein ungeahntes Licht zu verbreiten. Die Thatsache des Fortlebens der Urzeit in den römischen Einrichtungen, für die ich im bisherigen schon so manche Belege beigebracht habe, hatte mich auf den Gedanken gebracht, mir alle Erscheinungen des römischen Altertums, die in meinen Gesichtskreis traten, darauf anzusehen, ob sich für sie nicht eine Beziehung zu den Verhältnissen und Zwecken der Wanderschaft darbot; ich sagte mir, daß die Anhänglichkeit der Römer am Althergebrachten, die sich an den äußerlichsten und völlig bedeutungslosen Dingen bethätigte, sich um so weniger an den bedeutsamen Vorgängen und Einrichtungen der Urzeit verleugnet haben wird; es ist nach der Weise der Römer nicht anders möglich, als daß sie, wie überall so auch hier, an die Vergangenheit angeknüpft haben, daß sich Reste von ihr oder Reminiscenzen an sie erhalten haben müssen. Ich bin überzeugt, daß die Fruchtbarkeit dieses Gesichtspunktes mit der Ausbeute, die er mir abgeworfen hat, nicht beschlossen sein wird; die römische Altertumswissenschaft wird auf dem von mir eingeschlagenen Wege gewiß noch manche Dinge entdecken.

Im folgenden mache ich die Probe mit dem ver sacrum. Der mir obliegende Beweis, daß das ver sacrum eine Nachbildung des Auszuges der Arier aus der Heimat enthalte, hat zur Voraussetzung den Nachweis des Deckungsverhältnisses zwischen beiden, sämtliche Züge des ver sacrum müssen für den nachzubildenden Vorgang: die Auswanderung eines Teiles der Bevölkerung aus der Heimat, zutreffen, und diesen Nachweis werde ich erbringen. Aber damit ist nur dargethan, daß man die römische Einrichtung auf diesen Vorgang der Urzeit zurückführen kann, wobei immer noch die Möglichkeit einer anderen Deutung offen bleibt, nicht daß sie diesen Ursprung in Wirklichkeit gehabt hat, unter dieser Voraussetzung würde man ihr meiner Ansicht nur den Wert einer plausiblen Hypothese zugestehen können. Sie beansprucht aber den der historischen Wahrheit, und diesen Beweis werde ich durch den Nachweis erbringen, daß gewisse Punkte beim ver sacrum schlechterdings keine andere Erklärung zulassen, als die von mir gegebene, daß das Rätsel, welches sie uns aufgeben, nur in den Vorgängen bei der Auswanderung der Arier aus der Heimat seine Lösung findet.

2. Die einzelnen Züge des ver sacrum.

XXXVIII. Unser Gesichtspunkt hat die Probe zu bestehen an den einzelnen Zügen des ver sacrum, und dieses sind folgende:

1. **Der äußere Anlaß des ver sacrum.** Ihn bildete in Rom die gemeine Not[277].

Bei den Römern waren es Notfälle mannigfaltiger Art, welche das ver sacrum bewirkten: schwere Bedrängnis in Kriegsläuften, Seuchen und a. m. Welcher Art mag der Notfall gewesen sein, der den Arier zum Auszug bestimmte?

Mit einer meines Erachtens an Gewißheit grenzenden Wahrscheinlichkeit können wir darauf antworten: die Überfüllung. Nur sie allein erklärt, warum nur ein Teil des Volks, d. i. der überschüssige, für den die Ernährung nicht mehr ausreichte, den heimatlichen Boden verließ. Das Andrängen eines übermächtigen Feindes, das so oft die Germanen zu gleichem Entschluß bestimmte, kann es nicht gewesen sein. Für das äußerst zahlreiche arische Volk gab es keinen übermächtigen Feind, der ihm Gefahr drohen konnte, und dann hätte sich, wie bei den Germanen, das ganze Volk vor ihm zurückziehen müssen, nicht bloß ein Bruchteil desselben. Ebenso wenig kann eine Seuche den Grund abgegeben haben. Einzelne mögen sich ihr durch die Flucht entziehen, eine Volksmasse, die nach vielen Tausenden zählt, nimmt sie mit sich. Der Fall einer vorübergehenden einmaligen Hungersnot hat wenig Wahrscheinlichkeit für sich. Einem Hirtenvolke, wie den Ariern, konnte sie nur drohen in Gestalt einer Viehseuche; gegen sie gewährte aber das Verlassen der Heimat ebenso wenig Abhülfe, wie bei einer Menschenseuche. Reicht das Land im übrigen zur Ernährung der Bevölkerung aus, so wird sie sich durch einen einmaligen Notfall nicht bestimmen lassen, die Heimat zu verlassen.

In der römischen Plebs rief wiederholt der politische und sociale Druck, unter dem sie seufzte, den Gedanken der Auswanderung hervor. Auch dieser Grund kann es nicht gewesen sein. Von dem Gegensatz eines herrschenden und beherrschten Standes und von einer Ausbeutung der ärmeren

---

277) Fest. Ep. Ver sacrum p. 379: magnis periculis adducti.

I. Das ver sacrum. 2. Die einzelnen Züge. § 38.

Klasse durch die reichere findet sich bei den Ariern keine Spur, sie datiert überall erst aus der Zeit der Kapitalwirtschaft.

So bleibt nur die Überfüllung des Landes übrig. Sie tritt nirgends so leicht ein, wie bei einem Hirtenvolk. Derselbe Boden, welcher selbst bei unvollkommenstem Betrieb der Landwirtschaft zehn, bei vollkommenstem hundert Familien ein ausreichendes Brot giebt, ernährt nur eine einzige Hirtenfamilie. Bedenkt man nun, daß das arische Volk zur Zeit, als der indoeuropäische Zweig sich von ihm trennte, bereits ein Leben von Jahrtausenden hinter sich hatte, so begreift man, daß die Überfüllung solche Dimensionen angenommen haben mußte, daß kein anderes Mittel, als massenhafte Auswanderung erübrigte. Der Hunger hat die Indoeuropäer aus ihrer asiatischen Heimat nach Europa getrieben, der Hunger ist der Hebel gewesen, dessen sich die Geschichte bedient hat, um sie hier ihrer geschichtlichen Mission entgegen zu führen. Jahrtausende lang hat er ihre Bewegung in Fluß gehalten. Von der zweiten Heimat hat er sie von neuem aufgescheucht, als der Boden bei dem höchst unvollkommenen Betrieb der Landwirtschaft nicht mehr ausreichte, sie zu ernähren, und auch als sie eine dritte Heimat erlangt hatten, hat er ihnen keine Ruhe gelassen. Noch bis tief in die historische Zeit hinein greifen Kelten und Germanen zur Auswanderung, überall ist es der Ruf nach Land, den sie ertönen lassen, sie sind bereit, die Waffen niederzulegen, wenn ihnen diese ihre Forderung bewilligt wird. Nicht die Unzulänglichkeit des Bodens war es, was sie dazu nötigte, sondern der unvollkommene Betrieb der Landwirtschaft. In demselben Maße, wie er sich vervollkommnete, nahm die Nötigung zur Auswanderung ab, und so mag es sich erklären, daß Griechen und Italiker nicht genötigt waren, zu diesem Mittel ihre Zuflucht zu nehmen, vielmehr mit Entsendung von Kolonieen auszukommen vermochten. Nur von den Samniten werden oft wiederholte

Auswanderungen berichtet[278]), aber sie waren ein Hirtenvolk, für welches der oben angeführte Grund nicht zutrifft. Den Pflug zu den Ariern versetzt, und die Geschichte Europas würde eine andere Gestalt an sich tragen, an Stelle des arischen Bluts würde wahrscheinlich semitisches Blut in den Adern des Europäers fließen. Der Boden Europas hat die Semiten stets gelockt. Schon in der Vorzeit der arischen Völker Europas begegnen wir den Semiten in den Handelsniederlassungen der Phönizier an den Küsten des Mittelmeers; in historischer Zeit folgen die Kämpfe zwischen Karthago und Rom um die Weltherrschaft, ein Jahrtausend später fassen die Araber Fuß auf europäischer Erde. Daß Europa nicht den Semiten zugefallen ist, hat lediglich darin seinen Grund, daß die Arier ihnen zuvorgekommen sind, sie wären es nicht, wenn nicht die Unbekanntschaft des Muttervolks mit dem Pfluge sie zur Auswanderung gezwungen hätte.

2. **Die Zusammensetzung der ausrückenden Schar beim ver sacrum.**

Es sind die Jungen, welche die Stadt verlassen und zwar die Jungen beiderlei Geschlechts, und nicht aus eigenem Antriebe, sondern sie werden, wie es in den Berichten heißt, ausgetrieben. Untersuchen wir, ob diese drei Momente — Jugend, beiderlei Geschlecht, Nötigung — sich auch bei dem Auszuge der Arier aus der Heimat wiederholt haben.

Zweifellos das zweite. Die Arier haben ihre Frauen mitgenommen. Dadurch unterschied sich ihr Auszug von einem auf Beute oder Eroberung gestellten Kriegszug, an dem sich bloß Männer beteiligten, während die Frauen zu Hause blieben, wie z. B. bei den Kriegszügen der Normannen. Die Beteiligung der Frauen prägte ihrem Auszuge den Stempel einer Auswanderung auf; wo die Frauen mitgehen, ist es auf dauerndes

---

278) Varro de R. R. 3, 16, 29 unter Heranziehung des oben namhaft gemachten Grundes: ut olim crebro Sabini factitaverunt propter multitudinem liberorum.

Verlassen der bisherigen Heimat und Gewinnung einer neuen abgesehen (so bei den Wanderungen der Germanen zur Zeit der Völkerwanderung), wo bloß die Männer ausrücken, auf einen Kriegszug, von dem man in die Heimat zurückzukehren gedenkt.

Als ebenso zweifellos läßt es sich bezeichnen, daß das erste Moment in der Gestalt, die es beim ver sacrum an sich trägt, beim Auszuge der Arier nicht zugetroffen haben kann. Es war nicht einmal ein ganzer Jahrgang, den man entsandte, sondern nur ein Viertel desselben: die im Frühling Geborenen. Die Römer hatten ihre guten Gründe, warum sie sich dabei innerhalb so enger Grenzen hielten, sie mußten mit dem Besten, was sie hatten, ihrer Nationalkraft haushälterisch umgehen, und für den Zweck, den sie beim ver sacrum im Auge hatten: Veranschaulichung der Auswanderung in der Urzeit, reichte auch ein kleiner Haufe aus; darüber, daß es auch hier eine Auswanderung gelte, konnte auch so nicht der mindeste Zweifel bestehen. In derselben Weise verfuhren sie auch sonst, z. B. im Vindikationsprozeß, wo ein Span vom Schiff das Schiff, eine Scholle vom Grundstück das Grundstück, ein Schaf von der Herde die Herde vor Gericht vertreten mußte — pars pro toto. Warum sie gerade die im Frühling Geborenen dazu ausersehen, wird unten erklärt werden.

Diese äußerst knappe Zumessung der zu entsendenden Schar zeigt, daß das Motiv der Entsendung nicht realer Art war, nicht wie bei einer wirklichen Auswanderung in Überfüllung seinen Grund hatte, von der man sich durch Abgabe des Überschusses zu befreien gedachte, sondern daß das ver sacrum lediglich einen repräsentativen Zweck hatte. Bei den Römern wird für das ver sacrum nie die Überfüllung als Grund genannt, sondern andere Notlagen: Pest, Kriegsnöte, denen die Auswanderung nicht die mindeste Abhülfe gewährt, und auch der Umstand, daß die Ausführung des Gelübdes des ver sacrum von dem Gelübde selber durch einen Zwischenraum von zwanzig bis einundzwanzig Jahren getrennt war, würde

zu dem Gedanken einer Erleichterung von vorhandener Über=
füllung nicht stimmen.

Die Auswanderung beim ver sacrum hatte also **keinen
realen Zweck**. Damit ist der Unterschied derselben von der
bei dem Auszuge der Arier namhaft gemacht. Hier war das
Motiv realer Art: Entlastung von dem Überschuß der Be=
völkerung, der in der Heimat kein ausreichendes Brot zu finden
vermochte. Daraus ergiebt sich, daß sie völlig andere Dimensionen
an sich tragen mußte, als beim ver sacrum. Es mußte ein
erheblicher Bruchteil des Volks auswandern, wenn diesem ge=
holfen werden sollte, und nicht minder war dies auch durch das
Interesse der Auswandernden selber geboten, sie mußten nach
vielen Tausenden, vielleicht nach Hunderttausenden zählen, wenn
sie die Aussicht mit sich nehmen wollten, den Widerstand, auf
den sie sich bei fremden Völkern gefaßt machen mußten, zu
brechen; die Thatsache, daß sie es vermocht haben, lehrt, daß
diese Annahme begründet ist. Ihren Auszug haben wir uns
also zu denken nach Art der Auswanderung der Germanen zur
Zeit der Völkerwanderung, wo Völker, die nach Hunderttausenden
zählten, sich auf den Marsch machten. Nur in einem Punkt
wich er erheblich von ihnen ab, bei den Germanen begab sich
das ganze Volk auf die Wanderung: Alt und Jung, Kranke
und Gebrechliche, Fähige und Dienstunfähige; hier nur ein
Teil desselben. Wie haben wir ihn uns zu denken? Darüber
soll die folgende Ausführung Auskunft erteilen.

Zwei Anhaltspunkte haben wir, um die Frage, aus welchen
Elementen er sich zusammensetzte, zu beantworten. Den einen
gewährt uns das Motiv der Auswanderung, den andern das
ver sacrum.

Ohne Not wandert niemand aus, und wenn die Not bei
den Ariern in Überfüllung bestand, so werden nur diejenigen
ausgewandert sein, welche den Druck derselben an sich empfanden;
die Bedrängten, Mittellosen, Armen, die Hungrigen — die Wohl=
habenden, Reichen, welche darunter nicht litten, sind zu Hause

geblieben, sie hatten nicht die geringste Veranlassung, ihr behagliches Los mit einer unsicheren Zukunft zu vertauschen. Eine Beteiligung aus der vermögenden Klasse an dem Auszuge mag höchstens etwa in Bezug auf die nachgeborenen Söhne stattgefunden haben, denen das Los, das ihnen daheim in Aussicht stand, sich nach dem Tode oder der Entsetzung des Vaters dem Regiment des Erstgebornen und seiner Frau unterordnen zu müssen (S. 52 f.), nicht zusagte, bei den Töchtern, wenn sie die Ehe mit einem Armen, der sie mit sich zu führen gedachte, der Ungewißheit, daheim einen Gatten zu finden, oder der geringen Schätzung, die sie im elterlichen Hause fanden, vorzogen. Für die obige Annahme, daß die nichtbesitzende Klasse das Hauptkontingent zur Auswanderung gestellt hat, werde ich unten noch einen positiven Beweisgrund beibringen: die Ausrüstung der Auswandernden von Volkswegen.

Das ver sacrum. Dasselbe macht ein anderes Moment in Bezug auf sie namhaft: die Jugend. Sehen wir zu, welche Bedeutung es damit hatte.

Wie die Reichen zurückgeblieben sind, weil sie nicht mit auszuwandern brauchten, so auch diejenigen, welche sich dazu nicht eigneten: die Alten, Schwächlinge, Feiglinge. Untaugliche konnte man bei einem Unternehmen, das mit Gefahren und Mühseligkeiten aller Art verbunden war, nicht gebrauchen, sie hätten den Zug nur unnütz beschwert; hier hatte jeder seinen Mann zu stehen, und das setzte voraus, daß er kriegstüchtig war: gesund, kräftig, mutig, entschlossen. Hätten diejenigen, denen diese Eigenschaften abgingen, sich nicht schon von selbst ausgeschlossen, so wäre es von seiten derjenigen geschehen, denen sie sich zugesellen wollten, und die das größte Interesse daran hatten, keinen Unbrauchbaren unter sich zu dulden. Das brachte schon allein die Rücksicht auf die Verpflegung während des Marsches mit sich, nur wer imstande war, das Brot, das ihm von seiten der Heeresverwaltung verabreicht ward, durch Kriegsdienst auszugleichen, war würdig es zu erhalten. Während der

Wanderung mußten selbst die mit Ehren grau Gewordenen, wenn sie nicht mehr imstande waren Kriegsdienste zu leisten, das Zeitliche segnen, um wie viel weniger wird man bei dem Auszuge aus der Heimat sich mit alten Leuten oder mit solchen, deren Kriegstüchtigkeit bald zu Ende ging, beladen haben. Fort mit den Alten — das war die Losung beim Antritt, wie während der ganzen Wanderung, wer mitessen will, muß mitkämpfen. Und was von den Alten, wird auch von den aus andern Gründen Kriegsuntüchtigen: den Schwächlingen, Kränklichen, Feiglingen gegolten haben; auch in diesem Punkt gewährt die Sitte der späteren Zeit, schwächliche Kinder auszusetzen, einen historischen Anhaltspunkt. Kriegstüchtigkeit bildete das unerläßliche Erfordernis der Teilnahme am Auszuge.

Diese Behauptung setzt voraus, daß die Teilnahme nicht schlechthin in den Willen des Einzelnen gestellt war, daß vielmehr die Frage, wer mitgehen dürfe, in irgend einer Weise zum Austrag gebracht werden konnte, sei es von den einzelnen Gemeinden, sei es von der Oberleitung des Unternehmens. Daß es an einer solchen nicht gefehlt haben kann, ergiebt sich aus der Notwendigkeit der Regelung zweier anderer Momente vor Antritt des Marsches: des Zeitpunktes des Auszuges, der im voraus festgestellt werden mußte, damit in der Zwischenzeit die erforderlichen Vorbereitungen getroffen werden konnten, und sodann der Verpflegungsfrage. An Wichtigkeit gab die Frage, wer den Marsch mitmachen dürfe, diesen beiden nichts nach, und schon allein der enge Zusammenhang, in dem sie mit der Verpflegungsfrage stand, hatte ihre Feststellung auf autoritativem Wege zur Voraussetzung, man mußte genau, wie hoch sich die Zahl der Auswandernden belief (§ 39).

Kriegstüchtig also muß der Mann sein, der sich dem Zuge anzuschließen gedenkt. Das ist die Bedeutung des jugendlichen Alters beim ver sacrum, man läßt die jungen Leute heranwachsen, bis sie kriegstüchtig geworden sind. Mündig werden sie bereits mit Eintritt der Geschlechtsreife, aber die Kriegs-

tüchtigkeit erfordert eine noch höhere körperliche und geistige
Reife, als die auf den Eintritt der bloßen Geschlechtsreife ge=
stellte Geschäftsmündigkeit des Privatrechts. Damit glaube ich
den Gedanken getroffen zu haben, den man bei dieser weiteren
Hinausrückung des Termins bis auf zwanzig und einundzwanzig
Jahre im Auge hatte. Damit steht nicht in Widerspruch, daß
die Kriegstüchtigkeit für den Eintritt in die Legion schon mit
siebzehn Jahren beginnt, denn hier haben die jungen Leute die
älteren neben sich, beim ver sacrum stehen sie für sich allein.
Kriegstüchtigkeit ist die Eigenschaft, auf die bei dem Manne alles
ankommt, die Tugend des Mannes, wie Fruchtbarkeit die der
Frau. Dauernd hat sich die Erinnerung an diese Vorstellung
der Urzeit bei den Römern in „virtus" erhalten, vir und
sanskr. wira (goth. wair, angelsächs. wër, davon das Kompo=
situm Wergeld) ist der Mann, der Held, der Krieger, und an
diese seine Eigenschaft knüpft mit vir-tus der römische Tugend=
begriff an. Die Römer haben die Bezeichnung auch beibehalten,
nachdem sich der Tugendbegriff selber längst erweitert hatte,
während bei Griechen und Germanen, sowohl was die Be=
zeichnung des Mannes als der Tugend anbetrifft, die An=
schauungsweise der Urzeit einer andern Platz gemacht hat. Den
Mann bezeichnen sie nach dem physiologischen Moment des
Geschlechts (griech. $\dot{\alpha}\nu\dot{\eta}\rho$, sanskr. nar, deutsch Mann von
sanskr. manu Mensch), die Tugend als Tauglichkeit schlecht=
hin (griech. $\dot{\alpha}\varrho\varepsilon\tau\dot{\eta}$ von sanskr. ar anpassen, einfügen, deutsch
Tugend von tugan, taugen). Keins der arischen Völker hat
auch hier die Auffassung der Wanderzeit so getreu bewahrt,
wie das römische. Daß sie der Wanderzeit entstammt, kann
Angesichts des Umstandes, daß sie nach Ausweis der Sprache
dem arischen Muttervolk fremd war, keinem Zweifel unterliegen,
der Arier bezeichnete den Mann nach dem Geschlecht (nar) und
den Ausdruck virtus für Tugend kannte er nicht. Er war ein
Hirte, dessen regelmäßige, friedliche, harmlose Existenz nur ab
und zu durch Kämpfe mit den Nachbarn ohne erheblichen Be=

lang unterbrochen ward, ausreichend genug, um ihm den Begriff des Helden wira zur Anschauung zu bringen, aber nicht ausreichend, um den ganzen Tugendbegriff darin aufgehen zu lassen. Aber was bei ihm nur ein vorübergehender Zustand, ward bei dem Tochtervolk der regelmäßige — die hirpinische Sage, deren ich unten gedenken werde, giebt dies dadurch wieder, daß sich der Hirte in einen Räuber verwandelt — jeder Zoll breit Landes mußte durch Waffengewalt errungen werden, und in all diesen Kämpfen handelte es sich um Bestehen oder Nichtbestehen des ganzen Volks, „Unterliegen" war gleichbedeutend mit Untergang des Volks. So erklärt es sich, daß Tapferkeit als die einzige in Betracht kommende Tugend des Mannes galt. Sie allein ward im Falle ungewöhnlicher Bethätigung öffentlich belohnt, den Tugendpreis bildete die von Volks wegen erteilte Lanze (hasta pracusta)[279], der Orden pour le mérite der Urzeit. Die hölzerne Spitze, welche die Römer selbst dann beibehielten, als sie längst eiserne kennen gelernt hatten, zeigt, daß wir es hier mit einer Einrichtung der Urzeit zu thun haben. Feigheit ist die größte Schmach, welche der Mann auf sich laden kann — die Germanen versenkten den Feigen in einen Sumpf — Vergehen, welche die Bethätigung der Kraft enthalten, wie Raub und Mord, entehren den Mann nicht, man überläßt es den Beteiligten sich Genugthuung zu verschaffen.

In dem ver sacrum ist die Kriegstüchtigkeit mit der Jugend identifiziert. Daß sie bei dem Auszuge der Arier aus der Heimat nicht so eng bemessen ward, ist oben bereits bemerkt. Aber das Moment der Jugend, welches das ver sacrum betonte, ist doch ein höchst beachtenswertes, die Römer haben es stets in der offiziellen Bezeichnung des zur Volksversammlung zusammengetretenen Volks als „pube praesente"[280] bei-

---

279) Fest. Epit. Hastac p. 101.
280) Fest. Ep. Pube praesente p. 252.

I. Das ver sacrum. 2. Die einzelnen Züge. § 33. 329

behalten, und im Anschluß an diese Wendung gewinnt die sonst vielfach bestrittene sprachliche Deutung von populus als Volk der Jungen[281]) sehr an Wahrscheinlichkeit. Unterstützend gesellt sich dazu noch der Gegensatz von populus und senatus, der sprachlich an den des Alters anknüpft. Wenn mit senatus die Alten: senes, so können mit populus nur die Jungen: die puli, puberes gemeint sein, der Gegensatz würde sprachlich gänzlich inkorrekt sein, wenn populus, wie man gemeint hat, bloß die Masse bedeuten sollte.

Wie man sich das Volk dachte, zeigt das von populus abgeleitete populari = verheeren, womit im Deutschen das von Heer abgeleitete Verheeren übereinstimmt, — nicht als Volk in unserm heutigen Sinn, als Gesamtheit der durch Abstammung, Geschichte, Sprache, Kultur Verbundenen, sondern als ein Heer, das sich wie ein verwüstender Strom über das Feindesland ergießt, alles vor sich darnieder werfend. Auch in Bezug auf die politische Thätigkeit, welche das Volk in der Volksversammlung ausübt, wird der Gedanke des Heeres festgehalten. So zunächst in Bezug auf die Befugnis zur Teilnahme an derselben, sie beginnt und endet mit der Dienstfähigkeit (17.—60. Jahre). Sodann in Bezug auf die Formen der Abhaltung der Volksversammlung. Auf der Burg wird die rote Kriegsfahne aufgezogen, das Zeichen wird durch militärische Signale erteilt, der Versammlungsort ist der dem Kriegsgotte gewidmete campus Martius außer der Stadt.

Auch die Gemeindeversammlungen der Germanen führen

---

281) Nach der Ansicht von Kuhn, Zur ältesten Geschichte der indogermanischen Völker S. 4 enthält populus eine Reduplikation von pubus jung (Beispiel: disci-pulus Lehrjunge) von Sanskr. Wurzel pu zeugen, ernähren, wovon Sanskr. putra Sohn, putri Tochter, lat. puer, pubes, putus pupus Knabe. Ähnlich die Reduplikation pupillus. Eine Zusammenstellung der sonstigen Ableitungen s. in meinem Geist des R. R. I S. 249 Anm. 147, wozu jetzt noch die von Vaniczek a. a. O. I S. 506 hinzukommt.

uns das Heer vor Augen, die Teilnehmer erscheinen zum Thing sämtlich bewaffnet und stellen sich nach den einzelnen Heeresabteilungen auf, und das Thing dient zugleich als Heer- und Waffenschau [282]). Ihre Zustimmung zu den Vorschlägen erfolgt durch Zusammenschlagen der Waffen [283]), und wenn es die Wahl eines Königs gilt, so heben sie den Gewählten auf den Schild und überreichen ihm den Speer [284]). Bei den Ariern findet sich die Sitte nicht, ihr erstes Aufkommen fällt also in eine spätere Zeit, und da sie sich bei Römern und Germanen wiederholt, so kann sie sich nur gebildet haben, bevor beide sich getrennt hatten, d. h. zur Zeit der Gemeinsamkeit der Völkerwanderung sämtlicher indoeuropäischer Völker. Bei einem seßhaften Volk, bei dem der Friede der normale Zustand ist und nur der Ausbruch eines Krieges die Nötigung herbeiführt, die Waffen zur Hand zu nehmen, würde die Entstehung dieser Sitte ebenso schwer begreiflich sein, wie sie bei einem kriegerischen Wandervolk, das sich in unausgesetztem Kriegszustande befindet, verständlich ist.

Das Volk ist Heer — damit ist der Charakter des arischen Wandervolks wiedergegeben. Waffenfähigkeit bildet beim männlichen Geschlecht die Voraussetzung der Zugehörigkeit zu demselben, wer sie verloren hat, wird als unnützes Glied abgethan, das Brot ist auf der Wanderung zu knapp zugemessen, als daß man sich den Luxus verstatten dürfte, sie am Leben zu lassen — wer mitessen will, muß mitfechten. Den Römern ist die Sitte der Tötung der Greise in historischer Zeit nicht mehr bekannt, sie bleiben nicht bloß am Leben, sondern sie er-

---

[282] Schröder, Deutsche Rechtsgeschichte S. 16. Diese altgermanische Sitte des bewaffneten Zusammentretens hat sich noch bis auf den heutigen Tag in dem Kanton Unterwalden in der Schweiz erhalten, wohl der letzte Rest der Einrichtungen aus der Wanderzeit der Indoeuropäer.

[283] Tac. Germ. cap. 11.

[284] Grimm, Rechtsaltert. S. 163, 234 fl.

halten sogar in der Einrichtung des Senats eine hervorragende politische Stellung, die den Gedanken verwirklicht, daß die Greise, wenn auch unfähig zur That, doch durch die Erfahrung des Alters umsomehr berufen sind zum Rat. Es scheint völlig müßig zu sein, die Frage aufzuwerfen, wodurch dieser Wandel beschafft worden sein mag; wodurch anders wird man antworten als durch den Umschwung des sittlichen Gefühls? Allein warum regte sich denn dies sittliche Gefühl nicht während der Wanderung? Hätten die Verhältnisse sich nicht geändert, so würde es auch fernerhin auf sich haben warten lassen. Aber sie änderten sich. An die Stelle der Wanderung trat die Seßhaftigkeit, und damit nahm die Verpflegungsfrage eine gänzlich andere Gestalt an. Während der Wanderung war sie Sache der Heeresverwaltung, jetzt die des Einzelnen, das Brot, das er aß, verdankte er sich selber, er lebte auf eigene, nicht auf Kosten des Volks, und damals, als man auf das Herdenvieh, das man mit sich führte, auf wildwachsende Früchte und auf Raub vom Feinde angewiesen war, hatte man alle Ursache, mit der Nahrung vorsichtig und sparsam umzugehen, jetzt hatte der Pflug die Möglichkeit erschlossen, sie in ausreichendster Fülle hervorzubringen. Seßhaftigkeit und Pflug haben bei den Italikern mit der Sitte, die alten Leute ums Leben zu bringen, aufgeräumt; wenn sie sich bei Germanen und Slaven noch lange bis in die historische Zeit erhielt, so enthält dies den Beweis, daß der Pflug bei ihnen seine Schuldigkeit noch nicht gethan hatte; als er es that, ist die Sitte auch bei ihnen verschwunden.

3. **Beim ver sacrum wird jede Verbindung mit dem Muttervolk aufgehoben.**

Die römische Volksvorstellung findet den Grund hierfür darin, daß die ausrückende Schar ganz in die Hand der Götter gegeben wird, das Volk demgemäß seine Hand von ihr zurückziehen muß. Dem Auszuge der Arier war, wie oben bemerkt, diese Vorstellung fremd, sicherlich haben auch sie den Segen der Gottheit für sich erfleht, aber was sie zum Auszuge bestimmte, war nicht der Gedanke, damit ein der Gottheit wohlgefälliges Werk zu verrichten, sondern einfach sich selber zu helfen. Die Trennung vom Muttervolk war die unerläßliche Bedingung dafür, und wenn auch anfänglich immerhin noch eine gewisse Verbindung mit demselben aufrecht erhalten sein mag, jemehr die Entfernung wuchs, welche beide von einander trennte, desto schwieriger mußte dies werden, und schließlich hörte sie gänzlich auf. Diesem Moment der **räumlichen** Trennung des Tochtervolks vom Muttervolk ist im ver sacrum der Charakter der **politischen** gegeben, was dort bloß eine unabwendliche **Folge** des Auszuges, ist hier zum **Erfordernis** des ver sacrum selber erhoben.

4. **Der Volksbeschluß beim ver sacrum.**

Die offizielle Formel desselben ist oben (S. 310) mitgeteilt und schon darauf hingewiesen worden, wie wenig dieselbe von den römischen Altertumsforschern bei ihrer Wiedergabe des Inhalts des Gelöbnisses beim ver sacrum beachtet worden ist. Ihnen zufolge hätte sich der Volksbeschluß auch auf die geborenen Kinder erstreckt — die Formel thut ihrer keine Erwähnung — ihnen zufolge wären die Jungen sämtlicher Tiere gelobt worden — die Formel nennt nur die des Herdenviehs: quod ver attulerit ex **grege** und zwar nur: ex suillo, ovillo, caprino, bovillo [285]). Bei der Genauigkeit der Fassung der altrömischen Formeln, bei der jedes Wort aufs peinlichste erwogen war, und der Undenkbarkeit, daß Livius, der in Bezug auf die Ausführung des Gelübdes der Tierjungen die detailliertesten Bestimmungen der Formel mitteilt, ihren wichtigsten Teil, welcher sich auf das Gelöbnis der Kinder bezog — unterschlagen haben sollte, kann es keinem Zweifel unterliegen, daß die Formel sich auf sie garnicht erstreckt hat. Warum nicht? Wir stehen hier vor einem, wie es scheint gänzlich unlöslichen Rätsel.

---

285) Daß auch Pferde und Esel „gregatim" gehalten wurden, darüber f. 1. 2 § 2 ad leg. Aq. (9, 2).

I. Das ver sacrum. 2. Die einzelnen Züge. § 38.

Hat es mit unserm Gesichtspunkt der Nachbildung des Auszuges der Arier im ver sacrum seine Richtigkeit, so muß wie jedes andere Moment beim ver sacrum, so auch der Volksbeschluß sich bei dem Auszug der Arier wiederholt haben, die von dem Pontifex maximus betonte Notwendigkeit desselben [286]) muß darin ihren Grund gehabt haben, daß es bei jenem Vorgang damit so gehalten worden war. Welchen Anlaß hatte das Volk, die Sache in die Hand zu nehmen? Die bloße Frage genügt, um die Antwort zu haben. Es handelte sich bei der Auswanderung um eine Nationalangelegenheit, um Rettung des Volks aus seiner Bedrängnis. Es war die sociale Frage, wie wir sie heute bezeichnen, welche damals zuerst an unsere Vorfahren herantrat: Fürsorge für das Los der ärmeren Klassen, die leidige Nahrungs- oder Brotfrage. Wo Brot genug vorhanden ist, kann man sie dadurch regeln, daß die Reichen den Armen von ihrem Überfluß abgeben, wo aber das Brot für die Bevölkerung nicht ausreicht, bleibt nichts übrig als Auswanderung. Aber auch die Auswanderung setzt voraus, daß wenigstens für die nächste Zeit der Bedarf an Brot gedeckt ist, sonst ist sie gleichbedeutend mit sicherem Hungertode.

Die Verproviantierungsfrage ist die erste, welche sich aufdrängt, wenn eine Masse sich in Bewegung setzt, sei es wie in der heutigen Zeit ein Heer, oder wie zur Zeit der Wanderung der Völker ein ganzes Volk oder ein Teil desselben, und sie kann nicht dem Einzelnen überlassen, sondern sie muß in autoritativer Weise festgestellt werden. Als die Helvetier nach Gallien auswanderten (Caesar de bello Gallico I, 5), ward durch Volksbeschluß jedem aufgegeben, sich für sich und die Seinigen auf drei Monate mit Mundvorräten zu versehen. Die drei Monate, welche man dafür in Aussicht nahm, waren die drei Frühlingsmonate, man brach im März auf, der Frühling galt

---

286) Liv. a. a. O. omnium primum populum consulendum de vere sacro ... injussu populi voveri non posse.

bei den Ariern, wie unten gezeigt werden wird, nicht bloß als Zeit des Aufbruchs, sondern auch der Wanderung, im heißen Sommer und im Winter stellte man sie ein.

Die Helvetier waren bereits ein Ackerbau treibendes Volk geworden, ihre Verproviantierung bestand in Mehl (Cäsar a. a. O.: frumentum .... molita cibaria), die Arier waren ein Hirtenvolk, bei ihnen kann sie also nur in Vieh bestanden haben. Wie bei den Helvetiern, so wird auch bei ihnen die Auswanderung durch den Beschluß vorbereitet worden sein, daß jeder sich für sich und die Seinigen mit dem nötigen Vieh zu versehen habe. Aber wie, wenn jemand nicht in der Lage war, dies zu zu können, der Arme, der die Herden des Reichen gehütet und dadurch sich seinen notdüftigen Lebensunterhalt erworben hatte, ohne selber eigenes Vieh zu besitzen? Wollte man ihn, d. i. die ganze Masse derjenigen, die sich in gleicher Lage befanden, loswerden, so blieb nichts übrig, als daß die Reichen sie mit dem nötigen Vieh ausrüsteten. Hätte man dies ihrem guten Willen überlassen wollen, wie manche würden sich dem entzogen haben, und doch lag es im gemeinsamen Interesse aller, daß die Auswanderung ermöglicht werde, es handelte sich darum, eine Gefahr, die dem Besitzenden von der besitzlosen Klasse drohen konnte, abzuwehren. Darum bedurfte es eines Volksbeschlusses, der dem Besitzenden die Verpflichtung auferlegte, zum Zweck der Ermöglichung der Auswanderung einen Teil seines Viehs abzugeben, es handelt sich um die Auflage einer Vermögenssteuer, wie wir sagen würden.

Damit ist der obige Ausspruch des Pontifex maximus: in jussu populi voveri non posse erklärt, die Steuer konnte sich nur das Volk selber auferlegen.

Aber die Auflage der Steuer setzte die Kenntnis des Bedarfs voraus, und sie wiederum die Feststellung der Zahl der Auswandernden und der des Viehs, das sie selber aufzubringen vermochten. Es ist völlig undenkbar, daß man sich über diese Vorfrage nicht vorher Gewißheit verschafft haben sollte. Es konnte nur geschehen durch eine öffentliche Aufforderung, daß jeder, der sich zu beteiligen gedenke, sich zeitig genug vorher innerhalb seiner Gemeinde zu melden und die Zahl der Seinigen und des in seinem Besitz befindlichen Viehs anzugeben habe. Es mußten also Listen in sämtlichen Gemeinden aufgenommen werden, die dann in irgend einer Weise, sei es direkt, sei es durch die Zwischenglieder von Gau und Stamm zur Kenntnis der Centralleitung gebracht wurden, die wir als unerläßlich geboten vorauszusetzen haben. Auf Grund der dadurch ermittelten Gesamtzahl der Auswandernden und der von ihnen selber gestellten Stücke Vieh ward dann entsprechend dem Verpflegungsmaßstabe, den man in Bezug auf Kopf und Zeit der Verpflegung zu Grunde legte, der Zuschuß, den die Zurückbleibenden zu gewähren hatten, festgestellt. Um die Quote, welche der Einzelne davon zu entrichten hatte, zu bestimmen, bedurfte es einer listenmäßigen Vergewisserung über die Stückzahl Vieh, welche jeder der Zurückbleibenden besaß. Die Kenntnis der Gesamtzahl des vorhandenen und des beizusteuernden Viehs ergab den Repartitionsfuß, nach dem man die Beisteuer auf die Vermögenden umzulegen hatte, die kleinen Leute, die nur eine geringe Stückzahl Vieh besaßen, werden dazu nicht herangezogen worden sein.

Ein solches Listenmachen in der Urzeit — welch ein Anachronismus, wird man ausrufen. Ich muß es dahingestellt sein lassen, ob man den Schluß von den Kelten auf die alten Arier für einen beweiskräftigen anerkennen will. Bei den Kelten war das Listenwesen zur Zeit, als Cäsar mit ihnen in feindliche Berührung trat, vollständig ausgebildet. Im Lager der Helvetier fand Cäsar, als er sie nach ihrem Einfall in Gallien besiegt hatte, die genauesten Listen über die Zahl nicht bloß der streitbaren Mannschaft, sondern auch der Nichtwaffenfähigen, speciell unterschieden: Knaben, Greise, Frauen[287]), und ebenso

---

287) Caesar de bello Gall. I, 29: tabulae litteris Graecis confectae, quibus in tabulis nominatim ratio confecta erat, qui numerus

über die ihrer Bundesgenossen. Auch über die Zahl der ihm gegenüberstehenden Streitkräfte bei seinen sonstigen Kämpfen mit den Galliern, weiß Cäsar an andern Stellen (II, 4, VII, 71, 76) die genaueste Auskunft zu erteilen. Offenbar verdankte er sie seinen Kundschaftern unter den Eingebornen, an denen es ihm bei keinem der keltischen Stämme fehlte, und dies setzte voraus, daß die Zahlen durch Listen festgestellt waren, und ebenso weiß Vercingetorix genau festzustellen, auf wie viel Tage die vorhandenen Lebensmittelvorräte für die Belagerten noch ausreichen (II, 71), auch sie also waren ziffermäßig aufgenommen worden.

Dieselbe Einrichtung des Listenwesens, der wir bei den Kelten begegnen, wiederholt sich auch bei den Römern in Form des Census. In der uns historisch bezeugten Form stammt der Census bekanntlich von Servius Tullius, ich kann mir aber nicht denken, daß die Einrichtung ohne alle Anknüpfung an die Vergangenheit, völlig neu und vollständig ausgebildet, wie sie es war, gleich der Minerva aus dem Haupte des Zeus, aus dem ihres Schöpfers getreten sein sollte, sie wird vielmehr die äußere Grundlage, auf der sie baute: das Listenwesen bereits vorgefunden, nicht erst geschaffen haben. Wie wenig es einer hohen Kulturstufe bedarf, um dasselbe zu Tage zu fördern, zeigt das Beispiel der Kelten, der einfache Verstand reicht aus, um einem kriegerischen Volk das Verständnis für den Wert desselben zu erschließen.

Aber weder Kelten noch Römer hatten nöthig, die Ein=

---

domo exisset eorum, qui arma ferre possent, et item separatim pueri, senes, mulieresque. Die Gesamtzahl der Helvetier betrug 263 000, die Bundesgenossen eingerechnet 368 000, die der Waffenfähigen 92 000, genau ein Viertel der gesamten Zahl. Bei dem Auszuge der Arier, wo die Greise und die bereits der Grenze des Mannesalters sich Nähernden nicht mitgegangen sind und manche der Jungen sich eben erst eine Frau genommen haben werden, also auch die Zahl der Kinder geringer anzusetzen ist, wird die Zahl der Waffenfähigen sich noch höher belaufen haben.

richtung erst zu erfinden, ihre Vorfahren hatten ihnen die Mühe erspart. Was die Helvetier bei ihrem Auszuge aus der bisherigen Heimat thaten, hatten bereits die Arier bei dem aus der ihrigen gethan: ziffermäßige Feststellung der Zahl der Auswandernden. Für jene bestand dazu keine zwingende Nötigung, da die Beschaffung der nötigen Verproviantierung Sache jedes Einzelnen war, für diese war sie unumgänglich, da die Bemessung der Höhe der zu dem Zweck vom Volk zu entrichtenden Vermögenssteuer und die Umlage derselben auf die Zurückbleibenden die ziffermäßige Ermittlung der Zahl der Auswandernden und ihres Bedarfs zur notwendigen Voraussetzung hatte. Hat es mit dieser von mir angenommenen Vermögenssteuer, der gabella emigrationis im passiven Sinn, wie man sie nennen könnte, seine Richtigkeit, so ist damit der Nachweis geführt, daß die Statistik in ihren ersten Anfängen bereits bis zu dem arischen Muttervolk zurückreicht.

Ein Beweis für die Richtigkeit dieser Behauptung ist im bisherigen noch nicht erbracht worden. Soll er sich erbringen lassen, so muß dargethan werden, erstens, daß wie beim **ver sacrum**, so auch beim Auszuge der Arier ein Volksbeschluß der wirklichen Auswanderung vorausgegangen ist, und sodann, daß die dadurch auferlegte Abgabe an Herdenvieh nicht wie bei jenem als Opfer an die Gottheit, sondern als Unterstützung an die Auswanderer gedacht war.

Beruht das ver sacrum in Wirklichkeit auf dem Gedanken der Nachbildung des ursprünglichen Auszuges aus der arischen Heimat — und darüber möge der Leser sich schlüssig werden, wenn er alles, was ich darüber beibringen werde, gelesen hat — so ist damit erwiesen, daß wie jenem auch diesem ein **Volksbeschluß** vorausgegangen ist. Und wie wäre es auch anders möglich gewesen? Bedurfte es doch ganz abgesehen von der Vereinbarung über die Auswanderung selber der Beschlußfassung über eine Reihe vorbereitender Maßregeln: über die Verpflegung, den Zeitpunkt des Aufbruchs, den Sammelplatz²⁸⁸).

Den Inhalt des Gelöbnisses bei dem Volksbeschluß über das ver sacrum bildet das demnächstige Opfer der Jungen des Herdenviehs. Dieser von den römischen wie von den heutigen Altertumsforschern gleichmäßig übersehene Punkt ist von hoher Bedeutung. Er vergegenwärtigt uns das Opfer des Hirten im Gegensatz zu dem des Ackerbauers; der Hirte schlachtet der Gottheit ein Stück aus der Herde, der Ackerbauer bringt ihm die Erträgnisse seines Feldes dar, beide lassen die Gottheit an ihrem Mahle teilnehmen — wie das Mahl, so das Opfer. Dieser Gegensatz des blutigen und unblutigen Opfers ist in kulturhistorischer Hinsicht von größter Bedeutung, er vergegenwärtigt uns zwei Formen der menschlichen Existenz und zugleich zwei Stufen ihrer Entwicklung: das Hirtenleben und den Ackerbau. Das blutige Opfer entstammt ebenso zweifellos der Hirtenperiode, wie das unblutige der Ackerbauperiode, jenes ist das ältere, und wenn es sich auch neben dem unblutigen findet, so hat es sich nicht erst neben demselben gebildet, sondern aus früherer Zeit erhalten, gleich dem aus noch älterer Zeit stammenden des Jägers, wie z. B. das der Hirschkuh für die Diana.

In der alttestamentlichen Sage wird der Gegensatz des blutigen und unblutigen Opfers personifiziert durch Kain und Abel. „Abel ward ein Schäfer, Kain aber ward ein Ackersmann, Kain brachte dem Herrn Opfer von den Früchten des Feldes, Abel von den Erstlingen seiner Herde und (zwar von) ihren fetten" (1. Mos. 4, 2 und 4). Kain schlägt den Abel tot. Darin erblicke ich die allegorische Veranschaulichung der Be-

---

288) Diese drei Punkte werden uns von Cäsar als Gegenstände der Beschlußfassung der Helvetier bei ihrem Auszuge ausdrücklich namhaft gemacht, die Verpflegungsfrage I, 5, die beiden andern I, 6: diem dicunt qua die ad ripam Rhodani omnes conveniant.

I. Das ver sacrum. 2. Die einzelnen Züge. § 38.

seitigung der unvollkommenen Existenzform des Hirten durch die vollkommnere des Landmannes²⁸⁹), die Ersetzung des blutigen Opfers durch das unblutige ist damit von selbst gegeben.

Die römische Sage zeichnet uns den Römer schon von Anbeginn als Landmann, Romulus weist bei Gründung der Stadt jedem Bürger zwei Joch Ackerland an, und sein Nachfolger Numa Pompilius setzt das unblutige Opfer an Stelle des blutigen²⁹⁰), was bei der Gleichheit zwischen Opfer und häuslichem Mahl nur den Ausdruck dafür enthält, daß die römische Tradition den Übergang von der animalischen zur vegetabilischen Kost schon in die älteste Zeit verlegt. Diese Thatsache ergiebt sich auch aus dem Vestadienst, bekanntlich einem der ältesten Kulte des römischen Volks. Der Altar der Vesta führt uns den häuslichen Herd, das Opfer, das auf demselben dargebracht wird, die gewöhnliche Nahrung des gemeinen Mannes vor; es bestand in einem aus der ältesten den Römern bekannt gewordenen Getreideart (far, Spelt, der in Form des Brotes auch bei der Eingehung der Ehe — confarreatio — wiederkehrt), bereiteten, mit einem Zusatz von Salz versehenen, gekochten Mehlbrei. Auch der Name für den dem Soldaten in späterer Zeit verabreichten Sold ist dem Getreide entlehnt (stipendium von stips = Halmfrucht, pendere zuwägen).

Neben dem unblutigen Opfer hat sich in Rom aber auch das blutige erhalten, und einen seiner Anwendungsfälle enthält das ver sacrum. Wüßten wir sonst nicht, daß das ver sacrum nicht erst auf römischem Boden entstanden ist, sondern der arischen Vorzeit angehört, so würden wir es dem Umstande entnehmen können, daß das Gelöbnis beim ver sacrum sich auf das Herdenvieh beschränkt, entgegengesetzten Falls würde es auch die Feldfrucht umfaßt haben. Es ist also das Opfer

---

289) Siehe oben S. 109 f.
290) Plin. H. N. 18, 2 § 7: Numa instituit deos fruge colere et mola salsa supplicare.

des Hirten der Urzeit, die Verpflichtung dazu wird nur dem Herdenbesitzer auferlegt. Dieser Umstand, der in dem historischen Ursprung des ver sacrum seine vollkommene Erklärung findet, war praktisch von hoher Bedeutung, er bedeutete, daß das Opfer beim ver sacrum nur die reichen Leute treffen solle, nicht den armen Mann. Der arme Mann ist kein Herdenbesitzer, sein Viehstand besteht in dem Arbeitsvieh zum Betrieb der Landwirtschaft, den bekannten vier res mancipi: Ochs, Pferd, Esel, Maulesel und in den wenigen Stücken, die er auf die Weide treibt: Kühen, Ziegen, Schafen; auf die Jungen, welche von diesen Tieren geworfen werden, bezieht sich das Gelöbnis nicht. Auch in diesem Punkt bewährt sich die Übereinstimmung des ver sacrum mit dem Auszug aus der Heimat, bei dem nur die Vermögenden zur Steuer herangezogen wurden (S. 334).

Das Ergebnis der bisherigen Ausführung besteht in dem Satz: das beim ver sacrum in Aussicht genommene Opfer ist das des Hirten und versetzt uns in die Zeit des Hirtenlebens der Arier vor Einführung der Landwirtschaft, das will sagen, da sie in ihrer zweiten Heimat bereits mit der Landwirtschaft bekannt geworden waren: in ihre erste Heimat. Nur in einem Punkt trifft dies nicht zu. Das Schwein war, wie die Übereinstimmung von griech. $\tilde{v}_s$, lat. sus, ahd. sû mit zend. hû und sanskr. sû-karâ = wilder Eber zeigt, dem Arier bereits bekannt, aber die Schweinezucht ist noch dem Veda und Avesta fremd, Schweineherden werden nirgends erwähnt. Den Wendepunkt scheint der Aufenthalt in der zweiten Heimat gebildet zu haben. Der neue Name, der bei allen arischen Völkern aufkommt: griech. πόρκος, lat. porcus, ir. orc, ahd. farah, altsl. prase [291], kann nur der Sprache des einheimischen Volks entlehnt worden sein, das Aufkommen eines neuen Namens neben dem bisherigen für eine und dieselbe Sache weist aber stets darauf hin, daß man derselben eine neue Seite

---

291) Schrader, Sprachvergleichung und Urgeschichte S. 343.

abgewonnen hat. Wahrscheinlich war es nicht die eines Haustiers, sondern die eines Herdenviehs. So figuriert es, wie der göttliche Sauhirt in der Odyssee zeigt, schon bei den Griechen im heroischen Zeitalter, und so bei den Römern in dem Gelöbnis des ver sacrum; die Thatsache, daß es erst später hinzugekommen ist, muß dem Gedächtnis des Volks, als es darin den Auszug aus der ursprünglichen Heimat nachzubilden gedachte, entschwunden sein; der Gedanke, daß das ver sacrum eine Reproduktion des Auszugs aus der zweiten Heimat enthalte, wird dadurch ausgeschlossen, daß unter dieser Voraussetzung statt oder mindestens neben dem Hirten auch der Landmann zum Opfer hätte herangezogen werden müssen.

So verweist uns also das durch Volksbeschluß beim ver sacrum den Herdenbesitzern auferlegte Opfer zweifellos in die Zeit der ausschließlichen Hirtenexistenz, d. i. auf das arische Muttervolk zurück. Es hat damit ein Vorgang wiedergegeben werden sollen, der sich bei dem Auszuge der Arier aus ihrer Heimat abgespielt hat: eine den Herdenbesitzern bei dieser Gelegenheit durch Volksbeschluß auferlegte Abgabe eines Teils ihres Viehs, ob zum Zweck des Opfers an die Gottheit oder zum Zweck der Ausrüstung der Ausrückenden, steht zunächst noch in Frage: es wird davon abhängen, ob die Gestalt, welche das Opfer beim ver sacrum an sich trägt, nicht die Möglichkeit der ersteren Annahme ausschließt, und davon hoffe ich den Leser überzeugen zu können.

Die Annahme, daß die Arier bei ihrem Auszuge der Gottheit geopfert haben werden, um ihren Segen für das Unternehmen zu erflehen, hat so wenig Widerstrebendes, daß wir sie umgekehrt als gewiß betrachten können. Aber gerade weil es sich von selbst verstand, wäre es nicht zu begreifen, warum dies durch einen Beschluß des ganzen Volks hätte angeordnet werden sollen. Selbst in Rom, trotz der inzwischen erfolgten reichen Ausbildung des Opferwesens steht das beim ver sacrum angeordnete Opfer ohnegleichen dar. Es giebt neben den Opfern, die den Einzelnen (sacra privata) oder sämtlichen Bürgern (popularia) obliegen, auch solche, welche das gesamte Volk (publica) oder die Gentes (gentilicia) darzubringen haben, aber dies geschieht aus dem zu ihrer Verfügung stehendem Vermögen, nicht auf dem Wege einer zu dem Zweck erst ausgeschriebenen Steuer — der beim ver sacrum eingeschlagene Weg steht mit der sonstigen Gestaltung des römischen Sakralwesens in so offenem Widerspruch, daß keine andere Erklärung übrig bleibt, als die von mir gegebene der Nachbildung eines Vorgangs der Urzeit.

Aber es sei einmal darum: das Opfer ist nicht freiwillig von den Einzelnen dargebracht, sondern es ist ihnen durch Volksbeschluß auferlegt worden. Est ist leicht nachzuweisen, daß derselbe unmöglich die Gestalt wie beim ver sacrum hätte an sich tragen können. Hier lautete er bedingt (si res publica . . . . salva servata erit), dort konnte er nur unbedingt lauten, hier auf die noch erst zu erwartende Frucht des künftigen Frühlings, dort, wo das Opfer im Moment des Auszuges dargebracht werden sollte, konnte es nur die bereits vorhandenen Tiere zum Gegenstande haben, und zwar nicht das Jungvieh, das sich dazu nicht eignete, das der Hirte vielmehr, bevor er es schlachtet, heranwachsen läßt, bis es fett geworden ist [292], sondern nur das ausgewachsene, fette, beim ver sacrum war dies durch einen eigenen Passus in der solennen Formel ausdrücklich vorgesehen: qui faxit quando volet facito. Beim ver sacrum ging das Opfer dem Auszuge der jungen Schar um viele Jahre voraus, hier hätte es im Moment des

---

292) Wenn es 1. Moses 4, 4 heißt: „Abel brachte auch von den Erstlingen seiner Herde", so ergiebt der Zusatz: „und (zwar) von ihren fetten", daß dies nicht so zu verstehen ist, als ob er die eben geworfenen Stücke geschlachtet habe, die Erstlinge bedeuten hier vielmehr die ersten Jungen, welche das Tier geworfen hat im Gegensatz der später geworfenen, es ist der Gedanke der Vorzüglichkeit der Erstgeburt, übertragen von dem Menschen auf das Vieh.

I. Das ver sacrum. 2. Die einzelnen Züge. § 38.   343

Auszuges dargebracht werden müssen; dort stand es in gar
keiner innerlichen Beziehung zu demselben, es ward nicht dar=
gebracht, um den Segen der Gottheit für die ausrückende
Schar zu erflehen, sondern um ihr für die Errettung aus
schwerer Not zu danken, hier hätte es in engster Beziehung zu
demselben gestanden, es sollte die Gottheit geneigt machen, kurz
gesagt: dort war es ein Dankopfer, hier hätte es die Gestalt
eines Bittopfers an sich getragen.

So bleibt von dem Gesetz, durch welches das römische
Volk beim ver sacrum die künftige Frucht des Herdenviehs
angelobt, für den entsprechenden Beschluß des arischen Volks,
dem es nachgebildet war, lediglich die gemeinsame Beziehung
auf das Herdenvieh, während an Stelle des hier, wie nach=
gewiesen, nicht Platz greifenden Verwendungszwecks zum Opfer
als einzig noch erübrigender, der einer der besitzenden Klasse im
Interesse der Ermöglichung der Auswanderung des ärmeren
Teils der Bevölkerung auferlegten Vermögenssteuer tritt. In
meinen Augen hat das Ergebnis den Wert einer völlig fest=
stehenden historischen Thatsache, nicht den einer bloßen Hypothese,
wer dies bestreiten will, möge zusehen, wie er die Schlüssigkeit
des von mir dafür beigebrachten Beweises zu entkräften vermag.

Wie die Auswanderung in der Urzeit nachgebildet ist in
der jungen Schar, die beim ver sacrum die Stadt verläßt,
so der Volksbeschluß in Bezug auf das den Auswandernden
mitzugebende Herdenvieh durch das vom Volk übernommene
Gelöbnis desselben zum Opfer an die Gottheit. In beiden
Fällen ist an Stelle des realen Zwecks der religiös=
repräsentative getreten, womit notwendigerweise zugleich eine
Abweichung von der äußeren Gestaltung des Vorgangs geboten
war, die nach demjenigen, was wir darüber oben und im vorher=
gehenden beigebracht haben, einer weiteren Darlegung nicht
mehr bedarf. Nur in Bezug auf einen bisher nicht berührten
Punkt glaube ich mich derselben nicht enthalten zu können.

Gelobt wird das im nächsten Frühling — in welchem

Sinn dies zu verstehen, ist oben (S. 311 f.) angegeben — geworfene Jungvieh. Warum wird der Frühling dafür gesetzt? warum nicht das ganze Jahr? Etwa darum, weil die Frucht im Frühling geworfen wird? Das trifft zwar im Naturzustande für das Rindvieh regelmäßig zu, nicht aber für Ziegen, Schafe, Schweine. Die Zeit des Werfens der Jungen bestimmt sich nach der Brunst- und Trächtigkeitszeit, jene fällt für alles Herdenvieh in die Zeit, wo es die reichlichste Nahrung findet, d. i. in den Sommer, diese bestimmt sich bei den vier genannten Arten verschieden, für das Rindvieh beträgt sie etwas über neun Monate, für Schafe und Ziegen fünf, für Schweine vier Monate, sodaß also der normale Termin des Werfens für die Kuh etwa in den April oder Mai, für Ziegen, Schafe, Schweine in den Anfang des Jahres fallen würde. Beim ver sacrum würde dies also bedeutet haben, daß die Besitzer von Schaf-, Ziegen- und Schweineherden durch das Gelöbnis gar wenig belastet wurden, während die Besitzer von Rindviehherden die eigentliche Last zu tragen hatten. Wäre es darauf abgesehen gewesen, den Göttern von allen Tieren die Jungen zuzuwenden, so hätte man die Frucht des ganzen, oder wenigstens der ersten Hälfte des Jahres geloben müssen, dann wären auch die Besitzer von Schaf-, Ziegen-, Schweineherden in gleicher Weise herangezogen worden wie die von Rinderherden. Lag der Beschränkung der Zeit des Werfens auf den Frühling etwa die Absicht zu Grunde, sie zu entlasten? Der wahre Grund war ein anderer, er lag in der unten nachzuweisenden Bedeutung des Frühlings für das ver sacrum, aber die vorteilhafte Wirkung, welche er für die genannten drei Klassen von Herdenbesitzern zur Folge hatte, war eine zu wertvolle, als daß man nicht den Anhaltspunkt, den die religiöse Bedeutung des Frühlings dafür darbot, gern hätte benutzen sollen — auch den Göttern gegenüber vergißt der Römer sich selber nicht. Man müßte ihn schlecht kennen, um nicht anzunehmen, daß auch die Besitzer von Rindviehherden sich des naheliegenden Mittels, die

Frucht des Frühlings auf ein möglichst geringes Maß herabzusetzen, bedient hätten; in den drei Sommermonaten ließen sie den Stier nur zu denjenigen Kühen, die trächtig werden und im Frühling werfen sollten, zu den übrigen erst vom September an, dann fiel das Junge in den Sommer, dem Gelübde war damit nicht zuwider gehandelt, es ging ja bloß darauf: quod ver attulerit, nicht darauf, daß der Mensch das Seinige dazu zu thun habe, um den an sich möglichen vollen Ertrag des Frühlings herbeizuführen. Auch die in der solennen Formel des ver sacrum enthaltenen Bestimmungen über die Verwendung des unter das Gelübde fallenden Viehs zum Opfer waren so gefaßt, daß sie demjenigen, der davon Gebrauch zu machen gedachte, eine Hinterthür öffneten. Si id moritur, quod fieri oportebit, profanum esto neque scelus esto. Wahrscheinlich war dies oportebit gemünzt auf Krankheit des Viehs — wie leicht ließen sich die Symptome davon entdecken. Si quis rumpet occidetve insciens ne fraus esto. Das si quis ging sicherlich auf dritte Personen[293], nicht auf den Besitzer selber, aber wenn einer seiner Sklaven „aus Versehen" das geweihte Tier mit einem ungeweihten verwechselte, so ging es ihn nichts an, und an solchen ungeschickten Sklaven wird es nicht gefehlt haben. Eine öffentliche Aufsicht über die Ausführung des Gelübdes fand nicht statt, sie war ganz in die Gewissenhaftigkeit des Einzelnen gestellt: quomodo faxit, probe factum esto.

Es ist oben (S. 332) bemerkt worden, daß die solenne Formel beim ver sacrum nur der Tiere Erwähnung thut, nicht der Menschen, und zugleich dargethan worden, daß dies unmöglich auf einer ungenauen Wiedergabe der Formel von seiten des Livius beruhen kann. Wir stehen hier, wie es scheint,

---

293) Das damnum injuria datum der lex Aquilia erstes Kapitel: si quis occiderit l. 2 pr. ad leg. Aq. (9, 2), das dritte: si quis ruperit l. 27 § 5 ibid.

vor einem gänzlich unlösbaren Rätsel. Die Nebensache beim ver sacrum: das Vieh wird erwähnt, die Hauptsache: der Mensch nicht. Die Lösung des Rätsels ist mit unserm Gesichtspunkt der Nachbildung des Auszuges der Arier im ver sacrum gegeben. Sie besteht darin, daß die Beteiligung an demselben eine freiwillige war; niemand ward durch das Volk gezwungen, das Land zu verlassen, der Volksbeschluß hatte lediglich die den Auswandernden zu gewährende Beisteuer zum Gegenstand, er sprach keine Nötigung zur Auswanderung aus, es wäre in Wirklichkeit auch keine Auswanderung, sondern Verbannung gewesen. So erklärt es sich, daß der Gesetzesvorschlag an das römische Volk beim ver sacrum ebenfalls über diesen Punkt gänzlich schweigt, die Vorgänge der Urzeit sind darin streng nachgebildet, der Volksbeschluß beschränkt sich wie damals auf die Tiere, der Menschen thut er keine Erwähnung. In welcher Form das Gelübde von den Römern auch auf sie erstreckt worden ist, darüber fehlt es uns an allem und jedem Anhalt, negativ steht nur soviel fest: nicht durch den Volksbeschluß. Dafür aber giebt es gar keine andere Erklärung, als die gegebene — der von mir aufgestellte Gesichtspunkt hat damit eine Probe bestanden, die in meinen Augen seine Richtigkeit gänzlich außer Zweifel stellt, er hat ein Rätsel gelöst, für das man sich sonst vergebens nach einer Lösung umsehen würde.

5. **Der Frühling beim ver sacrum.**

Warum der Frühling, warum nicht eine andere Jahreszeit? Die Frage ist meines Wissens bisher noch nicht einmal aufgeworfen, geschweige beantwortet worden. Und doch läßt sie sich nicht ablehnen, denn es kann doch nicht Zufall gewesen sein, daß die Römer gerade den Frühling gewählt haben. Was bestimmte sie dazu? Das Erwachen der Natur im Frühling? Es ist nicht abzusehen, was dies Erwachen mit dem Gelöbnis an die Gottheit und dem Opfer zu thun hat, die Gelöbnisse und Opfer binden sich an keine besondere Zeit. Oder weil die Tiere im Frühling ihre Jungen werfen? Es ist oben (S. 344)

I. Das ver sacrum. 2. Die einzelnen Züge. § 38.

gezeigt, daß dies nur für das Rindvieh, nicht für die drei anderen Arten des Herdenviehs zutrifft, und für die Geburt des Weibes giebt es gar keine Jahreszeit, und doch wird man zweifellos bei der Wahl des Frühlings sich mehr durch den Hinblick auf die Menschen, als auf die Tiere haben leiten lassen.

Auch hier gewährt uns abermals unser Gesichtspunkt des Auszuges der Arier aus der Heimat die Möglichkeit, eine Frage zu beantworten, für die wir uns sonst vergebens nach einer Antwort umsehen würden: der Frühling ist gewählt worden, weil er die Zeit war, wo die Arier aus der Heimat aufbrachen. — Diese Thatsache läßt sich aus den Anhaltspunkten, welche uns das römische Altertum dafür gewährt, und zu denen sich die Zeugnisse über die Aufbruchszeit der Germanen aus der Zeit der Völkerwanderung hinzugesellen, mit aller wünschenswerten Sicherheit darthun.

Versetzen wir uns im Geist in die Zeit zurück, als die Arier, nachdem die Auswanderungsfrage im Princip entschieden war, die genaueren Modalitäten der Auswanderung berieten. Wann soll man aufbrechen? Im Winter? Da ist es noch zu kalt, wir wissen, daß auch die Arier den Winter schwer empfanden. Im Sommer (unserm Sommer und Herbst)? da ist es zu heiß. So erübrigt nichts als der Frühling, da ist es weder zu heiß, noch zu kalt, es herrscht eine milde Witterung, welche das Marschieren ohne alle Beschwerde möglich macht. Im Frühling und zwar nach der römischen Tradition genauer gesprochen: am ersten März haben unsere Vorfahren ihre Heimat verlassen.

Ich lasse die Zeugnisse sprechen, aus denen sich dies ergiebt.

Der erste Monat des Frühlings ist der März. Der Name, den er an sich trägt: mensis Martius, kennzeichnet ihn als den des Kriegsgottes Mars, es ist der kriegerische Monat. Warum gerade er? Weil mit ihm wie beim ersten Auszuge, so bei jedem ferneren Aufbruch während der Wanderperiode der Kriegszug von neuem begann.

Am ersten März muß das Feuer im Tempel der Vesta erlöschen und dann durch die vestalischen Jungfrauen in der früher geschilderten Weise von neuem erzeugt werden, aber nicht im Tempel selber, sondern im Freien. Seltsam! Das ganze Jahr hindurch muß das Feuer aufs sorgfältigste erhalten werden, und die Vestalin, welche es ausgehen läßt, ladet eine schwere Schuld auf sich und wird streng bestraft, warum muß denn am ersten März geschehen, was sonst aufs strengste untersagt ist? Ein praktischer Grund dafür läßt sich nicht absehen, das Feuer verliert seine Tauglichkeit nicht dadurch, daß es ein Jahr gebrannt hat, und auch nach einem religiösen sieht man sich vergebens um, aus religiösen Gründen würde man gerade umgekehrt die ausnahmslose Durchführung des Grundsatzes der Ewigkeit des Vestafeuers erwarten müssen. Der einzige Grund, der uns das Rätsel löst, und der nicht bloß über die Frage, warum das Feuer erlöschen und gerade an diesem Tage erlöschen muß, sondern auch darüber, warum es im Freien neu erzeugt werden, und warum es durch Jungfrauen geschehen muß, Auskunft giebt — dieser einzige Grund ist der historische, daß es so bei dem Auszuge der Arier aus der Heimat geschehen war. Damals erlosch das Feuer auf dem Herde. Wir wissen, daß der Auszug im Frühling erfolgte (ver sacrum) und zwar im Kriegsmonat (mensis Martius), der Vestakultus fügt noch die genauere Bestimmung des Tages hinzu: der Auszug ist — ob in Wirklichkeit oder der Tradition zufolge, kommt nicht in Betracht — am ersten März erfolgt. Was damals mit dem Feuer geschehen ist, ist im Vestadienst nachgebildet, mittelst dieses Gesichtspunktes erklärt sich alles, was derselbe befremdliches an sich trägt.

Auch hier glaube ich auf historischem Wege die Erklärung geben zu können. Freilich, wer sich nicht lossagen kann von der vorgefaßten, aber völlig unbegründeten Meinung, daß die

Gestalt, welche ein römisches Institut in historischer Zeit an sich trägt, auch die ursprüngliche gewesen sei, wird die Erklärung, die ich zu geben gedenke, weit wegwerfen. Sie besteht darin, daß ich bei den vestalischen Jungfrauen ebenso wie ich es später bei den Pontifices und Augurn thun werde, von ihrem religiösen Charakter zunächst gänzlich absehe und mir die praktische Funktion vergegenwärtige, die ihnen zur Zeit der Wanderung zukam. Sie ergiebt sich aus dem bisherigen. Sie bestand darin, daß sie, wenn das Heer Rast machte, für Feuer zu sorgen hatten. Die Männer ruhten sich aus, die Frauen waren durch ihre Kinder in Anspruch genommen, da waren es die Feuerjungfern des Heeres, wie ich sie nennen möchte, welche durch längere Übung die Geschicklichkeit erlangt hatten, rasch Feuer anzumachen. Während man im übrigen unverheiratete Mädchen nicht mit auf die Wanderung nahm, da sie ja nicht imstande waren, das Brot, das man ihnen zu verabreichen hatte, durch Dienst zu vergelten, und da sie auch in sittlicher Beziehung ein bedenkliches Element abgegeben hätten, machte man mit ihnen eine Ausnahme, sie verdienten sich ihr Brot. Aber man mußte ihrer auch sicher sein, sie mußten versprechen, sich nicht zu verheiraten, und um nicht in die Lage zu kommen, es zu müssen, sich jedes geschlechtlichen Verkehrs mit den Männern zu enthalten, sonst hätte man es erleben können, daß es an den Feuerjungfern oder wenigstens der nötigen Zahl für die verschiedenen Heeresabteilungen fehlte. Nur unter dieser Bedingung wurden sie mitgenommen, und es wurde streng darauf gehalten, daß sie beobachtet ward. Eine Feuerjungfer darf sich nicht verheiraten oder richtiger, sie kann es nicht. Vergeht sie sich, so wird sie bestraft, sie darf nicht Mutter werden, dadurch würde der Dienst leiden, sie gehört ausschließlich der Aufgabe an, der sie sich gewidmet hat.

Aus diesen Feuerjungfern der Wanderperiode sind später die vestalischen Jungfrauen hervorgegangen. An die Stelle ihrer ehemaligen ausschließlich praktischen ist später die ausschließlich religiöse Bedeutung getreten; aber auch nur sie hat sich geändert, im übrigen leben die Feuerjungfern in den vestalischen Jungfrauen unverändert fort. Gleich ihnen müssen sie das Feuer durch Quirlen des Holzes erzeugen, gleich ihnen im Freien, gleich ihnen müssen es Jungfrauen sein, gleich wie für jene gilt auch für diese das Gesetz der Ehelosigkeit und Keuschheit, gleich ihnen werden sie auf Staatskosten ernährt. Alle einzelnen Momente finden die einfachste Erklärung.

So zuerst das Erlöschen des Feuers am Tage des Aus=
zugs. Das Feuer nahm man auf der Reise nicht mit, man konnte es ja jederzeit neu entzünden. Ebensowenig den steinernen Herd, es wäre thöricht gewesen, sich mit ihm zu belasten, da man überall, wo man ihn aufbauen wollte, Steine dazu vorfand.

Sodann die Erzeugung des Feuers im Freien. So ge=
schah es auf der Wanderung, als man am Abend des ersten Tages Rast machte. Da ward im Freien ein Feuer angezündet, wie man es noch heutigentags bei wandernden Zigeunertrupps und in den Lagern unserer Heere wahrnehmen kann. Das Feuer im Freien ist das Kennzeichen des vorübergehenden Aufenthalts am Orte, das Feuer auf dem Herde, das des dauernden, Entzündung des Feuers auf dem Herde galt den Ariern als Symbol der beabsichtigten Seßhaftigkeit [294]). Wäh=
rend der für die Wanderung bestimmten drei Frühlingsmonate, wo man keine längere Rast machte, schlug man keine Hütten auf, man kampierte im Freien oder unter Zelten. Erst mit Beendigung der Wanderperiode wurden Hütten erbaut oder die tragbaren Holzhäuser aufgeschlagen und der Herd gesetzt, bis dahin brannte das Feuer stets im Freien, selbst in den Zelten wird man es der Feuersgefahr wegen nicht angemacht haben.

Damit ist die Vorschrift, daß die vestalischen Jungfrauen das Feuer im Freien anzumachen haben, erklärt. Nicht minder auch, warum es in der uns bekannten Weise geschehen muß. So

---

294) Zimmer, Altindisches Leben S. 148.

war es beim Auszuge aus der Heimat und noch während der ganzen Wanderperiode geschehen, das Eisen, mit dem die spätere Zeit dem Feuerstein das Feuer entlockt, war damals noch unbekannt, und die Weise der Urzeit war wie überall, so auch hier für den religiösen Kultus maßgebend.

Aber warum müssen es gerade Jungfrauen sein, die das Feuer entzünden? Abermals etwas höchst befremdendes. Der Grundidee des Vestadienstes zufolge hätten es Frauen sein müssen, denn der Vestadienst enthält die religiöse Nachbildung des häuslichen Herdes, der häusliche Herd aber ist der Obhut der Hausfrau anvertraut — der Mutter, nicht der Tochter, die Tochter ist dazu da, die Kühe zu melken ($\vartheta\upsilon\gamma\alpha\tau\iota\varrho$, S. 33), die Mutter hat zu kochen. Im Vestadienst kehrt sich diese natürliche Ordnung des Hauses um, die Jungfrau hat den Herd zu besorgen und zu kochen. Man wende nicht ein, daß man verheirateten Frauen den Dienst nicht hätte zumuten können, da er sie genötigt haben würde, Mann und Kinder im Stich zu lassen, man hätte ja Witwen nehmen können. Einen praktischen Grund kann also die Wahl der Jungfrauen an Stelle der Frauen nicht gehabt haben, noch weniger einen in dem Vestadienst gelegenen religiösen, er hätte gerade umgekehrt die Wahl der Frau verlangt, denn sie, nicht die Jungfrau ist die Vertreterin des Hauswesens, und wenn der Vestadienst das Hauswesen einmal repräsentieren soll, so wäre die Frau die berufene Priesterin gewesen. Versuchen wir, ob nicht auch hier wiederum der Rückgriff auf die Verhältnisse der Wanderung uns die Sache erklärt.

Das Heer macht Rast, es bedarf des Feuers zur Zubereitung der Speisen. Wer soll sich der Mühe unterziehen, es zu erzeugen? Sicherlich nicht der Mann, er pflegt der Ruhe, wenn nicht andere Arbeiten, die nur von ihm verrichtet werden können, ihn in Anspruch nehmen, und er hat nach den Anstrengungen des Tages die Ruhe verdient. Ebensowenig die Frau, sie hat für Mann und Kinder zu sorgen. Da bleibt denn nichts übrig, als das ledige Mädchen. Aber nicht jedes versieht sich darauf. Das Melken lernt sie leicht, aber zum Erzeugen des Feuers bedarf es einer besonderen, nur durch längere Übung zu erlangenden Geschicklichkeit und der Anweisung durch Kundige, und wir werden dieselbe Einrichtung, die wir bei den vestalischen Jungfrauen finden: daß die Unkundigen bei den Kundigen in die Lehre gegeben werden, schon für die Zeit der Wanderung annehmen dürfen. Für den Vestadienst reicht eine kleine Zahl aus, ursprünglich gab es nur vier vestalische Jungfrauen, später ward die Zahl auf sechs erhöht. Aber auf der Wanderung, wo das Volk, wenn es sich lagerte, einen weiten Raum bedeckte, bedurfte es einer großen Zahl, damit aller Orten ein Feuer angezündet werden konnte. Dem Zufall, ob sie sich finden würden, konnte man es nicht überlassen, es mußte dafür Sorge getragen werden, daß sie stets in hinreichender Zahl vorhanden waren, hinreichend war die Zahl aber nicht schon dann, wenn bei jedem Trupp sich eine Feuerjungfer, wie ich sie nenne, befand, es mußten deren mehrere sein, damit, wenn die Kräfte der einen bei der Arbeit erlahmten, die andern sie ablösen, oder wenn sie krank ward oder starb, für sie einspringen konnten, und es mußte für Nachwuchs gesorgt werden. Kurzum es bedurfte einer Organisation des Feuerwesens, es wird damit nicht anders gehalten worden sein, wie mit dem Verpflegungswesen, die Heeresverwaltung wird auch jenes in die Hand genommen haben, dasselbe bildete im Grunde nur die Vervollständigung des Verpflegungswesens.

In diesem Sinne lassen sich die feuerkundigen Jungfrauen bezeichnen als öffentlich angestellte Personen, sie rücken auf eine Linie mit den Kundigen des Brückenbaus: den Pontifices (§ 49) und denen des Vogelfluges: den Auguren (§ 50). Der priesterliche Charakter ist ihnen allen meiner Ansicht nach in der Urzeit fremd gewesen, alle drei waren nichts als Sachkundige, ihre Funktion eine rein praktische, realistische, zu geistlichen Personen hat sie die spätere Zeit erhoben, der alles, was der Urzeit angehörte, im Licht des Religiösen erschien. Den öffentlichen Charakter haben sie dagegen meiner Ansicht nach von jeher an sich getragen, ich stütze diese Ansicht weniger darauf, daß er ihnen in späterer Zeit eigen ist, — ein Schluß, den man bemängeln könnte — als darauf, daß die Dienste, welche sie zu erweisen hatten, durch praktische Zwecke der Wanderung geboten waren.

Im bisherigen glaube ich erklärt zu haben, warum in der Urzeit die Sorge für die Entzündung des Feuers den Jungfrauen zufiel. Aus diesem durch rein praktische Erwägungen bewirkten Brauch hat die spätere Zeit das religiöse Gebot gemacht, daß die Priesterinnen der Vesta Jungfrauen sein müssen; während der Dauer ihres Amts (30 Jahre) gilt für sie das Gebot der Ehelosigkeit und Keuschheit, es sind die Nonnen des römischen Altertums. Das Gebot der Keuschheit kann ich verstehen, die Jungfrau, welche der Göttin dient, soll makellos rein sein, aber das Gebot der Ehelosigkeit will mir nicht in den Sinn. Wenn der Vestadienst das Hauswesen repräsentiert, das ja die Ehe zur Voraussetzung hat, wie kann dann die Eingehung einer Ehe von seiten der vestalischen Jungfrau damit im Widerspruch stehen? Man sollte gerade umgekehrt erwarten, daß er die würdige Vorbereitung zur Ehe enthielte, denn wenn irgend eine, so müßte gerade die Priesterin des Herdes der Vesta dazu berufen sein, die Pflege des häuslichen Herdes zu überwachen. Gerade das Gegenteil!

Sehen wir zu, ob nicht auch hier der Rückgriff auf die Urzeit uns das Rätsel löst, das heißt: ob sich dem religiösen Gebot der späteren Zeit nicht eine praktische Bedeutung für die der Wanderung abgewinnen läßt. Die Feuerjungfern dürfen sich während der Dauer ihrer Dienstzeit nicht verheiraten. Warum nicht? Weil das Gemeinwesen ihrer sicher sein muß, es kann nicht dulden, daß sie ab- und zulaufen, wie es ihnen einfällt, sie müssen die Zeit, die ihnen gesetzt ist, aushalten, dann mögen sie heiraten. Aber um nicht auf einem Umwege zur Ehe zu gelangen, indem sie durch geschlechtliche Verbindung

mit einem Manne den Zwang zur Eingehung derselben herbei=
führen und auch schon darum, um nicht durch die Folgen der=
selben in ihrem Dienst behindert zu werden, müssen sie zugleich
das Versprechen der Keuschheit ablegen, brechen sie es, so werden
sie bestraft, nicht etwa um des darin liegenden sittlichen Ver=
gehens willen, sondern aus dem rein praktischen Grunde, weil
sie ihre Dienstfähigkeit beeinträchtigt haben.

Ich bin darauf gefaßt, daß diese nüchtern realistische
Deutung eines Gebotes, das der späteren Zeit als ein hoch=
heiliges galt, von manchen als eine Profanation des Religiösen
mit Entrüstung zurückgewiesen wird, und ich selber würde
schwerlich auf sie verfallen sein, wenn nicht der Gesichtspunkt
der Zurückführung des in späterer Zeit Religiösen auf ursprüng=
lich realistische Motive sich mir bereits in so vielen anderen
Fällen bewährt gehabt hätte, daß ich überall, wo die Annahme
eines von Anfang an religiösen Ursprunges sich durch sachliche
Gründe ausschloß, zu ihm meine Zuflucht nehmen zu sollen
geglaubt habe. Ob ich wohl daran gethan habe, darüber bitte
ich den Leser sein Urteil so lange auszusetzen, bis ihm die sämt=
lichen Ergebnisse, die ich auf diesem Wege gewonnen habe, vor
Augen liegen, dann mag er sich auch darüber schlüssig werden,
ob er das Verdammungsurteil über meine realistische Deutung
des Gebots der Ehelosigkeit und Keuschheit der vestalischen Jung=
frauen aufrecht erhalten will. Thut er es dennoch, so mag er
zusehen, wie er den Widerspruch, den dies Gebot zu der Idee
des Vestadienstes bildet, hinweg zu räumen vermag. Er wird
es nicht können, es wird ihm nichts übrig bleiben, als das
Zugeständnis, daß wir es hier mit etwas Unerklärlichem zu
thun haben, was in meinen Augen gleichbedeutend ist mit der
Insolvenzerklärung der Wissenschaft. Gewiß giebt es Fälle, wo
der Wissenschaft nichts anderes übrig bleibt, aber ohne Not soll
sie doch von diesem äußersten Mittel keinen Gebrauch machen.

Ich könnte für die im bisherigen vertretene Ansicht, daß
den vestalischen Jungfrauen ursprünglich der religiöse Charakter

1. Das ver sacrum. 2. Die einzelnen Züge. § 38.

abging, noch ein specielles historisches Zeugnis geltend machen, ich selber lege auf dasselbe aber kein Gewicht, und ich thue es nur, um mich gegen den Vorwurf zu sichern, daß ich es übersehen habe. Nach Livius (I, 20) soll der Vestadienst erst durch Numa eingerichtet und die religiöse Stellung der vestalischen Jungfrauen durch ihn geschaffen worden sein (virginitate aliisque caeremoniis venerabiles ac sanctas fecit). Allein die Beweiskraft dieses Arguments für den späteren religiösen Charakter der vestalischen Jungfrauen wird durch die von Livius hinzugefügte Notiz entkräftet, daß Numa den Vestadienst von Alba hinüber genommen habe (Alba oriundum sacrificium et genti conditoris haud alienum).

Ich kehre von den vestalischen Jungfrauen zu dem Ausgangspunkt zurück, der mich auf sie geführt hat, es war das Erlöschen und die Neuerzeugung des heiligen Feuers der Vesta am ersten März. Ich glaube im bisherigen den Nachweis erbracht zu haben, daß es ebenso wie in dem ver sacrum auf eine Nachbildung der Vorgänge bei der Auswanderung der Arier aus ihrer Heimat abgesehen war, wir verdanken also diesem Ritus die wertvolle Nachricht, daß nach der römischen Tradition die Urahnen der Römer am ersten März ihre ursprüngliche Heimat verlassen haben.

Dazu stimmt es, daß das Totenopfer des gesamten Volks (feralia, Seite 68) auf die vorletzte Woche des Februar (14.—21.) entfällt. In die Urzeit versetzt heißt dies: bevor die Auswandernden die Heimat verließen, haben sie von den Gräbern der Vorfahren Abschied genommen und ihnen ihre letzten Gaben dargebracht. In der vorletzten Woche geschah es, weil die letzte, wie sofort gezeigt werden soll, für das Abschiednehmen von den Lebenden und für die Vorbereitungen zum Aufbruch bestimmt war. Das gleichzeitige Totenopfer des gesamten Volks war den Ariern unbekannt, sie kannten nur die parentalia (S. 58 ff.), d. i. die individuellen Totenopfer, die jeder periodisch darbrachte, der eine zu dieser, der andere zu jener Zeit. Erst das Verlassen der

Heimat von seiten eines ganzen Bruchteils des Volks brachte an alle, die sich daran beteiligten, die gleichzeitige Nötigung heran, den Vorfahren die letzte Opferschuld zu entrichten. Das ist der Ursprung der römischen Feralien — ein Seitenstück zu dem Allerseelentag der Katholiken, — sie enthalten gleich der Löschung und Erneuerung des Feuers am ersten März die alljährliche Wiederholung der Vorgänge beim Auszuge der Ahnen des Volks aus ihrer ursprünglichen Heimat, bestimmt die Erinnerung daran im Volk dauernd wach zu erhalten.

An die ernste römische Charwoche, wie man sie nennen könnte, reiht sich unmittelbar im römischen Kalender (22. Februar) ein heiteres Fest, das der Caristia. Valerius Maximus (2, 1, 8)[295]) schildert uns dasselbe als convivium solemne..., cui praeter cognatos et affines nemo interponebatur, ut si qua inter personas necessarias querella esset orta, apud sacra mensae et inter hilaritatem animorum et fautoribus concordiae adhibitis tolleretur.

Es war also ein Friedens= und Versöhnungsfest der römischen Familie. In die Urzeit versetzt heißt dies: zum letztenmal vereinigten sich die Scheidenden mit den Dableibenden beim fröhlichen Mahle, um jeden Zwist und Groll, der zwischen ihnen etwa noch bestand, abzuthun und beizulegen. Mittelst der Feralien hatte man von den Verstorbenen Abschied genommen, mittelst dieses Festes geschah es von den Lebenden. Aber nicht bloß etwa darum, um mit ihnen noch einmal heiter zusammen zu sein, sondern um sich mit ihnen, wenn das Verhältnis bis dahin nicht das richtige gewesen war, in verwandtschaftlicher Liebe wieder zusammen zu finden und in Frieden zu scheiden, nur in dieser Weise erklärt sich der Übergang von der Trauer zur Freude[296]). Die Feralien waren bestimmt, den Verstorbenen

---

295) Andere Zeugnisse bei Marquardt, Röm. Staatsverwaltung III S. 125 Anm. 1.

296) Betont von Ovid Fast. II, 619: Scilicet a tumulis et, qui periere propinquis protinus ad vivos ora referre juvat.

gerecht zu werden, die Caristia den Lebenden. Rein von jeder Schuld gegen die Ihrigen, die Toten wie die Lebenden, sollten die Auswandernden scheiden, daher der Name des Reinigungs= monats für den Februar [297]).

Auf das Fest der caristia folgt am nächsten Tage (23. Februar) im römischen Kalender das der Terminalia, das Fest „zu welchem die Nachbarn zusammen kommen, um ein Lamm oder Ferkel zu opfern und bei gemeinsamem Mahle sich der friedlichen Nachbarschaft zu freuen" [298]).

In die Urzeit versetzt würde es den Abschied von den Nachbarn bedeuten. Der Frieden zwischen den Familienange= hörigen beruht auf der Verwandtenliebe (caritas), daher der Name caristia, der zwischen den Nachbarn auf der Achtung der Grenzen (termini), daher der Name terminalia. In der Urzeit können unter termini nur die Grenzen der Gemeinde= markung verstanden worden sein, da es ein Privateigentum an Ländereien nicht gab, die Weiden vielmehr gemeinschaftlich waren (S. 29) und ich schließe daraus, daß dem festlichen Zusammen= sein mit den Nachbarn ein feierlicher Umgang durch die Ge= meindemark vorangegangen ist, was schon an sich die größte Wahrscheinlichkeit für sich hat, es war der feierliche Abschied von dem Lande.

Die im bisherigen namhaft gemachten drei Feste ordnen sich, wenn wir sie mit den Vorgängen bei der Auswanderung in Verbindung setzen, einem einzigen gemeinsamen Gesichtspunkt unter, es ist der des feierlichen Abschiednehmens: Abschiednehmen

---

[297] Zeugnisse b. Alten bei Vaniček II S. 609: februare id est pura facere — id vero, quod purgatur, dicitur februatum. Nach Varro de L. L. VI, 34 wollten einige Schriftsteller den Namen des Monats daher ableiten: quod tum diis inferis parentatur, er selber erklärt ihn daher: quod tum februatur populus i. e. . . . . lustratur (— Reinigung, Vaniček S. 851), jedenfalls steht die oben angenommene Deutung des Februar als Reinigungsmonat sprachlich völlig fest.

[298] Marquardt a. a. O. S. 197.

von den Gräbern — von den Verwandten — von den Nachbarn — von dem Lande. Wie sehr jede der einzelnen von mir angegebenen Deutungen durch dieses Zusammentreffen unter einem und denselbem Gesichtspunkt an innerer Wahrscheinlichkeit gewinnt, braucht ebensowenig hervorgehoben zu werden, als daß überall der dauernden Trennung von der Heimat ein Abschiednehmen vorausgeht — auch ohne den römischen Kalender würden wir uns dies für die auswandernden Arier haben sagen können. Das Interesse der Feststellung dieser Thatsache besteht also weniger darin, daß damit Vorgänge, die vor vielen tausend Jahren bei unseren Vorfahren sich abspielten, dem Dunkel der Geschichte abgewonnen worden sind, als vielmehr darin, daß sie ein Stück des römischen Kalenders in das richtige Licht gesetzt haben.

Die Feiertage, welche derselbe für die letzten Tage des Februar namhaft macht[299]), stehen zu Vorgängen bei der Wanderung in keiner Beziehung, die letzten fünf Tage gehörten den Vorbereitungen für den Aufbruch an.

II. Die Erhaltung der Tradition.

XXXIX. Von alle dem, was ich im bisherigen ausgeführt habe, ist den römischen Altertumsforschern nichts bekannt. Es ergiebt sich daraus, daß die Erinnerung an die Vorgänge bei der Auswanderung der Arier aus der Heimat dem römischen Volksbewußtsein schon früh entschwunden war. Die Thatsache hat nichts Befremdendes, im Gegenteil, wir müßten uns wundern, wenn die Erinnerung an Vorgänge, die von der historischen Zeit durch einen Zeitraum von mindestens anderthalb Jahrtausenden getrennt waren, sich im Volk noch erhalten hätte.

---

299) Marquardt a. a. O. S. 548: regifugium und equiria.

Bei den Juden hat sich allerdings die Erinnerung an den Auszug aus Ägypten bis auf den heutigen Tag erhalten, allein bei den Ariern lagen die Sachen gänzlich anders. Jene gelangten bald in das gelobte Land, und die Erinnerung an den Auszug war noch völlig frisch, als sie seßhaft wurden und die Rettung als beschlossen ansehen und das Andenken daran in einem alljährlich sich wiederholenden Fest erhalten konnten. Diese haben sicherlich mehr als ein Jahrtausend gebraucht, bevor sie ihre späteren Wohnsitze erlangten, und die Länge des Zeitraums, das unstete Leben, das sie während der Zeit führten, die Flut des ewig neuen, das sich an sie herandrängte, die Fülle aufregender Ereignisse, Spannungen und Eindrücke waren nicht danach angethan, die Erinnerung an die Vorgänge bei der Auswanderung aus der Heimat dem Volk zu erhalten. So kann es denn nicht Wunder nehmen, daß kein römischer Altertumsforscher von ihnen etwas weiß. Dieselbe Unkenntnis wiederholt sich bei ihnen in Bezug auf die Einrichtungen, welche der Periode der Wanderung angehören, der historischen Zeit also ungleich näher liegen. Keiner von ihnen weiß darüber zu berichten, welche Bewandtnis es mit den hölzernen Speeren, Nägeln, dem Steinbeil und mit so manchen anderen Dingen hatte, die ich später beleuchten werde; der historische Schlüssel zu ihrer Erklärung war ihnen gänzlich abhanden gekommen, und erst die heutige Sprachwissenschaft und Kulturgeschichte hat uns in den Besitz desselben zurückversetzt. Der Mangel an äußeren Zeugnissen für die Richtigkeit meiner Deutungen bei den römischen Altertumsforschern wird durch die Beweiskraft und Übereinstimmung der inneren Zeugnisse für sie vollständig ersetzt. Es ist ein zusammenhängendes völlig abgerundetes einheitliches Bild, das wir von den Vorgängen bei der Auswanderung erhalten, und das den Stempel der inneren Glaubwürdigkeit an der Stirn trägt. Alles stimmt zu den Zwecken, Lagen, Verhältnissen, welche die Auswanderung an die Auswandernden herantrug: der Volksbeschluß über die Unterstützung derselben und der Aus=

zug der jungen Mannschaft beim ver sacrum, der Name mensis Martius für den Monat, in dem der Auszug stattfand, das Erlöschen des Feuers und die Neuentzündung desselben durch Jungfrauen, das Abschiednehmen von den Gräbern, Verwandten, Nachbarn und der Feldflur, der Name des Reinigungsmonats für den Februar, die Bestimmung der fünf letzten Tage des Monats für die Vorbereitungen zum Abmarsch. Selten wird es der Wissenschaft gelungen sein, über ganz specielle Vorgänge, die viele Jahrtausende in die Vergangenheit zurückfallen, ein solches Licht zu verbreiten. Sie verdankt es dem Umstande, daß dieselben in den Einrichtungen der späteren Zeit fixiert worden sind.

Zur Zeit, als dies geschah, müssen sie noch im Gedächtnis des Volks fortgelebt haben. Angenommen, daß dies, wie es meines Erachtens die größte Wahrscheinlichkeit für sich hat, erst zur Zeit der Seßhaftigkeit geschehen ist, so wirft sich die Frage auf, wie war es denkbar, daß diese Vorgänge der Urzeit sich so lange in der Erinnerung des Volks zu behaupten vermochten. Zwar in Bezug auf die Thatsache des Auszuges als solche hat dies nichts Verwunderliches, wohl aber in Bezug auf die speciellen Modalitäten desselben; es scheint mir gänzlich undenkbar, daß man sich nach etwa einem Jahrtausend erinnert habe, daß der Abschied von den Gräbern in der vorletzten Woche des Februar, der von den Verwandten und Nachbarn am 22. und 23. und der Auszug am 1. März stattgefunden habe, es trifft hier zu, was die römischen Juristen bei Gelegenheit der unvordenklichen Verjährung über die Unzuverlässigkeit des Volksgedächtnisses in Bezug auf die Genauigkeit der Zeit bemerken[300]). Diese Erwägung führt mich zu der Annahme, daß die Vorgänge, um in dieser Weise der Erinnerung aufbewahrt zu bleiben, sich während der Wanderung öfters wiederholt haben müssen.

---

300) l. 28 de prob. (22, 3), l. 2 § 8 de aq. (39, 3).

II. Die Erhaltung der Tradition. § 39. 361

In Bezug auf die Zeit des Aufbruchs wird dies keiner Beanstandung unterliegen können. Mochte man in einer Gegend sich nur während der für die Rast bestimmten Sommer- und Wintermonate eines einzigen Jahres oder Jahre lang aufgehalten haben, es lag, wenn man einmal aufbrechen wollte, kein Grund vor, von dem noch im frischesten Andenken fortlebenden Zeitpunkt der ersten Heeresfahrt abzuweichen, man brach wie damals am ersten März auf. Erst als man in kältere Zonen kam, wo der Frühling später eintrat, schloß sich dies aus naheliegenden Gründen aus. Das winterliche Wetter war für die Fahrt mit Weibern und Kindern noch zu rauh, der Marsch durch die Beschaffenheit des Terrains um diese Zeit sehr erschwert, und nicht minder die Ernährung des Viehs. Ein Beispiel führt uns der früher erwähnte Auszug der Helvetier (S. 333) vor Augen, er war hinausgeschoben auf den 28. März. Warum nicht auf den Anfang des folgenden Monats? Die Absichtlichkeit dieser Zeitbestimmung liegt zu offen auf der Hand, als daß man sie verkennen könnte: die Heeresfahrt mußte einmal im Monat März, dem Kriegsmonat erfolgen, daran hielt man fest, die Abweichung, die man sich von der alten Weise erlaubte, wenn man sich ihrer damals überhaupt noch bewußt war, bestand darin, daß man sie statt auf den Anfang auf das Ende des Monats verlegte.

Die Bedeutung des Monats März war also den Helvetiern, d. i. den Kelten noch zu Cäsars Zeit bekannt, d. i. um mindestens anderthalb Jahrtausende nach dem Vorgang, der sie ihm ursprünglich verschafft hatte. Ebenso den Germanen und ihnen noch in ungleich späterer Zeit. Zeugnis legt dafür ab das Märzfeld der Franken, der Campus Martius der Römer, auf dem im März die Heerschau stattfand; bedenkt man, wie ungeeignet die Zeit dafür war, so wird es nicht zweifelhaft sein können, daß nur die Anhänglichkeit an die ererbten Einrichtungen der Vorfahren diese Wahl bestimmt haben kann. Eben aus dem Grunde, weil sie zu den klimatischen Verhältnissen nicht stimmte, verlegte Pippin die Versammlung auf den Mai, Karl der Große hielt sie nicht selten erst im Sommer ab[301]). Bei den Langobarden taucht sogar ganz wie bei den Römern der erste März als Gedenktag auf: alle Gesetze von Liutprand und seinen Nachfolgern sind vom ersten März datiert[302]). Über die Absichtlichkeit der Wahl dieses Tages kann kein Zweifel obwalten, da diese Datierung zur stehenden Einrichtung geworden ist, ebensowenig über die Anknüpfung an die Urzeit. Der erste März war der Tag, an dem bei dem Auszuge der Arier aus der Heimat der Heerbann (imperium) des Feldherrn in Wirksamkeit trat, und an dem sich dies Ereignis, wenn sonst die Vermutung richtig ist, daß er nur auf ein Jahr erwählt ward, mit jedem Jahre wiederholte — der Gedenktag des Königtums.

Daß der Abschied von den Gräbern der inzwischen Verstorbenen mittelst Darbringung des letzten Totenopfers sich während der Wanderung bei jedem neuen Aufbruch wiederholt haben wird, bedarf für ein Volk, welches den Totenkultus so hoch und heilig hielt, wie das arische, nicht der Begründung. Mochte man nun ein Jahr oder viele Jahre lang in der Gegend sich aufgehalten haben, Tote gab es immer, und es ist undenkbar, daß die überlebenden Verwandten ihnen nicht noch vor der Trennung das letzte Totenopfer gebracht haben sollten. Erst als man seßhaft geworden war, fiel dieser Abschied von den Gräbern hinweg, und an die Stelle desselben traten die Feralien, die Kontinuität der Tradition kann hier nicht dem mindesten Zweifel unterliegen.

Völlig ausgeschlossen zu sein scheint sie aber in Bezug auf den angeblich in den Festen der Caristia und der Terminalien fixierten Abschied von den Verwandten, den Nachbarn und der Gemarkung beim Verlassen der Heimat. Die Wanderung bot

---

301) Schröder, Deutsche Rechtsgeschichte S. 145.
302) Schröder a. a. O.

II. Die Erhaltung der Tradition. § 39.

zur Wiederholung desselben keinen Anlaß, denn hier setzte sich stets das ganze Volk in Bewegung, es blieb niemand zurück, von dem man Abschied nehmen konnte. Einmal ist dies jedenfalls nicht geschehen, bei der Trennung aus der zweiten Heimat (Buch V), hier haben sich Bruchteile des Volks von dem Stamm, der zurückblieb, abgelöst. Und wer sagt uns, daß sich derselbe Vorgang nicht öfter wiederholt haben wird? Angenommen, man hätte bereits in den ersten Decennien der Wanderschaft Sitze gefunden, die allen Ansprüchen genügten, warum sollte man weiter ziehen? Man blieb, und man blieb so lange, als der Boden zur Ernährung des Volks ausreichte. Mit der Zunahme der Bevölkerung mußte aber schließlich ein Zeitpunkt eintreten, wo dies nicht mehr der Fall war. Was wird da geschehen sein? Dasselbe was bei der ersten Auswanderung: die Jungen und Kräftigen werden sich auf den Marsch gemacht haben, die Alten, Schwachen, Gebrechlichen werden zu Hause geblieben sein. So geschah es bei den Heerfahrten der Normannen und dem Zuge der Kelten, von dem Livius (V, 34) berichtet[303]), ein Teil des Volks zog aus, ein anderer blieb daheim. Es ist der Vorgang, der im ver sacrum der Römer nachgebildet erscheint, was zur Voraussetzung hat, daß er sich nicht bloß ein einziges Mal in der Urzeit abgespielt, sondern daß er sich während der Wanderung öfter wiederholt hat.

Mit dem Verlassen der bisherigen Heimat von seiten eines Teils des Volks war aber der Anlaß zu dem Abschiednehmen von den Verwandten, den Freunden und Nachbarn, der Gegend jedesmal von neuem geboten, die Kontinuität der Tradition von der Urzeit bis auf die Zeit der erlangten Seßhaftigkeit war also auch hier in einer Weise gesichert, daß die Anknüpfung der beiden Feste der Caristia und der Terminalien an diese Vorgänge der Urzeit, nicht wie oben geschehen, als

---

303) Is (Bellovesus) quod ejus ex populis abundabat . . . . . excivit.

etwas Undenkbares zurückgewiesen werden darf. Der Ansatz der beiden Feste im römischen Kalender auf den 22. und 23. Februar in Verbindung mit der für die Feralien bestimmten vorletzten Woche des Februar und mit dem, was am ersten März im Tempel der Vesta geschah, läßt über den dabei obwaltenden Gedanken keinen Zweifel aufkommen: es war die Nachbildung der Vorgänge beim Verlassen der Heimat — nachdem sie ihre einstige reale Bedeutung verloren hatten, machte man aus ihnen Erinnerungsfeste, Gedenktage an die Urzeit.

Habe ich damit in Bezug auf die beiden genannten Feste das Richtige getroffen, so gewinnen dieselben den Wert historischer Zeugnisse für die öftere Wiederholung der Trennung eines Teils des Volks von dem zurückbleibenden Stammvolk. Damit würde auch der Vorgang der partiellen Auswanderung, den das ver sacrum nachzubilden bestimmt ist, der historischen Zeit um ein ganz erhebliches Stück näher gerückt werden. Wir sind dann nicht mehr genötigt, für denselben ausschließlich auf den ersten Auszug des Wandervolks aus der arischen Heimat zurückzugreifen und der Frage Rede und Antwort zu stehen, wie sich denn die Erinnerung daran so lange im Volk habe erhalten können, das Fortleben dieser Erinnerung, die Kontinuität der Tradition, war durch die öftere Wiederholung des ursprünglichen Aktes während der Wanderperiode für das ver sacrum nicht minder gesichert, wie für die oben angegebenen Gedenktage des römischen Kalenders.

Dem bisherigen nach hat sich also die partielle Auswanderung ganz so wie bei dem ersten Auszuge während der Wanderzeit öfter wiederholt. Das Land, das die Vorfahren in Besitz genommen hatten, um sich dauernd darin niederzulassen, und das damals vollkommen ausgereicht hatte, das ganze Volk zu ernähren, mußte sich nach längerer Zeit infolge der Steigerung der Bevölkerung als unzureichend erweisen, und da geschah dasselbe, wie aus gleichem Anlaß in der ursprünglichen Heimat: die Alten, Kranken, Gebrechlichen, Bequemen,

Verzagten blieben zurück, die Jungen, Kräftigen, Entschlossenen, Beherzten, Abenteuerlustigen zogen aus. Was ist aus den Zurückbleibenden geworden? Sie sind spurlos vom Erdball verschwunden, der verheerende Sturm, der in Gestalt der Skythen, Avaren, Mongolen u. a. m. über sie hinwegbrauste, hat sie gänzlich fortgeschwemmt. Damit sind wir um die sprach= lichen Spuren gekommen, die uns sonst von dem Wege, den die Indoeuropäer auf ihrer Wanderung von Iran nach Südrußland gezogen sind, Kunde geben würden; meines Wissens sind auf dieser ganzen weiten Strecke noch keine Völkerschaften entdeckt, deren Idiom eine Verwandtschaft mit dem Sanskrit aufwiese, sollte es je gelingen, so hätten wir in diesen Sprachenklaven die Etappen der Marschroute der Arier.

Ich schließe hiermit meine Untersuchungen über das ver sacrum und den römischen Kalender ab, kann aber nicht um= hin, bei dem Ergebnis, das sie abgeworfen haben, noch einen Moment zu verweilen. Dasselbe bestand darin, daß in diesen beiden Einrichtungen die Vorgänge beim Auszuge aus der jedesmaligen Heimat anstaltlich fixiert worden sind. Darin sind zwei Momente namhaft gemacht, deren Bedeutsamkeit ich glaube in das richtige Licht setzen zu müssen: jedesmalig und anstaltlich.

Die Vorgänge beim Verlassen der jedesmaligen Hei= mat, nicht bloß der ursprünglichen. Ich kann diese That= sache nicht genug betonen, es kommt ihr in meinen Augen ein dreifacher Wert zu.

Erstens der oben bereits ausgeführte der Vermittlung der Kontinuität der Tradition von dem Auszug aus der ur= sprünglichen Heimat bis auf die Zeit der Seßhaftigkeit der Italiker, sie macht es begreiflich, wie sich die Erinnerung an die Vorgänge der Urzeit so lange hat behaupten können.

Zweitens ermöglicht sie es mir, einen Einwand zurück= zuschlagen, den man mir sonst entgegensetzen könnte. In dem Volksbeschluß über das ver sacrum figuriert das Schwein als

Herdenvieh (S. 310: ex suillo grege), als solches war es aber den Ariern unbekannt, in diesem Punkt kann also das ver sacrum nicht dem Auszuge aus der arischen Heimat nach= gebildet worden sein. Vollkommen richtig! Aber hier greift eben die Wiederholung desselben Aktes in späterer Zeit ein. In Südrußland lernten die Indoeuropäer das Schwein als Herden= vieh kennen, von da haben sie es mit in ihre spätere Heimat gebracht, und wenn dasselbe später in das ver sacrum auf= genommen worden ist, so heißt das: der Volksbeschluß über die Unterstützung der Auswandernden mittelst Herdenviehs ist bei der damaligen Auswanderung von Rindern und Schafen auf Schweine ausdehnt worden. Nicht erst zur Zeit der späteren Seßhaftigkeit, das ver sacrum enthält die Nachbildung der Vorgänge während der Wanderperiode.

In derselben Weise würde sich auch das gegossene Bronce= gefäß erklären, in welchem die vestalischen Jungfrauen das im Freien entzündete Feuer in den Tempel der Vesta zu bringen haben, wenn sonst das arische Muttervolk zur Zeit der Trennung des Tochtervolks den Bronceguß noch nicht kannte. Das Wandervolk wird während seiner Wanderung mit demselben vertraut geworden sein. Nicht erst zur Zeit der Seßhaftigkeit, sonst hätte das Broncegefäß nicht in das Ritual des Vesta= dienstes aufgenommen werden können, denn ihm sowohl, wie dem sonstigen religiösen Ritual der Römer sind alle Dinge, die man erst zur Zeit der Seßhaftigkeit kennen lernte, grundsätzlich fern gehalten. Wie das Steinbeil der Fetialen, die hölzernen Nägel am pons sublicius, die Entzündung des Feuers mittelst Quirlens des Holzes den Beweis enthalten, daß den Italikern zur Zeit, wo sie im Lande ansässig wurden, das Schmieden des Eisens noch unbekannt war, so das Broncegefäß der vesta= lischen Jungfrauen, daß es sich mit dem Bronceguß umgekehrt verhalten hat — um dasselbe für den Tempel der Vesta be= nutzen zu dürfen, haben sie es schon während der Wanderperiode thun müssen.

II. Die Erhaltung der Tradition. § 39.

Drittens glaube ich die obige Thatsache bei Gelegenheit einer Frage verwerten zu können, der ich mich an einer späteren Stelle (§ 51) zuwenden werde: der Frage von dem moralischen Einfluß der Wanderschaft auf den Charakter des Volks. Ich enthalte mich hier jeder weiteren Andeutungen und verweise auf die angegebene Stelle.

Die anstaltliche Fixierung der Vorgänge der Urzeit. Mit der Gründung Roms war jeder Anlaß zur Wiederholung dieser Vorgänge hinweggefallen, eine Auswanderung eines Teils des Volks hat nicht mehr stattgefunden, die Römer überhoben sich der Nötigung dazu auf dem Wege der Eroberungen, die Entsendung eines ver sacrum hatte nur eine religiöse Bedeutung, nicht die reale einer Entlastung vom Überschuß der Bevölkerung. So bezeichnet also Roms Gründung für die Römer den Abschluß der Periode der Wanderung. Demgemäß hätte man alle Einrichtungen, welche ausschließlich ihr angehörten, der Vergessenheit übergeben können, sie hatten ihren Dienst gethan, wozu ein entwertetes Stück der Vergangenheit noch fernerhin aufbewahren? Wir wissen, daß, und auch warum es nicht geschah. Dem konservativen Sinn der Römer widerstrebte es, Einrichtungen der Urzeit, die sich überlebt hatten, einfach über Bord zu werfen, im praktischen Leben sagte man sich von ihnen los, aber im übrigen hielt man sie als ein ehrwürdiges Stück der Vergangenheit hoch und in Ehren und sicherte ihr Andenken, indem man ihnen einen Raum anwies, wo sie ohne den Nötigungen des realen Lebens Abbruch zu thun, ihr Leben fristen konnten, d. i. vorzugsweise im religiösen Kultus, er läßt sich als die Reliquienkammer der römischen Urzeit bezeichnen; wer die Urzeit kennen lernen will, findet in ihr reiche Auskunft.

Zur Zeit, als die Einrichtungen der Wanderperiode, nachdem sie mit erlangter Seßhaftigkeit das Zeitliche gesegnet hatten, in dieser Weise anstaltlich fixiert wurden, war ihre frühere reale Bedeutung dem Volksbewußtsein offenbar noch völlig geläufig. Jeder wußte, welche Bewandtnis es hatte mit dem, was in den beiden letzten Wochen des Februar und am ersten Tage des Monats März geschah, und auch als man zum erstenmal in der Not ein ver sacrum gelobte, war man nicht im unklaren darüber, daß man damit nur einen Vorgang aus der Urzeit nachbildete. Aber im Laufe der Zeit hat sich das Bewußtsein von der ursprünglichen Bedeutung dieser Akte im Volk gänzlich verloren, selbst die römischen Altertumsforscher hatten keine Ahnung davon, welche wertvollen Aufschlüsse über die Vorzeit des Volks die Einrichtungen, in denen sie ihnen in versteinerter Gestalt erhalten war, in sich schlossen. Die Erinnerung an die Zeit der Wanderung ist bei den Römern in historischer Zeit völlig erloschen, selbst die Volkssage, — die Sage von der Einwanderung des Äneas nach Latium ist ein gelehrtes Mach=werk späterer Zeit — weiß von ihr nicht das mindeste mehr zu berichten.

III. Die Sage der Hirpiner.

XL. Nur bei einem italischen Volk, den zum Stamme der Sabiner gehörigen Hirpinern, hat sich in der von Servius[304]) mitgeteilten Sage über den Ursprung des Volks noch eine allerdings sehr verblaßte und kaum noch erkennbare Reminiscenz an die Vorgänge der Urzeit erhalten.

Hirten bringen auf dem dem Gott der Unterwelt (Dis pater) geweihten Berg (manibus consecratus) Soracte ein Opfer. Da erscheinen Wölfe, welche aus dem Feuer die Opfer=stücke (exta) rauben. Verfolgt von den Hirten flüchten sie sich in eine Höhle, der ein solcher Gifthauch entströmt, daß die nächsten sofort tot niederstürzen. Daraus entsteht eine Seuche (pestilentia), und das wird der Anlaß, das Orakel zu befragen.

---

304) Serv. ad Aen. XI, 785. Ich teile die entscheidenden Worte im Text mit.

III. Die Sage der Hirpiner. § 40.

Die Antwort lautet: die Pest würde ein Ende nehmen: si lupos imitarentur i. e. rapto viverent. Das geschieht und die Pest hat ein Ende. So sei der Name der Hirpiner entstanden, nam lupi Sabinorum lingua irpi vocantur.

Es ist offenbar, daß diese Sage den Zweck hat, den Namen der Hirpiner durch Anknüpfung an den Wolf zu erklären[305]. Der wirkliche Ursprung wird darauf zurückzuführen sein, daß das Volk von seinen Nachbarn wegen seiner räuberischen Art so genannt worden ist, die Hirpiner galten ihnen als die Wolfsartigen, die Raubgesellen, das Räubervolk, und diesen von den Nachbarn ihnen beigelegten Namen haben sie dann selber adoptiert — ein Vorgang, der durch viele geschichtliche Parallelen bestätigt wird und sich daraus erklärt, daß die Nachbarn ungleich mehr imstande sind, die charakteristischen Eigentümlichkeiten des Volks zu beurteilen, als es selber. Wo der Name eines Volks nicht der Gegend, sondern seiner Eigenart entlehnt ist, spricht die Vermutung immer dafür, daß er ihm von seinen Nachbarn beigelegt worden ist.

Aber auch angenommen, daß die Hirpiner sich selber den Namen gegeben hätten, so ist klar, daß die Art, wie sie dazu gekommen sein wollen, gänzlich unglaubwürdig ist, ja sie ist so unsinnig, daß man staunend fragt: wie konnte sich ein solches Ammenmärchen bilden? Wollte man den Wolf verwenden, wozu die Heranziehung des Totenopfers, des Raubes der Opferstücke, der Pest? Der Wolf allein hätte vollkommen ausgereicht, man konnte ihm ja, wie es in der Wiedergabe der hirpinischen Sage durch Paulus Diaconus[306] geschieht, die Rolle eines Führers

---

305) Paul. Ep. p. 106: Irpini appellati nomine lupi, quem irpum dicunt Samnites, eum enim ducem secuti agros occupavere. Irpus, das griechische ἅρπαξ, Räuber von sanskr. Wurzel rap rauben, entreißen. Die Vorstellung des Entreißens kehrt wieder in irpex = Egge: quod plures habet dentes ad exstirpandas herbas in agris, Fest. Ep. p. 105 Irpices.

306) Fest. Epit. p. 106 Irpini.

bei der Besitznahme des Landes zuweisen, oder, wie in der römischen Sage von Romulus und Remus der Wölfin, die einer Säugamme. Der obige Apparat, der aufgeboten wird, um ihn in Scene zu setzen, hat mit ihm nicht das Mindeste zu schaffen, offenbar muß es mit ihm eine besondere Bewandtnis haben.

Hirten bringen ein Totenopfer dar, bevor das entscheidende Ereignis eintritt, das ihnen den Anlaß bietet, ihre bisherige friedliche Existenz mit dem Räuberhandwerk zu vertauschen. Ganz dasselbe geschah auch bei der Auswanderung der Arier. Bevor sie sich auf den Marsch begaben, brachten sie ein Totenopfer dar. Bis dahin waren sie Hirten gewesen, fortan verwandeln sie sich in Krieger, welche auf Beute und Eroberung ausziehen, d. i. in Räuber. Aber es geschieht nicht aus freiem Antriebe, die Not zwingt sie dazu. Bei ihnen bestand der Notfall, wie wir oben (S. 320) gesehen haben, in dem Mangel an ausreichender Nahrung, in der hirpinischen Sage ist daraus eine Seuche geworden, die bekanntlich nicht selten die Folge der unzureichenden Ernährung eines ganzen Volkes ist. Auch dieser Zug der äußeren Nötigung zur Vertauschung der friedlichen Existenz mit der kriegerischen wiederholt sich in der hirpinischen Sage. Aus den Räubern wird ein selbständiges kriegerisches Volk. Damit schließt die hirpinische Sage ab und ebenso die Geschichte der Wanderung der Arier.

Also sind es fünf Züge, die sich bei beiden wiederholen:
1. Ursprüngliche Hirten.
2. Verwandlung in Räuber.
3. Totenopfer.
4. Äußere Nötigung.
5. Entstehung eines neuen kriegerischen Volks.

Nur dem Wolfe sind wir bisher nicht begegnet. Die Behauptung, daß er bei dem ver sacrum eine Rolle als Führer gespielt habe[307]), ist unbegründet, als solcher taucht er lediglich

---

307) Schwegler, Röm. Gesch. I S. 241 Anm. 2.

III. Die Sage der Hirpiner. § 40.

in der hirpinischen Sage auf. So könnte man glauben, daß ausschließlich der Name der Hirpiner Veranlassung dazu geboten habe, ihn in Scene zu setzen. Allein die Sage vom führenden Wolf wiederholt sich auch bei den Langobarden.

In seiner Geschichte der Langobarden berichtet Paulus Diakonus³⁰⁸), daß sein Urgroßvater, der in die Gefangenschaft der Avaren geraten sei, sich derselben durch die Flucht entzogen habe. Unkundig des Weges, den er einzuschlagen habe, sei er einem Wolf gefolgt, der ihn auf dem weiten Wege nach Italien schließlich zu den Seinigen geführt habe. Aus der bloßen Luft kann dies wunderliche Märchen nicht gegriffen worden sein; es muß sich dafür ein Anhaltspunkt dargeboten haben, und ich erblicke denselben in der Tradition, daß zur Zeit der Wanderung der Wolf die Scharen, die auf Raub auszogen, geführt habe. Aber was, wird man sagen, ist damit gewonnen, daß wir die Entstehung der Fabel vom führenden Wolf in die Zeit der Wanderung zurückverlegen? Zunächst soviel, daß wir ihr damit einen gemeinsamen Ausgangspunkt für Hirpiner und Langobarden verschaffen. Aber die erste Bildung derselben wird dadurch um nichts begreiflicher. Wie konnte man auf die thörichte Vorstellung verfallen, daß ein Wolf die Führerstelle versehen habe? Antwort: der Führer des Haufens trug in der Urzeit den Namen des Wolfes — eine Wolfsnatur mußte er haben, um ihr gewachsen zu sein, wer sie im höchsten Grade besaß, war der geborne Führer. Zwei solche Wölfe waren Romulus und Remus, und so erklärt sich die Sage von der sie säugenden

---

308) Hist. Langob. IV, 39 (pag. 131, 132). Ich verdanke die Kenntnis dieser meiner Ansicht nach höchst wichtigen Stelle der freundlichen Mitteilung des hiesigen Gymnasialdirektors Viertel und lasse sie hier wörtlich abdrucken: Ei lupus adveniens comes itineris et ductor effectus est. Qui cum ante eum pergeret et frequenter post se respiceret et cum stante subsisteret et cum pergente praeiret, intellexit sibi eum divinitus datum esse, ut ei iter, quod nesciebat, ostenderet.

Wölfin. Ihre Tauglichkeit zu der Wolfsrolle, die ihnen später zufiel, ließ sich nicht besser begründen, als indem man sie die Wolfsnatur schon mit der Muttermilch einsaugen ließ. Aus der Überlieferung „in der Urzeit sind wir durch einen Wolf geführt worden", ist dann durch Verwechslung des Namens mit der Sache der wirkliche Wolf geworden. In diesem Sinn verstanden, d. i. auf den als Wolf bezeichneten Führer bezogen, lassen sich die Worte des Paulus [309]) wörtlich aufrecht erhalten: eum enim ducem secuti agros occupavere. Erst auf diese Weise tritt die Sage von der säugenden Wölfin in ihr volles Licht, sie gewinnt damit die Anknüpfung an die den Römern mit allen Indoeuropäern gemeinsame Urzeit, nur die Verwendung, welche die Römer darin vom Wolfe gemacht haben, ist ihnen eigentümlich, ebenso wie die der Hirpiner und Langobarden, aber bei ihnen allen bildet der Wolf der Urzeit den Ausgangspunkt.

Außer dem Wolf wird von der Sage noch ein anderes Tier als Führer namhaft gemacht. Es ist der **Specht**, der nach der Volkssage der Picenten ihre Vorfahren, als sie auswanderten, geleitet haben soll, indem er sich auf ihre Fahne setzte [310]). Auch hier liegt der sprachliche Anstoß zur Sage (pic-us, Pic-entes) auf offener Hand. In Wirklichkeit dürften die Picenten den Namen ihrer dadurch gekennzeichneten

---

309) Fest. Epit. p. 106 Iripini.

310) Fest. Epit. p. 212 Picena regio, Strabo V, 4, 2 p. 240. Die Behauptung von Schwegler a. a. O., daß man beim ver sacrum einen Specht als Führer mitgenommen habe, ist ebenso unbegründet, wie die obige, daß dies auch mit dem Wolf geschehen sei; in den Quellenberichten treten beide Tiere nur in der Sage auf. Ich möchte auch wissen, was er sich dabei gedacht hat. Nahm man die Tiere gefesselt mit, so führten sie nicht, wenn frei, so würde es mit der Nachfolgeschaft bald ein Ende gehabt haben, und wie gar, wenn beide eine verschiedene Richtung einschlugen?

III. Die Sage der Hirpiner. § 40.

Volksart verdanken, er zeichnet sie nämlich als „die Umsichtigen, Vorsichtigen, Geriebenen"[311]).

Aber die Sage von dem führenden Specht ist doch nicht gänzlich aus der Luft gegriffen, auch für sie glaube ich ebenso wie für die vom führenden Wolfe einen realen Anhaltspunkt der Urzeit entdeckt zu haben, es ist der Zugvogel, der ihr, wie seinerzeit gezeigt werden soll, in der That die Dienste eines Wegweisers geleistet hat. Ohne einen solchen Anhaltspunkt würde sich die Sage vom führenden Specht bei den Picentern wohl ebensowenig gebildet haben, wie die vom führenden Wolfe bei den Hirpinern, der Name des Volks gab in beiden Fällen nur den Anlaß, etwas der Urzeit überhaupt Angehöriges mit ihm in Verbindung zu bringen.

In der hirpinischen Sage begegnet uns außer den bisher erörterten Momenten noch ein anderes, dem ich ebenfalls eine Beziehung zur Urzeit glaube abgewinnen zu können. Es sind die exta, die edleren Teile des geschlachteten Tieres: Herz, Lunge, Leber, Niere. Der Urzeit dienten sie, wie ich später hoffe nachweisen zu können, um sich über die Gesundheit der Gegend zu versichern. Auch in ihnen ist also von der Sage nur ein Stück der Urzeit zur Verwendung gebracht worden.

So lassen sich also alle und jede Momente, deren sie Er= wähnung thut, zu Vorgängen oder Einrichtungen der Urzeit in Beziehung setzen. Die einzelnen Ingredienzen, die sie ver= wendet, sind ihr von der Urzeit geliefert worden, aber der Volkstradition, der sie sie verdankte, war der ursprüngliche Zusammenhang nach und nach entschwunden, und an Stelle

---

311) Pic-entes wie pic-us von sanskr. spak = erspähen, wovon mittelh. spacke = klug, noch erhalten in unserem heutigen Spähen, Specht, im italienischen spiare, wovon Spion u. a. m. Picus zeichnet „den fast bei jedem Schritt um den Baumstamm Herumschauenden", Baniček II S. 1174. Denselben Namen führte auch der zum Gott der Weissagung erhobene erste König in Latium, die obige Deutung kann also nicht dem mindesten Zweifel unterliegen.

desselben setzte sich die Volksphantasie die Sache in ihrer Weise zusammen und schuf damit ein Bild, das mit der ursprünglichen Gestalt der Sache nicht die mindeste Ähnlichkeit mehr hatte. Wie bei Individuen mit eintretender Erinnerungsschwäche des Alters das Bild der Vergangenheit sich nicht selten in der Weise umgestaltet, daß zwar die einzelnen Thatsachen in der Erinnerung sich behaupten, ihre zeitliche Reihenfolge und ihr kausaler Zusammenhang aber dem Gedächtnis entschwindet, so auch bei Völkern. Die Phantasie setzt sich dann aus den einzelnen Bruchstücken, die in der Erinnerung noch haften, das Bild in ihrer Weise zusammen, das Spätere rückt an die Stelle des Früheren, das Frühere an die des Späteren, und das Kausalitätsverhältnis wird ein gänzlich anderes. So geschieht es in der hirpinischen Volkssage. Wer dieselbe unbefangen betrachtet, wird sich des Eindrucks nicht erwehren, daß wir es hier nicht mit einer freien Schöpfung der Volksphantasie zu thun haben, sondern mit einer Künstelei, bei der es darauf ankam, nach Art einer Erzählung mit gegebenen Stichworten oder eines Gedichts mit vorgezeichneten Reimen gewisse in der Erinnerung des Volks fortlebende Daten aus seiner Vergangenheit mit aufzunehmen. Hätte die Volksphantasie den Anstoß, den ihr der Name des Volks zu einer Verwertung des Wolfes für die Entstehungsgeschichte des Volks darbot, frei verwenden können, sie hätte sicherlich etwas besseres zu Tage gefördert, als das verunglückte, überaus gekünstelte und gezwungene Machwerk, wie es in der Sage vor uns liegt. Aber die Punkte, die sie auf ihrem Wege zu berühren hatte, waren ihr vorgezeichnet — sie marschierte mit gebundener Marschroute.

Damit schließe ich meine Untersuchungen über den Auszug der Arier aus der ursprünglichen Heimat, um sie im folgenden auf der Wanderung zu begleiten.

Viertes Buch.

Die Wanderschaft.

I. Allgemeine Gesichtspunkte.

XLI. An direkten Nachrichten über die Wanderperiode fehlt es uns gänzlich. Aber ganz dasselbe traf auch für die Vorgänge bei dem Auszug aus der Heimat zu, und doch ist es mir, wie ich hoffe, gelungen, darüber Licht zu verbreiten. Versuchen wir, ob derselbe Weg, den wir dort eingeschlagen haben, uns nicht auch hier zum Ziele führen wird.

Er bestand darin, daß ich an gewisse Einrichtungen der späteren Zeit die Frage von ihrer ursprünglichen Entstehung herantrug und, nachdem sich gezeigt hatte, daß die Verhältnisse der späteren Zeit mir darauf eine befriedigende Antwort versagten, den Versuch machte, ihre Entstehung mit dem Auszuge aus der Heimat in Verbindung zu bringen. Ich hätte auf halbem Wege stehen bleiben müssen, wenn ich denselben Versuch nicht auch mit der Wanderschaft hätte unternehmen wollen. Wenn schon die Vorgänge, die sich nur ab und zu bei jedem neuen Aufbruch des Wandervolks aus der bisherigen Heimat wiederholten, ihre Spuren zurückgelassen haben, um wie viel mehr wird dies zu erwarten sein in Bezug auf die eigentümlichen Verhältnisse und Einrichtungen, welche das Wanderleben mit sich brachte, und die vor jenen das Moment der ununterbrochenen Dauer voraus hatten. Daß es an solchen nicht gefehlt haben kann, wird nicht der Bemerkung bedürfen. Die Lage eines Wandervolks ist eine gänzlich andere als die eines seßhaften, sie bringt unvermeidlich Nötigungen mit sich, die an dieses nicht herantreten. Als Beispiel nenne ich die bereits oben (S. 332 ff.) namhaft gemachte Organisation des Verpflegungswesens, andere werden demnächst folgen. Dazu gesellt sich noch der Umstand, daß dieser ganze Apparat der Wanderschaft zur Zeit der Einstellung derselben mit erlangter Seßhaftigkeit sich noch in lebendiger Übung befand, jeder der einzelnen Zweige der indoeuropäischen Völkerfamilie brachte ihn in die neue Heimat mit, während die vorübergehenden Vorgänge bei dem Auszuge erst aus der Erinnerung herangezogen werden mußten, um fixiert zu werden. Was bei diesem geschah, wird umsomehr bei jenen geschehen sein.

Auf Grund dieser Erwägungen bin ich an dieses Stück meiner Aufgabe mit der vorgefaßten Meinung herangetreten, etwas finden zu müssen, und ich habe alle Einrichtungen des römischen Altertums und Rechts daraufhin geprüft, ob sich nicht in ihnen Beziehungen zur Wanderperiode entdecken ließen. Ich bin auf den Vorwurf gefaßt, daß ich dabei zu weit gegangen bin, aber ein neuer Gesichtspunkt hat bei seiner ersten Einführung und Verwertung das Recht der Einseitigkeit, die Kritik mag die Übertreibungen auf das richtige Maß zurückführen. Von der Richtigkeit und Ergiebigkeit der beiden von mir in dem vorliegenden Werk für die Urzeit und das römische Altertum herangezogenen Gesichtspunkte des Auszuges aus der Heimat und der Wanderung bin ich durch die Ausbeute, die sie mir gewährt haben, in dem Maße überzeugt, daß ich sie mit demjenigen, was ich selber gefunden zu haben glaube, noch keineswegs für erschöpft halte, ich zweifle nicht daran, daß andere noch manches entdecken werden, was mir entgangen ist.

Bei der folgenden Untersuchung ist es in erster Linie wiederum das römische Altertum, dem ich meine Aufschlüsse über die Verhältnisse während der Wanderzeit entnehme. Was sich bei andern indoeuropäischen Völkern vorfindet, ist nicht sonderlich belangreich, neues erfahren wir dadurch nicht, wertvoll wird es nur dadurch, daß es dasjenige bestätigt, was wir aus dem römischen Altertum entlehnen.

In welcher Weise sich dem römischen Altertum Aufschlüsse über die Einrichtungen und Verhältnisse der Wanderzeit abgewinnen lassen, darüber wird die Art, wie ich dies in Bezug auf den Auszug aus der Heimat bewerkstelligt habe, bereits die Antwort erteilen. Außer dem sprachlichen Moment, das auch hier seine Dienste nicht versagen wird, werde ich denselben Hebel ansetzen, dessen ich mich dort bedient habe. Es ist der Gesichtspunkt des Zweckes, der seit Jahren mein Leitstern geworden ist, um die gesellschaftliche Ordnung zu begreifen. Die Anwendung, die ich von ihm in der folgenden Untersuchung zu machen gedenke, besteht darin, daß ich die historisch bezeugte Zweckfunktion gewisser römischer Einrichtungen in der späteren Zeit mit problematischen zur Zeit der Wanderung vergleiche. Ergiebt sich dabei ein Überschuß zu Gunsten der letzteren, so baue ich darauf den Schluß, daß ihre ursprüngliche Entstehung in die Wanderperiode fällt, und die spätere Zeit sie lediglich beibehalten hat. Oder anders ausgedrückt: kann ich den Nachweis erbringen, daß gewisse Einrichtungen durch die Verhältnisse der Wanderschaft unabweisbar geboten werden, während eine solche Notlage für die spätere Zeit nicht vorlag, so folgere ich daraus, daß sie da zum Vorschein gekommen sind, wo sie notwendig waren, nicht da, wo sie, wenn auch noch so brauchbar und angemessen, doch zur Not hätten fehlen können[312].

Nun giebt es aber gewisse römische Einrichtungen, bei

---

[312] In meinem Geist des römischen Rechts habe ich von diesem Gesichtspunkt den ausgedehntesten Gebrauch gemacht III S. 338 fl. und anderwärts, ich habe dort den Punkt, wo die Institute oder Rechtssätze durch den Zweck zuerst ins Leben getreten sind, als historischen Durchbruchspunkt derselben bezeichnet.

denen die Annahme, daß ihre spätere Zweckfunktion auch die ursprüngliche gewesen sei, die gewichtigsten Bedenken gegen sich hat, da sie jedem unbefangenen Beobachter die Frage hervorrufen müssen: wie konnte man, wenn man den späteren Zweck von Anfang an vor Augen hatte, auf eine so seltsame Art der Verwirklichung desselben verfallen. Als Beispiel nenne ich die Gestaltung des römischen Auspicienwesens. Welch' abenteuerlicher Einfall, die Zustimmung der Götter in den Bauch eines Ochsen oder den Schnabel der Hühner zu verlegen, wie konnte ein Volk auf eine solche Vorstellung verfallen? Bei dieser Sachlage bin ich auf den Gedanken geraten, daß es damit ursprünglich eine andere Bewandtnis gehabt haben muß, keine religiöse, sondern eine mit den Verhältnissen der Wanderung in Verbindung stehende durch und durch reale, ich werde sie seiner Zeit mitteilen. So gelange ich zu der Unterscheidung zweier Zweckfunktionen eines und desselben Instituts: einer ursprünglichen rein realistischen und einer späteren ausschließlich religiösen. Ins Leben gerufen durch einen mit den Verhältnissen der Wanderschaft zusammenhängenden rein praktischen Zweck, ist die Einrichtung, als er mit erlangter Seßhaftigkeit hinfällig geworden war, gleich so vielem anderen äußerlich beibehalten worden, indem man an die Stelle der ehemaligen Zweckfunktion eine andere setzte, ein Vorgang, der an dem Bedeutungswechsel der Worte ein sprachliches Seitenstück findet: das Äußere erhalten — das Innere verändert.

II. Das Heerwesen.

1. Zeit der Heerfahrt.

XLII. Im Frühling, nach römischer Tradition am ersten März, haben die Arier die Heimat verlassen. Zu dieser uns aus früherem bekannten Thatsache fügen wir nunmehr eine

II. Das Heerwesen. 1. Zeit der Heerfahrt. § 42.

neue hinzu: sie haben ihren Marsch nur während der drei Frühlingsmonate fortgesetzt, dann haben sie während des Sommers und Winters Rast gemacht, um erst im nächsten Frühling wieder aufzubrechen. Während dieser Rastzeit ruhten die Waffen, wenn nicht feindliche Angriffe die Nötigung herbeiführten, sie wieder zur Hand zu nehmen.

So war also das Jahr geteilt in eine Marsch= oder Kriegszeit und eine Rast= oder Friedenszeit. Den Grund dafür boten die klimatischen Verhältnisse dar, im Sommer war es zu heiß, im Winter zu kalt, nur die drei Frühlingsmonate waren zum Marsch geeignet. An dieser Einrichtung hat das Wandervolk während der ganzen Dauer der Wanderschaft festgehalten. Ich teile die Zeugnisse mit, aus denen sich dies ergiebt.

Der römische Kalender hat uns früher Auskunft gegeben über den Beginn der Marschzeit, wenden wir uns an ihn, ob er nicht ein Gleiches thut in Bezug auf den der Rastzeit. Für den ersten Juni finden wir in ihm das Fest der Carna verzeichnet, der Göttin der Thürangeln[313]). In die Zeit der Wanderung versetzt, heißt dies: an diesem Tage geht es aus Hüttenbauen, während man bis dahin im Freien kampierte. Von jetzt an existiert jede Familie für sich in einem abgeschlossenen Raum. Das Mittel, um ihn abzuschließen, gewährt die Thür, daher die Thürangel: clausa aperit, claudit aperta, und daher der Name der Göttin[314]). Der erste Juni ist damit in seiner Bedeutung für die Heerfahrt ebenso gekennzeichnet wie der erste März.

Drei Monate dauert die Heerfahrt. So erklärt es sich, daß den Helvetiern bei ihrem Auszuge nach Gallien (S. 333)

---

313) Ovid. Fast. 101, 102: Prima dies tibi, Carna, datur. Dea cardinis haec est; numine clausa aperit, claudit aperta suo.

314) Baniček II, 1098: cardo .... Car-da, Car-dea, Car-na Göttin der Thürangeln, der Thürschwelle, des Familienlebens bei den Römern.

aufgegeben wird, sich auf drei Monate zu verpflegen. Der babei obwaltende Gedanke wird der gewesen sein: der Marsch darf durch die Ernährungsfrage nicht beeinträchtigt werden, man darf sich nicht aufhalten, um zu fouragieren, was man auf dem Wege findet, nimmt man mit, aber der Marsch geht unaufhaltsam fort. Erst wenn die Heerfahrt beendet ist, darf die Nahrungsfrage an das Volk herantreten, was dann damit wird, findet sich.

Als die Cimbern in Oberitalien eingefallen waren und den Catulus in glänzender Schlacht besiegt hatten, machten sie im Sommer mitten in ihrem Siegeslauf halt, obgleich es ihnen ein Leichtes gewesen wäre, die Römer in die äußerste Bedrängnis zu bringen. Statt dessen gönnten sie ihnen den Sommer und Winter, um die Maßregeln zur Abwehr zu treffen. Ein ebenso unverantwortlicher wie unbegreiflicher strategischer Fehler, er ward ihr Verhängnis, sie wurden im nächsten Frühjahr vernichtet. Warum hielten sie mitten im Siegeslauf inne? Es giebt keine andere Erklärung dafür, als die allen indoeuropäischen Völkern aus der Urzeit überkommene Sitte, die Wanderung nur während der Frühlingsmonate fortzusetzen, und mit Eintritt des Sommers abzubrechen. Daran hielt das Heer fest, es betrachtete dies als sein gutes Recht, und dem gegenüber wird bei den Cimbern die Einsicht der wenigen in höheren Stellen befindlichen Kundigen, welche das Verhängnisvolle der Rast unter den damaligen Umständen zu würdigen verstanden, nichts vermocht haben, das Heer bestand auf seiner ihm gebührenden Rastzeit.

Daß dieselbe stets mit dem uns dafür vom römischen Kalender namhaft gemachten ersten Juni eingetreten sei, soll damit keineswegs behauptet werden. Wie die späteren klimatischen Verhältnisse einen Aufschub des Beginns der Wanderschaft bewirkt haben (S. 347), so mögen sie ein gleiches auch in Bezug auf den Abschluß derselben gethan haben. Es wäre zu wünschen, daß von berufener Seite einmal die Frage ins

Auge gefaßt würde, wann die Germanen bei ihren Wanderzügen aufgebrochen sind und wann sie Rast gemacht haben, meinem Kenntnis- und Studienkreise liegt sie zu fern, aber ich glaube sie wenigstens der Beachtung der Männer vom Fach empfehlen zu sollen, ich möchte annehmen, daß die Quellen, wenn sie sonst darüber Auskunft erteilen, sie im obigen Sinne beantworten werden.

Ich komme jetzt noch einmal auf das ver sacrum der Römer zurück. An früherer Stelle habe ich es lediglich dafür in Bezug genommen, daß der Auszug der Arier aus der Heimat im Frühling erfolgt ist, hier soll es mir als sprachliches Zeugnis dafür dienen, daß sie mit Ablauf des Frühlings den Marsch beendet haben. Die sprachliche Beweiskraft des Ausdrucks liegt auf der Hand. Er wäre völlig vergriffen gewesen, wenn er auf den ersten Aufbruch hätte zielen sollen, er betont vielmehr das Moment der Dauer, sagt aus, daß der Vorgang, den das ver sacrum nachzubilden bestimmt ist, den ganzen Frühling hindurch gedauert hat. In diesem Sinne können wir die Vorstellung, welche den Römern bei dem Ausdruck ver sacrum ursprünglich vorschwebte, wiedergeben als: Kriegsfahrt nach Weise der Vorzeit. Die junge Schar, welche auszieht, soll nicht bloß im Frühling ausziehen, sondern während desselben den Marsch fortsetzen, mit Eintritt des Sommers ist ihre Kriegsfahrt ganz wie die der Vorfahren beendet.

Wenn ich schließlich noch das, was meine Ausführungen über die Heeresfahrt der Indoeuropäer früher und jetzt ergeben haben, zusammenfassen darf, so besteht es in dem Nachweis, daß sich die Erinnerung daran bei mehreren der indoeuropäischen Völker noch bis in spätere Zeit hinein erhalten hat: die Erinnerung an die Zeit des Aufbruchs bei den Römern (S. 347), bei den Kelten (S. 361), bei den Langobarden (S. 462), die Erinnerung an die Einstellung der Heerfahrt mit Eintritt des

Sommers, wie soeben dargethan ist, bei den Römern, Helvetiern, Cimbern.

2. Die Gliederung des Heeres.

XLIII. Ein Volk, welches die Heimat verläßt, um sich mit Waffengewalt neue Sitze zu erkämpfen, bedarf einer Heeresverfassung. Stets in der Lage auf gewaffneten Widerstand zu stoßen, muß es jederzeit kampfbereit sein, und dazu reicht nicht aus, daß es die Waffen stets in der Hand hat, sondern es bedarf einer genau geregelten militärischen Gliederung und der Einheit seiner Leitung durch einen Oberbefehlshaber. Untersuchen wir, wie es sich damit bei dem arischen Tochtervolk verhalten hat.

Eine lediglich auf militärische Zwecke berechnete Gliederung gab es bei dem Muttervolk nicht, die politische nach Stämmen, Gauen, Dörfern diente zugleich auch für diesen Zweck, die im Leben zusammen gehörten, standen auch in der Schlacht zusammen[315]). Allerdings wird uns durch Tacitus (Germ. c. 7) von den Germanen berichtet, daß bei ihnen die familiae und propinquitates in der Schlacht zusammen kämpften, und bei Homer (Ilias II, 362) fordert Nestor den Agamemnon auf, die „Männer rings nach Stamm und Geschlecht zu ordnen, daß ein Geschlecht dem andern beistehe und Stamm den Stämmen". Dagegen aber spricht der Umstand, daß wir sowohl bei Römern als Germanen der Zahl begegnen, bei beiden den Zehn- und Hundertschaften, bei diesen auch den Tausendschaften[316]). Da die Verwendung der Zahl für die

---

315) Zimmer a. a. O. S. 161 fl.

316) Lat. decuria von sanskr. dak-ara = zehn (dakan, lat. decem, deutsch zehn) enthaltend, centuria von sanskr. kant-ara (= 100 Kanta, lat. centum) enthaltend. Die den Germanen bekannte Tausendschaft (s. Schröder, Deutsche Rechtsgeschichte S. 30 Anm. 8) steckt sprachlich in miles, wie schon Varro de L. L. V, 89 .... quod

Einteilung des Heeres den Ariern unbekannt war, so schließe ich aus dem Auftreten derselben bei beiden Völkern, daß sie zur Zeit ihrer Gemeinsamkeit während der Wanderung erfolgt ist. Allerdings muß man die Möglichkeit einräumen, daß dies erst nach ihrer Trennung zur Zeit der Seßhaftigkeit geschah, allein wenn man die Verhältnisse der Wanderung mit denen der Seßhaftigkeit vergleicht, wird man nicht im Zweifel darüber sein, daß dies im höchsten Grade unwahrscheinlich ist, es hieße, den Ursprung einer neu aufgekommenen Einrichtung nicht dahin verlegen, wo sie geboten, sondern dahin, wo sie entbehrlich war. Ein seßhaftes Naturvolk, bei dem jeder im Fall des Krieges die Waffen zu ergreifen hat, kann die Zahl entbehren, sie wird ersetzt durch die natürliche Gliederung nach Abstammung und Ortszusammen= gehörigkeit, die in dieser Weise Verbundenen bilden die Heeres= abteilungen. Auch ein kriegerisches Wandervolk kann die Zahl entbehren, wenn sich das ganze Volk auf die Wanderung begiebt, es behält hier bei seiner bisherigen Gruppierung sein Bewenden. Aber bei dem Auszuge der Arier aus der Heimat zog nicht das ganze Volk aus, sondern nur ein durch Umstände, welche mit seiner natürlichen Gliederung nicht das Mindeste zu schaffen hatten, bestimmter Bruchteil desselben. Aus Distrikten, für welche sie nur in geringem Grade zutrafen, z. B. wegen der geringen Bevölkerung, oder wegen der fetten Weiden, schlossen sich nur wenige, aus übervölkerten oder sterilen Gegenden sehr viele dem Zuge an. Wie ließ sich hier die Einteilung in Dorf= schaften und selbst in Gaue für militärische Zwecke aufrecht erhalten? Hier aus einem Dorf ein Kontingent, das nicht zehn erreichte, dort eins, das hundert überstieg, hier ein Gau von einigen Hunderten, dort von vielen Tausenden. Da blieb nichts übrig, als zur Zahl zu greifen, und sie brauchte bei dieser

---

singulae tribus . . . . milia singula militum mittebant richtig er- kannte, wörtlich wiedergegeben durch Tausendgänger von mille, altlat. mile, sanskr. mil = sich vereinigen, Baniček II, 730.

Gelegenheit nicht erst herangezogen zu werden, sie war bereits vorher bei den für die Regelung des Verpflegungswesens angefertigten Listen in Funktion getreten, man brauchte sie nur wie auf die Heeresverpflegung, so auch auf die Heereseinteilung zur Anwendung zu bringen. Sicherlich hat man dabei die bestehenden natürlichen Verbände, soweit es anging, geschont, es wäre thöricht gewesen, die bisher Zusammengehörigen ohne Not von einander zu trennen, es wird damit in derselben Weise gehalten worden sein wie mit unsern heutigen Rekrutierungsbezirken, die Kontingente der einzelnen Stämme, Gaue und bei ausreichender Zahl auch die der Dorfschaften oder Geschlechter blieben zusammen, nur daß sie nach der Zahl geordnet wurden. So erklärt sich der Bericht des Tacitus über das Zusammenkämpfen der familiae und propinquitates, ohne daß wir den sonstigen Zeugnissen über die Verwendung der Zahl im germanischen Heerwesen den Glauben aufzukündigen oder darin eine spätere Änderung zu erblicken brauchten, und ein Gleiches dürfte auch für die altrömische Legion anzunehmen sein, deren Zahl 3000 den 3 Tribus, 30 Kurien, 300 Gentes entspricht. Bei beiden Völkern hat sich also die Zahl noch in der Zeit der Seßhaftigkeit behauptet. Ob auch bei Griechen, Kelten, Slaven, darüber vermag ich nichts auszusagen, ich empfehle die Frage der Aufmerksamkeit der Kundigen von Fach; daß die genauen Listen der Kelten über die Zahl der waffenfähigen Mannschaft zur Bejahung der Frage nicht ausreichen, wird nicht der Bemerkung bedürfen, und ebensowenig, daß die mangelnde Nachweisbarkeit der Zahl bei diesen drei Völkern, zugegeben einmal, daß sie mit dem Mangel der Sache gleichbedeutend wäre, was sie nicht ist, den Schluß, den ich auf das gleichmäßige Vorkommen derselben bei Römern und Germanen gebaut habe, nicht entkräftet. Berechnet auf die Verhältnisse der Wanderung, wohlbemerkt nicht bloß auf die Heereseinteilung, sondern auch auf das Verpflegungswesen, ließen die drei Völker sie fallen, als ihre Bedeutung mit erlangter Seßhaftigkeit nach der letzteren

Seite gänzlich hinfällig geworden, nach der ersten Seite hin aber erheblich abgeschwächt worden war.

Mittelst der bisherigen Ausführung glaube ich die historische Thatsache außer Zweifel gesetzt zu haben, daß die Verwendung der Zahl zur Heereseinteilung bei Römern und Germanen über sie hinaus in die Zeit der Wanderung zu verlegen ist. Das Wandervolk haben wir uns nicht zu denken als einen großen ungeordneten Haufen, der sich mit elementarer Gewalt wie ein wilder Strom seinen Weg bahnte, sondern als ein wohlgeordnetes Heer, und die Nötigung dazu haben wir schon in den Beginn der Wanderung, in die Zeit des Auszuges aus der Heimat zu verlegen. Vorher mußte alles darauf Bezügliche schon geordnet sein, die Abteilungen sowie ihre Führer und der Oberfeldherr. Dies wurde schon dadurch nötig gemacht, daß die verschiedenen durch weite Entfernungen getrennten Kontingente sich zu verschiedenen Zeiten in Bewegung setzen mußten, die am weitesten entfernten zuerst, dann die näheren und so weiter fort, und dazu war erforderlich außer der Festsetzung des Zeitpunktes des Aufbruchs und der Verpflegungsetappen für die verschiedenen Abteilungen bereits das Inslebentreten der militärischen Organisation, die man für die Wanderung entworfen hatte: es war bereits der Beginn der Wanderung, nur noch auf heimischem Boden.

Ich kann den Gegenstand nicht verlassen, ohne daran noch eine Betrachtung zu knüpfen. In meinen Augen begründet das Auftreten der Zahl in der hier geschilderten Funktion einen kulturhistorischen Wendepunkt von hoher Bedeutung, sie bezeichnet die Erhebung — um es mit einem Lieblingsausdruck der modernen Zeit wiederzugeben — von der organischen Gliederung des Volks zur mechanischen, jene ist geworden, diese gemacht. Es ist derselbe Vorgang, der nach der herrschenden Rechtslehre mit dem Recht vor sich geht, indem zu der angeblich ausschließlichen Urform desselben: dem Gewohnheitsrecht, dem ohne alle Reflexion gewordenen, sich das gesetzliche, das ist das gemachte, mit Absicht und Überlegung ins Leben gerufene hinzugesellt, hier wie dort der Übergang von der naiven Daseinsform zur reflektierten.

Die lateinische Sprache kennt für Heer zwei Ausdrücke, von denen nach Aussage der Römer[317]) der eine: exercitus der neueren, der andere: classis der älteren Zeit angehört. Beide malen uns die Zeit, der sie entstammen, und treffen der durch sie ausgeprägten Vorstellung nach für die andere nicht zu. Exercitus ist sprachlich gedacht als die aus der Burg (ex arce) ausbrechende Schar[318]), die Burg aber mit der sie umgebenden Stadt stammt erst aus der Periode der Seßhaftigkeit, mit dem öfteren Ortswechsel zur Zeit der Wanderung vertragen beide sich nicht; bei längerem Aufenthalt in einer Gegend wird man sich gegen Überfälle der Feinde durch Befestigung des Lagers mittelst Wälle und Gräben oder nach Art der Arier mittelst Anlegung befestigter Rückzugsplätze auf Höhenpunkten (S. 112) gesichert haben. Der Ausdruck classis führt uns sprachlich das durch mündliches Rufen (calare) entbotene Heer vor Augen, und wir werden wohl thun, der damit gegebenen Anregung Folge zu leisten.

Die Schlüssigkeit dieses sprachlichen Arguments wird durch eine Reihe anderer bestätigt. Zunächst und vor allem dadurch, daß diese ursprüngliche Weise des Zusammenberufens sich bei den Pontifices noch bis tief in die historische Zeit hinein erhalten hat, während die weltliche Macht sie seit Aufkommen der militärischen Signalhörner durch diese ersetzte. Die Geistlichkeit machte wie überall diesen Fortschritt nicht mit, sie hielt an der althergebrachten Weise fest. Die Versammlungen, die von ihnen einberufen wurden, hießen darum comitia calata.

---

317) Fest. Epit. p. 56: classes clypeatas antiqui dixerunt quos nunc exercitus vocamus.
318) So auch Baniček a. a. O. I S. 55.

Man hat sich dies nicht so zu denken, als ob diese Art der Zusammenberufung ihnen von allem Anfang an eigentümlich gewesen sei und die weltliche Macht eine andere gehabt hätte, es war die in der Urzeit, der die Verarbeitung des Metalls unbekannt war (S. 39 ff.), allein bekannte, und die Sprache hat außer dem Zeugnis, welches classis dafür ablegt, noch zwei andere aufbewahrt: classicus[319]) und classicum. Classicus in seiner späteren Bedeutung bedeutet den: qui lituo cornuve canit (Varro de L. L. V, 91), classicum das von ihm gegebene Zeichen. Entbehrte die Urzeit der militärischen Signalhörner, so konnten auch in der Schlacht die Befehle nur durch Rufen erteilt werden, und so geschah es nach der Ilias noch in den Kämpfen vor Troja. Dazu aber bedurfte es einer mächtigen weittragenden Stimme, so erklärt sich bei Homer die Betonung der Eigenschaft des lauten „Rufers im Streit". Nicht jeder, der sich zum Führer eignete, besaß diese Eigenschaft, während die Natur einem Manne, der sich sonst vielleicht zu nichts eignete, diese Eigenschaft in besonders hohem Grade verliehen hatte, und ich stütze darauf die Vermutung, daß die classici der Urzeit nicht bloß dazu ausersehen waren, das

---

[319]) Der Ausdruck classicus kam in alter Zeit auch noch in einer anderen Anwendung vor, nämlich auf den Testamentszeugen, Fest. Epit. p. 56: classici testes dicebantur, qui signandis testamentis adhibebantur. Es erklärt sich dies aus der älteren Form der Errichtung des Testaments in der Volksversammlung, der Ausdruck classicus erhält die Hinweisung darauf, daß er beim Testament das Volk (classis) vertritt, was auch aus der den fünf Censusklassen desselben entsprechenden Fünfzahl der Zeugen hervorgeht. Unser heutiger „klassischer Zeuge" führt also seinem sprachlichen Ursprung nach auf das calare der Urzeit zurück, alle drei Ausdrücke weisen auf die ursprüngliche Weise des Rufens hin; daß man sie beibehielt, auch nachdem sie sprachlich nicht mehr zutrafen, ist eine Erscheinung, die sich in der Geschichte der Sprache außerordentlich oft wiederholt, in Hamburg heißen noch bis auf den heutigen Tag gewisse Magistratsdiener reitende Diener, obschon sie ihr Pferd längst eingebüßt haben.

Heer zusammenzuberufen, sondern auch in der Schlacht die
ihnen von den Führern mitgeteilten Kommandoworte auszu=
schreien, sie würden also denselben Dienst geleistet haben, wie
die classici der spätern Zeit, sie mit der Stimme, diese mit
ihren Instrumenten.

Ich habe oben (S. 388) gesagt, daß die Pontifices die
alte Weise des calare beibehielten. Damit hängen sprachlich
zusammen die calatores = ihre Diener, welche bei Opfern
die Einstellung der Werkeltagsarbeit zu verkünden hatten, die
calendae = die Ersten des Monats, an denen mündlich von ihnen
der Monatskalender verkündet ward, und die curia calabra =
der Ort, von wo aus es geschah. Diese mündliche Verkün=
digung des Kalenders ist für sie ebenso bezeichnend, wie die
mündliche Zusammenberufung der von ihnen abzuhaltenden
Volksversammlungen. Wie sie für letztere die inzwischen auf=
gekommenen Hörner ablehnten, so für jene die Schrift. Die
weltliche Macht setzte mit Aufkommen derselben an Stelle der
ehemaligen mündlichen Verkündigung (edicere) die schriftliche,
nur daß auch hier ebenso wie bei dem classicus der sprachlich
jetzt nicht mehr passende Ausdruck edictum beibehalten ward.
Aber die Pontifices machten den Fortschritt in **offizieller
Anwendung** nicht mit, obschon gerade sie ihn **thatsächlich**
vermittelt hatten (sie waren die frühesten Schreibmeister des Volks),
sie unterschieden vielmehr genau zwischen der **internen** Verwen=
dung der Schrift für ihre eigenen Zwecke[320] — hier ward alles

---

320) Pontificum libri bei Cic. de orat. I, 43, 193; monu-
menta pontificum bei Val. Probus de notis interdum antiquis praef.
Beispiele: das Rechnungswesen, die Legisaktionen, der Kalender, die
heiligen Gesänge. Bei den Galliern bestand nach Caesar de bello Gall.
VI, 14 das Verbot der Aufzeichnung für die Druiden in interner Beziehung
auch in Bezug auf die heiligen Gesänge: neque fas esse existimant ea
literis mandare, während sie in reliquis fere rebus publicis privatisque
rationibus graecis utuntur literis. Als einer der beiden Gründe, auf welche
Cäsar dies zurückführt, figuriert auch hier wie bei den Pontifices die

aufgezeichnet — und der **externen** dem Volk gegenüber, hier ließen sie es beim alten, der Kalender ward nach wie vor öffentlich verkündigt, und ebenso wurden die von ihnen ausgearbeiteten Prozeßformeln (legis actiones) nur im einzelnen Fall mündlich mitgeteilt, obschon dem Volk mit der schriftlichen Aufzeichnung gewiß ein großer Dienst erwiesen worden wäre[321]). Man hat ihnen daraus in der späteren Zeit in Rom bekanntlich den Vorwurf der absichtlichen Geheimhaltung gemacht, aber sie hielten damit nur an dem Grundsatz fest, daß die Weise der Vorfahren für die Geistlichkeit bindend ist, daß diese die Neuerungen des Lebens nicht mitzumachen hat. Wie sie den Holzbau der Brücke beibehielt, als die Steinbauten, die hölzernen Nägel und Speere, als das Eisen, das Totpeitschen, als die Enthauptung, die mündliche Zusammenberufung des Volks, als die Signalhörner aufgekommen waren, so auch die mündliche Verkündigung des Kalenders und die mündliche Mitteilung der Klageformeln, als die weltliche Macht die Schrift dafür an die Stelle gesetzt hatte. Für den Legisaktionenprozeß hat sich dieser Grundsatz der Mündlichkeit in dem Erfordernis des mündlichen Aussprechens der Formel noch bis in die späteste Zeit hinein behauptet, während schon jahrhundertelang das Princip der Schriftlichkeit von der weltlichen Macht für den Formularprozeß zur Anwendung gebracht worden war, gleichmäßig in Bezug auf die Verkündigung der Klagformeln im Edikt, wie bei Abfassung derselben im einzelnen Fall. Der Umschwung ward bewirkt durch den Prätor pere=

Absicht der Geheimhaltung, als zweiter: ne literis confisi minus memoriae studeant, bezeichnend für die römische Auffassung, die sich nur praktische Gründe denken konnte; der wirkliche Grund, der im Text geltend gemachte **historische**, ist keinem Römer gekommen, auch den Altertumsforschern nicht, die Anknüpfung an die Urzeit war ihnen mit der Erinnerung an dieselbe abhanden gekommen.

321) Als dies ohne ihr Zuthun durch einen ihrer Amtsschreiber Cn. Flavius geschah, adeo gratum fuit id munus populo, ut tribunus plebis fieret et senator et aedilis curulis.

grinus, der die Rechtshändel zwischen Peregrinen oder zwischen Peregrinen und Römern zu entscheiden hatte, und der eben darum an die altrömische Weise nicht gebunden war. Er zuerst hat, sei es aus eigener Machtvollkommenheit oder sei es durch das Gesetz, welches ihn einführte, dazu angewiesen, die den Griechen längst bekannte Form der schriftlichen Klage für den vor ihm spielenden Prozeß herüber= genommen, und erst von ihm aus ist das neue Verfahren, nachdem es sich hier ausgebildet und bewährt hatte, durch einen Akt der Gesetzgebung auf den Prätor urbanus für die Prozesse unter Römern übertragen worden.

Ich habe bei der vorstehenden Ausführung das Heer der Urzeit gänzlich aus den Augen verloren, aber ich glaubte der Anregung, welche mir das calare desselben gewährte, um auch das calare von Seite der Pontifices heranzuziehen, nicht aus dem Wege gehen zu sollen, nicht bloß darum, weil es mir Gelegenheit bot, ein Stück des römischen Altertums ins richtige Licht zu setzen, sondern weil dadurch zugleich ein Reflex auf die Urzeit zurückfällt; das calare des Heeres zur Zeit der Wanderung ist dadurch außer Zweifel gestellt, und damit zugleich der oben (S. 41) in Aussicht gestellte Nach= weis erbracht, daß der Gebrauch der Metallinstrumente zur Erteilung der militärischen Signale dem Wandervolk un= bekannt war.

Ein weiteres vermag ich über das Heerwesen der Wander= periode nicht beizubringen, höchstens etwa die Notiz, daß wir uns dasselbe als Fußvolk zu denken haben, die Reiterei der Römer stammt erst aus der Zeit der Seßhaftigkeit und ist ihnen wahrscheinlich erst durch ein Volk zugekommen, das sie in Italien vorfanden. Die Griechen vor Troja besitzen noch keine Reiterei, die einzige ihnen bekannte Art der Verwendung des Pferdes für militärische Zwecke ist die bereits bei dem arischen Muttervolk sich findende: vor dem Streitwagen³²²). Bei den Römern hat sie schon in frühester Zeit der ungleich praktischeren des Reitens Platz gemacht — die 300 celeres der ältesten römischen Heeresverfassung — der Streitwagen ist im praktischen Gebrauch gänzlich verschwunden, die einzige Spur, die er hinterlassen hat, besteht meines Erachtens in dem Triumph= wagen, auf dem der siegreiche Feldherr in die Stadt einzieht, eine Deutung desselben, die nach allem, was ich im bisherigen für die Beibehaltung des im praktischen Gebrauch Überwundenen für solenne Zwecke — das caput mortuum der einstmals realistischen — beigebracht habe, keiner Beanstandung unter= liegen dürfte. In dieser Weise war einst der Feldherr aus der siegreichen Schlacht zurückgekehrt, in derselben Weise geschah es auch noch jetzt.

3. Der Feldherr.

XLIV. In der vedischen Periode — und ein gleiches werden wir auch für das arische Muttervolk annehmen dürfen — steht jeder Stamm unter einem durch Wahl bestellten König (rājan)³²³), der im Kriege den Oberbefehl hat, er ist sat- pati, d. i. Führer im Felde³²⁴). Mit den Zwecken der Wanderung vertrug sich diese Einrichtung nicht, hier bedurfte es der Einheitlichkeit der Leitung, b. i. eines einzigen Oberbefehls= habers, und wenn sonst der Schluß von dem Auszuge der

---

322) Mit dem Begriff „Roß" ist dem vedischen Arier der andere „Streitwagen" untrennbar verbunden. Zimmer a. a. O. S. 169, 295.

323) Der Wahl des Königs wird sehr häufig in den Quellen gedacht, s. Zimmer a. a. O. S. 162—165, der Erblichkeit nirgends. Die Thatsache, aus der dieser Schriftsteller S. 162 sie folgert, daß nämlich bei einigen Stämmen der Sohn dem Vater in der Königs= würde folgt, diesem der Enkel und so fort, reicht dazu nicht aus, sie verträgt sich vollkommen mit dem Princip der Wahl.

324) Zimmer S. 165.

Helvetier auf den der Arier berechtigt ist, so wird er bereits vorher bestellt worden sein, um mit autoritativer Gewalt die nötigen Vorbereitungsmaßregeln anzuordnen [325]), womit sich verträgt, daß ihm ein beratender Ausschuß an die Seite gestellt wurde. Ohne einheitliche Leitung wäre das Unternehmen von vornherein dem Untergang geweiht gewesen. Bei einer Meinungsverschiedenheit über den einzuschlagenden Weg hätte der eine Haufe hierhin, der andere dorthin ziehen können. Darum konnte von der Übertragung des Stammeskönigtums auf die von den einzelnen Stämmen gestellten Kontingente nicht die Rede sein, das ganze Heer mußte dem Oberbefehl eines Einzigen untergeordnet sein, und dazu eignete sich nur der Tüchtigste, Erprobteste, der das Vertrauen des ganzen Volkes besaß, ob von niederer oder hoher Herkunft, konnte dabei nicht ins Gewicht fallen, das Heil des Volkes hing davon ab, daß der Beste an die Spitze kam.

Das jsk. rājan hat sich als Bezeichnung des Königs erhalten in lat. rex, goth. reiks, irr. ri und als Endsilbe zu Eigennamen in dem rix (z. B. Orgetorix, Vercingetorix) und dem germanischen ric (z. B. Theodoricus, Alaricus) [326]),

---

325) Caesar I, 3: Ad eas res conficiendas Orgetorix deligitur.
326) Es muß eine besondere Bewandtnis mit derselben gehabt haben. Sie bildete nicht die Bezeichnung des Königs; die mancherlei Träger des Namens, welche Cäsar bei den Galliern anführt, sind nicht Könige, aber es sind lauter hoch angesehene Personen, „principes", ihrem Reichtum und ihrer socialen Stellung nach. Bei der im Worte hervortretenden unzweifelhaften Beziehung zum Königtum im Sinne des Textes, d. i. dem Heerführertum, vermute ich, daß sie nach Art des byzantinischen porphyrogenitus die königliche Abstammung kundgeben sollte, rix — ric also zu denken ist als ein dem Heerführer während der Dauer seines Amts geborener Sohn, aber nur der zuerst Geborene, der zweite hatte darauf keinen Anspruch. So erklärt es sich, daß einige Königssöhne z. B. bei Cäsar I, 3 Casticus und Divitiacus den Namen nicht führen. Daß die Könige nach der Wahl ihn nicht angenommen haben, wird durch manche Beispiele bei Cäsar z. B. I, 2, V, 22 außer Zweifel

ein Beweis, daß auch das Königtum selber sich während der Wanderung erhalten hat. Damit aber verträgt sich vollkommen eine den Zwecken der Wanderung angepaßte Gestaltung desselben. Bei dem Stammeskönigtum trat die militärische Seite hinter der politischen zurück, der rājan (von įš. rah = recken, richten) ist gedacht als derjenige, der das Gemeinwesen zu regeln, in Stand zu setzen und zu erhalten hat, der normale Zustand aber ist der Friede, der Fall des Krieges, in dem er als Oberbefehlshaber in Thätigkeit tritt, bildet nur einen Ausnahmsfall. Umgekehrt während der Wanderung. Hier ist Krieg der normale Zustand, und dementsprechend ist auch die Stellung des Königs eine wesentlich andere, er steht nicht an der Spitze eines Volks, sondern eines Heeres, ein Volk giebt es nicht, das Volk geht im Heer auf, er ist Heeres-, nicht Volkskönig, dasselbe, was der Herzog der Germanen, der das „Heer zu ziehen" hat, der βασιλεύς der Griechen, der das λαός in Bewegung zu versetzen hat (βαίνω im transitiven Sinn), der römische rex und germanische reiks nicht im Sinn des Einrichtens (regere, rich-ten) der bürgerlichen Ordnung, sondern des Richtens der Schlachtordnung. Darum ist seine Machtstellung in allen militärischen Beziehungen eine unbeschränkte, er hat Macht über Tot und Leben. Der römische Ausdruck dafür ist imperium, d. i. sprachlich die Macht des Auferlegens (endo-parare, imperare), der germanische Heerbann. Als Symbol und zugleich als Mittel der Verwirklichung seiner Macht über Tod und Leben hat der römische Feldherr die fasces, die Ruten, mit denen der Schuldige in der Urzeit zu Tode gepeitscht wurde, die Beile kommen erst später dazu (S. 76).

---

gesetzt; wo ein König diesen Namen führt wie z. B. Cingetorix, Lugotorix V, 22, Ambiorix V, 26, ist dies daraus zu erklären, daß er seinem Vater in der Herrschaft gefolgt ist. Dasselbe wie für die keltische Endung•rix wird auch für die germanische ric anzunehmen sein, Alarich, Amalarich, Friedrich, Ganserich, Theoderich u. s. w. sind durch sie als Königssöhne bezeichnet.

Die Wahl geschieht durch das Volk, aber der Wahlakt allein versetzt ihn noch nicht in den Besitz seiner Macht, dazu bedarf es noch eines zweiten: des Gelöbnisses des Gehorsams, der Huldigung. In Rom geschieht sie durch die lex curiata de imperio, die er selber beantragt (innerhalb 5 Tage), vorher hat er, um es in römischer Sprache auszudrücken, nur einen titulus auf die Macht, nicht sie selber[327], bei den Germanen erfolgt sie durch Überreichung eines Speeres[328] und durch Erhebung auf den Schild als Symbolisierung seiner Erhebung über die Masse, bei manchen Stämmen durch Berührung seines Speeres durch die der Volksgenossen[329].

Wie das Volk die Macht auf ihn überträgt, so kann es sie ihm auch wieder entziehen, wenn es die Überzeugung gewonnen hat, daß sein ferneres Bleiben von Unheil sein würde. Die Möglichkeit seiner Absetzung durch das Heer war eine der Schranken, welche den Oberbefehlshaber lehrten, daß seine Macht keine unbegrenzte war, und welche zugleich die Garantie dafür enthielt, daß er sie nicht mißbrauchte. Was Tacitus (Germ. cap. 7) von den Königen der Germanen aussagt: nec regibus libera aut infinita potestas, wird um so mehr von ihm gegolten haben. Bei den Germanen befand sich die gesetzgebende Gewalt ausschließlich in den Händen des Volks, nicht minder die richterliche[330], und über alle wichtigen Angelegenheiten hatte der König die Entscheidung des Volks einzuholen, nur nach einer Seite hin war er, wie es die Natur der Sache mit sich brachte, unbeschränkt, in Bezug auf die Handhabung der militärischen Gewalt, und darin lag zugleich, daß er sie

---

327) Cic. de leg. agr. II, 12: Consuli si legem curiatam non habet, attingere rem militarem non licet.
328) Grimm a. a. O. S. 163: hasta signifera.
329) Schröder a. a. O. S. 18, Verpflichtung durch gairethinx, an deren Stelle später der Unterthaneneid getreten ist.
330) Über die Ausübung derselben durch besonders vom Volk dazu bestellte Beamte s. Tac. cap. 12, bei den Galliern Caesar VI, 23.

durch Zuerkennung von Strafen aufrecht erhalten konnte. Ganz dieselbe Gestalt trägt auch das römische Königtum an sich, was im übrigen völlig zweifellos und zugegeben, nur in Bezug auf die richterliche Gewalt fälschlich bestritten worden ist, ein Punkt, auf den ich wegen seiner Unerheblichkeit für die vorliegende Frage nicht weiter eingehe. Ein Oberfeldherr, der seiner Aufgabe nicht mehr gewachsen war, man denke z. B. an den Fall, daß er geistesschwach geworden oder durch Wunden oder unheilbares körperliches Leiden dauernd verhindert war, sein Amt zu versehen, ein solcher Oberfeldherr durfte dasselbe nicht mehr behalten, das Heil des ganzen Volks hing an seiner Entfernung. Selbst in unseren auf das Princip der Legitimität gebauten, konstitutionellen monarchischen Staaten ist durch die Verfassung dafür Sorge getragen, es ist das unentbehrliche Sicherheitsventil für den Bestand der Monarchieen, wo es fehlt, wie in Rußland und der Türkei versieht eine Schärpe zum Strangulieren, Gift oder eine Scheere zum Öffnen der Adern den Dienst desselben, die Verschiedenheiten betreffen nicht das Ob, sondern nur das Wie der Entfernung. Bei den Germanen geschah es auf rein thatsächlichem Wege durch Aufkündigung des Gehorsams von seiten des Heeres mittelst Wegwerfens der Waffen, bei den Römern zur Zeit der Republik in verfassungsmäßiger Weise, indem dem Magistrat durch Senatsbeschluß aufgegeben ward, sein Amt niederzulegen (abdicare se magistratu), die germanische als die rohere, wird die zur Zeit der Wanderung übliche gewesen sein. Für meine Zwecke genügt die Thatsache, daß das germanische Königtum, wie Tacitus es schildert[331]), und das römische denselben Zuschnitt an sich tragen, ich folgere aus dieser Übereinstimmung die Gemeinsamkeit ihres Ursprungs aus der Zeit der Wanderung. Der germanische und römische

---

331) Es ist das der Westgermanen, das der Ostgermanen hat durch die Berührung mit dem byzantinischen Kaisertum eine erheblich andere Gestalt angenommen.

König ist nicht der des arischen Muttervolks, er führt nur denselben Namen, sondern es ist der Oberfeldherr zur Zeit der Wanderung. Von den duces, die gleichmäßig bei Kelten und Germanen (als Herzöge) auftauchen, unterscheidet er sich dadurch, daß diese nur für die Dauer eines Feldzuges erwählt werden, und mit der Beendigung desselben zurücktreten, während er auf Lebenszeit gewählt wird, und diese Lebenslänglichkeit der Gewalt werden wir wohl als das Ziel der Ehrgeizigen anzusehen haben, die bei Kelten und Germanen das Königtum erstrebten. Der Gedanke eines unbeschränkten Königtums wird bei dem ausgeprägten Freiheitssinn beider Völker schwerlich in ihrer Seele Platz gegriffen haben, schon der Umstand allein, daß sie ohne Wahl von seiten des Volks eine wenn noch so beschränkte Oberherrschaft sich anzueignen und sie lebenslänglich zu behaupten gedachten, reicht aus, das Volk in Harnisch zu bringen und das Attentat durch seinen Tod zu rächen [332]. Die „principes" der Germanen und Kelten bei Tacitus und Cäsar haben gar keine staatliche Stellung, es sind nur die durch Reichtum, Geburt und Einfluß hervorragenden Personen, denen aber eben dadurch häufig die Brücke zum Königtum geschlagen war [333].

4. Das Beuterecht.

XLV. Es ist oben im Vorübergehen des Beuterechts gedacht, die genauere Ausführung aber zunächst noch ausgesetzt worden, ich trage sie hier nach.

Nach der Art, wie Gajus bei Gelegenheit des Vindikations=

---

332) So z. B. bei Orgetorix, Caes. I, 4: ex vinculis causam dicere coëgerunt damnatum poenam sequi oportebat ut igni cremaretur, VII, 4: ob eam causam, quod regnum appetebat, ab civitate erat interfectus. Ebenso Arminius, Tacit. Ann. II, 88.

333) Tac. Germ. 7: reges ex nobilitate, duces ex virtute sumunt.

prozesses (IV, 16) sich über dasselbe ausläßt, sollte man glauben, daß die Beute demjenigen zugefallen sei, der sie gemacht habe. Der Stab, dessen man sich bei der Vindikation zu bedienen habe, sagt er hier, vertrete die Stelle des Speers, der Speer aber sei das Zeichen des richtigen Eigentums: quod maxime sua esse credebant, quae ex hostibus cepissent. Die Begründung des Privateigentums auf das Beuterecht ohne das Mittelglied des Volkseigentums an der Beute kann nur bedeuten, daß dieselbe dem Einzelnen zugefallen sei, und daß die alten Römer gerade darin die Hauptquelle des Eigentums erblickt hätten.

Ist Gajus wirklich dieser Ansicht gewesen und hat er nicht etwa nur der Kürze wegen des Mittelglieds des Volkseigentums keine Erwähnung gethan, so hat er damit einen historischen Irrtum begangen, die Beute fiel nicht dem Einzelnen, sondern dem Volk zu, in das Eigentum des Einzelnen konnte sie nur übergehen mittelst Übertragung von seiten des Volks. Mit dieser Einschränkung ist aber die Behauptung, daß die Vorzeit in der Erbeutung die Hauptquelle des Eigentums erblickt habe (maxime sua esse credebant), völlig zutreffend, sie malt uns die Zeit der Wanderung, wo nahezu alles, was man hatte, dem Feind entrissen war, und der friedliche Erwerb durch Arbeit gegen den durch Raub völlig in den Hintergrund trat, das Räubervolk der hirpinischen Sage (S. 369).

Man braucht sich bloß das Privatbeuterecht klar zu vergegenwärtigen, um sich von der Unmöglichkeit seiner Zulassung zu überzeugen. Daß es auf Grund und Boden keine Anwendung finden konnte, bedarf nicht der Bemerkung. Ebensowenig auf Lebensmittel: Vieh oder Getreidevorräte, da hätte der eine schwelgen, der andere darben, verhungern, und es hätte sich unter den Genossen ein Kampf um die Nahrung entspinnen können. Aber auch die Wertsachen und die gefangenen Feinde durfte man nicht demjenigen zusprechen, den ein glücklicher Zufall in die Lage versetzt hatte, sie zu erbeuten. Die Beute war keineswegs immer der verdiente Lohn der persönlichen Tapferkeit, im Gegenteil, sie fiel regelmäßig weniger den Tapfern als den minder Tapfern zu, jene waren stets im Vordertreffen zu finden und setzten dem fliehenden Feinde nach, diese hielten sich möglichst im Hintertreffen, ihnen wäre es daher ein leichtes gewesen, die auf dem Schlachtfelde liegenden Feinde zu berauben und als Sklaven heimzuführen, und damit denjenigen, denen sie die Möglichkeit dazu verdankten, den verdienten Lohn zu entziehen. Dem Einzelnen die Beute zusprechen, hätte geheißen, Zank und Streit über das Verdienst daran entfesseln, den Neid und Groll des minder Glücklichen gegen den Glücklichern heraufbeschwören und damit den Erisapfel unter das Volk werfen, ja durch Ablenkung von dem Hauptzweck, der Niederwerfung des Feindes auf das Machen von Beute den glücklichen Erfolg des Kampfes gefährden. Kein Einzelner, selbst der Tapferste nicht, konnte sich das Verdienst an der Beute zusprechen, in Feindesland auf sich ganz allein angewiesen, hätte er sie nimmer zu machen vermocht. Die Beute war in Wirklichkeit die Frucht der gemeinsamen Unternehmung. Jeder zu seinem Teil hatte dazu mitgewirkt, und darum mußte sie auch gemeinsam werden, Gemeinsamkeit der Gefahr und des Einsatzes an Kraft, Gemeinsamkeit des Gewinnes — das war eine Forderung, die auch dem einfachsten Rechtsgefühl einleuchten mußte. Raubzüge zu Land und zu Wasser sind das Verhältnis gewesen, in dem eine Vereinigung zu einem gemeinsamen Zweck zuerst Platz gegriffen hat und der Grundgedanke der Societät dem Volk zuerst zum Bewußtsein gekommen ist, längst bevor die friedliche Form der Vereinigung diese uranfänglich räuberische abgelöst hat.

So war also der Grundsatz der Gemeinsamkeit der Beute durch die Verhältnisse unabweisbar geboten, und für drei der indoeuropäischen Völker: Griechen, Römer und Germanen sind wir in der Lage nachweisen zu können, daß sie denselben anerkannt haben[334]), er wird, wenn er sich nicht etwa schon beim arischen Muttervolk nachweisen lassen sollte, worüber mir ein Urteil nicht zusteht, in der Wanderperiode zur Geltung gekommen sein. Das Rechtsgefühl des Volks war in diesem Punkt äußerst empfindlich. Auch der gemeine Mann bestand mit dem vollen Trotz des Rechtsgefühls darauf, daß ihm sein gutes Recht werde. Als Chlodwig von der gemachten Beute einem Bischof auf seine Bitten die Weihgefäße zurückgeben wollte, erhob ein gemeiner Franke Widerspruch dagegen, und Chlodwig fügte sich ihm, freilich nur, um später seine Rache an ihm zu kühlen. Ein nicht minder sprechendes Zeugnis dafür gewährt der unversöhnliche Groll des Achilles, der den Griechen vor Troja so verhängnisvoll ward, er hatte seinen Grund in einem Willkürakt des Agamemnon in Bezug auf die Beute.

Nur eine Ausnahme gab es von dem obigen Grundsatz, die ich allerdings nur für die Römer darthun kann, die aber sicherlich allgemein gegolten haben wird, nämlich in Bezug auf die dem erlegten Feinde abgenommenen Waffen, sie fielen als Siegespreis demjenigen zu, der ihn getötet hatte. Darauf beruht der Begriff der spolia im Gegensatz zu der sonstigen Beute, der praeda. Es ist dies kein faktischer, sondern ein rechtlicher Gegensatz, spolia und praeda sind zwei Rechtsbegriffe, das heißt: es knüpft sich daran eine Verschiedenheit der rechtlichen Wirkung, sie zählen sicherlich zu den ältesten, deren sich das Wandervolk bewußt geworden ist. Über die spolia hat derjenige, der sie gemacht hat, freie Verfügung, der Feldherr, der den feindlichen Feldherrn besiegt hat, hängt die ihm abgenommene Rüstung[335]) zum Andenken an den Sieg nicht selten

---

334) Für die Griechen siehe Ilias I, 125, für die Römer siehe unten, für die Germanen Grimm, Deutsche Rechtsaltert. S. 246, für Kelten und Slaven habe ich keine Zeugnisse zu finden vermocht.

335) Spolia opima, d. i. die prächtigen, glänzenden, s. Vaniček a. a. O. I 533.

im Tempel auf, der Horatier schmückt sich mit der seinigen, als er im Triumph mit dem Heere in die Stadt zurückkehrt (trigemina spolia prae se gerens, Liv. I, 26), und von einem tapfern Krieger der späteren Zeit wird berichtet (Plin. Hist. Nat. 7, 29), daß er nicht weniger als 34 Spolien besaß.

Die Beute ward vom Feldherrn verteilt, bei den Griechen konnte er selber einen höheren Anteil begehren (Jlias I, 138, 172), bei den Germanen, wo sie verlost ward, nicht[336]). Bei den Römern ist als Regel anstatt der Verteilung der Verkauf der Beute im Lager an der dafür bestimmten Stelle (dem Marktplatz des Lagers) vor versammeltem Volk (sub corona) gesetzt worden[337]), der Erlös (manubiae) wurde dann bald ganz, bald unter Abzug eines Teils für das Ärar unter die Mannschaft verteilt. Der Verkauf geschah bald im einzelnen, bald um die damit verbundenen Weitläufigkeiten zu vermeiden, im ganzen oder in Partieen, was voraussetzt, daß es im Lager an Handelsleuten, die mit großen Geldmitteln versehen waren, nicht fehlte. Da sie die erstandene Masse im einzelnen wieder verkauften, so nannte man sie danach sectores (Zerschneider, Zerteiler, die schwäbischen „Güterschlächter"), und den Verkauf in Masse sectio.

Die hier geschilderte Gestalt des Beuterechts bei den Römern: die öffentliche Versteigerung der Beute, die Verteilung des Erlöses zwischen dem Heer und dem Ärar zeigt, daß auch bei ihnen die Beute mit alleiniger Ausnahme der Spolien nicht demjenigen zufiel, der sie gemacht hatte, sondern dem Volk, an den einzelnen konnte ein Beutestück nur gelangen durch Übertragung von seiten des Volks: Verteilung durch den Feldherrn oder öffentlichen Verkauf. Die Symbolisierung des Beuterechts in Form des Speeres kann also nicht den Gedanken zum In-

---

336) Grimm a. a. O.

337) Es kommt aber selbst noch in späterer Zeit eine reale Verteilung vor, siehe z. B. Caesar, De bello Gallico VII, 89.

halt haben, den Gajus damit verknüpfte, daß die Beute dem Erbeuter zugefallen sei, sondern sie soll nur das Volkseigentum zum Ausdruck bringen. So figuriert der Speer bei öffentlichen Verkäufen von seiten des Volks[338]), z. B. des Vermögens eines Verurteilten, nie aber bei Verkäufen von seiten des Einzelnen, so auch bei dem Centumviralgericht, in dem das Volk durch seine Vertreter dem Eigentum seinen Schutz gewährt, im Gegensatz zu dem von den Parteien gewählten Einzelrichter. Der Speer bildet das Attribut des Volks, wofür sich auch der oben (S. 396) erwähnte Fall der Verleihung desselben als Tapferkeitspreis in Bezug nehmen läßt.

Daraus ergiebt sich, daß die Deutung, welche Gajus der festuca im Vindikationsprozeß giebt, daß der Stab nämlich den Speer als Zeichen des richtigen Eigentums habe vertreten sollen, nicht die richtige sein kann. Ganz abgesehen davon, daß

---

338) Fest. Epit. p. 101. Hastae subjiciebantur, quae publice venundabant. Als Grund wird hinzugefügt: quia signum praecipuum est hasta. Das ist sinnlos, es muß hier ein Wort ausgefallen sein, man hat gemeint: proelii, belli. Dazu paßt allerdings der folgende Satz: nam et Charthaginienses, quum bellum vellent, Romam hastam miserunt, allein weder der Vordersatz, noch der Nachsatz: et Romani fortes viros saepe hasta donarunt, beide haben zur Voraussetzung, daß der Speer ein „signum praecipuum" des römischen Volks gebildet habe. Es müßte also populi romani ausgefallen sein, was sich leicht erklärt, wenn der Abschreiber in der Handschrift PRAECIPUUM fand und das Verdoppelungszeichen über den beiden ersten Buchstaben übersah, wodurch Populi Romani in Wegfall kam. Dazu paßt aber der Passus über die Karthaginienser nicht, denn wenn der Speer ein signum praecipuum des römischen Volks ist, wie können sie sich seiner bedienen, um den Krieg anzukündigen? Alle drei Fälle, welche die Stelle aufzählt: der Verkauf und die Verleihung des Speeres von seiten des römischen und die Kriegsankündigung von seiten des karthagischen Volks finden ihre befriedigende Erklärung, wenn man annimmt, daß der Text ursprünglich lautete: quia signum populi praecipuum est hasta, sei es, daß populi abgekürzt wiedergegeben war durch P. oder durch PRAECIPUUM.

das Bedürfnis einer derartigen Vertretung garnicht abzusehen ist, da doch ein Speer ebenso leicht zu haben war wie ein Stab, so stand dem der Grundsatz entgegen, daß der Speer ein ausschließliches Vorrecht des Volks bildete: signum populi praecipuum, und daher von der Privatperson nicht gebraucht werden durfte. Damit schließt sich auch der Gedanke aus, den Stab als die herabgekommene Form der hasta pura der Urzeit zu deuten, er hatte mit dem Speer nichts gemein, seine Bedeutung kann also keine andere als die bloß deiktische der Bezeichnung des streitigen Gegenstandes durch körperliche Berührung mit dem Stabe gewesen sein.

Ich fasse das Ergebnis meiner Ausführung in den Satz zusammen: nach Kriegsrecht zur Zeit der Wanderung fiel die Beute mit Ausnahme der Waffen und der Rüstung des erlegten Feindes nicht dem Erbeuter, sondern dem Volk zu.

III. Greise und Schwächlinge[339].

XLVI. Der Hunger hat den Arier aus seiner Heimat getrieben, aber losgeworden ist er ihn damit nicht, er hat ihn dauernd auf der Wanderung begleitet, er war vielleicht der gefährlichste Feind, dessen er sich zu erwehren hatte.

Damit hängt eine grausame Sitte der Wanderperiode zusammen: die Tötung der alten Leute. Bei den alten Ariern finden wir sie nicht, bei den Slaven und Germanen[340] noch bis tief in die historische Zeit hinein, und auch die römische Überliefe-

---

339) [Dieser Paragraph fand sich in dem Jheringschen Manuskript nicht ausgearbeitet vor; der Herausgeber hat ihn aus einigen Bruchstücken der Handschrift zusammengesetzt.]

340) Zeugnisse für die Germanen in großer Menge bei Grimm, Deutsche Rechtsaltertümer S. 486 fl., über die Slaven s. unten § 49.

rung weiß von ihr zu berichten, die Sitte muß sich also in der Wanderperiode gebildet haben. Um zu verstehen, wie sie sich zu bilden vermochte, darf man nicht vergessen, daß schon bei den Ariern die Stellung der Alten eine recht kümmerliche war (S. 52 ff.). Von der Versagung des Brotes seitens des Sohnes an die Eltern war nur ein Schritt bis zur Tötung der Greise seitens des Gemeinwesens. In den Augen des Volks wird sie sicherlich nicht den Charakter einer nur durch die äußerste Not entschuldigten und durch sie bedingten vorübergehenden Maß= regel an sich getragen haben — dann hätte man die Greise bei ausreichendem Vorrat an Lebensmitteln leben lassen müssen — sondern den einer Einrichtung, die ihre volle Rechtfertigung in sich trug. Die Gemeinschaft — und ihr gehörten ja alle Lebens= mittel (S. 325, 333 ff.) — verabreicht das Brot nicht umsonst, sondern nur gegen Dienste, die dafür geleistet werden — wer nicht mitfechten kann, darf auch nicht mitessen, mit dem Moment, wo er dem Gemeinwesen keine Dienste mehr zu leisten vermag, hört auch dessen Verpflichtung auf, ihn zu ernähren.

Bei den Römern wußte man später den Wert, den das Alter durch seine Erfahrung und Einsicht zu beanspruchen ver= mag, wohl zu schätzen, so daß man sich derselben durch eine eigene staatliche Einrichtung (Senatus) zu Nutzen des Gemein= wesens versicherte (S. 331). Aber Reminiscenzen an den Brauch der Wanderung haben sich erhalten: das Opfer der argei und der Ausdruck senes depontani (S. 432). Ihnen ver= danken wir die Kunde, daß die Greise auf dem Marsch beim Übergang über einen Fluß von der Brücke geworfen wurden.

Wie man sich der Alten durch Tötung, so entledigte man sich der schwächlichen und gebrechlichen Kinder durch Aussetzung bei der Geburt. Wozu sie aufziehen, da sie dem Gemeinwesen keine Dienste in Aussicht stellen? Dagegen darf das gesunde Kind nicht ausgesetzt werden. Der Vater hat die Pflicht, es im Interesse des Gemeinwesens aufzuziehen. Damit er sich ihr nicht entziehe, soll er das Kind nach einem angeblichen

Gesetz von Romulus, das hier wie überall den Brauch der Urzeit bedeutet, fünf Zeugen zur Prüfung vorweisen; setzt er es, im Widerspruch mit ihrer Entscheidung aus, so trifft ihn schwere Strafe. Nur mit weiblichen Geburten, mit Ausnahme der Erstgeburt, mag er es halten wie er will. An Männern kann man nicht genug bekommen, der Weiber aber können leicht zu viel werden — Männer möglichst viel, Frauen möglichst wenig, denn unausgesetzt lichtet der Krieg die Reihen der Männer, während er die Frauen verschont. Darum Verbot der Aussetzung der brauchbaren männlichen Geburt, Verstattung der der weiblichen mit Vorbehalt der angegebenen Beschränkung. Die Aussetzung der Töchter bedeutete (wie bei andern Völkern) die künstliche Regulierung des durch den Krieg bedrohten Gleichgewichts beider Geschlechter.

IV. Die Frauen.

XLVII. Wenn alle Töchter bis auf die erstgeborene ausgesetzt wurden, so konnte sich leicht die Gefahr ergeben, daß Männer keine Frauen fanden, und dieser Mangel an Frauen war für das Gemeinwesen nicht minder bedrohlich als ihr Überfluß — wenn es an Frauen fehlte, so auch an Müttern, welche den notwendigen reichlichen Nachwuchs sicherten.

Der Frauenmangel muß sich in der Zeit der Wanderung sicherlich in empfindlicher Weise fühlbar gemacht haben. Ich bringe mit ihm folgende römischen Einrichtungen in Zusammenhang.

a. **Das Verbot der gentis enuptio bei Freigelassenen weiblichen Geschlechts.** Der Umstand, daß es nur für sie, nicht auch für die Freigelassenen männlichen Geschlechts galt, zeigt, daß man den Grund desselben nicht darin zu suchen hat, daß man Ehen zwischen den Angehörigen verschiedener Gentes hindern, sondern lediglich darin, daß man den männlichen Angehörigen der Gens die Frau sichern wollte. In dieser Gestalt wird es allerdings in der Urzeit schwerlich bestanden haben, da die römische Tradition die Freilassung von Sklaven in die historische Zeit verlegt. Möglich, daß auch damals noch ein Frauenmangel sich fühlbar machte, aber für wahrscheinlich halte ich es nicht, da der in den Verhältnissen der Wanderschaft liegende zwingende Grund zum sparsamen Aufziehen der weiblichen Geburt mit erlangter Seßhaftigkeit hinweggefallen war. Für wahrscheinlich halte ich es, daß das Verbot der gentis enuptio sich jetzt nicht erst gebildet hat, sondern von freigeborenen Frauen auf freigelassene **übertragen** worden ist, nur daß es für letztere sich schwerlich auf die Gens, sondern auf die Kurie erstreckt haben wird. So würden sich die zehn Zeugen bei Eingehung der konfarreierten Ehe erklären. Es waren die Vertreter der zehn zur Kurie der Frau gehörigen gentes, und das Erfordernis ihrer Zuziehung hatte den Zweck, das Herausheiraten der Frau aus der Kurie ohne deren Genehmigung zu verhindern. Um bloße Solennitätszeugen hat es sich dabei nicht gehandelt. So geläufig uns der Begriff des Solennitätszeugen ist, der nichts thun soll, als den Akt konstatieren, so völlig fremd war er der Urzeit, der Zeuge der alten Zeit hatte eine gänzlich andere Bedeutung, was an anderer Stelle ausgeführt werden wird. Hätten die zehn Zeugen bloß den Akt der Eingehung der Ehe konstatieren sollen, so bleibt die Zehnzahl, die sich sonst nirgends wiederholt, unerklärlich[341]), aber sie sollten ihn nicht konstatieren, sondern **legalisieren**, und dessen bedurfte es nicht für den Mann, der sich seine Frau holen durfte, wo er sie fand, sondern nur für die Frau, welche in Bezug auf die Wahl des Gatten beschränkt war.

---

341) Bodemeyer, Die Zahlen des römischen Rechts, Göttingen 1855 S. 93 weiß denn auch mit der Zehnzahl nichts anzufangen.

b. **Die Verlobung unmündiger und selbst neugeborener**[342]) **Kinder durch die Väter.** Als bloße Beredung b. i. in rechtlich nicht verbindlicher Weise hat sie nichts sonderlich Befremdendes und mag überall vorkommen, anders aber als **rechtlich verbindlicher** b. i. für beide Teile **klagbarer** Akt, wie es die sponsalia nach altlatinischem Recht waren (Gell. IV, 4). Was konnte die Väter bestimmen, sich in dieser Weise zu binden? Die Antwort ist eine ganz einfache. Ein vorsorglicher Vater that bei Zeiten dazu, seinem Sohne eine Frau zu sichern, und dafür bot sich ihm die Gelegenheit dar, wenn jemand eine ihm geborene Tochter auszusetzen gedachte. Gegen die Zusicherung des künftigen Mannes ließ dieser sie am Leben, er war jetzt wegen ihrer Zukunft beruhigt. Aber bei der Vereinbarung mußte es auch bleiben, sonst hätte er sich dazu nicht verstanden, und ebenso mußte der Vater des Sohnes darauf bauen können, sonst hätte er sich bei Zeiten nach einer anderen Frau für den Sohn umgesehen. Darum ward der Vertrag religiös bestätigt (Festus, spondere: ... interpositis rebus divinis), und beiden Teilen ein rechtlicher Anspruch daraus zugestanden; die verweigerte Erfüllung zog die Verurteilung in eine vom Richter frei zu bestimmende Abfindungssumme nach sich. Die spätere Zeit hat beides geändert, und sie konnte es, ein Frauenmangel war nicht mehr zu besorgen, es bedurfte nicht mehr der Sicherheit des künftigen Gatten, um den Vater abzuhalten, die nachgeborenen Töchter auszusetzen, aber für die Urzeit war die obige Gestalt der Sache mit zwingender Notwendigkeit vor-

---

342) l. 14 de spons. (23, 1) ... a primordio aetatis. Der damit in Widerspruch stehende Zusatz: si mode id fieri ab utraque persona intelligatur i. e. si non sint minores quam septem annis kann nur von der Hand der Kompilatoren herrühren, wie dies bereits von andern (s. Schulting, Notae ad Digesta IV p. 203) richtig bemerkt ist; es mag dabei vielleicht die christliche Auffassung der Ehe mitgewirkt haben.

IV. Die Frauen. § 47.

gezeichnet, die Klagbarkeit des Verlöbnisses hatte hier einen eminent socialen und moralischen Wert: für das männliche Geschlecht dem Frauenmangel zu steuern, für das weibliche, manches Wesen, das sonst dem Tode verfallen gewesen wäre, am Leben zu erhalten.

c. **Der Frauenraub.** Dem arischen Muttervolk war derselbe als Form der Eingehung der Ehe unbekannt[343]), er hat diese Bedeutung[344]) erst in der indischen Zeit erhalten und zwar ausschließlich für die Kriegerkaste. Daraus ergiebt sich, daß der Raub der Braut aus dem Schoße der Familie, welcher einen Bestandteil der römischen Hochzeitsgebräuche bildete[345]) nicht auf die arische Eheform zurückgeführt werden kann; wir haben uns also nach einem andern Erklärungsgrunde umzusehen. Ich finde ihn in dem Frauenmangel zur Zeit der Wanderung, man half ihm dadurch ab, daß man von einem andern Volk Frauen raubte. Auf dies Motiv des Frauenmangels führt auch die römische Sage den Raub der Sabinerinnen zurück[346]), womit allein schon die Zurückführung des Gebrauchs auf die vom Manne erst zu überwindende „jungfräuliche Schüchternheit" (Roßbach) hinfällig werden dürfte. So verweist uns also der Scheinraub der Braut bei den Hochzeitsgebräuchen zu seiner Erklärung auf den wirklichen Frauenraub in der Urzeit, dieser auf den Frauenmangel, der Frauenmangel auf die Aussetzung der Töchter, es ist eine einzige Kausalitätsreihe, deren erstes Glied die letztgenannte Thatsache bildet. Sie hinweggedacht und es bleibt gänzlich unbegreiflich, warum man die Frau statt unter den Stammesgenossinnen bei einem fremden Volk hätte suchen

---

343) Die Form bestand in Werbung durch einen Brautwerber. Zimmer, Altindisches Leben S. 309.

344) Ehe durch râxasa, s. Roßbach, Untersuchungen über die römische Ehe S. 201, 207.

345) Roßbach a. a. O. S. 328 fl. Ebenso bei den Spartanern.

346) „Eine mythische Motivierung des römischen Ehebegriffs und der römischen Hochzeitsgebräuche, eine ätiologische Mythe". Schwegler, Röm. Gesch. I S. 468.

sollen. Ganz abgesehen davon, daß es doch den Mann selber sicherlich mehr zu der Stammesgenossin zog, die mit ihm die gleiche Sprache redete, Sitte und Sinnesart teilte, und ihm in ihren Verwandten einen wertvollen Anhalt mitbrachte, mehr zu ihr als zu der Fremden, so widersetzten sich dem auch zwei höchst wichtige Interessen des Gemeinwesens. Einmal das der Reinhaltung des Bluts, und sodann die Rücksicht auf die Versorgung der einheimischen Frauen — jede fremde versperrte der römischen das Ehebett. So erklärt sich die Abneigung der späteren Zeit gegen derartige Ehen, der sie in dem Erfordernis des connubium rechtlichen Ausdruck gab: sie werden als Ehen anerkannt, aber nicht als römische, woran sich die wichtigsten sowohl publicistischen wie privatrechtlichen Folgen knüpften. Das connubium bedeutete eine Ehesperre nach außen hin, es hatte für die einheimischen Frauen dieselbe Wirkung wie der Schutzzoll, besser der Prohibitivzoll für die einheimische Fabrikation — der Zoll auf die Einführung einer fremden Frau war ein zu hoher, als daß ein verständiger Mann ihn hätte entrichten mögen. Damit aber legt zugleich das connubium Zeugnis dafür ab, daß der Frauenmangel nicht mehr bestand, und diese Thatsache wiederum dafür, daß die Quelle, aus der er zur Zeit der Wanderung hervorging: die Aussetzung der Töchter, mit dem Wegfall der Nötigung dazu bei erlangter Seßhaftigkeit wenn nicht gänzlich verstopft, so doch auf ein unschädliches Maß eingeengt worden war. Nur in dem Hochzeitsceremoniell dauerte noch eine Reminiscenz an den Frauenraub der Urzeit fort, die man, wie in so manchen Fällen, wo die Sitte der Urzeit im Leben praktisch einer anderen Platz gemacht hatte, als bloße Form — hier sogar in erweiterter Anwendung — beibehielt. Der Scheinraub der Braut gehört zur Klasse der residuären Formen, von denen uns bisher bereits so viele Beispiele begegnet sind, und denen wir im Verlauf der Darstellung noch häufig begegnen werden, — nicht die Absicht hat ihn ins Leben gerufen, die Absicht nämlich, dadurch die Macht des Mannes über die

Frau zu symbolisieren, sondern er ist nichts als ein historischer Rückstand aus einer Zeit, wo der Frauenmangel den wirklichen Frauenraub zur Notwendigkeit machte.

Der im bisherigen unternommenen Zurückführung des Frauenraubes auf den Frauenmangel zur Zeit der Wanderung könnte man den Einwand entgegensetzen, daß derselbe sich auch bei andern Völkern wiederholt, welche ein ununterbrochen seß= haftes Leben geführt haben. Er erledigt sich durch den Hin= weis auf die bei allen Völkern auf niedriger Kulturstufe ver= breitete Sitte der Aussetzung der Töchter, welche mit dem daran sich knüpfenden Frauenmangel auch die Abhülfe desselben auf dem Wege des Frauenraubes zur notwendigen Folge hatte. Man verwechsle bei der Frage nur nicht die Frau mit der Sklavin. Zur Erklärung steht nicht der Raub weiblicher Wesen überhaupt — dafür bedarf es derselben nicht — sondern die befremdende Erscheinung, daß man der fremden Frau den Vorzug vor der einheimischen gab, und dafür bietet sich als einziger Erklärungsgrund nur der, daß man die Frau daheim nicht fand.

Der Frauenmangel hat die Frau in unsern Gesichtskreis gebracht, und ich benutze diesen Anlaß, um hier das Nötige über sie einzuschalten. Es sind drei Punkte, die ich hervor= zuheben habe. Alle drei stehen mit den Zwecken der Wanderung in engster Verbindung.

1. Die monogamische Form der Ehe.

Bei dem arischen Muttervolk bildete dieselbe thatsächlich die Regel, aber sie war nicht durch das Recht vorgeschrieben, Polygamie war verstattet und bei Fürsten und Vornehmen in Übung, die allein in der Lage waren, sich den Luxus zu er= lauben, mehrere Frauen zu halten, während die Mittel des geringen Mannes dazu nicht ausreichten. Mit den Verhältnissen der Wanderung war die Polygamie unvereinbar. Daheim bestritt der Mann die Unterhaltskosten für die Frauen, mochte jeder zusehen, ob er sie aufbringen konnte. Aber hier sorgte nicht jeder Einzelne für sich und die Seinigen, sondern die Sorge für das Verpflegungswesen war eine gemeinsame Angelegenheit. Mehrere Frauen zu halten hätte unter diesen Umständen bedeutet, einen Luxus treiben auf Kosten des Gemeinwesens, die Lasten der Ernährung auf deren Schultern abladen.

Wo wäre das Ende abzusehen gewesen, wenn man dies hätte verstatten wollen? Was der Eine, hätte sich auch der Andere erlauben können, jeder hätte sich auf Kosten des Gemeinwesens einen Harem gehalten. Die Unmöglichkeit eines solchen Zustandes liegt so sehr auf der Hand, daß darüber kein Wort verloren zu werden braucht, und es bedarf nicht erst des Hinweises auf den oben nachgewiesenen Frauenmangel, um die Überzeugung zu gewinnen, daß eine Vielweiberei in den Zeiten der Wanderung nicht existiert hat, weil sie nicht hat existieren können.

Wir haben damit eine kulturgeschichtliche Thatsache allerersten Ranges festgestellt: den Kausalitätszusammenhang zwischen der monogamischen Form der Ehe und der Wanderung der Indoeuropäer. Der Arier Polygame, der Indoeuropäer Monogame — es genügt zu wissen, daß der Übergang von der Polygamie zur Monogamie während der Periode der Wanderung erfolgt ist, und schon die Thatsache allein beansprucht einen eminenten kulturgeschichtlichen Wert. Wenn die Polygamie von Asien nicht mit nach Europa hinübergenommen, Europa der Mutterboden der Monogamie geworden ist, wie es Asien der der Polygamie war und noch heutigen Tages ist, so verdankt die Geschichte dies dem Indoeuropäer, es war ein Wendepunkt, wie die Weltgeschichte außer dem Christentum keinen zweiten zu verzeichnen hat. Damit mag die Bedeutung, welche die Thatsache für den Kulturhistoriker beansprucht, erschöpft sein, aber der Ethiker kann und soll ihr noch etwas anderes entnehmen.

IV. Die Frauen. 1. Monogamische Form der Ehe. § 47.

Es ist die Erkenntnis, daß eine der Grundformen des sittlichen Daseins der Menschheit nicht durch die **sittliche Intuition**, in der die herrschende Ethik den letzten Grund alles Sittlichen zu erblicken gewohnt ist, ins Leben gerufen worden ist, sondern durch die zwingende Kraft **äußerer Verhältnisse**. Dem Muttervolk war die Vorstellung, daß die Polygamie dem Wesen der Ehe widerspreche, unbekannt, der Indoeuropäer verließ mit dem Glauben an ihre Rechtmäßigkeit die Heimat, der Grund, daß er sie mit der Monogamie vertauschte, kann also nicht auf ein sittliches Bedenken gegen sie zurückgeführt werden, sondern lediglich auf die von mir nachgewiesene praktische Unmöglichkeit derselben während der Wanderung. Damit ist für die Monogamie ein Grund dargethan von einer so unabweisbar zwingenden Kraft, daß auch die verwegenste Widerspruchslust nicht versucht sein wird, ihn in Abrede zu nehmen. Die Monogamie verdankt ihre Einführung beim Tochtervolk **praktischen**, nicht **sittlichen Motiven**, erst die Gewohnheit und das lange Bestehen hat den Umschlag des ursprünglich Nichtsittlichen in das Sittliche zur Folge gehabt, es ist derselbe Vorgang, den ich oben für das Religiöse nachgewiesen habe, und der meines Erachtens bei allen sittlichen Normen im weitesten Sinn des Worts (Recht, Moral, Sitte), ohne Ausnahme sich wiederholt. Praktische Motive haben sie alle ins Leben gerufen. Haben sie sich in einer Weise der gesellschaftlichen Ordnung eingegliedert, daß man sie ohne Bedrohung derselben nicht mehr hinwegnehmen könnte, so geraten die wahren Eltern: die praktischen Gründe in Vergessenheit, und die „sittliche Idee" giebt sie für ihre Kinder aus. Aber es sind nur **Mantelkinder** — man schlage den Mantel zurück, und man wird mit Hülfe der Geschichte in den meisten Fällen die wirklichen Eltern zu ermitteln vermögen. In Bezug auf die Monogamie glaube ich dies hiermit gethan zu haben.

2. Festigkeit der ehelichen Verbindung.

Polygamie und freie Lösbarkeit der Ehe von seiten des Mannes gehen Hand in Hand, sie entstammen derselben Vorstellung: Ungebundenheit des Mannes in Bezug auf das eheliche Verhältnis. Dem Manne, dem es frei steht, seiner Frau das tiefste Leid zuzufügen, indem er ein anderes Weib sein Lager mit sich teilen läßt, wird es nicht verwehrt werden können, sie gehen zu heißen — der richtigen Frau wird die Scheidung sogar noch als das kleinere der beiden Übel erscheinen. Das alte Testament erkennt noch das Recht des Mannes an, der Frau ohne Angabe von Gründen einen Scheidebrief zuzustellen, ebenso der Koran, das neue Testament beschränkt es auf den Fall des Ehebruchs. Hat das Christentum den Grundsatz der Festigkeit der Ehe in die Welt gesetzt? Schon vorher hatte es der Indoeuropäer gethan, und zwar aus denselben Motiven, welchen der Grundsatz der Monogamie seine Entstehung verdankt: Polygamie und freie Löslichkeit der Ehe vertrugen sich nicht mit den Zwecken der Wanderung.

Ob dem arischen Muttervolk die freie Scheidung des Mannes von der Frau bekannt war, darüber habe ich nichts zu ermitteln vermocht, aber da es die Polygamie duldete, so wird es auch ihr kein Hindernis in den Weg gelegt haben. Wie es sich damit aber auch verhalten haben möge, mit der Wanderung vertrug sich das freie Scheidungsrecht des Mannes ebenso wenig wie die Polygamie. Wie hätte, als man sich zum Auszug rüstete und jeder sich ein Weib suchte, ein weibliches Wesen dem Manne die Hand reichen sollen, wenn es nicht gegen die Gefahr geschützt war, von ihm, falls er seiner überdrüssig geworden, verstoßen zu werden? Traf dies Los die Frau daheim, so kehrte sie zu den Ihrigen zurück, bei ihnen fand sie Unterkommen und Schutz, traf es sie auf dem Marsch, so war sie ein elendes, hülfloses, allen Halts beraubtes Wesen. Sie da=

gegen zu sichern, lag im Interesse aller, es war die unerläß=
liche Bedingung, um die Frauen zu bestimmen, sich dem Zuge
anzuschließen. Die Zusicherung des Mannes an die Frau allein
reichte dazu nicht aus — welche Garantie hatte sie, daß er sein
Wort hielt? Dazu bedurfte es der Garantie seitens der Gesamt=
heit, d. h. es mußte durch gemeinsame Verabredung der Grund=
satz aufgestellt werden, daß der Mann sich nicht nach reiner
Willkür von der Frau trennen könne, sondern nur, wenn sie ihm
durch schuldhaftes Verhalten dazu Grund gegeben habe.

Diese Erwägung traf nur für die weiblichen Wesen zu,
welche man bestimmen wollte, die Heimat zu verlassen, nicht für
diejenigen, welche während der Wanderschaft geboren waren.
Und doch galt dasselbe Recht auch für sie, es müssen sich also
noch andere Erwägungen hinzugesellt haben. Es ist oben (S. 408)
der rechtlich bindenden Kraft des Verlöbnisses gedacht worden.
Schon sie allein reicht aus, um den Schutz, den das Recht der
Frau in Bezug auf die Ehe gewährte, zu erklären, er war mit
der rechtlich bindenden Kraft des Verlöbnisses notwendig gegeben,
entgegengesetzten Falls hätte dieselbe dadurch einfach vereitelt
werden können, daß der Mann die Frau nahm und sie sofort
wieder wegschickte.

Auch in Bezug auf die Festigkeit der Ehe war es also
ebenso wie in Bezug auf den Grundsatz der Monogamie nicht
die sittliche Idee, welche diese Gestaltung des ehelichen Verhält=
nisses zu Wege brachte, sondern wiederum nur die unabweis=
bare praktische Nötigung — auch hier kann sich mithin erst
im Laufe der Zeit die sittliche Idee hinzugesellt haben.
Was wir heutzutage aus dem „Wesen der Ehe" ableiten, ist
historisch ohne Mitwirkung irgend einer sittlichen Vorstellung
rein durch praktische Motive ins Leben gerufen worden, wir ver=
danken es nicht der tiefen sittlichen Intuition unserer indo=
europäischen Ahnen, sondern lediglich ihrer praktischen Einsicht
in das, was not that. Die richtige Gestaltung des Eherechts
— eins der unvergänglichsten Verdienste der Indoeuropäer um

die Menschheit — war ein absolutes Postulat der Wanderung.

Von der unbestreitbaren Thatsache ausgehend, daß keins der indoeuropäischen Völker die Einrichtung der Wanderperiode so treu bewahrt hat, wie das römische, glaube ich von der Gestaltung des ehelichen Verhältnisses während dieser Zeit ein annäherndes Bild zu gewähren, indem ich die Bestimmungen mitteile, welche nach der römischen Sage Romulus, der hier wie überall der Repräsentant der Urzeit ist, erlassen haben soll.

Den Mann, der seine Frau (altlat. voxor, neulat. uxor von sskr. vaçâ Geliebte) verkauft, trifft Todesstrafe. Wegen Ehebruchs darf er sie töten, ebenso, wenn sie sich betrinkt. Scheiden darf er sich von ihr nur aus gewissen gesetzlichen Gründen, von denen ich hier nur den Ehebruch namhaft mache, während ich die anderen der folgenden Erörterung vorbehalte. Verstößt er sie ohne gesetzlichen Grund, so büßt er es mit dem Verlust seines ganzen Vermögens, die eine Hälfte fällt an die Frau, die andere an die Gens.

Die überaus einschneidenden Strafbestimmungen, welche hier aufgeboten werden, um die Stellung der Frau zu sichern, zeigen, wie sehr man sich bewußt war, was für das Gemeinwesen daran hing. Todesstrafe und Verlust des ganzen Vermögens — wessen bedarf es mehr, um die Überzeugung zu gewinnen, daß die Urzeit in der rechtlichen Sicherung der Stellung der Frau ein Lebensinteresse allererften Ranges erblickte? Wie gänzlich anders die spätere Zeit darüber dachte, zeigt das Aufkommen der sog. freien Ehe (coëmtio), welche die Scheidung ganz in das Ermessen der Gatten stellte, und bei der den Mann im Fall der Scheidung nur eine Rüge des Censors (nota censoria) traf. Worin lag der Grund? Nicht in der Mißachtung der sittlichen Bedeutung der Ehe — darüber kann nach allem, was wir über das eheliche Leben der Römer in der guten alten Zeit wissen, nicht der mindeste Zweifel bestehen — sondern darin, daß die Verhältnisse der Seßhaftigkeit dem Recht eine andere Stellung zur Ehe ermöglichten als zur Zeit der Wanderung, das Recht zog seine Hand von ihr zurück und überließ ihren Schutz der Sitte. Mit dieser Freigebung der Ehe war auch die des Verlöbnisses gegeben. Es wäre widersinnig gewesen, fortan noch eine Klage auf Eingehung eines Verhältnisses zu gewähren, dessen Lösung ganz dem freien Willen der Parteien anheimgestellt war, Freiheit in Bezug auf Lösung der Ehe bedingt notwendigerweise auch Freiheit in Bezug auf ihre Eingehung — die Klaglosigkeit des Verlöbnisses in der späteren Zeit steht im engsten Kausalnexus mit dem Aufkommen der freien Ehe.

3. Fruchtbarkeit der Frau.

Das Gemeinwesen nimmt die Frau unter ihren Schutz, aber dafür erwartet es von ihr, daß sie Kinder gebäre und zwar möglichst viele[347]), am liebsten männlichen Geschlechts. Eine Frau, die nur Knaben gebärt (puerpera), ist hoch angesehen, mehr Mädchen als Knaben oder gar nur Mädchen zu gebären, ist für sie ein Unglück, gar keins ein Fluch. Kinder in die Welt zu setzen, ist die Bestimmung der Ehe, dadurch unterscheidet sie sich von der außerehelichen Verbindung, bei der es auf Sinnengenuß abgesehen ist und die Kinder mehr gefürchtet als gewünscht werden, und von der Scheinehe, durch die man sich den Strafen der Ehelosigkeit zu entziehen suchte, und der der Censor durch Auferlegung des Eides an den Mann, daß er in richtiger Ehe lebe (liberorum quaerendorum gratia se uxorem habere), steuerte. Die richtige Frau wird Mutter, und daher von mater die Bezeichnung der Ehe als matrimonium, und matrona als Ehrenname für die Frau („matro-

---

347) Aus den Quinten bei der dos (Ulp. VI, 4) ergiebt sich, daß es mindestens fünf sein sollten, und diese Zahl des ältesten Rechts ward auch für das jus liberorum in den Provinzen beibehalten, während sie in Italien auf vier, in Rom auf drei herabgesetzt ward.

narum sanctitas"), während die Sprache von pater den Ausdruck für Vermögen: patri-monium bildet: die Frau sorgt für die Kinder, der Mann für das Vermögen. Bekommt sie keine Kinder, so wird dies nach der Volksvorstellung ihr zur Last gelegt, und selbst die Gesetzgebung der späteren Zeit ließ sich durch diesen Gedanken leiten, indem sie den Ehemann schon beim Dasein eines Kindes von den Strafen der Kinderlosigkeit (orbitas) befreite, die Frau nur, wenn sie mehrmals geboren hatte (in Rom drei-, in Italien vier-, in den Provinzen fünfmal). Es liegt dem der Gedanke zu Grunde, die Frau trägt die Schuld, wenn nicht mehr Kinder kommen, sie hat aus Scheu vor dem Wochenbett und der Mühe der Auferziehung der Kinder künstlich in den Lauf der Natur eingegriffen, hätte sie gewollt, es würde, da die erste Entbindung gezeigt hat, daß sie nicht unfruchtbar ist, an weiteren Kindern nicht gefehlt haben, der Mann ist daran schuldlos.

Kinder also waren das, was der Mann wie das Gemeinwesen von der Frau begehrte, Fruchtbarkeit der Frau stand auf einer Linie mit der Tapferkeit des Mannes, und wie man diese durch Verleihung eines Speers[348]), so lohnte man jene durch die eines Schlüssels — das Symbol der Erschließung des Mutterschoßes[349]). Durch sie war die Liebe des Mannes und die Achtung, die sie in der Welt genoß, bedingt. Zwar verstoßen konnte er sie wegen Unfruchtbarkeit nicht, unter den Gründen, welche Plutarch (Romulus c. 22) namhaft macht, findet sich dieser nicht. Plutarch zählt die Gründe auf, aus denen Romulus, der auch hier die Personifikation des alten Rechts

---

348) Fest. Epit. p. 101 Hastae.
349) Fest. Epit. p. 56. Clavim consuetudo erat mulieribus donare ob significandam partus facilitatem. Der Ausdruck partus facilitas kann auf den einzelnen Akt der Geburt bezogen werden, aber auch auf die Leichtigkeit des Gebärens überhaupt. Von wem der Schlüssel geschenkt ward: ob von dem Manne, den Verwandten oder nach Art des Ehrenspeers vom Gemeinwesen, steht dahin.

bedeutet, dem Manne die Scheidung verstattet habe. Sie stehen im engsten Zusammenhang mit der Unfruchtbarkeit der Frau, und dies hat mich bestimmt, sie hier ins Auge zu fassen. Es bedarf zu dem Zweck erst der Richtigstellung des Sinnes der Stelle des Plutarch; sie ist bisher in kaum glaublicher Weise mißverstanden worden.

Außer dem Fall des Ehebruchs soll Romulus noch zwei Gründe namhaft gemacht haben: Vergiftung der Kinder und Nachmachung von Schlüsseln³⁵⁰). Vergiftung der Kinder! Die Frau, deren höchster Lebenswunsch und Stolz die Kinder bildeten, soll selbstmörderisch ihr Glück vernichten? Es sei darum. Aber sie hätte ebenso thöricht wie verworfen sein müssen, wenn sie die Kinder durch Gift hätte aus dem Leben schaffen wollen, was sie der Gefahr der Entdeckung ausgesetzt hätte — da boten sich viel geeignetere Mittel dar, sie erdrosselte das Kind im Schlaf. Und auf eine solche anderweitige Tötung des Kindes hätte das Gesetz nicht dieselbe Strafe setzen sollen? Das hätte ja geheißen, ihr den einen Weg verschließen und ihr den anderen offen halten: vergiftest Du Deine Kinder, so kann Dein Mann sich von Dir scheiden, wenn du sie auf andere Weise ums Leben bringst, nicht. Und warum wird bloß die Vergiftung der Kinder namhaft gemacht? War die Vergiftung anderer Personen minder strafwürdig? Die Frau vergiftet Vater, Mutter, Geschwister des Mannes — hier steht ihm das Scheidungsrecht nicht zu! Aber wozu im Fall der Vergiftung der Kinder noch erst den Vorbehalt desselben? Sicherlich wird auf jeden Giftmord die Todesstrafe gestanden haben, der Mann ward die Rabenmutter also auch ohne Scheidung los. Kurz, die Ansicht enthält einen solchen Rattenkönig von widersinnigen,

---

350) Die entscheidenden Worte lauten: ἐπὶ φαρμακείᾳ τέκνων ἢ κλειδῶν ὑποβολῇ καὶ μοιχευθείσῃ, bei Bruns, Fontes romani antiqui I Romulus, wiedergegeben: propter veneficium circa prolem vel falsationem clavium vel adulterium commissum.

völlig unglaublichen Dingen, daß es des gänzlichen Mangels an Nachdenken, der vollendeten Kritiklosigkeit bedarf, um sie gläubig entgegen zu nehmen.

Die Sache ist ganz einfach: τέκνων gehört nicht zu dem vorhergehenden φαρμακείᾳ, sondern zu dem folgenden ὑποβολῇ, das Komma, wenn man es in den griechischen Text setzen will, muß nicht hinter τέκνων, sondern hinter φαρμακείᾳ gesetzt werden. Es sind nicht zwei Vergehen, welche hier namhaft gemacht werden, sondern drei: φαρμακεία, ὑποβολὴ τῶν τέκνων und ὑποβολὴ τῶν κλειδῶν.

Das erste ist die **Kindesunterschiebung**. Dem Obigen nach wird es begreiflich erscheinen, daß eine Frau, deren Glück und Stellung daran hing, daß sie Mutter ward, für den Fall, daß die Natur es ihr versagt hatte, auf den Gedanken verfallen konnte, durch Kunst der Natur zu Hülfe zu kommen und ein fremdes Kind unterzuschieben. Sie benutzte den Moment, wo der Mann im Felde stand; kam er zurück, so war das Kind da.

Das zweite Vergehen ist die **Fälschung der Schlüssel**. Die Vorstellung, die man damit verbindet, ist etwas, aber nicht viel besser als die obige. Die Frau möchte gern an die Sachen des Mannes, die er verschlossen hält, und von denen er die Schlüssel, da er seiner Frau natürlich nicht trauen kann, selbst wenn er sich auf den Marsch verfügt oder in die Schlacht zieht, sorgsam mit sich führt. Und doch bildeten gerade die Schlüssel das Erfordernis und das charakteristische Kennzeichen des Hausregiments der Frau; beim Eintritt ins Haus wurden sie der Neuvermählten übergeben, bei der Scheidung der Frau abgefordert (claves adimere, exigere). Wozu also erst noch die Schlüssel nachmachen? Aber die Schlüssel, welche die Frau fälschte, waren nicht die wirklichen, sondern die symbolischen: der oben genannte clavis ad significandam partus facilitatem, das Ehrenzeichen der Leichtgebärerin. Wie wir uns das konkret zu denken haben: ob die Frau den Schlüssel nach=

machte, ihn einer anderen stahl, abkaufte, die Verwandten
bestach, ihr einen zu schenken, lasse ich dahingestellt, jedenfalls
war es auf Täuschung des Mannes abgesehen, und dies setzt
voraus, daß der Betrug vor Eingehung der Ehe spielt, der
Schlüssel sollte ihm sagen: du bekommst eine Frau, die leicht
Kinder gebärt.

Das dritte Vergehen ist die Bereitung von Liebes=
tränken, die sie dem Mann ohne sein Wissen in sein Getränk
mischt. Auch hier also betrügt sie ihn wieder, ebenso wie in
den beiden vorhergehenden Fällen. Warum? Um sich seiner
Liebe zu versichern? Das scheint mir für die Urzeit zu hoch
gegriffen, wir müssen uns für sie nach einem realistischeren
Grunde umsehen. Da bietet sich zuerst das Motiv der künst=
lichen Steigerung des Geschlechtstriebes beim Mann. Auch
diese Deutung sagt mir nicht zu, es wird eines solchen Mittels
bei einem kräftigen Naturvolk nicht bedurft haben. Dagegen
bietet sich eine andere dar, welche nach dem Vorhergehenden die
größte Wahrscheinlichkeit beanspruchen kann: die Frau, welche
keine Kinder bekommt, mischt den Liebestrank, um Mutter zu
werden. Nicht also der erotische Zweck ist es, der sie dabei
leitet, sondern der Gedanke, der all ihr Sinnen und Denken
ausfüllt, daß sich ihr Leib aufschließen möge. Weit entfernt,
durch ihre φαρμακεία die Kinder aus dem Wege zu räumen,
soll sie ihr nur dazu dienen, ihr Kinder zu verschaffen. Daß
das Wort diesen Sinn haben kann, steht außer Zweifel
— φάρμακον bezeichnet in erster Linie nicht Gift, sondern
Heil=(Arznei)mittel, φαρμακεία demgemäß also nicht bloß die
Bereitung von Giften, sondern auch von Arzneimitteln, Liebes=
tränken, — daß es hier in diesem Sinne genommen werden
muß, ergiebt sich daraus, daß das Gesetz der Giftmischerin
unmöglich die bloße Strafe der Ehescheidung androhen konnte,
es hätte die Todesstrafe sein müssen.

Der Glaube an die Wirksamkeit der Liebestränke, der dem=
nach schon der Urzeit angehört, hat sich in Rom noch bis in

die historische Zeit hinein behauptet. Dafür legt ein Bericht von Livius (VIII, 18) Zeugnis ab. Die Stelle ist bisher ebenso in kaum glaublicher Weise mißverstanden, wie die von Plutarch. Nach der herrschenden Ansicht[351]) sollen im Jahre der Stadt 422 nicht weniger als 170 den vornehmsten Kreisen angehörende Römerinnen sich verschworen haben, ihre Männer zu vergiften. Man staunt, wie ein solches Märchen bei den Altertums= forschern hat Glauben finden können, es ist um kein Haar besser, als das von der Mutter der Urzeit, welche ihre Kinder vergiftet. Der Vorgang spielt in den besten Zeiten der Republik, wo das eheliche Leben über alles Lob erhaben war; schon dieser Umstand allein macht die Annahme, daß sich damals 170 Gift= mischerinnen hätten finden können, die ihre Männer abthun wollten, völlig unmöglich. Was in aller Welt konnte sie verlocken, das glänzende Los an der Seite eines angesehenen Mannes mit dem kümmerlichen einer Witwe zu vertauschen? Ihre Thorheit hätte auf derselben Höhe mit ihrer Verruchtheit stehen müssen (ganz so wie bei der Mutter der Urzeit, die ihr Kind vergiftet, anstatt es zu erdrosseln), wenn sie zu dem Zweck ein Komplott hätten bilden wollen, das die Gefahr der Ent= deckung in Aussicht stellte und wirklich nach sich zog, anstatt daß jede für sich im geheimen den Mann aus dem Wege räumte.

Auch hier ist die Sache ganz einfach: die „venena", welche die Matronen brauten, waren nicht bestimmt, sie ihrer Männer zu entledigen, sondern diese nur fester an sie zu ketten, es waren Liebestränke (vene-num von Ven-us = Mittel der Liebe) nach ihrer Überzeugung nicht „venena mala", sondern „bona" (Liv. a. a. O.: ea medicamenta salubria esse[352]),

---

351) Statt aller s. Marquardt in Becker, Handbuch der röm. Altertümer V S. 67.

352) Unterscheidung von venena bona und mala l. 236 de V. S. (50, 16) qui venenum dicit, adjicere debet, utrum malum an bo-

und sie weigerten sich nicht, die Probe darauf an sich selber zu machen, die freilich mit ihrem Tode endete. Mit dem „veneficium" dieser Frauen hatte es also ganz dieselbe Bewandtnis wie mit der φαρμακεία der Frau in der Urzeit, nur daß es jenen schwerlich gleich dieser darauf angekommen sein wird, Kinder zu bekommen; aber bei beiden war es nicht Haß, sondern Liebe, welche ihnen die Hände führte.

Alle drei im bisherigen betrachteten Scheidungsgründe des Plutarch drehen sich um die Fruchtbarkeit der Frau, die beiden ersten sollen dem Manne den Schein derselben (τέκνων ἢ κλειδῶν ὑποβολῇ) vorspiegeln, der dritte (φαρμακεία) sie fördern. Vielleicht ist dies auch mit dem vierten (μοιχευθεῖσαν) der Fall. Das Motiv zum Ehebruch kann Sinnenlust sein, aber es bietet sich noch ein anderes dar: die Frau, die von dem eigenen Manne keine Kinder erhält, giebt sich einem anderen preis, um den höchsten Wunsch, an dem ihr ganzes Glück und ihre Stellung hängt, zu erreichen. Man muß sich die Schmach und das Elend, das auf der Kinderlosen in der Urzeit lastete, vergegenwärtigen, um zu verstehen, daß auch eine Frau, die ihren Mann wahrhaft liebte, sich zu diesem Schritt entschließen konnte; es war ja nicht die Buhlerin, die sich hingab, sondern die ehrbare Frau, welche Mutter zu werden und mit dem eigenen Glück zugleich das des Mannes zu begründen suchte. Und darum mag der Mann, wie in den drei anderen

---

num, nam et medicamenta venena sunt — daher: lex ita loquitur: qui venenum malum fecit, Cic. pro Cluent. 54, 148, ähnlich wie bei dolus: qui dolo malo etc. Die ursprüngliche Art des venenum ist das venenum bonum und zwar der Liebestrank gewesen (venenum von venus), aus der Frau, welche Liebestränke für den Mann braute (venefica), ist später die Zauberin und Giftmischerin geworden, überall ist es in der Sage die Frau, welche sich darauf versteht (Medea, Circe), nie der Mann. venenum bonum wie malum kommen geschichtlich auf ihre Rechnung, und auch heute noch bildet Giftmord ein vorzugsweise weibliches Verbrechen.

Fällen, so auch in diesem, häufig Gnade vor Recht haben ergehen lassen und die Frau behalten haben — es waren ja nur Verirrungen aus Liebe —, während er am buhlerischen Weibe die Todesstrafe vollzog, die das Gesetz ihm verstattete.

Das Gegenstück der Unfruchtbarkeit der Frau ist die Ehelosigkeit des Mannes. Das Gemeinwesen verlangt von jedem Manne, daß er heiratet und für Nachwuchs sorgt; die Frau zu finden, ist seine Sache, findet er sie nicht bei den Seinigen, so mag er sie sich vom Feinde holen. Der Ehelose entzieht sich nicht bloß der Pflicht gegen das Gemeinwesen, sondern er schließt auch eine Gefahr für den Ehemann in sich: die des Marders, der den Hühnerstall beschleicht; es war die Erwägung, welche die Friesen im Mittelalter bestimmte, keine unverheirateten Priester unter sich zu dulden. In Rom ward der Ehelose von Staats wegen durch den Censor an die Erfüllung seiner Pflicht erinnert[353]), und es gab eine eigene Hagestolzensteuer (aes uxorium), deren Empfindlichkeit dadurch gesteigert ward, daß sie nach Maßgabe des Vermögens angesetzt wurde[354]); es hätte ganz im römischen Geist gelegen, wenn man den Ertrag derselben zur Aussteuer vermögensloser Mädchen verwandt hätte. Beide Einrichtungen stammen nachweisbar erst aus historischer Zeit, lassen sich also nicht in die Zeit der Wanderung verlegen; aber wenn schon die Römer zur Zeit der Seßhaftigkeit das Bedürfnis empfanden, der Ehelosigkeit zu steuern, so wird man zur Zeit der Wanderung, wenn sie sonst zu besorgen war, sie um so weniger geduldet haben, die Sorge für den Nachwuchs war hier in erhöhtem Maße geboten.

---

353) Ein Censor ging sogar so weit, ihnen Multen anzudrohen, bis sie heirateten. Plut. Camill. 2.

354) Huschke, Verfassung des Servius Tullius S. 501.

V. Sachkundige Personen[355].

1. Die Fetialen[356].

XLVIII. Die Fetialen bildeten in Rom die Behörde zur Vornahme aller äußeren Akte des Völkerrechts: Verfolgung der Ansprüche des Angehörigen des eigenen Volks gegen den des andern, Entgegennahme der schuldigen Leistung, in Ermangelung derselben des Schuldigen selber (noxae deditio), sowie umgekehrt Ablieferung der schuldigen Leistung oder des Schuldigen an das andere Volk. Sie waren eine lediglich exekutive Behörde ohne eigenes Entscheidungsrecht, die Beschlußfassung über alle internationalen Angelegenheiten stand dem Volk zu, das aber in zweifelhaften Fällen ihren Rat einholte, der Name bezeichnet sie als die Sprecher des Volks[357], d. i. Gesandte. Die Römer bezeichnen die Einrichtung, die sich bei allen italischen Völkern wiederholt, als eine von ihnen einem fremden Volk entlehnte, der denselben beigelegte Name Aequicoli (= qui aequum colunt) zeigt, was davon zu halten. Daß sie der Urzeit angehört, kann meines Erachtens keinem Zweifel unterliegen: das Steinbeil und die hasta praeusta sind bereits früher angeführt, und zu ihnen gesellt sich als dritter noch der Ritus bei der deditio hinzu: dem Schuldigen wurden die Kleider ausgezogen und die Hände auf den Rücken gebunden (Liv. IX, 10). Das Binden erklärt sich, aber wozu das Ausziehen der Kleider? Es hat denselben Grund, wie bei der

---

355) [Vermutlich hatte Jhering beabsichtigt, diesen bedeutsamen Abschnitt durch einige allgemeine Betrachtungen einzuleiten.]

356) [Dieser Paragraph scheint nicht in definitiver Redaktion vorhanden zu sein. Es liegt nahe, bei den Fetialen an die Dolmetscher der Urzeit zu denken, also Sachkundige in diesem Sinne, deren ja das Volk auf der Wanderung nicht entraten konnte.]

357) Fetialis von fari (Vaniček II, 577).

Haussuchung nach gestohlenen Gegenständen (S. 14 ff.): solenne Akte werden in der Weise vorgenommen, wie sie in der Urzeit vorgenommen wurden, der alte Arier aber kannte keine Kleider, daher auch hier Entfernung der Kleider. Der deditus ist der Schuldige der Urzeit: der Mann an der Säule (S. 78 ff.), nackt und gebunden. Auch die heiligen Kräuter (sagmina, verbena) weisen auf die arische Vorstellung der Heiligkeit gewisser Pflanzen hin[358]. Nach alle dem wird der Schluß gerechtfertigt sein, daß die Fetialen nebst den von ihnen beobachteten Gebräuchen schon der Periode der Wanderung angehören.

2. Die Pontifices.

II. Der Sprache zufolge sind Pontifices[359] diejenigen, welche die Brücken zu machen haben (pontem facere), und auf diese ihre Beziehung zur Brücke deutet auch der Umstand hin, daß sie ihr Amtslokal in Rom am pons sublicius hatten, und daß die Axt zu den Insignien ihres Amtes gehörte. Die Pontifices waren demnach die Techniker des Brückenbaus gewesen: Brückenmeister. Die Ansicht ist auf vielfachen Widerspruch gestoßen[360], man vermochte sich eine so untergeordnete Thätigkeit, wie das Schlagen einer Brücke, mit der religiösen Seite des Amts und dem hohen Ansehen der Pontifices nicht zusammenzureimen. Versuchen wir, ob uns die Zeit der Wanderung nicht das vermeintliche Rätsel erschließt.

---

358) Beispiel bei Zimmer a. a. O. S. 59—62.

359) Livius I, 20, 32, II, 2 kennt für die Königszeit nur einen, die anderen Autoren nennen mehrere, wahrscheinlich hatte Livius nur den Vorstand (mit späterem Namen pontifex maximus) im Auge.

360) Nicht bloß bei heutigen Schriftstellern, sondern schon bei den Römern, s. darüber und über die höchst gezwungenen, zum Teil sprachlich gänzlich unmöglichen etymologischen Ableitungen des Worts Marquardt in Becker, Handbuch der römischen Altertümern IV S. 186.

Für ein auf der Wanderung begriffenes Volk spielt die Brücke eine große Rolle. Stößt es auf einen Fluß, der seinen Weg kreuzt und der sich nicht durchwaten läßt, so bedarf es des Schlagens einer Brücke, und dieser Fall mußte sich auf dem langen Wege der Indoeuropäer von Asien nach Europa sehr häufig wiederholen. Das Schlagen einer Brücke aber war keine Sache der bloß physischen Kraftanstrengung des Schlagens und der Herbeischaffung der Pfähle, Balken, Bohlen, Bretter, dazu bedurfte es des Kopfes und des geübten Auges, des Nachdenkens und der Erfahrung. Zunächst mußte diejenige Stelle des Flusses festgestellt werden, wo derselbe am wenigsten tief und reißend war, dann mußte das Profil des Flußbettes durch vorherige Messungen mit einem Stabe oder dem Senk= blei von einem Boot oder Floß aus ermittelt werden, um da= nach die Länge der Balken zu bemessen, welche, wie wir von der Konstruktion des pons sublicius in Rom wissen, nicht senkrecht, sondern ins Kreuz gestellt wurden[361]). Der Pons sublicius ist die Brücke der Urzeit, es war die einzige ganz von Holz gefertigte Brücke in Rom, alle anderen waren von Stein, und wir wissen, daß sich an ihr keine eisernen Nägel befinden durften (S. 40). Das besagt: der Pons sublicius stammt aus der Zeit, als man sich noch nicht auf die Verarbeitung des Metalls und Verwendung des Steins zu Bauten verstand. So be= greift es sich, daß die Holzbrücke sich bei den Pontifices er= hielt, die nicht bloß, wie bereits bemerkt, an ihr ihr Amtslokal, sondern auch für ihre Erhaltung zu sorgen hatten; wie überall hat die Geistlichkeit auch hier an den Einrichtungen der Urzeit festgehalten, den Fortschritt des Volks und der weltlichen Be= hörden vom Holz zu Stein und Metall nicht mitgemacht. Der Pons sublicius war in Rom längere Zeit hindurch die einzige Brücke; die Sage führt ihre Erbauung auf Ancus Martius

---

[361] Die sprachlichen Zeugnisse dafür bei Baniček a. a. O. II, 825.

zurück. Das ist ein beachtenswerter Zug, es prägt sich darin die militärische Bestimmung der Brücke aus. Sie bestand nicht etwa bloß darin, daß sie dem Heer den Übergang auf das andere Stromufer ermöglichen sollte, sondern auch darin, daß sie beim Andrängen des Feindes mit leichter Mühe abgebrochen werden konnte; der Fall des Horatius Cocles zeigt, daß man dies noch fertig brachte, als die Etrusker bereits den Pons sublicius bestürmten, die Bohlen waren also durch die hölzernen Nägel mit dem Gestell der Brücke so zusammengefügt, daß sie sich ohne Schwierigkeit entfernen ließen. Die Brücke vereinigte vermöge dieser Konstruktion mit ihrem offensiven Zweck zugleich den defensiven, sie ermöglichte den eigenen Einfall in Feindes=land und schnitt dem Feinde den in das römische Gebiet ab. Mittelst einer festen Brücke hätte man den unschätzbaren Vor=teil der Deckung durch den Fluß preisgegeben, mittelst der zer=legbaren erhielt man ihn sich, und diese Rücksicht auf die Deckung von der Flußseite her wird sicherlich bei der Wahl des Platzes der Ansiedelung in der Urzeit maßgebend gewesen sein, so auch für Rom. Wo ein Fluß sich nicht darbot, wählte man der leichteren Verteidigung wegen Höhenpunkte; in Rom traf beides zusammen: Fluß und Hügel.

Dieser Defensivwert des Flusses ist so einleuchtend, daß die Indoeuropäer wenig einsichtig hätten sein müssen, um nicht auf ihrer Wanderung, wo sie nur irgend konnten, ihren Weg an der Seite eines Flusses zu nehmen, ganz abgesehen von den Vorteilen, welche die stete Nähe des Wassers darbot. Damit war zugleich eine große Gefahr verbunden: bei einem unglück=lichen Kampf mit einem übermächtigen Feinde machte der Fluß ein Entweichen nach dieser Seite hin unmöglich. Und da tritt wiederum der Dienst, den die Brücke zu leisten vermochte, in helles Licht; man schlug bei Zeiten eine Brücke, um im Fall der Not auf das andere Ufer entweichen zu können, und brach sie ab, nachdem man sich selber in Sicherheit gebracht hatte. Dies setzte aber voraus, daß man stets imstande war, eine

Brücke zu bauen, das heißt, daß man, um es in heutiger Sprache auszudrücken, einen Brückenpark mit sich führte. Schon der Umstand, daß man nicht überall, wo es einer Brücke bedurfte, auf brauchbares Holz rechnen konnte, machte diese Vorsichtsmaßregel nötig, der Rücksicht auf Ersparung der nutzlosen Arbeit und des damit verbundenen längeren Aufenthalts an vielleicht ungeeigneter Stelle ganz zu geschweigen. Wir wissen von den Germanen, daß sie ihre Holzhäuser auf Ochsenwagen mit sich führten, um wie viel mehr wird dies auch für das Brückenmaterial anzunehmen sein. Und damit ergiebt sich ein zweites Motiv für die Zerlegbarkeit der Brücke; es bedurfte derselben nicht bloß darum, um die Brücke im Fall feindlichen Andranges sofort abbrechen zu können, sondern auch, um das zu ihrem Bau an irgend einer Stelle verwandte Material wieder mitnehmen zu können. Zerlegbarkeit aller Holzbauten, deren man auf der Wanderung benötigt war, und Herstellung derselben mittelst hölzerner Nägel bildet einen Grundzug der im übrigen sicherlich nur gering entwickelt gewesenen Technik der Indoeuropäer auf ihrer Wanderschaft [362]).

Bei der im bisherigen nachgewiesenen hervorragenden Wichtigkeit des Brückenwesens zur Zeit der Wanderung wird es nicht Gegenstand des Zweifels sein können, daß es in zweckentsprechender Weise geregelt, d. i. daß es den Händen von speciell dafür bestimmten Leuten anvertraut war. Es bedurfte dazu einer das gewöhnliche Maß übersteigenden Einsicht, Sachkunde und Erfahrung: die rein mechanischen Arbeiten, das Fällen und Behauen des Holzes und das Ineinanderfügen und Herausnehmen der einzelnen Brückenteile, konnten von jedem verrichtet werden, und selbst dafür gab es im ältesten römischen

---

362) Einen interessanten Beleg dafür bietet das von Plin. H. N. XXXVI, 15, 23 geschilderte Buleuterium der Cyziker: sine ferreo clavo ita disposita contignatione ut eximantur trabes sine fulturis ac reponantur.

Heerwesen eine besondere Abteilung: die fabri aerarii, unsere Zimmerleute — die fabri aerarii der Heeresverfassung von Servius Tullius kamen erst in der Metallperiode hinzu — aber die Entwerfung und Aufzeichnung des Plans der Brücke, die Feststellung der Maße, die richtige Wahl des verwendbaren vorhandenen Materials konnte nur von Leuten erfolgen, die sich besonders darauf verstanden, von Technikern. Wer dies erwägt, wird nicht darüber im Zweifel sein, daß es die Pontifices waren. Dem sprachlichen Zeugnis, welches ihr Name dafür ins Gewicht wirft, gesellen sich noch zwei andere Gründe sachlicher Art hinzu: die ihren Beruf symbolisierende Axt und der Umstand, daß sie ihr Amtslokal am Pons sublicius hatten. Für die spätere Zeit hatte dieser Umstand nur noch die Bedeutung einer historischen Reminiscenz aus der Urzeit, zur Zeit der Wanderung war er von eminenter praktischer Bedeutung. Die Pontifices mußten in der Nähe der zu errichtenden Brücke ihren Wohnsitz aufschlagen, um die Arbeiten überwachen zu können, und sie mußten auch bei der fertigen Brücke wohnen, um stets zur Hand zu sein, wenn im Fall plötzlicher Bedrängnis durch den Feind die Brücke schleunigst abgetragen werden mußte.

Mit dieser technischen Funktion der Pontifices steht die priesterliche im engsten Zusammenhang. Nach einer bei Naturvölkern viel verbreiteten Ansicht schließt das Schlagen einer Brücke ein schweres Vergehen gegen den Flußgott in sich, es wird ihm dadurch ein Joch auferlegt, und er rächt sich, indem er die Brücke zerstört[363]). Darum bedarf es der Versöhnung desselben durch Gebet und Opfer. Aber das allein reicht noch nicht aus. Wäre der Fluß zu Fuß durchschritten worden, so

---

363) Den letzten Rest dieser Anschauung bei den Römern erblicke ich darin, daß die Zerstörung der Brücke durch den Fluß noch in später Zeit als prodigium galt. Zeugnisse bei Marquardt in Becker, Handb. der röm. Altertümer IV, 185.

hätte der Gott sich seine Opfer geholt — er lauert wie das Krokodil in der Tiefe, dürstend nach Menschenblut — um diese Opfer hat man ihn betrogen, indem man die Brücke schlug, und sie müssen ihm werden. Es geschieht, indem man die alten Leute von der Brücke in den Strom wirft. Sie wären bei ihrer geringeren Widerstandskraft seine Beute geworden, während die Jungen sich gerettet hätten, sie also bilden den schuldigen Tribut, den man ihm darzubringen hat. Und nicht bloß einmal bei dem ersten Betreten der Brücke, sondern der Tribut muß wie jeder alljährlich wiederholt werden. Auf diese Weise finden die alten Leute, die ja ohnehin nicht am Leben bleiben dürfen, Verwendung, die dem Gemeinwesen zu Gute kommt; es ist der einzige Dienst, den sie ihm noch leisten können.

Die Pontifices haben den Flußgott in Banden geschlagen, folglich sind sie es, welche ihn zu versöhnen haben, indem sie, bevor das Heer die Brücke betritt, an beiden Seiten des Flusses Gebete und Opfer veranstalten und die alten Leute durch die vestalischen Jungfrauen von der Brücke in den Fluß werfen lassen. So geschah es noch alljährlich an dem dafür bestimmten Tage in Rom, es wird der Jahrestag der Eröffnung des pons sublicius gewesen sein. An beiden Seiten des Flusses erfolgten Gebete und Opfer[364], und dann durch die Vestalinnen von der Brücke aus die Darbringung des Tributs an den Flußgott. Es waren Binsenfiguren, welche die Stelle der Menschen vertreten sollten; woher sie den Namen der argei hatten, ist bis jetzt nicht enträtselt. Daß sie die Stelle der Menschen vertreten sollten, wird von den Römern ausdrücklich bezeugt („priscorum virorum simulacra"); auf diese Weise hatte man den barbarischen Brauch der Urzeit mit den humanen Ideen der späteren Zeit in Übereinstimmung gebracht. Daß

---

[364] Varro de L. L. 5, 85: sacra et uls et cis Tiberim non mediocri ritu.

derselbe in der Urzeit wirklich bestand, steht außer Zweifel; als sprachliches Zeugnis dafür hat sich noch in späterer Zeit der Ausdruck senes depontani für die Sechzigjährigen erhalten, sie werden uns erklärt als diejenigen: qui sexagenarii de ponte dejiciebantur [365]), sie bildeten den Brückenzoll, den man zur Zeit der Wanderung jedesmal, wenn man eine Brücke schlug, zur Zeit der Seßhaftigkeit alljährlich einmal der Fluß=
gottheit entrichtete. Daß wir es hier mit einem Brauch aus der Zeit der Gemeinsamkeit sämtlicher indoeuropäischer Völker, also der Periode der Wanderschaft, zu thun haben, ergiebt sich daraus, daß er sich auch für die Slaven nachweisen läßt. Noch bis auf den heutigen Tag hat sich in einer Gegend im Han=
noverschen an der Elbe, wo einst die Wenden wohnten, das heutige Wendland, ein Spruch in plattdeutscher Sprache er=
halten, von dem das Volk berichtet, daß er einst in der Urzeit gebetet worden sei, indem man die Greise von der Brücke in den Fluß warf [366]). Warum die Brücke? Konnte man sie doch vom Ufer aus in den Fluß werfen! Und warum das Ertränken? Gab es doch noch andere Mittel, um sie aus dem Leben zu schaffen! Darauf giebt es nur die von mir erteilte Antwort: schuldiger Tribut an die Flußgottheit.

Das Ritual erforderte, daß das Opfer der argei durch die vestalischen Jungfrauen dargebracht ward. Warum durch sie? Man könnte folgende Deutung versuchen. Das Schlagen einer Brücke zur Zeit der Wanderung war mit einem gewissen Aufenthalt verknüpft, das Volk ließ sich häuslich nieder, und so ward auch zum Zeichen dessen der heilige Heerd der Vesta

---

[365] Fest. Epit. p. 75 Depontani.

[366] Er lautet: Kruup unner, kruup unner, be Welt is Di gram (kriech unter, kriech unter, die Welt ist Dir gram). Den Spruch selber hat bereits Grimm, Deutsche Rechtsaltert. S. 487 mitgeteilt, aber nur als eins der vielen Zeugnisse für die Tötung der Greise in der Urzeit, die Beziehung zur Brücke ist ihm nicht bekannt gewesen, ich verdanke sie der persönlichen Mitteilung eines landeskundigen Freundes.

aufgeschlagen. War die Brücke fertig, so gab wiederum sein Abbrechen das Zeichen zum Aufbruch; es wird aufgeräumt, Dinge, die man nicht mitnehmen kann oder will, läßt man zurück. Zu ihnen gehören auch die Greise, und mit ihnen als einem Rückstande aus der bisherigen Häuslichkeit des Volks, den man nicht mitschleppen kann, räumt die Vestalin auf, indem sie sie der Flußgottheit darbringt. Das Erscheinen der Vestalin auf der Brücke bedeutet: der Heerd ist abgebrochen, er muß über die Brücke, hier ist für Dich, die Gottheit des Flusses, der Tribut, daß Du ihn hinüberläßt, d. h. die Übertragung unserer Häuslichkeit auf die andere Seite des Flusses duldest.

Ob ich damit das Richtige getroffen habe, lasse ich dahin gestellt, für meine Zwecke kommt nichts darauf an, für mich handelt es sich nur um den Nachweis der eigentümlichen Verbindung der sakralen Funktion der Pontifices mit ihrer technischen, und sie scheint mir durch den obigen Gesichtspunkt außer Zweifel gestellt zu sein. Waren sie es, welche sich gegen die Flußgottheit vergangen hatten, so fiel es auch ihnen zu, das Vergehen zu sühnen. Dazu bedurfte es in ihrer Person durchaus keiner priesterlichen Qualifikation, sie brachten das Opfer nicht als Priester, sondern als diejenigen, welche das Unrecht begangen hatten. Daß ihnen der priesterliche Charakter ursprünglich gänzlich abging, lehrt die Sprache, welche den Namen, durch den sie diesen bezeichnet: flamen[367]), auf sie nicht erstreckte, sie vielmehr nach ihrer technischen Funktion benannte. Die Priester, an denen es dem Wandervolk nicht gefehlt haben wird, konnten das Opfer nicht bringen, denn sie waren für den Dienst der Nationalgottheiten bestimmt, der Flußgott aber war ein fremder Gott. Sich mit ihm in derselben Weise abzufinden, wie die Römer es mittelst der evocatio deorum bei

---

367) d. h. Verbrenner, Zünder des Opfers, mit flamma zusammenhängend, Vaniček a. a. O. II, 618.

der Belagerung einer feindlichen Stadt thaten, war dadurch ausgeschlossen, daß man ihm keinen andern Fluß als Wohnsitz zuweisen konnte, da alle Flüsse bereits ihre Gottheiten hatten; es blieb also nichts übrig, als es in der angegebenen Weise zu thun, und dies konnte nicht durch die Priester, sondern nur durch die Pontifices geschehen. Eine Nachwirkung dieser ursprünglichen, nicht priesterlichen Stellung der Pontifices hat sich in späterer Zeit, als sie sich inzwischen zur einflußreichsten und angesehensten kirchlichen Behörde aufgeschwungen hatten, noch darin erhalten, daß sie im schneidenden Widerspruch damit ihren Rang hinter den flamines einnahmen, in der geistlichen Rangordnung erst die fünfte Stelle — die flamines waren von Anfang an Priester, die Pontifices sind es erst geworden.

Im bisherigen glaube ich den Nachweis erbracht zu haben, daß und wie diese ihre priesterliche Funktion ihrem historischen Ursprunge nach an ihre technische anknüpft, das Opfer der Pontifices und die Darbringung der Alten waren durch die Vorstellungen der Urzeit von dem Vergehen, welches durch Schlagen einer Brücke gegen den Flußgott begangen ward, und der Notwendigkeit einer Sühne unabweisbar geboten.

Mit dieser technischen Seite bringe ich auch zwei Erscheinungen in Verbindung, welche die Geschichte in der historischen Zeit Roms von den Pontifices zu berichten weiß: die **Schreibkunde und ihre Beziehung zum Recht.**

Die Schreibkunde. Bei allen andern Völkern begegnen wir der Schreibkunde zuerst bei den Priestern. Warum in Rom nicht bei den flamines, sondern den pontifices? Schreiben heißt Aufzeichnen, Zeichen auf eine Unterlage bringen. Die ersten Personen, welche dies zur Zeit der Wanderung thaten, weil sie es thun mußten, waren die Pontifices, sie waren genötigt, den Plan der Brücke zu zeichnen, die Maße der Balken, Bohlen, Bretter zu verzeichnen, um danach die Ausführung des Werks zu kontrollieren. Zu den ersten Zeichen, deren der Hirte in der Urzeit sich für das Vieh bediente (S. 30), gesellten sich als zweite auf der Wanderung diejenigen hinzu, deren der Pontifex für die Brücke bedurfte[368]: die Linien der Brücke und die Zahlzeichen, und auch hier wird es die Kuhhaut gewesen sein, deren man sich als Tafel, und die Farbe, deren man sich zum Auftragen der Zeichen bedient hat (S. 32). Da tritt uns zum erstenmal die Fixierung der Maße und das dazu erforderliche Zahlzeichen als Gegenstand der Aufzeichnung entgegen — der erste Ansatz zur Mathematik. Aus dem Pontifex, der den Raum maß, ging der hervor, der die Zeit maß, aus der Berechnung und Aufzeichnung der Maße der Brücke die der Zeit: der Kalender. Der Pontifex ist der offizielle Mathematiker des Volks, Meßkünstler für Raum und Zeit. Aus der ihm unerläßlichen Kunst des Zeichnens des Plans der Brücke entwickelte sich die Kunst des Schreibens — vom Zeichnen zum Aufzeichnen der Schrift ist nur ein Schritt — und so erklärt es sich, daß in Rom, nicht wie bei allen andern Völkern, die Priester, sondern die Pontifices die ersten Schreibmeister des Volks geworden sind.

Die Beziehung zum Recht. Wie gelangten die Techniker des Brückenwesens zu dem hervorragenden Anteil, den sie Jahrhunderte lang hindurch an der Ausbildung und Pflege des Rechts in Rom behauptet haben[369]? Den ersten Anstoß dazu gewährte auch hier das Schlagen der Brücken. Dasselbe enthält einen Eingriff in das Recht des Flußgottes, und damit trat die Rechtsfrage in besonderer Beziehung auf die Gottheit an sie heran, wir wissen, wie sie dieselbe durch Anerkennung des Anspruchs des Flußgottes = Blutzoll gelöst haben. Das jus pontificium hat zum Ausgangs- und Mittelpunkt das

---

368) [Der Herausgeber kann nicht umhin, an dieser Stelle darauf hinzuweisen, daß nach Jherings Annahme schon vor dem ersten Auszuge der Arier Listen angelegt wurden, wonach die Schreibkunst schon vor der Wanderung bekannt und ziemlich ausgebildet sein mußte. Vgl. oben S. 335 ff.]

369) Mein Geist des römischen Rechts III § 42.

Recht der Gottheit. Daher drehen sich alle Einrichtungen und Bestimmungen desselben, alle Fragen, welche die Pontifices behandeln, zunächst und vor allem um das Recht der Gottheit auf die sacra und die damit im engsten Zusammenhang stehende Mitwirkung der Pontifices bei dem Testament, der Arrogation, der Eingehung und Lösung der konfarreierten Ehe, sodann das Gelübde (votum), die Sühne (piaculum) im Fall der Verletzung des fas, und das älteste Prozeßverfahren mittelst sacramentum. Ich hoffe an späterer Stelle die Ansicht begründen zu können, daß letzteres an die Stelle der Gottesurteile der Urzeit getreten ist; das sacramentum war die Abfindungssumme, welche der Gottheit dafür entrichtet werden mußte, daß sie die Entscheidung des Rechtsstreits durch Menschen duldete — in heutiger Sprache ausgedrückt, eine Ablösung ihres Entscheidungsrechts. Wie der Blutzoll an der Brücke ersetzt ward durch das Opfer der argei, so der Einsatz von Leib und Leben bei den Gottesgerichten durch den des Geldsurrogats der alten Zeit, des Viehs. Darum ward er an die Pontifices entrichtet und von ihnen für die Gottheit verwandt, und darum war er im Verhältnis zum Wert des Streitobjekts so befremdend hoch bemessen: im Vergleich zu dem, was bei den Gottesurteilen auf dem Spiele stand, lag darin immer noch eine wertvolle Herabsetzung, dort verfiel der Mensch selber der Gottheit, hier nur sein Vieh.

In allen diesen Fällen handelte es sich um eine rechtliche Beziehung der Menschen zur Gottheit, um einen Anspruch, den die Pontifices in deren Namen gegen ihn geltend machten, und darauf beruhte der Unterschied des jus pontificium von dem profanen Recht. Mit den Ansprüchen des Menschen gegen den Menschen z. B. des Bestohlenen gegen den Dieb, des Gläubigers gegen den Schuldner hatte das jus pontificium nichts zu schaffen, und wenn die Pontifices auch dem profanen Recht ihre Pflege zuwandten, so thaten sie es nicht in ihrer Eigenschaft als Gottesgelehrte, sondern als Rechtsgelehrte, die

in der Schule des göttlichen Rechts sich zu den berufenen
Kennern und Bearbeitern des menschlichen entwickelt hatten.
Von den übrigen Gottesgelehrten: den Flamines unterschieden
sie sich dadurch, daß diesen der Kultus und das religiöse
Dogma, ihnen dagegen das religiöse Recht zufiel, und damit war
bei dem Rechtsvolk der Römer ihr Übergewicht über jene besiegelt.

Ich fasse das Ergebnis dieser Ausführungen in den Satz
zusammen: alle Zweige der pontificischen Thätigkeit lassen sich
ihrem ersten Ursprung nach auf einen zwingenden Anlaß ihres
ursprünglichen Berufs als Techniker des Brückenwesens zur Zeit
der Wanderung zurückführen: ihr Priestertum auf die Not=
wendigkeit des Sühnopfers an den Flußgott, das von den
Flamines als den Priestern der Volksgottheiten nicht dargebracht
werden konnte — ihre Schreibkunde auf das gebotene Auf=
zeichnen des Plans der Brücke — ihre Zeitberechnung auf
die unumgängliche Berechnung der Maße der Brücke — ihre Be=
ziehung zum Recht auf den Rechtsanspruch des Flußgottes auf
den Brückenzoll. Ob eine Ansicht, die in dieser Weise alle Seiten der
pontificischen Thätigkeit an einen einzigen durch sachliche Gründe
ebensosehr wie durch das Zeugnis der Sprache beglaubigten
historischen Ausgangspunkt anzuknüpfen vermag, Anspruch auf
Wahrscheinlichkeit erheben kann, will ich dem Urteil des Lesers
überlassen. In meinen Augen ist die Brücke der Urzeit hier die
Brücke der Wissenschaft zur Erkenntnis der Wahrheit, und auch
bei dieser Gelegenheit hat es sich einmal wieder gezeigt, mit
welchem Erfolg sich die Verhältnisse der Urzeit benutzen lassen,
um die Reste, die von ihnen sich bis in die historische Zeit
hinein erhalten haben, zu erklären.

3. Das Auspicienwesen.

L. Der Glaube, daß die Gottheit, welche das Zukünftige
voraus weiß, sich herablasse, dem Menschen gefragt oder un=
gefragt durch Zeichen die Zukunft zu offenbaren, wiederholt sich

bei allen Völkern. Aber nicht jeder versteht die geheimnisvolle Sprache, welche die Gottheit redet, dazu bedarf es einer besonderen Vertrautheit, wie sie sich nur bei gewissen Personen findet, den Zeichendeutern, Traumdeutern, Wahrsagern, Sternsehern, Totenbeschwörern u. a. Neben dieser mittelbaren Offenbarung der Zukunft durch besondere Zeichen (Wahrsagung) giebt es noch eine unmittelbare, welche auf göttlicher Eingebung beruht (Weissagung) und das Vorrecht besonders begnadeter, erleuchteter Personen bildet; der Propheten bei den Juden, der Seherinnen bei Griechen und Germanen.

Bei den Römern hat die Erforschung der Zukunft (Divination) die Gestalt des Auspicienwesens, d. i. eines besonderen Zweiges der öffentlichen Verwaltung angenommen; es sind dazu von Staatswegen besondere Personen angestellt, welche von dem Beamten bei allen wichtigen Akten daheim wie im Felde als Auskunftspersonen zugezogen werden müssen, und deren Ausspruch für ihn maßgebend ist: die Auguren. Aber die Weisheit des Auguren ist eine engbemessene, sie beschränkt sich auf den Tag, an dem die Beobachtung vorgenommen wird, er beantwortet nicht die Frage, ob der beabsichtigte Akt an sich vorgenommen werden darf, sondern lediglich ob an diesem Tage, die verneinende Antwort lautet stets nur: alio die, der Fragsteller kann am folgenden Tage von neuem sein Heil versuchen. Mit dem Auspicienwesen hatte es also praktisch außerordentlich wenig zu bedeuten, es war so eingerichtet, daß es keine ernstliche Gefahr drohen konnte, im Gegenteil dem Magistrat durch sein leicht zu erzielendes Einverständnis mit dem Augur einen legalen Grund darbot, die Verantwortlichkeit für die von ihm gewünschte Vertagung eines Aktes von sich abzulehnen und den Göttern zuzuschieben.

Der Umstand, daß die Wahrsagung zu einem Staatsamt erhoben war, das nur von Männern bekleidet werden konnte, hat es bewirkt, daß die Seherinnen, die bei Griechen und

Germanen eine so große Rolle spielten (Cassandra, Pythia, Velleda) bei den Römern keinen Boden fanden[370]), das Volk befolgte das Vorbild des Staats und hielt sich an die Auguren, sie wurden bei allen wichtigen Akten des Privatlebens, z. B. Eingehung einer Ehe zugezogen. Weissagung war den Römern fremd, sie kannten nur die Wahrsagung innerhalb der angegebenen engen Grenzen; wo es jener bedurfte, wandten sie sich an die Griechen: an das Orakel in Delphi oder an die in griechischer Sprache geschriebenen sibyllinischen Bücher.

Sprachlich weisen uns die beiden Worte auspicium und augur auf die Beobachtung des Vogelfluges hin[371]). Der Sprache zufolge wäre also Vogelflug das erste der Zeichen gewesen, welches die Römer oder ihre Vorfahren beobachtet hatten, erst später wären andere hinzugekommen, auf welche man dann beide Ausdrücke übertragen hätte. Allein dieser Schluß ist, wie demnächst gezeigt werden wird, ein verfehlter, die Urzeit kannte bereits eine Reihe anderer Zeichen, die Ausdehnung des Begriffs der Auspicien und der Zuständigkeit der Auguren auf sie ist erst in späterer Zeit erfolgt, als die Zeichen ihre ursprüngliche rein reale Bedeutung mit der religiösen vertauscht hatten. Die richtige Erkenntnis des römischen Auspicienwesens ist, wie ich im folgenden hoffe darthun zu können, bedingt durch die Unterscheidung dieser beiden Perioden, von denen die eine auf die Zeit der Wanderung, die andere auf die der Seßhaftigkeit entfällt. In der ersten haben wir es lediglich mit Naturvorgängen zu thun, denen man für die Zwecke der Wanderung seine Schlüsse entnahm, Zeichen ohne alle und jede religiöse Bedeutung; erst in der zweiten, wo mit der Seßhaftigkeit die ehemalige reale oder praktische Bedeutung dieser Zeichen gänzlich

---

370) Die Sibyllen sind griechischen Ursprungs.
371) Aves specere, avi-spex, auspex, auspicium von sanskr. spak = unserm spähen, avi-gur, augur von sanskr. gar = verkünden, Baniček u. a. O. 1, 203.

hinweggefallen war, sind aus ihnen die Auspicien im späteren römischen Sinn, d. i. Zeichen, welche die Zustimmung oder Nichtzustimmung der Götter verkünden, geworden.

Der Altertumswissenschaft, sowohl der heutigen als der römischen, ist diese Unterscheidung zweier Perioden gänzlich fremd, sie hält die religiöse Gestaltung des Auspicienwesens für die ursprüngliche. Und doch, meine ich, hätte sie ihr wohl Anlaß zu Zweifeln bieten sollen, sie weist so verwunderliche Dinge auf, daß man sich staunend fragt, wie die Römer dazu haben gelangen können. Man versteht es, daß bei ihnen die Himmelserscheinungen unter den Auspicien figurieren (coelestia auspicia) und daß die Vögel ihnen als Boten der Gottheit galten (signa ex avibus), aber der Gedanke, der Beschaffenheit der Eingeweide des Opfertiers (signa ex extis) und dem Fressen der Hühner (signa ex tripudiis) den Ratschluß der Gottheit zu entnehmen, ist ein so abenteuerlicher, daß jeder Versuch einer Anknüpfung an eine religiöse Vorstellung als aussichtslos erscheinen muß. Die Gottheit, welche sich in den Bauch eines Ochsen und den Schnabel der Hühner verkriecht, um dem Menschen Auskunft über seine Fragen zu erteilen – kann es eine groteskere Idee geben? Und wozu diese beiden Zeichen? Hatte man doch bereits die Vögel als Verkünder der Gottheit, von Blitz und Donner gänzlich abgesehen, warum denn neben den Vögeln noch die Ochsen und die Hühner? Von diesen drei Auspicien hätte eins allein vollkommen ausgereicht, wie man denn in der That später im Felde das Bedürfnis ausschließlich mit den Hühnern bestritt, die jedes römische Heer nebst dem offiziellen Hühnerwart (pullarius) mit sich führte.

Und nun die Nacht — die erste Stunde nach Mitternacht — als Zeit der Beobachtung des Vogelfluges! Eine ungeeignetere Zeit ließ sich jedenfalls für letzteren garnicht denken, man hätte ja warten können, bis es hell geworden war. Auf die Frage: warum die gänzlich ungeeignete Nacht? warum nicht der Tag? läßt uns die Altertumswissenschaft ebenso ohne

alle Auskunft, wie in Bezug auf die Frage nach dem Bedürfnis
der Mehrheit der Auspicien, ja sie hat beide Fragen garnicht
einmal aufgeworfen, man begnügt sich dabei, daß es nun einmal
so gehalten ward, ohne sich um das Warum zu kümmern[372]).

Diese Frage nach dem warum bildet den Gegenstand der
folgenden Ausführung, und ich hoffe sie aus den Verhältnissen
der Wanderung beantworten zu können. Ich fasse das Ergebnis
meiner Untersuchungen in den Satz zusammen: die Auspicien
verdanken **praktischen, völlig profanen Zwecken** ihren
Ursprung, die religiöse Idee war ihnen im Anfang gänzlich
fremd, sie hat sich hier wie bei so vielen Einrichtungen der
Urzeit erst später, nachdem sie mit der Seßhaftigkeit ihre ursprüngliche praktische Bedeutung verloren hatte, hinzugesellt, und
dadurch haben nicht bloß die Auspicien eine andere **Bedeutung**,
sondern auch eine den späteren Verhältnissen angepaßte **Gestaltung** erhalten, die aber nicht sich soweit erstreckt hat, um
ihre ursprüngliche Gestalt und Bedeutung nicht noch erkennbar
genug durchschimmern zu lassen.

Die Auspicien zur Zeit der Wanderung.

Ich beginne mit dem servare de coelo des römischen
Magistrats. Dazu bedarf es, nachdem der Raum durch den
Augur mit dem Lituus abgesteckt ist (templum), der Errichtung
eines Zeltes (tabernaculum), das auf einem Gerüst von
Speeren und Pfählen mittelst Brettern, Linnen, Leder hergestellt
wird und nach einer Seite offen sein muß. Warum das Zelt,
und warum muß es jedesmal von neuem aufgeschlagen werden,
warum ließ man es nicht stehen? Es ist des Feldherrn Zelt

---

372) So selbst Mommsen in seinem römischen Staatsrecht I
S. 1 fl., von Marquardt in Beckers Altertümern II, 3, S. 68 fl.
IV S. 348 fl., von dem man die Aufwerfung der Frage nach dem
warum? nicht erwarten konnte, zu geschweigen.

aus der Zeit der Wanderung, von dem aus er seine Himmels=
beobachtungen macht, und das Zelt wird auf dem Marsch stets
abgebrochen und wieder aufgeschlagen. Das jedesmalige Auf=
schlagen und Abbrechen des Zeltes vergegenwärtigt uns die Zeit
der Wanderung.

Mitternacht muß es sein, wenn der Magistrat seine
Himmelsbeobachtungen macht. Warum? Weil es so auf der
Wanderung geschah, der Magistrat hält sich in allen Dingen
an das Vorbild des Feldherrn zur Zeit der Wanderung. Aber
warum wählte derselbe die seltsame Zeit der Mitternacht, wo
er in dunkler Nacht den Vögelflug garnicht wahrnehmen konnte?
Weil es ihm um den Vögelflug garnicht zu thun war, sondern
lediglich um das, was ja der Ausdruck servare de coelo allein
auch aussagt, um die Beobachtung des Himmels. Wozu sie?
Einfach dazu, um zu bestimmen, ob an dem Tage marschiert
werden soll oder nicht. Steht ein Gewitter zu befürchten, so
wird nicht marschiert, die Wege wurden schlecht und der ganze
Haufe, Männer, Frauen, Kinder wurde naß, ist der Himmel
rein, so bricht das Heer am Morgen zur gewohnten Stunde
auf. Dem Feldherrn steht es an, sich im voraus darüber zu
vergewissern, um den Unterbefehlshabern bei Zeiten die nötigen
Befehle zukommen zu lassen, ob sie in der Frühe das Zeichen
zum Aufbruch erteilen sollen oder nicht, im letzteren Fall kann
alles bis in den Tag hinein schlafen. Und eben darauf ist es
abgesehen. Der Feldherr wacht oder läßt sich durch den Wacht=
posten am Zelt wecken, damit das Volk schlafen kann, nicht
nutzlos aufgesprengt wird. Aber er verfügt sich nicht ins
Freie, er erhebt sich nicht einmal vom Lager, der Blick durch
das offene Zelt genügt, um ihm die gewünschte Gewißheit zu
verschaffen. Ein Gewitter im Rücken des Heeres kümmert ihn
nicht, nur eins in der Richtung des einzuschlagenden Weges,
und nach dieser Richtung hin ist sein Zelt geöffnet. Auf den
Blitz allein kommt es nicht an, auch der Donner kann ein
Gewitter verkünden, und eben um den in der Ferne rollenden

Donner zu vernehmen, muß es ruhig sein um das Zelt herum — darum das Erforderniß des „silentium" bei den Auspicien.

Auf diese Weise erklärt es sich nicht bloß, warum der Feldherr seine Himmelsbeobachtungen um Mitternacht, sondern auch, warum er sie vom Zelt aus nur nach einer Seite hin macht, und warum der Blitz, der sonst, wenn er von links nach rechts geht, das günstigste aller Zeichen ist, hier als Hinderniß gilt. Vergebens wird man nach einer Deutung suchen, welche diese auffallende Abweichung von der Regel erklärt, die einzige Erklärung dafür liegt in dem von mir hervorgehobenem Gesichtspunkt: an Regentagen soll der Marsch unterbleiben.

Dieser Brauch aus der Periode der Wanderung ist nun wie so viele andere von den Römern unverändert beibehalten worden: das Feldherrnzelt, die mitternächtige Stunde, der hindernde Einfluß des Gewitters. Das Volk ist das Heer, Volksversammlung Heeresversammlung, an Tagen, wo ein Gewitter zu besorgen steht, findet sie nicht statt. Nicht etwa aus Vorsorge dafür, daß die biederen Quiriten in der Volksversammlung nicht naß werden, dafür war schon durch den Satz gesorgt, daß ein Gewitter die Volksversammlung auflöst[373]), es ergiebt sich also daraus, daß der Ursprung des servare de coelo nicht auf diese Rücksicht zurückzuführen ist, wozu auch schlecht stimmen würde, daß der Feldherr den Himmel nur vom Zelt aus beobachtet, da die drohenden Gewitter ja auch im Rücken desselben stehen können. In späterer Zeit diente das servare de coelo den Magistraten dazu, um eine für einen bestimmten Tag angesetzte Volksversammlung zu hintertreiben. Natürlich stimmte der Himmel stets zu ihren Wünschen, und das Volk wußte im voraus, daß die Volksversammlung an dem Tage nicht stattfinde, und so bildete sich der Rechtssatz

---

[373]) Cic. in Vat. 8, 20: Augures omnes usque a Romulo decreverunt Jove fulgente cum populo agi nefas esse. De divin. 2, 18, 52 u. a. m.

aus, daß die bloße Ankündigung des beabsichtigten servare de coelo genüge, um die Volksversammlung auszuschließen.

Unter den Auspicien figurieren als besondere Art die **pedestria auspicia**, welche wie Paulus Diaconus[374] berichtet: a vulpe, lupo, serpente, equo, ceterisque animantibus quadrupedibus fiunt, oder wie er an anderer Stelle[375] sich ausdrückt: signa, quae augures observant ex quadrupedibus, und denen man auf Grund davon heutzutage geglaubt hat den technischen Namen: signa ex quadrupedibus beilegen zu dürfen[376]).

Unsere heutige Altertumswissenschaft hat an diesem Bericht nicht den mindesten Anstoß genommen, und doch liegt es auf der Hand, daß er nicht wahr sein kann. Seit wann gehören denn die Schlangen zu den Vierfüßlern? Entweder fielen sie garnicht unter die auspicia pedestria oder der Ausdruck hatte einen Sinn, in dem er auch auf Schlangen Anwendung finden konnte, nach der einen oder andern Seite muß Paulus Diaconus oder richtiger Festus von der Wahrheit abgewichen sein. Und selbst die außerordentliche Weite, welche er diesem Auspicium giebt, es soll sich auf alle möglichen Vierfüßler, Rinder, Pferde erstrecken, zeigt, daß Festus in der Wiedergabe desselben einen Fehler begangen haben muß. Das „observant augures" läßt einen doppelten Sinn zu. Einmal: die Zeichen, welche die Vierfüßler geben, werden von den Auguren beobachtet, das hätte geheißen: es stellt sich ein Augur auf, um zu sehen, ob sich nicht irgend ein vierfüßiges Tier: Ochs, Pferd, Esel, Hund, Katze u. s. w. blicken läßt, — eine Idee, die man nur auszusprechen braucht, um sie als vollendet abgeschmackt zurückzuweisen. Sodann: sie werden von ihm *gedeutet*. Das

---

374) Fest. Epit. p. 244 Pedestria.
375) Fest. Epit. p. 260 Quinque.
376) Marquardt a. a. O. IV S. 360: „das exquadrupedibus, auch pedestre auspicium genannt".

V. Sachkundige Personen. 3. Das Auspicienwesen. § 50.

hätte geheißen: es kommt jemand zu ihm, um sich Rats bei ihm zu erholen, was es zu bedeuten habe, daß ihm eins der genannten Tiere begegnet sei, — eine Idee um nichts besser, als die erste.

Auch dieses Rätsel löst sich, wenn wir uns in die Zeit der Wanderung zurückversetzen. Man trifft auf dem Marsch wilde Tiere: Wölfe, Schlangen u. s. w. Was geschieht? Einer teilt es dem andern mit, die Moral ist: hier ist es nicht geheuer, jeder sehe sich vor, niemand trenne sich vom Zuge. Das signum, welches das Tier gab, trug seine Deutung in sich selbst, dazu bedurfte es keines Auguren, es war ein auch dem gemeinsten Manne völlig verständliches Warnungszeichen. Wie es zu dem Namen: pedestre signum kommen konnte, liegt auf der Hand, es war ein Zeichen, welches das Heer auf dem Marsch wahrnimmt, (pedestres = Fußvolk, auf der Wanderung gab es noch keine Reiterei, Fußvolk und Heer war gleichbedeutend), im Gegensatz zu dem signum ex coelo, welches der Feldherr im Zelt d. i. im Zustande der Rast wahrnimmt, die Bezeichnung hätte nicht treffender gewählt werden können: Marschzeichen im Gegensatz der Zeltzeichen.

Aus diesen pedestria signa, welche sich auf den gehenden Menschen beziehen, der aktiv sie wahrnimmt, macht nun Festus Zeichen, die passiv am gehenden Tiere wahrgenommen werden, ein grober, sprachlicher Verstoß, da die lateinische Sprache den Ausdruck pedester nur in Anwendung auf Menschen, nicht auf Tiere gebraucht, pedestria animalia kommt meines Wissens nirgends vor. Mit der Vorstellung des gehenden Tieres war aber der Vierfüßler von selbst gegeben, die Vögel waren bereits mittelst der signa ex avibus versorgt, so blieben nur die Vierfüßler übrig. Sicherlich hätte Festus die Schlange nicht erwähnt, wenn er sie nicht in seinen Quellen gefunden hätte, seine Gründlichkeit duldete es aber nicht, sie zu übergehen, und so gelangte sie denn mit unter die Vierfüßler. Zu diesem dem Wort pedestria entlehnten falschen Schluß gesellt Festus dann noch einen andern nicht minder falschen hinzu. Nach dem Sprachgebrauch der späteren Zeit zählten auch die signa pedestria zu den auspicia, und da es Sache der Auguren war, die Auspicien zu beobachten und zu deuten, so führt Festus seine „signa ex quadrupedibus" unter denjenigen an: quae augures observant, was, mag man das observare auf Beobachtung oder Deutung beziehen, dem oben Gesagten nach entschieden nicht wahr sein kann.

Unser Ergebnis ist: die signa pedestria hatten zur Zeit der Wanderung dieselbe reale Bedeutung wie das servare de coelo, bei beiden handelte es sich um eine Beobachtung, welche man praktisch verwertete, das Heer die eine, der Feldherr die andere, bei beiden liegt auch nicht die mindeste Nötigung vor, die religiöse Idee zu ihrer Erklärung heranzuziehen, sie erklären sich durch sich selber, und damit ist nach meiner Maxime des ausreichenden Grundes (S. 379 f.) die Sache für mich erledigt. Sollte nun derselbe Gesichtspunkt der ursprünglich realen Bedeutung der römischen Auspicien, der sich an diesen beiden Fällen als der zutreffende erwiesen hat, nicht noch einer weiteren Verwertung fähig sein? Versuchen wir es, ob wir nicht auch die übrigen römischen Auspicien mit den Zwecken der Wanderung in Verbindung bringen können. Zu dem Zweck ersuche ich den Leser, sich des Gedankens an ihre spätere religiöse Bedeutung einmal gänzlich zu entschlagen. Hat er sich, wie ich hoffe, überzeugt, daß sie in der Urzeit den beiden genannten Auspicien gänzlich fremd war, so wird er mir zugestehen, daß sie auch den übrigen fremd gewesen sein kann, und eines Mehreren begehre ich nicht, ich verlange von ihm weiter nichts, als daß er sich des Fehlschlusses enthalte: die römischen Auspicien hätten, weil sie in späterer Zeit eine religiöse Bedeutung hatten, sie auch in der Urzeit haben müssen, ich meinerseits räume ihm ein: sie können sie gehabt haben, die Entscheidung darüber, ob sie dieselbe gehabt haben, wird sich nach dem

Gewicht der Gründe bemessen, die dafür und dagegen in die Wagschale geworfen werden können.

Ich wende mich zuerst der Schau der Eingeweide des Opfertieres (exta) zu. Die kunstgerechte Deutung derselben war in späterer Zeit Sache der etruskischen Haruspices, die eine sehr ausgebildete Disciplin darüber besaßen, die Einrichtung selber war eine altrömische³⁷⁷), aber ihr erster Ursprung fällt über Rom hinaus, sie gehörte zu den Einrichtungen, welche die Italiker aus der Periode der Wanderung mitbrachten und ungleich den übrigen Indoeuropäern noch beibehielten, nachdem sie ihren lediglich auf die Verhältnisse der Wanderschaft berechneten Zweck mit der erlangten Seßhaftigkeit eingebüßt hatten. Worin bestand er?

Das Wandervolk kommt in eine Gegend, welche zum Bleiben anmutet. Soll man bleiben? Das hängt davon ab, ob die Gegend gesund ist, nicht bloß für den Menschen, der sich durch sein Befinden darüber vergewissern kann, sondern auch für das Vieh, also ob Wasser und Futter ihm zuträglich sind. Es bedurfte nur einer einmaligen schlimmen Erfahrung —, und sie ist dem Wandervolk auf dem langen Wege sicherlich nicht erspart geblieben —, um dasselbe zu witzigen und das Mittel ergreifen zu lassen, das einem Naturvolk nicht erst gelehrt zu werden braucht. Man fängt Vieh des Landes ein, schlachtet es und untersucht, ob die edleren Eingeweide: Herz, Lunge, Leber, Niere normal sind, sind sie es, so bleibt man, sind sie es nicht, so zieht man weiter. Die Eingeweideschau hatte also dieselbe praktische Bedeutung, wie die Beobachtung des Himmels, bei beiden handelte es sich um die Frage: Bleiben oder nicht bleiben? Dort auf längere Zeit, hier für den nächsten Tag.

Daß die Beschaffenheit der Eingeweide des Tieres zu einem Schluß auf das Futter und die Gesundheit der Gegend be-

---

377) Marquardt a. a. O. IV S. 362: Besichtigung der exta bei jedem Opfer ritu Romano.

rechtige, hatte, wie Cicero berichtet[378]), bereits Demokrit ausgesprochen, und die Opferschau damit in Verbindung gebracht. Cicero weist die Ansicht als thörichten Einfall eines Naturforschers, der übernatürliche Dinge auf natürlichem Wege zu erklären versuche und dabei das Nächstliegende übersehe, mit Spott und Hohn zurück. Sollte die Ansicht richtig sein, so müßte die Leber bei allen Tieren der Gegend entweder gesund oder krank sein, sie sei es aber nur bei einzelnen, und daraus ergebe sich die Unrichtigkeit des Schlusses, damit habe es also eine ganz besondere Bewandtnis, die auf natürlichem Wege nicht zu erklären sei. Vom Standpunkt seiner Zeit aus hatte Cicero vollkommen Recht, man hatte nicht mehr nötig, sich über die Gesundheit oder Ungesundheit einer Gegend durch die Beschaffenheit der Eingeweide des Opfertieres zu vergewissern, man kannte sie längst. Aber diese spätere Gestalt der Sache hatte ja Demokrit auch garnicht im Auge, ihn kümmerte lediglich die Frage: was mag den Menschen bestimmt haben, die Eingeweide des geschlachteten Viehs einer Untersuchung zu unterwerfen, und da hatte er meines Erachtens das Richtige getroffen. Ich meinerseits bin nicht erst durch ihn zu meiner Ansicht gelangt, ich verdanke sie dem Gedanken, der mich bei allen meinen Untersuchungen über die Vorgeschichte des römischen Rechts geleitet hat: der Vergegenwärtigung der Verhältnisse der Wanderschaft, ich freue mich aber, die Ansicht meines Vorgängers, die bei der Altertumswissenschaft so wenig Gnade gefunden hat, daß sie dieselbe nicht einmal der Erwähnung für wert hält, aus

---

378) Cic. de div. II, 13, 30: Habitu exterum et colore declarari censet ... pabuli genus et earum rerum quas terra procreet, vel ubertatem vel tenuitatem, salubritatem etiam aut pestilentiam extis significari putat. Über die Stellung der Stoiker zur römischen Divinationslehre überhaupt s. Cic. daselbst I, 52, 118, sie selber hätten ihr Urteil nicht treffender wiedergeben können, als Cicero es hier ausdrückt: non interesse deum singulis pecorum fissis aut avium cantibus, neque enim decorum est, nec diis dignum.

V. Sachkundige Personen. 3. Das Auspicienwesen. § 50.

der unverdienten Verborgenheit ans Licht und wieder zu Ehren gebracht zu haben.

In meinen Augen ist die Frage von dem historischen Ursprung der Untersuchung der Eingeweide durch den im bisherigen dafür vorgebrachten Grund bereits entschieden. Ein Hirtenvolk weiß, was Futter und Wasser für das Vieh bedeutet, und daß man die Zuträglichkeit oder Unzuträglichkeit beider für dasselbe aus der Beschaffenheit der Eingeweide erkennen kann, eines weiteren aber bedarf es für mich nicht, um gewiß zu sein, daß die Indoeuropäer dieses Mittel auf ihrer Wanderung auch wirklich zur Anwendung gebracht haben, sie hätten nicht sein müssen, was sie waren, um es zu unterlassen. Wer diese Erklärung verwirft, dem bleibt nichts übrig als anzunehmen, in der Urzeit habe man des Glaubens gelebt: die Gottheit offenbare sich im Bauch eines Ochsen („interesse deum singulis pecorum fissis").

Eine Spur der ursprünglichen Bedeutung der Eingeweideschau hat sich noch in einem technischen Ausdruck der römischen Auguraldisciplin erhalten: pestifera auspicia. Paulus Diaconus[379] giebt als Voraussetzung an: quum cor in extis aut caput in jocinore non fuisset und Festus[380] als Sinn derselben: quae mortem aut exilium ostendunt, und spricht auch (p. 210) von einem pestiferum fulgur, quo mors exiliumve significari solet. Daß der sprachliche Ausdruck pestiferum ursprünglich nicht auf den Blitz gemünzt gewesen sein kann, wird nicht der Bemerkung bedürfen, er konnte sich nur bilden bei einem Gegenstande, welcher der Vorstellung des pestiferum einen sinnlichen Anhalt bot: den extis. Was haben aber bei ihnen Tod und Exil mit der Vorstellung des pestiferum zu schaffen? Auch das kann nicht die ursprüngliche Bedeutung des Ausdrucks gewesen sein. Und ebenso wenig gewähren die

---

[379] Fest. Epit. p. 244 Pestifera.
[380] Pestifera p. 245.

beiden von Paulus Diaconus genannten Mängel einen Anknüpfungspunkt dafür. Das Rätsel löst sich, wenn man die von mir entwickelte Ansicht heranzieht. Die abnorme Beschaffenheit der Eingeweide berechtigt zum Schluß auf die „pestilentia loci"[381]), und sie droht dem Vieh Verderben, das Zeichen ist also im strengsten Sinn des Wortes ein pestiferum, d. i. Verderben drohendes. Auf dieselbe Vorstellung weist noch eine lückenhafte Stelle von Festus (p. 157 muta exta) hin, in der die Worte: a veneno talique (re) ... instare periculum erhalten sind; die ungezwungenste Anknüpfung für das Gift bieten die giftigen Kräuter der Weide (l 19 § 1 Loc. 19. 2: herba mala später auch venenosa).

Den exta begegnen wir in Verbindung mit der pestilentia auch in der oben (S. 368) auf die Wanderung der Indoeuropäer gedeuteten Hirpinischen Sage, ich hole hier die dort ausgesetzte Erklärung nach, was die exta mit der Wanderung zu schaffen hatten. Sie bildeten neben den anderen dort namhaft gemachten Zügen ein so wesentliches Moment der Periode der Wanderung, daß man es versteht, wie die Sage dazu gelangen konnte, auch sie in ihrer Weise mit zu verwenden.

Das Schlachtvieh giebt Auskunft über die Gesundheit der Gegend, sehen wir zu, ob sich nicht auch dem Fressen der Hühner (tripudia) eine ähnliche Bedeutung abgewinnen läßt.

Auf der Wanderung kommt man in Gegenden, in denen sich Wald und Feldfrüchte finden, die man nicht kennt, und die sich möglicherweise zur Nahrung für den Menschen eignen: Beeren, Eicheln, Nüsse, Halmfrüchte, Knollengewächse u. s. w. Sind sie giftig oder gesund? Die Art, wie ein Naturvolk sich die Frage beantwortet, ist wiederum sehr einfach. Man wirft

---

381) Der Gebrauch des Ausdrucks in diesem Sinne ist bekannt, s. z. B. l. 2 § 29 Ne quid in loco (43, 8) locus pestilentiosus. Cic. Agr. 2, 26 agrorum genus propter pestilentiam vastum atque desertum.

die Früchte gekocht in Form eines Breis (puls) oder ungekocht den Hühnern vor. Fressen sie sie und bekommen sie ihnen gut, so sind sie gesund, verschmähen sie sie oder sterben sie daran, so sind sie giftig. Hier wird der Mensch selber erst schlimme Erfahrungen gemacht haben, die ihn zur Vorsicht mahnten und ihn auf den so nahe liegenden Gedanken brachten, das Huhn als Probetier zu verwenden.

Alle vier Auspicien, die ich bisher betrachtet habe, lassen sich auf einen gemeinsamen Gesichtspunkt zurückführen, es ist der der **Prophylaxis**. Es sind Unzuträglichkeiten oder Gefahren vorhanden, welche durch die Beherzigung der beobachteten Erscheinung abgewandt werden sollen, wir können sie daher sämtlich als Warnungszeichen bezeichnen: das drohende Gewitter — die wilden Tiere — die krankhafte Beschaffenheit der Eingeweide, die Verschmähung des vorgeworfenen Futters von seiten der Hühner, und derselbe Gesichtspunkt wiederholt sich auch bei den signa ex diris, über die ich nichts zu bemerken habe. Nur bei den Auspicien im ursprünglichen Sinn des Worts: den signa ex avibus trifft er nicht zu. Der Umstand, daß es mir gelungen war, den historischen Ursprung der obigen Auspicien auf ein praktisches Motiv zur Zeit der Wanderung zurückzuführen, hat mich auf den naheliegenden Gedanken gebracht, denselben Gesichtspunkt auch an der Vogelschau zu erproben. Ich will gern gestehen, daß ich schwerlich von selbst auf diesen Gedanken verfallen wäre, denn die Vorstellung, daß der Mensch in dem Vogel einen Boten des Himmels erblickt, der ihm den Ratschluß der Gottheit verkündet, hat für mich vom religiösen Standpunkt aus nichts widerstrebendes, und selbst die eigentümliche Art der Beobachtung des Vogelfluges durch den Augur von einem Höhenpunkt aus und mit Absteckung eines Visierfeldes, in der ich, nachdem ich mir meine Ansicht gebildet hatte, eine ungeahnte Bestätigung fand, selbst sie würde mich schwerlich auf sie geführt haben.

Das Wandervolk stößt auf ein gewaltiges Gebirge, welches ihm den Weg verlegt. Giebt es einen bequemeren Gebirgspaß über dasselbe? Darüber können Eingeborne, die man zu Sklaven gemacht hat, Auskunft erteilen. Aber wie in einer menschenleeren Gegend, oder wenn die Eingeborenen selber keine Kunde davon haben? Da hilft dem Menschen der Vogel. Es ist der Zugvogel, der zweimal des Jahres den Weg macht, und der sich dafür die Gebirgspässe aussucht. Der Zugvogel kennt aus Erfahrung die richtigen Wege, welche er einzuschlagen hat. Muß er über das Meer, so wählt er die Stelle, wo es am schmalsten ist, und er kennt die Inseln, auf denen er Rast machen kann. Auf dem Lande folgt er dem Lauf der großen Flüsse, bei Gebirgen hält er die Gebirgspässe inne, während er die wasserarmen Steppen und die kahlen mit Schnee bedeckten Berge, die ihm keine Nahrung in Aussicht stellen, vermeidet. Den Flug des Zugvogels beachten hieß also Auskunft erhalten über die Gebirgspässe und den Lauf der großen Ströme, und die scharfe Beobachtungsgabe, welche allen Naturvölkern eignet, ist Bürge dafür, daß dieses einfache Mittel der Orientierung über den einzuschlagenden Weg auch den Indoeuropäern auf ihrem Marsch nicht verborgen geblieben ist.

Zum Zweck der Beobachtung des Vogelfluges besteigt der Augur einen Höhenpunkt. Warum? Weil er einen weiten Horizont überschauen muß, um die Richtung, die sie im Gebirge oder an dem Strom einschlagen, zu verfolgen. Hätte es sich um bloße Wahrnehmung von Vögeln gehandelt, so hätte der Augur sich ebenso gut in der Ebene aufstellen können, aber der angegebene Zweck erforderte die Beobachtung von einem Höhenpunkt aus (auguraculum). Hier nimmt er die „descriptio regionum" vor, indem er unter Zugrundelegung der vier Himmelsgegenden den von ihm überblickten Raum des Himmels in vier gleiche Quadrate abteilt, die er, um sie zu fixieren, auf eine Tafel oder auf einen Visiertisch einträgt, und in die er dann die Richtung, welche die Vögel nehmen, zeichnet. Der Umstand, daß die zwei Grundlinien, welche die Quadrate abschieden, genau nach den beiden Richtungen von Nord nach

Süd und von Ost nach West gezogen wurden, ermöglichte es ihm, von seiner Eintragung des Vögelfluges an jeder späteren Stelle des Weges wieder Gebrauch zu machen, sie von neuem zu erproben oder zu berichtigen, und diese Eintragung diente dem Heer als Marschroute. Eben darum, weil es sich hier nicht bloß um die sinnliche Wahrnehmung die „spectio" handelte, die von jedem andern und so auch von dem Magistrat ebenso gut vorgenommen werden konnte, wie von ihm, sondern um Fähigkeiten und Fertigkeiten, die nicht ein jeder hatte — ein scharfes Auge, die exakte Bestimmung der Himmelsrichtungen, das Aufzeichnen der von den Vögeln eingeschlagenen Richtung, erprobte Erfahrung — bedurfte es hier besonderer Techniker, und in dieser Eigenschaft werden sie als Auguren bezeichnet, au-spex kann jeder sein, au-gur nur der Techniker, der Magistrat kann die descriptio regionum nicht vornehmen, dazu bedarf es des Auguren. Die ursprüngliche Bedeutung der Auguren war also ganz so wie die der Pontifices eine rein technische, mit der Religion hatten beide nicht das mindeste zu schaffen, bei beiden handelte es sich um ein Stück angewandter Mathematik, um Meßkunst und Zeichenkunst, bei den Pontifices um die Maße des Stroms, seine Breite und Tiefe und die ihnen entsprechenden Maße der Brücke, bei den Auguren um die Maße des Himmels als Grundlage für die Aufzeichnung des Flugs der Vögel.

Auf diese Weise findet die descriptio regionum ihre vollständig befriedigende Erklärung, während sie sonst gänzlich unerklärlich ist. Wer wird, wenn es ihm bloß darum zu thun ist, Vögel wahrzunehmen, ängstlich den Himmel in vier streng nach den vier Himmelsrichtungen bemessene Regionen einteilen? Es wäre gänzlich sinnlos. Die ursprüngliche Bedeutung der Vogelschau kann also unmöglich bloß darin bestanden haben, die Vögel einfach wahrzunehmen, sondern die Richtung ihres Fluges zu ermitteln und zwar mit mathematischer Genauigkeit. Den oben angegebenen Zweck zu Grunde gelegt, daß die Zugvögel dem Wandervolk als Wegweiser dienen sollten, ergab sich diese kunstgerechte Beobachtung und Fixierung desselben von selbst.

Der Vogel der Wegweiser des Heeres. Als solcher figuriert er, wie oben S. 372 schon erwähnt, nach der Sage in Gestalt des picus, und damit glaube ich den positiven Beweis meiner Ansicht erbracht zu haben. Als Wegweiser auf dem Marsch konnte nicht der Vogel schlechthin, sondern nur der Zugvogel dienen, und dessen bedurfte es nur zu dem von mir angegebenen Zweck, um das Wandervolk über die Gebirgspässe und den Lauf der großen Flüsse zu orientieren, kurz, die Gebirgs- und Wasserstraßen anzuzeigen. So begreift es sich, daß man in der Zeit der Seßhaftigkeit, wo die praktische Bedeutung des Zugvogels hinweggefallen war, die Veranschaulichung dieser seiner ursprünglichen Funktion auf den picus übertrug, denn er ist sprachlich der Spähende, Weisende; es gab keinen andern Vogel, der dies besser hätte ausdrücken können. Aus dem Weisenden ist in dem Gott Picus der Weissagende geworden, und diese Gabe der Weissagung sprach der Germane auch der Elster zu; sie sowohl wie der picus der Sage sind Reste aus der Zeit der Wanderung der Indoeuropäer, als noch der Vogel dem Volk den Weg wies, den es einzuschlagen hatte.

Meine Untersuchung über den historischen Ursprung der römischen Auspicien hat damit ihr Ende erreicht. Der Gesichtspunkt der Wanderung hat sich durchweg bewährt und in meinen Augen über eine gänzlich im Dunkeln liegende Partie des römischen Altertums ein glänzendes Licht verbreitet. Er hat für alle oben (S. 440) namhaft gemachten verwunderlichen Erscheinungen des römischen Auspicienwesens, über welche die gangbare Ansicht von dem ursprünglich religiösen Ursprung desselben uns ohne alle und jede Auskunft läßt, eine befriedigende Erklärung beigebracht: für die Nacht — für das Feldherrnzelt — für den Satz, warum der Blitz, der sonst als das günstigste aller Zeichen galt, für die Abhaltung der Volksversammlung ein Hindernis bildete — für die drei Auspicien, welche jedem Versuch einer Anknüpfung an eine religiöse Idee spotten: die signa pedestria, ex extis, ex tripudiis — endlich und vor allem für die Mehrheit der zur Wahl verstellten Auspicien, wo eins vollkommen ausgereicht hätte. Unerklärlich vom Standpunkt der gangbaren Ansicht aus, erscheint diese Meinung bei Zugrundelegung der meinigen nicht bloß vollkommen verständlich, sondern als geradezu geboten: weder konnten die Vögel das Schlachtvieh und die Hühner, noch diese jene vertreten, ebenso von diesen beiden keines das andere, jedes dieser Tiere hatte seine besondere Bestimmung, die sich durch keins der andern ersetzen ließ. Auch die Einsetzung besonderer Sachverständiger für den Vogelflug erscheint im Licht meiner Ansicht ebenso notwendig geboten, wie sie vom Standpunkt der entgegengesetzten aus der Frage Raum läßt: warum besondere Sachverständige, und wozu die Besteigung eines Höhenpunktes und die descriptio regionum?

Auch die Pontifices holen für die Zwecke ihrer Amtsthätigkeit Auspicien ein; einer besonderen Sachkenntnis bedurfte es dafür nicht, die Vogelschau hätte also, wenn es sich ursprünglich lediglich um die religiöse Deutung gehandelt hätte, ebenso gut ihnen oder andern Priestern übertragen werden können. Aber auf der Wanderung handelte es sich nicht um die Deutung, sondern um die Beobachtung des Vögelfluges, und bei der Exaktheit, mit der sie vorgenommen werden mußte, und der nur dadurch ermöglichten Entwerfung einer korrekten und jederzeit verwendbaren Marschroute wird man verstehen, warum es dazu ebensosehr besonderer Sachverständiger bedurfte, wie zur Herstellung der Brücke; Priester konnten in alter Zeit ebensowenig die Auguren wie die Pontifices ersetzen.

Praktische Zwecke also sind es, denen alle diese Beobachtungen dienen sollen, welche später den (ursprünglich nur für eine derselben bestimmten) Namen Auspicien tragen. Ausgestattet mit dem scharfen Blick eines Naturvolks, beobachtet das Wandervolk alle Erscheinungen, welche ihm dienen können, um daran seine Schlüsse für die Zwecke der Wanderung zu knüpfen: den Himmel, ob es im Laufe des Tages regnen wird, die wilden Tiere, um vor ihnen auf der Hut zu sein, die Eingeweide der Tiere, um sich über die Gesundheit der Gegend, das Fressen der Hühner, um sich über die Zuträglichkeit der ihnen vorgeworfenen Nahrung für den Menschen, den Flug der Vögel, um sich über den einzuschlagenden Weg zu orientieren, Himmel, Wölfe, Schlangen, Ochsen, Hühner, Vögel erteilen dem Menschen Auskunft darüber, wie er sich zu verhalten habe [382]; für sie alle bedarf es nicht erst einer künstlichen, weit hergeholten Deutung, sie alle haben eine unmittelbar realistische Bedeutung, die selbst dem gemeinen Manne verständlich ist, und wenn ich die ganze Bedeutung des Auspicienwesens zur Zeit der Wanderung in ein einziges Wort zusammenfassen soll, so lautet es: Prophylaxis eines Naturvolks.

Wie sehr durch diesen einheitlichen Gesichtspunkt die Beweiskraft der von mir für die einzelnen Zeichen benutzten Gründe verstärkt, oder, soweit es nötig sein sollte, ergänzt wird, brauche ich nicht erst hervorzuheben, und ich darf wohl erwarten, daß die Kritik bei einer Bemängelung meiner Ansicht dies nicht außer Acht läßt.

Ich weiß nicht, ob ich von ihr den Einwand zu gewärtigen habe: das Auspicienwesen begegne uns bloß bei den Italikern, nicht bei den übrigen indoeuropäischen Völkern, folglich könne es nicht während der Wanderung, sondern nur auf italischem Boden entstanden sein, da sich sonst ja auch bei den andern Völkern Spuren davon hätten erhalten müssen. Der Einwand enthält in Wirklichkeit ein Argument für die Richtigkeit meiner Ansicht. Die Einrichtungen, welche für den Marsch berechnet waren, hatten ihren Sinn verloren, als der Marsch sein Ende erreicht hatte: ist die Wanderung beendet, so stellt man den

---

382) Vgl. auch das S. 209 Gesagte.

Wanderstab in die Ecke. Was zur Erklärung steht, ist also nicht ihre **Nichtfortdauer** bei den übrigen Indoeuropäern, sondern ihre **Fortdauer** bei den Italikern oder, richtiger gesagt, die Umwandlung, die mit ihnen auf italischem Boden vor sich gegangen ist.

Die Auspicien zur Zeit der Seßhaftigkeit.

Alle anderen indoeuropäischen Völker haben die Einrichtungen der Wanderzeit bei erlangter Seßhaftigkeit so gut wie aufgegeben, und wo es sich um praktische Interessen handelte, ist dies auch von den Römern geschehen; die unvollkommenen Einrichtungen der Urzeit wurden mit den vollkommneren, welche der Fortschritt der Technik ermöglicht hatte, vertauscht. Aber wo praktische Interessen nicht in Frage standen, haben sie die Einrichtungen der Urzeit als etwas durch das Alter Geheiligtes beibehalten, sei es gänzlich unverändert, wie die Haussuchung nach gestohlenen Gegenständen, den hölzernen Speer, das Steinbeil für die Fetialen, die Holzbrücke für die Pontifices, die Vollziehung der Todesstrafe mittelst Geißelung durch den Pontifex Maximus, die mündliche Form der Berufung der comitia calata und der Verkündigung des Kalenders — oder sei es in veränderter, den Verhältnissen der späteren Zeit angepaßter Gestalt, wie das Menschenopfer von der Brücke (argei) und das Auspicienwesen. Alle diese Einrichtungen der Urzeit, mit Ausnahme der ausschließlich dem Privatrecht anheimfallenden Haussuchung, haben einen religiösen Charakter angenommen; es kann daher so wenig überraschen, daß sich dieselbe Erscheinung auch bei den Auspicien wiederholt, daß es umgekehrt Befremden erregen müßte, wenn der Umschlag des ursprünglich Profanen ins Religiöse sich bei ihnen allein verleugnet hätte. Gerade bei ihnen war der Sachverhalt besonders dazu angethan, handelte es sich doch gerade bei ihnen um einen Zweck, mit dem es so nahe lag, die religiöse Idee in Verbindung zu bringen: Aufschluß über die Zukunft. An die Stelle der Natur, welche dem Menschen Aufschluß über das gab, was er zu thun und zu lassen hatte, trat die das Zukünftige voraus= wissende Gottheit.

Von ganz besonderem Einfluß auf die spätere Entwicklung der römischen Auspicien ist meines Erachtens das Dasein der Auguren gewesen. Zunächst für den Umschlag der profanen Einrichtung in eine religiöse. Es wiederholt sich damit nur dieselbe Erscheinung wie bei den Fetialen und den Pontifices. Was diese Beamten von altersher vorzunehmen hatten, war in den Augen des Volks etwas durch sein hohes Alter Geweihtes, Geheiligtes, in der Sprache der Römer „religiosum", ein noli me tangere. Und dieser religiöse Nimbus ward auch auf die Träger des Amts selber erstreckt — die ursprünglichen Techniker, die Pontifices und Auguren, wurden Gottesgelehrte, eine priesterliche Behörde. Auch die äußere Ausdehnung der Berufsthätigkeit der Auguren findet an der der Pontifices ihr Gegenstück. Angestellt dazu, den Vögelflug zu beobachten, er= scheinen sie in der späteren Zeit als die berufensten Personen, dies auch in Bezug auf alle anderen Zeichen zu thun, deren ursprüngliche Bedeutung mit erlangter Seßhaftigkeit ebenso wie die des Vögelflugs hinfällig geworden war. So nahm das Wort auspicium an Stelle seines ursprünglich engen Sinnes den ganz allgemeinen an, in dem es Zeichen aller Art um= faßte. Der Abstand zwischen dem Augur der alten Zeit und dem der neuen ist ein ebenso weiter, wie der zwischen dem Pontifex der Vorzeit und dem der Blütezeit Roms; aber beide hatten nicht nötig, ihre Stellung und ihren Einfluß zu usur= pieren, die naturgemäße Entwicklung ihrer Berufsthätigkeit brachte sie ihnen von selbst entgegen.

Sollten die Zeichen aus der Zeit der Wanderung bei er= langter Seßhaftigkeit beibehalten werden, so mußten sie von den Auguren den veränderten Verhältnissen angepaßt werden, und dies darf man nicht vergessen, wenn man über die von mir entwickelte Ansicht schlüssig werden will.

Als einzelnes Beispiel nenne ich die Übertragung des tabernaculum und der Nachtzeit von dem servare de coelo auf die Auspicien schlechthin. Statt aller anderen wird es zur Genüge darthun, wie verkehrt es wäre, der Gestaltung der Auspicien in der späteren Zeit einen Gegengrund gegen meine Rekonstruktion des Zeichenwesens in der Urzeit zu entnehmen. Die Übertragung beider Erfordernisse von jenem Akt auf die übrigen Auspicien ist hier mit Händen zu greifen.

Ich schließe meine Untersuchung des römischen Auspicienwesens mit dem Satz ab: das Verständnis desselben ist bedingt dadurch, daß man es mit den Verhältnissen und Zwecken der Wanderung in Verbindung bringt, man gelangt dadurch zu der Erkenntnis, daß es nur der Rückstand **einer ursprünglich ausschließlich praktischen Zwecken dienenden realistisch gestalteten Einrichtung ist.**

Wenn ich den Leser jetzt noch zu einem Rückblick auf alles das, was ich in diesem und dem vorigen Buche bisher beigebracht habe, auffordern darf, so glaube ich die Thatsache über allen Zweifel erhoben zu haben, daß in den altrömischen Einrichtungen sich noch ein ganz beträchtliches Stück aus der Zeit der Wanderung erhalten hat. Ich gebe mich der Hoffnung hin, daß ein Gesichtspunkt, der sich mir, dem Laien auf dem Gebiete der römischen Altertumswissenschaft, beim ersten Anlauf so fruchtbar erwiesen hat, dem Fachmann erst recht eine reiche Ausbeute ermöglichen wird.

VI. Die moralischen Einwirkungen der Wanderschaft.
[Fragment.]

LI. Wie ward aus dem Arier der Indoeuropäer? Das ist die Frage, auf welche die folgende Untersuchung Antwort erteilen soll. Als ein anderer verläßt er die Heimat, als ein anderer tritt er auf dem Boden Europas auf zu der Zeit, wo er dort geschichtlich zuerst sichtbar wird. Allerdings nicht überall derselbe. Der Grieche ist ein anderer Mann, als der Römer, der Römer als der Kelte, dieser als der Germane, der Germane als der Slave. Und doch geht durch sie alle mehr oder weniger ein gemeinsamer Grundzug hindurch, der sie von dem heutigen Hindu, der mit ihnen die Abstammung von derselben Mutter teilt, aufs schärfste abhebt; es ist der Typus des Europäers im Gegensatz zu dem des Asiaten.

Worin hat diese vollständige Umwandlung ihren Grund? Nicht in dem bloßen Ablauf der Zeit oder, was dasselbe sagen will, in der allmählichen Erschließung des in dem Volk von Anfang an vorhanden gewesenen Keims. Wäre sie imstande, eine Umwandlung des Volkscharakters zu bewirken, warum hat sich dieser Keim bei dem Indoeuropäer so gänzlich anders entwickelt als beim Hindu? Zu dem ursprünglichen Keim muß also noch ein anderes Moment hinzugekommen sein, welches diese Verschiedenheit der Entwicklung desselben bewirkte. War es der Boden, auf dem sie stattfand? Ganz zweifellos ist er auf die Bildung der Volksart von entscheidendem Einfluß.

Ein Küstenvolk, das durch die See auf die Schiffahrt angewiesen ist, wird durch sie anders als das Volk im Binnenlande — ein Volk unter dem Äquator oder am Nordpol in die gemäßigte Zone versetzt, würde nach Jahrtausenden nicht wieder zu erkennen sein, nicht anders als Pflanzen und Tiere unter der gleichen Voraussetzung. Aber daß die Umwandlung des Ariers in den Indoeuropäer sich nicht auf diese tellurischen Verhältnisse zurückführen läßt, ist bereits oben bemerkt worden; sie sind und waren für die einzelnen Zweige des indoeuropäischen Volksstammes verschieden, und dennoch ist ihnen eine gewisse Familienähnlichkeit gemeinsam. Der Grund derselben kann nur in etwas gesucht werden, das ihnen allen gemeinsam war, und als solches bleibt nichts übrig, als ihre gemeinsame Wanderung. Durch diese sind sie das geworden, was sie

VI. Die moralischen Einwirkungen der Wanderschaft. § 51.

wurden: Europäer. Nicht Europa hat den Europäer gemacht, er war bereits Europäer, als er sich auf dem Boden desselben ansiedelte, und daß er es geworden war, verdankt er lediglich dem nachhaltigen Einfluß, den die Periode der Wanderung auf die Stählung seiner Kraft und die Entwicklung seines Charakters ausgeübt hatte; für ihn bedeutete sie dasselbe, wie für den Seemann, mit dem ich ihn oben verglichen habe, das Leben zur See. Diese Periode muß lange gedauert haben, sonst hätte sie eine solche Verwandlung nicht hervorbringen können, viele Jahrhunderte, vielleicht ein Jahrtausend mag darüber vergangen sein. Daraus ergiebt sich, daß wir uns den Zug des Tochtervolks nach Europa nicht als einen kontinuierlichen Marsch vorzustellen haben; oft müssen sie in Gegenden, die ihnen zusagten, sich dauernd niedergelassen haben, und viele Generationen mögen darüber hingestorben sein, bis sie sich wieder in Bewegung setzten, nicht etwa aus bloßer Wanderlust, sondern weil der Boden für die inzwischen in der Ruhe des Friedens stark angewachsene Bevölkerung nicht mehr ausreichte. Dann wanderte der überschüssige Teil der Bevölkerung aus, wie es einst in der ursprünglichen Heimat geschah, die Satten blieben daheim, die Hungrigen machten sich auf den Weg.

So geschah es in der zweiten Heimat (wie ich sie oben genannt), was ich demnächst (Buch V) hoffe darthun zu können; hier sind nicht weniger als sieben solcher periodischer Aderlässe vor sich gegangen. Und doch war damals das Volk bereits mit dem Ackerbau bekannt geworden, der selbst beim unvollkommensten Betriebe eine unendlich viel zahlreichere Bevölkerung zu ernähren vermag, als die Viehzucht. Um wie viel mehr wird dies in der vorangegangenen Periode des ausschließlichen Betriebes der Viehwirtschaft anzunehmen sein. Daß damals das ganze Volk die einmal gewonnenen Sitze hätte verlassen sollen, ist nicht anzunehmen; für die Besitzenden lag keine Verlockung vor, eine befriedigende, völlig gesicherte Existenz mit einer unsicheren Zukunft zu vertauschen. So blieben sie daheim, und nur diejenigen, welche hier nichts zu erwarten hatten, machten sich auf den Weg. Von den damals Zurückgebliebenen hat die Geschichte uns keine Kunde aufbewahrt; sie sind spurlos untergegangen, nur diejenigen, die in der zweiten Heimat zurückblieben: die heutigen Slaven haben sich behauptet.

So stellt sich also der Wanderzug der Arier nach Europa nicht dar als Wanderung eines ganzen Volkes, sondern als periodisch im Fall der Überfüllung sich wiederholende Auswanderung des überschüssigen Teils der Bevölkerung. Was beim ersten Auszug aus der Urheimat geschehen war, geschah auch während der Wanderung; der Vorgang der Urzeit ward für die ganze Folgezeit maßgebend, die Auswanderung in diesem Sinne ward eine stehende Einrichtung der Indoeuropäer. Damit glaube ich — wie oben S. 360 ff. bereits ausgeführt wurde — das historische Mittelglied zwischen dem ver sacrum und dem ursprünglichen Auszug des Tochtervolkes aus der Urheimat hergestellt zu haben. Schwerlich hätte sich die Erinnerung an dieses in die graueste Urzeit zurückgreifende Ereignis so lange erhalten können, wenn sie nicht von Zeit zu Zeit durch eine Wiederholung desselben während der Wanderperiode aufgefrischt worden wäre.

Das Interesse, das sich für die Feststellung der moralischen Einwirkungen der Wanderung auf das Wandervolk an diese Thatsache knüpft, ist ein ganz außerordentlich hohes. Sie bedeutete für dieses ganz dasselbe, was die Darwinsche Zuchtwahl für die Veredlung der Tiere und Pflanzen — die Selektionstheorie in den Händen der Geschichte: von den Besten die Besten zur Nachzucht verwandt. Mit jeder neuen Auswanderung wiederholt sich derselbe Vorgang, wie bei der ersten: der kräftigste, mutigste, entschlossenste Teil der Bevölkerung zieht aus, die Schwächlinge, Furchtsamen, Unentschlossenen und die Alten bleiben zu Hause. Jedesmal ist es der beste Same, der die Fortpflanzung vermittelt, und jedesmal war die Art selber bereits veredelt worden. Die Urenkel des Mannes, der einst die arische Heimat verließ, waren bereits andere geworden, als er selber. Ihn hatte noch die Frau des friedlichen Hirten gesäugt, nicht die Frau des Kriegers, die Wölfin, die mit der Muttermilch dem Urenkel die Art des Wolfes einflößte. Und der Urenkel dieses Urenkels besaß wiederum dessen Eigenschaften in gesteigertem Maße — wenn dieselben Ursachen fortwirken, die das Kapital vermehrt haben, so muß sich das Kapital unausgesetzt steigern. Und es war dafür gesorgt, daß sie fortdauerten. Den Perioden der langen, vielleicht über mehrere Generationen sich hinziehenden Rast, die sicherlich nicht ausgeblieben sind, folgte mit eintretender Überfüllung stets wiederum eine Periode des kriegerischen Marsches und mit ihr die geschilderte Abgabe des besten, jugendlich kräftigsten, gesundesten, verwegensten Teils der Bevölkerung beider Geschlechter — die Darwinsche Zuchtwahl.

So ist es also nicht die Wanderung allein und die Länge ihrer Dauer, welche aus dem weichlichen Asiaten den trotzigen, stählernen Europäer geformt hat, obgleich auch schon sie allein durch das kriegerische Leben und die unausgesetzte Kampfbereitschaft, die sie heraufbeschwor, eine gewaltige Umwandlung des Volkstypus hätte bewirken, den Hirten in einen Soldaten hätte verwandeln müssen, sondern als Multiplikation ihrer Wirksamkeit gesellt sich noch die angegebene Thatsache hinzu: die Herstellung des Europäers auf dem Wege der Zuchtwahl. Jedesmal ist es der Hunger gewesen, der ihn weiter trieb, unaufhaltsam weiter, bis er das Land erreichte, wo er ihn dauernd zu sättigen vermochte; zu allerletzt, nachdem die Völkerwanderung der vorchristlichen Zeit seit vielen Jahrhunderten beschlossen war, setzte er noch in der christlichen Zeit die Germanen in Bewegung. Man hat dies durch den Wandertrieb der germanischen Rasse erklären wollen. Man könnte ebenso gut beim Individuum von einem Eßtrieb sprechen, sein Eßtrieb ist der Hunger, und um nichts anders verhält es sich mit dem Wandertrieb der Germanen. Wäre bei der Verteilung des Bodens Europas den

Germanen Gallien, den Kelten Deutschland zu teil geworden, die Geschichte Europas wäre um nichts anders ausgefallen, und die Gelehrten würden dann von einem Wandertrieb der Kelten und einem Seßhaftigkeitstrieb der Germanen reden. Der angebliche Wandertrieb steht auf ein und derselben Linie mit der „Lebenskraft", dem Erzeugnis einer abgethanen Periode der Naturwissenschaft, und ich hoffe, daß ihm auch dasselbe Schicksal beschieden sein wird.

Zu dem Hunger gesellt sich allerdings in der späteren Zeit noch die Beutelust und die Freude an dem Bestehen von Abenteuern und kriegerischer Kraftbethätigung hinzu. Diesem Motiv entstammen die zum Sport der Germanen gehörenden geschichtlich nicht bedeutenden kleinen Raubzüge mittelst Aufbietung von Freiwilligen in Form der Gefolgschaften, und die allerdings zur hohen geschichtlichen Bedeutung gelangten Fahrten und Eroberungszüge der Normannen. Aber um ein ganzes Volk, oder auch nur einen erheblichen Bruchteil desselben zu bestimmen, seine bisherigen Sitze aufzugeben und eine unsichere Zukunft auf sich herabzubeschwören, dazu reichte dies Motiv nicht aus, dazu bedurfte es der Not, d. i. des Hungers, sei es, daß er das Volk unmittelbar in Bewegung versetzte, oder mittelbar, indem es einem dadurch getriebenen anderen, mächtigeren Volk wich. Überall lautet in historischer Zeit das Feldgeschrei eines solchen Volks: Land, Land, nicht bloß bei den Germanen, sondern auch bei den Kelten Oberitaliens, als sie unter Brennus nach Mittelitalien ziehen; gegen Gewährung von Land sind auch sie bereit, die Waffen niederzulegen (Liv. V, 36: si Gallis egentibus agro . . . . partem finium concedant). Der Ausführung der Kolonieen der Griechen und Römer lag dasselbe Motiv zu Grunde: Mangel zureichender Nahrung für die angewachsene Bevölkerung; aber die Form der Abhülfe war eine ungleich vollkommnere, als bei der Auswanderung; bei dieser ward die Heimat geopfert, bei jener beibehalten, und wenn bloß ein Teil der Bevölkerung auswanderte, auch die

VI. Die moralischen Einwirkungen der Wanderschaft. § 51.

Verbindung mit dem Muttervolk, bei der Aussendung einer Kolonie blieb beides gewahrt.

[Hier bricht das ausgearbeitete Manuskript ab; folgende Notizen finden sich auf einem besonderen Blatt]:

Kulturhistorische Bedeutung der Wanderung:
1. Gewöhnung an militärische Zucht — Politische Erziehung — Gehorsam — und zwar im eigenen Interesse — Höhere Stufe der Erziehung zum Gehorsam — Orientalischer Despotismus.
2. Ausbildung des Persönlichkeitsgefühls — Wahl des Tauglichsten — Wahl charakteristisch für die Indoeuropäer — Orient: Geburt — Preis der Tüchtigkeit hier nicht vorenthalten — Eigenes Interesse der Wählenden.
3. Die Monogamie — Frau verschafft sich durch Tüchtigkeit ihre Stellung, sie teilt die Gefahren und Mühen des Mannes — Charakter — Die europäische Frau verdanken wir den Wanderungen — Beispiel von Nordamerika — Achtung des Mannes vor der Frau.

Nachwirkungen der Wanderung im Römischen Volke — bei keinem in dem Maße wie bei ihm — Beeinflussung der Griechen durch die Berührung mit Völkern höherer Kultur (Phöniziern) — Konservativer Geist, Produkt der Verhältnisse — Die Römer sind in der Urzeit mit fremden Völkern weniger in Berührung gekommen als die Griechen.
1. Politischer Geist — Achtung vor dem Gesetz — Regel und Ordnung — Beeinflussung des Rechts dadurch — militärischer, unbeugsamer Geist waltet auch darin.

2. Erhaltung der äußeren Formen der Wanderung — Kurien — Dekurien — populus und senes — Rex — Verteilung des Landes — ager publicus, gentilitius.

3. Stellung der Frau — Unterschied zwischen Griechen und Römern — Dorier (Sparta = Rom Griechenlands).

Fünftes Buch.

Die zweite Heimat.

LII. Über die Dauer der Wanderperiode der Indoeuropäer fehlt es uns an allen Nachrichten. Aber der Mangel der äußeren Zeugnisse wird erſetzt durch die innere Schlußkraft zweier Thatſachen, welche außer Zweifel ſtellen, daß ihre Wanderſchaft einen außerordentlich langen Zeitraum, der ſich nach vielen Jahrhunderten, vielleicht nach mehreren Jahrtauſenden bemißt, in Anſpruch genommen haben muß. Die eine iſt die gänzliche Umgeſtaltung, welche mit dem Charakter ſämtlicher indoeuropäiſcher Volksſtämme vorgegangen iſt. Neben denjenigen Charakterzügen, welche ſie unter ſich voneinander abheben (individuelle), giebt es gewiſſe, die ſich bei ihnen allen wiederholen (gemeinſame). Jene entfallen auf die Zeit nach ihrer Trennung untereinander, auf den Einfluß, den die beſonderen Umſtände, Schickſale, Verhältniſſe, vor allem die Berührung mit fremden Völkern und die Eigenart des Bodens, auf dem ſie ſich niederließen, auf jedes derſelben in abweichender Weiſe ausgeübt haben. Dieſe kommen auf Rechnung der Zeit vor der Trennung. Vergleicht man nun den Charakter ſämtlicher europäiſcher Völker mit dem des ariſchen Muttervolks, ſo iſt der Abſtand zwiſchen beiden ein ſo außerordentlich weiter, daß mindeſtens ein Jahrtauſend nötig geweſen ſein muß, um eine ſo vollſtändige Umgeſtaltung des Charakters zuwege zu bringen. Nichts verändert ſich ſo außerordentlich langſam wie der Charakter eines Volks; das ebenfalls langſame Tempo, in dem die

Sprache sich umgestaltet, ist im Vergleich damit sogar ein
rasches zu nennen. Nicht minder kann aber auch der Zeitraum
von dem Moment der Trennung der einzelnen Völker bis zur
erlangten Seßhaftigkeit oder wenigstens bis dahin, wo sie in
den Gesichtskreis der Geschichte treten, nach vielen Jahrhunderten
bemessen werden, und ein Jahrtausend wird auch hierfür nicht
zu hoch gegriffen sein. Zeugnis dafür legt ab die Sprache,
die sich in diesem Zeitraum in einer Weise differenziert hat,
daß erst die Sprachforschung unserer Tage ihre ursprüngliche
Gemeinsamkeit zu erkennen vermochte, während die einzelnen
Volkssprachen sich so gänzlich umgestaltet hatten, daß kein Volk
das andere mehr verstand.

So zerfällt die Geschichte der Wanderung der Indoeuropäer
in zwei Abschnitte: die Periode der Gemeinsamkeit und der
Isolierung. Zwischen beide in die Mitte schiebt sich eine dritte,
die den Gegenstand der folgenden Darstellung bildet: der
Aufenthalt in der zweiten Heimat, wie ich sie nennen will.

Die außerordentliche Länge der Zeit, die zweifellos über
der Wanderung der Indoeuropäer verflossen ist, berechtigt uns
zu dem Schluß auf die Langsamkeit des Vorrückens. Es war
nicht ein ungestümes, rast- und ruheloses Vordringen nach Art
der Heereszüge so mancher wilder Völkerschaften, welche Europa
in historischer Zeit heimgesucht haben: der Hunnen, Avaren,
Mongolen — der entfesselte Orkan — sondern ein höchst allmäh=
liches, aber unwiderstehliches Vorwärtsschieben — das langsame
Vorrücken des Gletschers. Wo man Nahrung für sich und das
Vieh fand, ließ man sich zunächst nieder und blieb so lange,
bis der Boden erschöpft war. Aber einmal hat man sich
dauernd auf lange Zeit, jedenfalls auf Jahrhunderte nieder=
gelassen, man hatte das Land, das man suchte, die neue Heimat,
gefunden. Der Aufenthalt in dieser neuen Heimat ist für die
Indoeuropäer ein Wendepunkt in ihrer Geschichte geworden,
hiermit hat sich ein Fortschritt der folgenreichsten Art voll=
zogen: der Übergang zum Ackerbau. Das Volk, das sie hier

vorfanden und unterjochten, war ein ackerbautreibendes, von ihm haben sie den Ackerbau erlernt, und als sie später das Land wieder verließen, ihn dauernd beibehalten.

Das Land muß ein fruchtbares und weit ausgedehntes gewesen sein, da es ausreichte, für lange Zeit neben der einheimischen Bevölkerung auch die Sieger zu ernähren. Dies berechtigt zu dem Schluß, daß es kein gebirgiges gewesen sein kann, es muß ein weit ausgedehntes Flachland gewesen sein. Von der ursprünglichen Heimat muß diese zweite weit entfernt gewesen sein, sonst wäre die Kunde vom Ackerbau von ihr auch in jene gekommen, und der Auszug der Indoeuropäer wäre unter dieser Voraussetzung vielleicht für immer unterblieben, ebenso wie das Vorrücken der Arier nach Indien hin. In beiden Fällen stieg der Hirte aus den Bergen in die Ebene hinab, die Berge sind der durch die Natur selber vorgezeichnete Nährplatz des Hirten, die Ebene der des Ackerbauers, nur die Not hat den Ackerbauer bestimmt, auch die Abhänge des Gebirges unter den Pflug zu bringen, der Ackerbau hat in den großen Ebenen zuerst das Licht der Welt erblickt, in heißen Gegenden, da, wo große Flüsse wie Euphrat, Tigris, Nil ein weit ausgedehntes Berieselungssystem ermöglichten. (S. oben S. 106.)

Den Beweis für die hier vorgetragene Ansicht entnehme ich den beiden durch die Sprache bezeugten Thatsachen, daß der Ackerbau dem arischen Muttervolk unbekannt war, und daß die Indoeuropäer mit ihm zu einer Zeit vertraut geworden sind, als sie sich noch nicht getrennt hatten. Eine vorübergehende Berührung mit einem ackerbautreibenden Volk und die dadurch vermittelte bloße Anschauung des Ackerbaus hätte dazu nicht ausgereicht, es bedurfte einer langen eigenen praktischen Erfahrung, wenn auch nicht sowohl, um den Betrieb des Ackerbaus zu erlernen, wozu auch eine relativ kurze Zeit genügt haben würde, als vielmehr um durch die Erkenntnis der Vorzüge der Landwirtschaft vor der Hirtenwirtschaft einen Um=

schwung in der äußeren Lebensweise des Volks herbeizuführen, wie er sich nur im Laufe von Jahrhunderten vollzieht: die Vertauschung des Hirtenlebens mit dem Ackerbauleben. Als Hirte war der Indoeuropäer ins Land gekommen, als Ackerbauer verließ er es wieder, und das ist er fortan geblieben; sein Vieh läßt er nur da weiden, wo der Boden zum Ackerbau nicht geeignet ist: auf Bergen und Hügeln, das Flachland bringt er unter den Pflug. Auf einer hohen Stufe hat sich der Ackerbau bei dem Volk, von dem er ihn erlernte, nicht befunden. Die Verwendung des Eisens für Pflug, Sichel, Sense kannte man nicht, der Pflug war ganz von Holz und ohne Räder, die primitivste Form desselben: der sogenannte Hakenpflug. Und auch die Verwendung des Viehs zum Ziehen desselben war noch unbekannt, Mann und Frau spannten sich selber vor den Pflug. Einen sprachlichen Hinweis darauf enthält der Ausdruck con-jux (griech. σύζευξις von ζεῦγος = das Joch Ochsen); er bezeichnet die Person, die gemeinschaftlich mit einer anderen sich unter das Joch (jug-um) spannt[383]), daher con-jug-ium = die Jochgemeinschaft, d. i. die Ehe. Der Gedanke, daß diese Bezeichnung ursprünglich bloß in dem bildlichen Sinn, wie er jetzt unserem „Ehejoch" zu Grunde liegt, gemeint gewesen sei, schließt sich von selbst aus; es würde allen sprachlichen Erfahrungen widersprechen, denn die Sprache hat ihre Bezeichnungen überall an sinnliche Vorstellungen angeknüpft. Das Joch kann hier also nur im realen Sinne gemeint sein, ganz abgesehen davon, daß die Bezeichnung der ehelichen Verbindung als eines Joches nur für die Frau, nicht aber für den Mann zutreffen würde. Eine Reminiscenz an diese Jochgemeinschaft der Urzeit hat sich noch in den römischen

---

383) Das Joch (sanskr. juga) war auch dem arischen Muttervolk bekannt, aber nicht in Anwendung auf das Vieh, das man vor den Pflug, sondern das man vor den Wagen spannte. Zimmer, Altindisches Leben S. 248.

Hochzeitsgebräuchen erhalten. Die Frau führt sich nach der Vermählung in das Haus des Mannes ein mit der Formel: ubi tu Gajus, ego ibi Gaja, d. h. wo du den Pflug ziehst, ziehe ich ihn mit [384]. In unserm heutigen Ausdruck „Ehejoch" hat sich also noch ein Rest aus grauer Urzeit erhalten, ebenso wie in der Wendung: was treibst Du (S. 28); um beide zu verstehen, muß man auf das Hirtenleben der Urzeit und die ersten Anfänge des Ackerbaus zurückgreifen.

Auch die Düngung des Bodens war noch unbekannt, was sich daraus ergiebt, daß es an einem gemeinsamen Ausdruck für Dünger in den indoeuropäischen Sprachen fehlt, in jeder derselben lautet er verschieden ($κόπρος$, stercus, Mist, Dung, russ. nawoz, nazom, poln. nawoz, gnoy, czech. knůi), was gleichbedeutend damit ist, daß sie die Sache selber erst nach ihrer Trennung von einander kennen gelernt haben. Der Umstand ist in meinen Augen höchst bedeutungsvoll, und zwar in doppelter Beziehung. Einmal, weil er zu einem Schluß auf die außerordentliche Fruchtbarkeit eines Bodens berechtigt, der im stande war, Jahrhunderte lang hindurch neben der Urbevölkerung noch das siegende Volk zu ernähren, was zu dem von mir angenommenen Alluvialboden des Stromgebiets der Wolga stimmen würde. Und sodann, weil er es erklärt, daß der Boden infolge der unterlassenen Düngung schließlich doch so erschöpft ward, daß er die Bevölkerung nicht mehr zu ernähren vermochte, was dann periodisch das sich wiederholende Verlassen desselben, d. i. den Aufbruch der einzelnen indo-

---

384) Nach den griechischen Lexikographen bezeichnet $γαῖος$ den $βοῦς \ ἐργαστής$, den Arbeitsstier. Ob die Notiz von Servius ad Aen. 4, 16: jugum, quod imponebatur matrimonio conjugendis auf historische Glaubwürdigkeit Anspruch machen kann, oder ob sie nicht vielmehr eine etymologische Deutung enthält, lasse ich dahingestellt, andere Schriftsteller berichten meines Wissens über diesen Brauch nichts. Bei den Germanen berichtet Tacitus Germ. c. 18 von „juncti boves" als Symbol dafür, daß die Frau „laborum socia" sei.

europäischen Stämme zur Folge hatte. Der Boden also war es, der die Indoeuropäer zum Bleiben, und der sie dann nach Jahrhunderten wieder zum Wandern veranlaßte.

Ob das Getreide bereits ausgedroschen, oder, wie in der Urzeit überall, durch Menschen oder Vieh ausgetreten ward, steht dahin. Dagegen kannte man das Mahlen desselben auf Handmühlen, und erst hier haben die Indoeuropäer damit Bekanntschaft gemacht; die Ausdrücke dafür lauten in allen Sprachen übereinstimmend ($\mu\acute{v}\lambda\eta$, mola, Mühle, got. malam, irr. melim, altslav. mija, lit. malti), während dem Muttervolk eine Bezeichnung dafür fehlt[385]).

Der Grund und Boden stand nicht im Privateigentum des Einzelnen, sondern im Eigentum der Gemeinde. Das ergiebt sich in unzweifelhafter Weise daraus, daß den Germanen und Slaven nicht bloß bei ihrem ersten Auftreten in der Geschichte, sondern noch geraume Zeit hindurch das Privateigentum, wie an Weiden und Wäldern, so auch an Ackerland gänzlich fremd geblieben ist. Hätten sie es in ihrer zweiten Heimat vorgefunden, sie würden diese vollkommenere Form der Bewirtschaftung mit der unvollkommenen des Gemeindeeigentums ebenso wenig vertauscht haben, wie in allen anderen Dingen. Eine Vertauschung des Vollkommeneren mit dem Unvollkommeneren: der Vorgang würde ohne Gleichen in der Geschichte dastehen. Die Geschichte kennt die Vertauschung des Gemeindeeigentums mit dem Privateigentum, nicht die des Privateigentums mit dem Gesamteigentum. Bei den Römern findet sich keine Spur mehr von diesem früheren Zustande; bei der Gründung Roms teilt Romulus das Ackerland aus, indem er

---

385) Das Zerreiben des Getreides kannte man, der Ausdruck dafür war mar und ihm, beziehungsweise dem dafür an die Stelle gesetzten mal (erhalten in unserm zer=mal=men) sind die angegebenen Ausdrücke für Mühle entlehnt.

jedem Bürger zwei Morgen (jugera) als erbeigen (heredium) zuweist, was bei der Bedeutung von Romulus als Personifikation der Urzeit soviel besagt wie: das Privateigentum an Ackerland ist eine Einrichtung der Urzeit. Aus dem Lande, wo sie den Ackerbau zuerst erlernten, können die Italiker es nicht mitgebracht haben, sie werden es bei einem der Völker in ihrer neuen Heimat vorgefunden haben.

Für die Bewirtschaftung des gemeinsamen Ackerlandes giebt es zwei Formen; die eine: Gemeinsamkeit der Bewirtschaftung und Verteilung des Ertrages; die andere: periodischer Wechsel der Grundstücke mit separater Bewirtschaftung und ausschließlichem Anspruch des Bestellers auf den Ertrag, sei es, daß der Wechsel nach Maßgabe einer fest vorgeschriebenen Ordnung oder auf Grund des Losens (Landlos) erfolgt. Jene Form hat sich noch bis auf den heutigen Tag bei den Slaven erhalten; von dieser wissen wir durch Tacitus, daß sie die der Germanen war. Von diesen beiden Formen ist die zweite die wirtschaftlich vollkommenere, sie setzt in Bezug auf die Bestellung des Ackers mittelst des in Aussicht gestellten Eigentums an den Früchten den unschätzbaren Hebel des Privatinteresses an; dem fleißigen, sorgsamen Wirt fällt mehr zu, als dem faulen, lässigen, sie vergegenwärtigt uns den Übergang von der primitiven Form der Gestaltung des Verhältnisses am Ackerland, der slavischen Kommunionwirtschaft, zu der definitiven: dem römischen Privateigentum.

Indem ich mich auch hier durch die Erwägung leiten lasse, daß ein Hinabsteigen von einer vollkommeneren zu einer unvollkommeneren Einrichtung aller geschichtlichen Erfahrung widersprechen würde, gelange ich zu dem Ergebnis, dem Volk, von dem die Indoeuropäer den Ackerbau erlernten, die slavische Form der Bewirtschaftung zuzusprechen. Hätte es die germanische gekannt, so würde es unbegreiflich sein, wie die Slaven sie mit der ihrigen hätten vertauschen können, während der entgegengesetzte Vorgang bei den Germanen als Fortschritt von einer

niederen zu einer höheren Wirtschaftsmethode vollkommen er=
klärlich wird.

Im bisherigen habe ich den Zustand geschildert, den das
siegende Volk bei dem besiegten vorfand: Gemeineigentum am
Ackerland und gemeinsame Bestellung desselben. Diesen Zustand
hat der Sieger thatsächlich bestehen lassen, aber rechtlich hat
er ihm eine andere Gestalt gegeben, und zwar eine solche, die
hier zuerst zur Erscheinung gelangt ist. Es war das Hörig=
keitsverhältnis: bei dem Muttervolk ist dasselbe in der
vorindischen Periode nicht nachweisbar, während es sich bei
sämtlichen indoeuropäischen Völkern wiederholt. Das Mutter=
volk kannte für den überwundenen Feind nur das Verhältnis der
Sklaven, der Gefangene ward Sklave (dasa), wobei dahingestellt
bleiben mag, ob er wie auf der Wanderung (S. 400) als Stück
der Gesamtbeute erst mittelbar auf den Einzelnen überging, oder
unmittelbar demjenigen zugesprochen ward, der ihn überwunden
hatte. Das Verhältnis des Sklaven charakterisiert sich in
rechtlicher Beziehung als das der schlechthinnigen
Unterwürfigkeit unter die Botmäßigkeit des Herrn (des
δεσπότης von sk. dasa und der Wurzel pa, po = ernähren),
in faktischer als Hausgemeinschaft — der Sklav ward
Hausgenosse. In beiden Beziehungen ist das des Hörigen ein
anderes. Das Maß seiner Unterwürfigkeit ist ein beschränktes,
es sind ihm nur gewisse Leistungen auferlegt, sei es an Diensten
oder Lieferungen; darüber hinaus gehört seine Arbeitskraft, und
das, was er hat oder erwirbt, ihm selber; und er wohnt nicht
im Hause des Herrn, sondern im eigenen, er hat seinen be=
sonderen Hausstand, der dem Sklaven abgeht. In dieser Weise
wird uns das Verhältnis des Hörigen oder Leibeigenen von
Tacitus (Germ. c. 25) geschildert: suam quisque sedem
suos penates regit (eigner Haushalt), frumenti modum
dominus aut pecoris aut vestis ut colono injungit et
servus hactenus paret (beschränkte Leistungspflicht), wozu aus
dem Vorhergehenden (c. 24) noch der Ausschluß des nur bei

den Sklaven Platz greifenden Verkaufsrechts hinzuzunehmen ist. Ganz dieselbe Gestalt trug bei den Römern in ältester Zeit das Verhältnis des Klienten zum Patron an sich, indem der Klient ebenfalls seinen eigenen Hausstand hatte und gegen Überschreitung der dem Herrn ihm gegenüber gesetzten Grenzen in wirksamster Weise (durch Sacertät des Herrn) geschützt war. Das Verhältnis wiederholt sich auch bei den Griechen (Heloten, Perioiken) und bei den Slaven. Die lateinische und deutsche Sprache bezeichnet es als Gehorsamsverhältnis (cliens von κλίειν — hören — „hörig"), beide entlehnen dem Hören die Bezeichnung für Gehorsam (ob-audire = obedi-entia, Hören = Ge-hor-sam).

Nun hat allerdings die Gemeinsamkeit eines bei mehreren Völkern sich wiederholenden Instituts keineswegs die Gemeinsamkeit des Ursprungs zur Voraussetzung. Sklaven, Eigentum, Erbrecht, Ehe finden sich überall, ohne daß das eine Volk es vom andern entlehnt hätte, und auch für das Hörigkeitsverhältnis bietet sich ein Entstehungsgrund dar, der das originäre Aufkommen desselben bei den verschiedensten Völkern völlig begreiflich erscheinen läßt. Es ist die Unterjochung eines ganzen Volks, das zu zahlreich ist, um die Sklaverei darauf zur Anwendung zu bringen. Hier ist die gegebene Form die, daß der Sieger ihm im eigenen Interesse die fernere wirtschaftliche Existenz ermöglicht, indem er ihm drückende Leistungen auferlegt, so daß der beste Bissen ihm selber zu Gute kommt, dem Besiegten aber nur ein schmaler Bissen übrig gelassen wird, eben ausreichend zur Notdurft des Lebens.

Eine derartige Form ist eben das Hörigkeitsverhältnis. Allerdings findet es sich bei den Römern, ebenso wie bei den Germanen und Slaven, auch in Anwendung auf einzelne Individuen in Form der vertragsmäßigen Vereinbarung, sei es als lösliches, wie das römische Klientelverhältnis, sei es als unlösliches, wie die deutsche und slavische Leibeigenschaft; aber darin kann ich nur die Übertragung eines auf andere Weise ins

Leben gerufenen Instituts, nicht die ursprüngliche Gestalt erblicken. Ein zwingender Grund zur Einführung desselben lag nur in dem von mir angenommenen Fall der Unterjochung eines ganzen zahlreichen Volks vor; hier war es mit Notwendigkeit geboten, die einzig praktisch denkbare Form der Gestaltung des Verhältnisses, während es in Anwendung auf Individuen zwar entstehen konnte, aber nicht mußte, da hierfür das Institut der Sklaverei vollkommen ausreichte. Das Verhältnis wird also nicht so zu denken sein, daß der Einzelne dem Einzelnen dienstpflichtig war, sondern die Gesamtheit der Hörigen war der Gesamtheit des herrschenden Volks dienstbar, mit dem System der gemeinschaftlichen Bewirtschaftung war ein separates Hörigkeitsverhältnis unverträglich; dasselbe kann erst aufgekommen sein, als bei den Griechen und Römern das Gemeineigentum dem Privateigentum, oder, wie bei den Germanen, die gemeinschaftliche Bewirtschaftung der individuellen Platz machte. Bei den Römern trägt es auch noch in dieser Gestaltung deutliche Spuren seines ursprünglichen publicistischen Charakters an sich. Das Verhältnis des Herrn zum Sklaven ist rein privatrechtlicher Art, es geht die Gemeinde nichts an, sie setzt der Verfügungsgewalt nicht die mindesten Schranken. Aber an dem Klienten hat neben ihm auch sie ihren Anteil, die Klienten gehören zur Gens, sie sind zu Kriegsdienst verpflichtet und ziehen mit ihr ins Feld, und dieses Verhältnis der Zugehörigkeit kann der Herr (patronus) nicht beliebig lösen, z. B. nicht der Klientin die Erlaubnis erteilen, sich außerhalb der Gens zu verheiraten; dazu bedarf es eines Gemeindebeschlusses (Seite 407); am Nachlaß des kinderlos verstorbenen Klienten hat die Gens ein eventuelles Erbrecht, und durch schwere Strafandrohung (Sacertät) ist dafür gesorgt, daß der Patron dem Klienten kein Unrecht zufügt (patronus, si clienti fraudem fecerit, sacer esto), ein Ersatz für die ihm gegen den Herrn nicht zukommende Privatklage — er steht unter dem Schutz der Gemeinde. Dieser Umstand setzt den publicistischen Charakter des Verhältnisses in ein helles Licht; hätte man dasselbe als ein rein privatrechtliches betrachtet, so würde man dem Klienten entweder nach Art des Sklaven jeglichen Schutz haben versagen oder eine Privatklage haben einräumen müssen.

Dieser öffentlichrechtliche Schutz, den das Verhältnis noch in späterer Zeit an sich trägt, weist auf eine entsprechende Entstehung hin. Es ist nicht ins Leben gerufen durch private Vereinbarung oder Überwältigung, sondern durch einen Akt der Gesamtheit: Überwältigung des einen Volks durch ein anderes und daran sich reihende Feststellung des beiderseitigen Verhältnisses in Form eines beiderseits beschworenen und damit unter den Schutz der Religion (Sacertät) gestellten völkerrechtlichen Vertrages. Zu den Bedingungen desselben wird außer der Festsetzung der Leistungen an Getreide und Feldarbeit wie bei den römischen Klienten auch die Heeresfolge gehört haben.

In der bisher geschilderten Weise haben dann beide Völker Jahrhunderte lang mit einander gelebt. Der Aufenthalt in dieser ihrer zweiten Heimat bezeichnet für die Indoeuropäer einen Wendepunkt in ihrer Geschichte, er ward für sie die Schule des Ackerbaus, und hier sind sie aus einem Hirtenvolk ein ackerbautreibendes geworden.

Ich habe mir die Frage vorgelegt: wo dies Land gelegen haben mag. Wenn die Prämissen richtig sind, die ich oben entwickelt habe: ein weitgestrecktes und fruchtbares Flachland, so kann das Land nur nördlich vom Kaukasus gesucht werden, südlich desselben ist lauter Gebirgsland. Da die Übersteigung des Kaukasus an manchen Stellen gänzlich unmöglich, an allen andern aber mit den allergrößten Schwierigkeiten verbunden ist, so wird der Weg an den Abhängen desselben nach dem Kaspischen Meer zu vorbeigegangen sein. Nördlich des Kaukasus öffnen sich zwei große Tiefebenen: das Stromgebiet zwischen Wolga und Don, ein unfruchtbares Land, das den angegebenen Bedingungen nicht entsprach, und das zwischen Don, Dniepr,

Dniestr bis zur Donau hin (Süd- oder Neurußland und Bessarabien), und hierher glaube ich die zweite Heimat der Indoeuropäer verlegen zu sollen.

Der Umstand, daß die Düngung des Bodens unbekannt war, mußte im Lauf der Zeit notwendigerweise eine Erschöpfung desselben herbeiführen, und damit wiederholte sich dieselbe Nötigung zur Auswanderung eines Teils der Bevölkerung wie einst in der Urheimat. Auch hier werden es wiederum nur die Jungen und Kräftigen gewesen sein, welche sich auf den Marsch machten, und auch hier müssen es große Massen gewesen sein, welche sich in Bewegung setzten, um den langen Weg nach der dritten und schließlichen Heimat zurückzulegen. Diese Auszüge haben sich, wenn dieselbe Notlage an sie herantrat, wiederholt. Manche Massen mögen unterwegs vernichtet worden sein, aber sieben von ihnen behaupteten sich und gewannen dauernde Sitze: die Griechen, Italiker, Kelten, Germanen, Slaven, Illyrier, Letten. In welcher Reihenfolge sie das Land verlassen haben, ist eine Frage, für deren Beantwortung sich schwerlich je etwas sicheres ermitteln lassen wird, aber gewisse Anhaltspunkte bieten sich doch dar. In meinen Augen sind es insbesondere zwei.

Zuerst das Argument, welches die Sprache gewährt. Ich meine nicht in Bezug auf die bereits von den Sanskritisten in Betracht gezogene Frage, welche von den verschiedenen europäischen Töchtersprachen der Muttersprache am nächsten steht, sondern in Bezug auf einen andern Punkt, von dem ich nicht weiß, ob er schon die gebührende Beachtung von seiten der Sprachforscher gefunden hat.

Ich gehe von der Thatsache aus, die durch die historische Erfahrung überall bestätigt wird, daß ein Volk, das mit einem andern, mit ihm auf gleicher oder höherer Kulturstufe stehenden, Jahrhunderte lang auf demselben Raum lebt, sei es als herrschendes oder besiegtes, sich von ihm, wie in Bezug auf seine Einrichtungen und Anschauungen, so auch auf seine Sprache mancherlei aneignet. Dies angewandt auf das Verhältnis der

Sprache der Indoeuropäer zu der des Volks der zweiten Heimat, würde sich ein Maßstab ergeben für die Länge der Zeit, die das einzelne indoeuropäische Volk bei ihm zugebracht hat. Worte, für welche das Sanskrit selbst in Bezug auf die Wurzeln jede Anknüpfung versagt, und für die sich nicht etwa die Entlehnung von einem andern Volk nachweisen läßt, und ebenso neue oder wesentlich umgestaltete Sprachformen, Konstruktionen u. s. w. würden präsumtiv auf Rechnung des andern Volks zu setzen sein; das Mehr oder Minder dieses Bestandes an fremdartigen Elementen in den einzelnen Sprachen würde dementsprechend auf Rechnung der längeren oder kürzeren Dauer des Aufenthaltes der einzelnen Volksstämme im zweiten Heimatlande zu setzen sein. Die Länge der Zeit, während deren eine Sprache geredet ist, kann allein derartige Umgestaltungen nicht bewirken, die Fortbildung einer Sprache bewegt sich, wenn sie durch eine fremde gestört wird, in der durch ihre eigene Vergangenheit vorgezeichneten normalen Bahn fort; sprachliche Erscheinungen, die dem widersprechen, seien es einzelne Worte oder Sprachformen, weisen auf fremden Ursprung hin. Sollte es sich zeigen, wie ich vermute, daß die griechische und lateinische am wenigsten, die slavische am meisten der Umgestaltung durch irgend eine andere Sprache, als welche ich dem Obigen nach die des Volks der zweiten Heimat annehme, ausgesetzt gewesen ist, so würde ich daran den Schluß reihen: Griechen und Italiker haben am kürzesten, die Slaven am längsten in der zweiten Heimat verweilt.

Der zweite Anhaltspunkt, den ich in Bezug auf die obige Frage glaube heranziehen zu können, über dessen Anfechtbarkeit ich mich allerdings keinen Täuschungen hingebe, ist der Abstand der geographischen Entfernung der dritten Heimat der indoeuropäischen Völker von der zweiten. Wer sich zuerst auf den Weg macht, hat die Wahl, und findet er etwas, was ihm zusagt, so wird er ihn nicht weiter fortsetzen; wer zu zweit kommt und bereits einen Andern vorfindet, muß den Wanderstab weiter tragen, und ebenso der Dritte und Vierte.

Dies angewendet auf das Suchen der indoeuropäischen Völker nach neuen Sitzen, glaube ich, daß die Griechen und Italiker sich zuerst auf den Weg gemacht haben. Kleinasien, Griechenland, Illyrikum lag dem Ausgangspunkt, von dem sie ausgingen, am nächsten. Kleinasien haben die Griechen nur zu Schiff, sei es über den Bosporus oder von der griechischen Küste aus erreichen können; das Schiff war ihnen schon von der ältesten Zeit her — wenn auch nur als Flußschiff — völlig vertraut. Dann sind meines Erachtens die Italiker gefolgt, die bereits einen weiteren Weg zurückzulegen hatten, ihnen die Kelten, diesen die Germanen. Hätten die Germanen sich vor den Kelten in Bewegung gesetzt, sicherlich würden sie sich nicht in den unwirtbaren Wäldern Deutschlands niedergelassen, sondern den Rhein überschritten und sich in Gallien festgesetzt haben; aber hier und in Oberitalien waren ihnen die Kelten bereits zuvorgekommen. Von den genannten Völkern hatten die Germanen bei der Verteilung Europas das schlechteste Los gezogen, sowohl was das Klima als die Beschaffenheit des Bodens und die Lage des Landes anbetrifft, die sie vom Mittelmeer und damit von der Berührung mit der Kultur der alten Welt abschnitt. Die andern Völker waren mit ihrem Lose zufrieden, und sie hatten alle Ursache dazu, keins von ihnen hat die einmal erlangte Heimat mit einer andern zu vertauschen gesucht. Sie haben Kolonieen entsendet, Eroberungen gemacht oder zu machen gesucht, wie Griechenland und wie die Gallier Oberitaliens in Mittelitalika; aber keins von ihnen ist je wieder ausgewandert, sie haben die Sitze, in denen wir sie bei Beginn der urkundlichen Geschichte antreffen, dauernd innegehalten. Dagegen bei den Germanen bildet die Auswanderung die Regel, weit über ein Jahrtausend hindurch kommt das Volk nicht zur Ruhe. An die Cimbern und Teutonen zu Ende des zweiten Jahrhunderts vor Christus reihen sich bei Beginn der christlichen Zeitrechnung die Markomannen, Franken, Gothen, Sueven, Vandalen, Angeln, Sachsen, Jüten, Langobarden, Wäringer, Normannen, und ihr Weg führt sie über ganz Europa und selbst bis nach Afrika. Man hat den Grund davon in dem den Germanen angeborenen Wandertrieb finden wollen. Aber mit ihrem Wandertrieb hat es keine andere Bewandtnis, als mit dem ihrer Vorfahren, welche die erste und dann wieder die zweite Heimat verließen, er steckte im Grund und Boden. Wäre den Germanen Gallien, den Kelten Deutschland zugefallen, jene wären ebenso seßhaft geblieben wie diese, die aus guten Gründen nicht in Versuchung gekommen sind, ihr schönes Land mit einem andern zu vertauschen, und die Geschichte würde sich bei ihnen ganz ebenso abgespielt haben, wie bei den Germanen; der angeborene Wandertrieb würde dann als Erbteil der Kelten wie jetzt der Germanen ausgegeben werden (S. 463 f.).

Während die bisher genannten fünf Stämme nach Westen, ist der lettische nach Norden gezogen. Nach dem von mir aufgestellten Gesichtspunkt würde also die Wahrscheinlichkeit dafür sprechen, daß er sich erst nach ihnen von der bisherigen Heimat getrennt hat. So verbleiben nur noch die Slaven. Es ist derjenige von allen Zweigen der indoeuropäischen Familie, der sich am weitesten ausgebreitet hat. Meines Erachtens ist dies nicht in Form der Auswanderung: der Losreißung von der Heimat, sondern durch allmähliche Ausdehnung derselben, einerseits nach Westen in den Donaufürstentümern bis zum Adriatischen Meer und nach Nordwesten bis zur Elbe, andererseits in dem hohen Norden bis zum Weißen Meer geschehen. Die Sitze aller übrigen indoeuropäischen Völker sind von der angenommenen zweiten Heimat durch Zwischenländer getrennt, die der Slaven bilden dort ein einziges zusammenhängendes Ganze. Der Schluß, der sich daraus ergiebt, liegt auf der Hand: die Slaven sind das einzige indoeuropäische Volk, welches die zweite Heimat nicht in Form der Auswanderung verlassen, sondern sich nur allmählich ausgedehnt hat. Die Differenzierung

in Sprache und Sitte kommt nicht, wie innerhalb der vier
übrigen indoeuropäischen Kulturvölker Europas, auf Rechnung
der Losreißung von dem Muttervolk und der daran sich
reihenden Isolierung unter einander, sondern auf Rechnung der
außerordentlichen Entfernung der Wohnsitze des einen Stammes
von denen der anderen, und sie hat hier selbst im Lauf der
Jahrtausende bei weitem nicht den Grad erreicht, wie bei diesen
bereits zur Zeit ihres ersten geschichtlichen Auftretens; hier ist das
Tempo der geschichtlichen Entwicklung ein ebenso rasches ge=
wesen, wie dort ein überaus langsames. Von den fünf Kultur=
völkern Europas haben die Slaven sich als das ruhigste, fried=
fertigste, am wenigsten neuerungssüchtige und am wenigsten nach
fremdem Gut begehrliche erwiesen, und darum in der Geschichte
am wenigsten von sich reden gemacht. Zufriedenheit mit der
Lage, in der sie sich befanden, Ergebung in ihr Los, selbst
wenn es fast unerträglich war, eine erstaunenswerte Ertrag=
fähigkeit, die an Apathie, eine Fügsamkeit, Bereitwilligkeit zur
Unterordnung, die an knechtischen Gehorsam grenzt, das sind
Charakterzüge, welche die Slaven bis in unser Jahrhundert
hinein kennzeichnen.

Woher diese auffallende Verschiedenheit zwischen dem
slavischen Volkstypus und dem der übrigen vier Völker? Ich
glaube sie auf zwei Gründe zurückführen zu können.

Zunächst darauf, daß die geschichtliche Entwicklung bei
diesen durch das Verlassen der Heimat eingeleitet worden ist,
ein Vorgang, der sowohl als Akt wie in seinen Folgen eine
große Anspannung moralischer Kraft erforderte. Die Ent=
schlossensten, Mutigsten, Kräftigsten, Tüchtigsten zogen aus, die
Blüte der Nation schied, die Ängstlichen, Bequemen, Schwäch=
lichen, kurz der minder erlesene Teil blieb daheim.

Aber — und das ist der zweite Grund — er blieb daheim
bei einem in Knechtschaft lebenden Volk. Darin erblicke ich das
geschichtliche Verhängnis des slavischen Volksstammes.

Einmal darum, weil die Knechtsdienste, die das Volk

leistete, die herrschende Klasse der Anstrengung überhob. Man thut den Slaven nicht Unrecht, wenn man behauptet, daß sie sich in Bezug auf ihre Arbeitskraft und auf die Arbeiten, die sie als Volk beschafft haben, mit keinem der vier andern Völker messen können, die Ausdauer, Nachhaltigkeit, der Ernst der Arbeit, und vor allem die Freude an, der Durst nach der Arbeit, ohne welche Eigenschaften keine großen Leistungen weder von einem Individuum, noch von einem Volk vollbracht werden können, ist den Slaven nie eigen gewesen. Was haben die Griechen und Römer an nationalen Arbeiten aufzuweisen, was seit dem Mittelalter die Italiener, Franzosen, Deutschen, Holländer, Engländer — und was haben die Slaven, trotz der ungeheuren Zahl, nach der sich die sämtlichen slavischen Stämme bemessen, ihnen entgegen zu setzen? Aber alle jene Völker haben von früh auf zu arbeiten gelernt, die Slaven nicht, der herrschende Stamm hat sich von dem unterjochten füttern lassen. Und damit sind sie um den sittlich erzieherischen, stählenden Segen der Arbeit gekommen — die richtige Selbst= schätzung, die nur demjenigen eignet, der sich das Zeugnis aus= stellen kann, aus eigenem Antriebe etwas Tüchtiges beschafft zu haben, konnte ihnen auf dem Wege nicht zuteil werden.

Zu diesem Mangel des Zwanges zur Arbeit gesellte sich als zweiter verhängnisvoller Umstand meines Erachtens noch die sittliche Ansteckung des herrschenden Stammes durch das unterdrückte Volk hinzu. Nur dadurch vermag ich es mir zu erklären, daß das ausgeprägte Persönlichkeits= und Rechts= gefühl, der Unabhängigkeitssinn und Freiheitstrieb, welcher alle anderen indoeuropäischen Völker kennzeichnet, und der sich als die wertvolle Frucht ihrer gemeinsamen Wanderschaft bezeichnen läßt (§ 51), den Slaven in ihrer zweiten Heimat verloren ge= gangen ist, und den oben angegebenen Charakterzügen der Unter= würfigkeit, Resignation, Passivität Platz gemacht hat. Die Sieger sind in der Stickluft der Unfreiheit, die sie umgab, degeneriert, von dem Knechtssinn des unterjochten Volks ist nach und nach etwas auf sie übergegangen. Wenn auch die höheren Klassen sich durch die Unabhängigkeit ihrer Lage und durch ihre Absperrung von dem gemeinen Mann, davon frei hielten, ja wenn gerade umgekehrt der Geist der Überhebung in ihnen in demselben Maße mehr genährt werden mochte, je weniger sie Gelegenheit hatten, ihre hervorragende Stellung in alter Weise durch Thaten im Felde zu besiegeln, so konnten doch die untern Schichten bei der beständigen Berührung mit den Eingeborenen und der bei steigender Zunahme der Bevölkerung unabwendbaren Verschlechterung ihrer socialen Lage, die sie auf eine und dieselbe Stufe mit den Eingeborenen herabdrückte, und die selbst dem Gedanken einer ehelichen Verbindung mit ihnen, den sie in alter Zeit gewiß weit von sich gewiesen hätten, Eingang verschaffte, — die niederen Schichten, sage ich, konnten sich auf die Dauer der Einwirkung des dem unterjochten Volk zur zweiten Natur gewordenen Geistes der Unterwürfigkeit und knechtischen Gesinnung nicht entziehen. So ist meiner Ansicht nach die große Masse des herrschenden Volkes auf die sociale und moralische Stufe des besiegten herabgesunken, nur die herrschende Klasse hat social ihre Stellung behauptet, moralisch ist auch sie in der angegebenen Weise infiziert worden: Arbeitsscheu — Genußsucht — Überhebung.

So ist also der dauernde Aufenthalt in der zweiten Heimat das Verhängnis der Slaven geworden. Die einzigen, die demselben nicht verfallen sind, vielmehr den Charakter der Indoeuropäer, wie er sich auf Grund der Wanderung gebildet hatte, treu bewahrt haben, sind die Montenegriner.

Wie sich dieser Charakter der europäischen Völker bilden konnte, soll im Folgenden gezeigt werden.

[Das sechste und siebente Buch fehlen.]

www.ingramcontent.com/pod-product-compliance
Lightning Source LLC
Chambersburg PA
CBHW021416300426
44114CB00010B/516